Lutz Jahoda · Lutz im Glück

Lutz Jahoda

LUTZ IM GLÜCK

UND WAS SONST NOCH SCHIEFLIEF

Das Neue Berlin

Vorbemerkung

Ach, nun schreibt der auch noch Memoiren, war mein erster Gedanke, als ich das in zwei dicken Aktenordnern abgeheftete Roh-Manuskript überflog. Aber siehe da, aus dem Überfliegen wurde nichts. Plötzlich fühlte ich mich so gefesselt von der direkten Ansprache, den mit großer Sachlichkeit, aber keineswegs bar der geforderten Leidenschaft geschilderten Erlebnissen. Hier schreibt einer, der erzählen kann, schnörkellos und mit glanzvollem Timing. Wie sonst hätte er an vorderster Front so erfolgreich seine Bühnenkarriere machen können.

Lieber Lutz, ich spreche dich jetzt persönlich an, weil ich dich beglückwünsche zu deinem Gedächtnis. Weil ich dir dankbar bin, daß du auch Details aus meinem Leben beschreiben konntest, die sonst für alle Zeit verschwunden wären. So bin ich ganz sicher, daß viele deiner Leser bei der Spurensuche in der Vergangenheit ebenfalls das Erlebnis haben werden, sich laufend dabei zu ertappen, plötzlich Selbstgespräche zu führen mit dem immer wiederkehrenden Satz: Ja, ja, so war das, genau so!

Lieber Lutz, ich weiß, wie sehr du dein Publikum liebst. Jetzt weiß ich auch, wie sehr du deine Leser liebst. Sie werden es dir danken.

Frank Elstner — Luxemburg, 2001

Ursprünglich waren die folgenden Blätter nicht für die Öffentlichkeit bestimmt, weil im Zeitalter des Fernsehens so viele Seiten nur geduldigen Freunden und Verwandten, verschmähten Geliebten, neugierigen Ehefrauen, sowie Lektoren zugemutet werden können, die Schlimmeres gewohnt sind. Es sind Aufzeichnungen zu Briefen, die geschrieben, aber niemals abgeschickt wurden. Die Engel der Wahrheit, die mich mehrmals heimsuchten, sangen mir das Lied vom Zweifel an der Ehrlichkeit autobiographischer Schriften. Die Skepsis ist berechtigt. Möge das Vertrauen in mein Aufrichtigkeitsbemühen von Kapitel zu Kapitel wachsen.

Nicht die Notwendigkeit, sondern der Zufall ist voller Zauber. Soll die Liebe unvergeßlich sein, so müssen sich vom ersten Augenblick an Zufälle auf ihr niederlassen wie die Vögel auf den Schultern des Franz von Assisi.

Milan Kundera

ERSTE BRIEFMAPPE

Gute Zeiten, schlechte Zeiten

Erinnerst Du Dich, liebe Puzzl? Wir trennten uns, als Du noch keine achtzehn warst und ich nur ein Jahr älter. Der letzte Film, den wir gemeinsam sahen, im Kino Capitol in Brünn, war »Immensee«, mit einer zu Herzen gehenden Musik und der bekannten Handlung, daß zwei Liebende sich nicht kriegen und erst im Alter wieder kurz zusammentreffen und Revue passieren lassen, was sie einst so glücklich machte.

Ich sehe mich neben Dir aus dem Kino kommen, als sei es gestern erst gewesen, schweigsam und bedrückt von der Ahnung, daß uns Ähnliches wie den Liebenden im Film bevorstehen könnte.

Du träumtest von einer Hochzeit in Weiß im Alten Rathaus zu Brünn, dort wo der legendäre Lindwurm heute noch unterm Deckengewölbe des Durchgangs zum Innenhof hängt. Ich hingegen träumte von nichts. Ich hatte nur die Gewißheit der Ungewißheit im Kopf – mors certa, hora incerta – und den Gedanken, daß mich bald der Teufel, aber zuvor die Wehrmacht holen würde. Erlebte Liebe in solchen Zeiten ist vom obersten Podest der Erinnerungen nicht wegzubringen.

Nicht zu verdrängen sind aber auch noch andere Bilder: Die alte Frau, die an der Deichsel eines Handwagens steht, auf dem Wägelchen ein paar notdürftig zusammengeschnürte Habseligkeiten. Die Frau traut sich nicht vor und nicht zurück, Halbwüchsige beschimpfen sie, einige spucken vor ihr aus, und ein besonders Eifriger wirft ihr gekochte Spaghetti an den Kopf. Erwachsene gehen vorbei, doch keiner schreitet ein. Niemand scheucht die johlenden Jugendlichen fort, und niemand kommt mit einem feuchten Tuch aus einem der Häuser, um den Mantel, den die Frau trägt, zu säubern und ihr die Teigware aus den Haaren zu nehmen.

Nihil est tam populare quam bonitas. Nichts ist so volkstümlich wie gut sein.

Ich weiß nicht, wann dieser Satz in jener Zeit je Gültigkeit gehabt haben soll, aber eines weiß ich: Solche Sätze waren schuld an meinen schwachen Leistungen in Latein.

Da war eine neue Straße entstanden, in den Berg gestochen, eine breite Straße, die vom Stadtzentrum hinauf zum Villenviertel Schwarze Felder führt, auf direktem Weg, schnurgrade, mit zwei Schienensträngen für die Straßenbahn. Und diese neue Straße hinunter zogen eines fahlen Morgens Menschen mit hochbepackten Leiterwagen und Karren: Männer, Frauen und Kinder.

Ich stand neben dem Fahrer der Straßenbahn, die sehr langsam fuhr, und sah deshalb alles genau. Ich war auf dem Weg zur Schule, ebenfalls hinunter zur Stadt. Es muß zwischen sieben Uhr und sieben Uhr dreißig gewesen sein. Die Karren rollten, nichts von den Bündeln fiel auf die Straße, nichts auf die Schienen. Keine Unordnung in der Marschkolonne blockierte die Fahrt. Die Kinder tippelten artig, kleine Köfferchen in den Händen. Einige hatten einen Rucksack auf dem Rücken. Die Lieblingspuppen und Teddybären waren dabei. Alles schien in Richtigkeit und Akkuratesse. Keine Uniformen, keine sichtbaren Bewacher.

Und während ich dies schreibe, kommt mir die Volksschule in den Sinn. Und der Herr Katechet mit dem hochroten Kopf und der blaurot gesprenkelten Nase, der während einer einzigen Religionsstunde seinen Lieblingsschüler dreimal Wein holen schickte und eine Geschichte immer wieder erzählte, und ich bin mir heute sicher, daß er sie nicht deshalb so oft wiederholte, weil sie ihm gefiel oder weil er sie für wichtig hielt, sondern weil er nicht mehr wußte, daß er sie das letztemal auch schon erzählt hatte.

So sprach er zu uns von dem Menschen, der unter die Räuber geraten war, blutend im Staub lag, dem keiner half, nicht einmal der Priester, der vorbeikam und dachte: Wem ein solches geschieht, dem kann Gott nicht gut sein, also kann ich nicht handeln wider Gott! »Da näherte sich ein Samariter auf einem Reittier«, erzählte der Herr Katechet weiter, »er sah den Menschen, der da lag, und erkannte, daß es ein Jude war, und er dachte: Bin ich dem Juden nicht fremd und verhaßt wie alle Samaritaner?

Dennoch stieg er vom Reittier, nahm die Schläuche mit Wein und Öl und goß dem Juden Wein in die Wunden, reinigte sie und träufelte Öl darauf und linderte so die Schmerzen des Mannes und brachte ihn in Sicherheit.«

Das ungefähr war die Stelle in der Erzählung, an der jedesmal der Herr Katechet aufstoßen mußte. Und bevor er auf seinem Stuhl hinter dem Katheder zum täglichen Vormittagsschläfchen zusammenrutschte und ungeniert zu schnarchen begann, fragte er stets noch: »Wer war dem, der unter die Räuber fiel, der Nächste?« Und sein Lieblingsschüler rief: »Der sich seiner erbarmte!« Und das krähte er immer so laut, daß ich jedesmal dachte, der Katechet könnte es sich überlegen und wachbleiben. Doch der Wein war stärker, so daß dem Herrn Katecheten nur in den seltensten Fällen der Schlußsatz glückte: »Also sprach der Herr: Gehet hin und tuet desgleichen!«

Aber keiner in der Straßenbahn schien diese Geschichte gehört zu haben. Auch der Fahrer nicht, sonst hätte er den Sandhebel ziehen müssen, der in Augenblicken der Gefahr den feinkörnigen Kies zwischen Räder und Schienen fallen läßt, damit die Bremsen besser ihre Wirkung tun. Und so rief auch niemand: Kommt, steigt auf, die ihr müde seid und beladen und in Not! Wir wollen euch in Sicherheit bringen und tun, damit euch an nichts mangelt!

Ich überlege: War Ahnenforschung unser Thema? – Wohl kaum. Uns betraf es ja nicht. Und das große Aufatmen der Eltern wird nicht in unser Bewußtsein gedrungen sein. Die Ahnenpässe unserer Familien waren ohne Makel; dennoch kein Dankbarkeitstaumel in uns, dessen ich mich erinnern könnte: Jugend weiß Zufallsumstände offenbar nicht zu würdigen, außer vielleicht das Zufallsereignis, das zur ersten großen Liebe wird.

Handelsschule in Brünn. Du erinnerst Dich? Zwei Klassen werden zum Englischunterricht zusammengebracht. Ich sitze ziemlich weit vorn, drehe mich um, weil ich sehen will, wer da so alles hereingekommen ist. Und da bist Du. Zwei oder drei Bänke schräg hinter mir. Blitz, Donner und Woge! Posaunenstoß und Jubelchor! Ich weiß nicht, wie Liebesromanschreiber diesen Augenblick in Worte kleiden würden. Für mich war Weihnachten, Ostern und Himmelfahrt in die Zeitspanne eines Wimpernschlags gefallen.

Es gibt ein Bild, das Dein Vater von Dir machte: Du sitzt im Gras, hast ein Dirndlkleid an, und Dein Papa fotografierte Dich mit einem Hauch von Gegenlicht. Deine Haare sind zu dicken Zöpfen geflochten, an den Schläfen glänzen einige Locken wie gesponnenes Gold, und kein Engel hätte schöner sein können.

Kannst Du mir heute noch sagen, was uns eines Vormittags dazu trieb, statt in mein Bett ins Doppelbett meiner Eltern zu fallen, genau dorthin, wo mein Vater verstorben war?

Ich werde Dich vorher bestimmt nicht darauf hingewiesen haben. Aber selbst wenn, hätte uns das nicht abgehalten. Die Dringlichkeit unseres Wunsches muß gewaltig gewesen sein. Keine Zeit zu irgendwelchen Vorbereitungen, nichts Vorbeugendes, kein Zurückschlagen der gesteppten Zierdecke aus Seidendamast. Und dann dieses Malheur!

Panik folgte unsrer Wonne, so wie Regen folgt auf Sonne! Schreck und Verwirrung sind noch niemals brauchbare Ratgeber gewesen. So war die Idee mit dem Bügeleisen weiß Gott keine gute.

Unsere erste Handlung war, den Riesenfleck mit Wasser zu entfernen, was allerdings nur zu einer noch größeren Feuchtigkeitswolke und somit zur Katastrophe führte, denn das Bügeleisen war zweifelsfrei zu heiß gewesen für den empfindlichen Damast.

Weißt Du noch, wie es uns gelang, die nächste Panikstufe zu überwinden? Wir müssen dem Unabwendbaren kühl begegnet sein und uns gesagt haben: Brandmale wie diese lassen sich nur noch verhüllen, beseitigen nicht mehr. Und so legten wir die Decke unseres Glücks mit der Peinlichkeit nach unten und verließen die Stätte des Geschehens.

Erinnert an die Sache wurde ich erst wieder durch meine Mutter. Ich meine, so schallend nachhaltig hätte sie mich wirklich nicht zu erinnern brauchen. Mir wäre alles auch so wieder eingefallen, ohne die Ohrfeige, die sie mir gleich an der Tür verabreichte. Es war eine Watsche, wie sie der Watschenmann im Wiener Prater nur alle Jubeljahre einmal kriegt. Ich drehte mich wie ein Brummkreisel. Und wahrscheinlich ist dies der Grund, weshalb ich später während des Ballettunterrichts keine Pirouetten mochte.

Erstaunlich, daß ich meiner Mutter noch widersprechen konnte. Ich weiß sogar noch den Wortlaut meiner Verwahrung: »Lieben darf ich nicht, aber in den Krieg ziehen, das darf ich!«

Dabei hatte das Jahrhundert für uns, die mit genügendem Abstand vom großen Krieg zur Welt gekommen waren, so vielversprechend begonnen. Von einem Ersten Weltkrieg war keine Rede, weil kaum einer dachte, daß noch ein Weltkrieg jemals wieder möglich sein könnte.

Mein Vater hatte die »Berliner Illustrirte« abonniert. Ja, so schrieb sie sich: Illustrirte, ohne »e« hinter dem »i«. Die Jahrgänge 1927/28 und den Jahrgang 1929 hatte er gesammelt und binden lassen. Und immer wenn ich krank war und im Bett liegen mußte, bekam ich von meiner Mutter zum Zeitvertreib und Trost einen der schweren Jahresbände auf die Zudecke gelegt.

Ich entsinne mich, daß jedesmal nach der Betrachtung der Hefte meine Finger schwarz waren. Offenbar wußte in unserer Familie keiner, was angehende Butler schon in den ersten Tagen ihres Domestikenstudiums beigebracht bekommen, daß druckfrische Zeitungen erst gebügelt werden müssen, bevor sie der Herrschaft mit dem Frühstückstablett serviert werden.

Da war ich erst vier, und es war noch auf der Kröna, der Stätte meiner ersten Wahrnehmungen, der Křenová, die eigentlich zu deutsch Kren- oder Meerrettichstraße hätte heißen müssen.

Reichtum und Armut vor der Tür. Der rotlackierte Rennwagen des Fabrikbesitzers unten an der Tankstelle, die slowakischen Bürstenbinder und Kesselflicker gleich um die Ecke, und Bettler auf der Treppe vor der Wohnung.

Kurzum: Gegensätze draußen, Gegensätze drin. Der moosgrün glänzende Buick mit den dicken gelben Speichenrädern jeden Morgen pünktlich vor dem Haus: ein Leihwagen mit Chauffeur der amerikanischen Ölfirma, für die mein Vater arbeitete. Aber meine Mutter oben in der Küche, das schwere Bügeleisen schwenkend, um die Holzkohle darin glühend zu halten. Im Wohnzimmer der auf Abzahlung erworbene und nicht gerade billige Konzertflügel, auf dem Dachboden der Waschkessel, umständlich zu heizen mit den körbeweise aus dem vier Stockwerke tiefer gelegenen Kellergelaß heraufgeschleppten Holzscheiten und Koksstücken. In den Wohnräumen das spiegelnde Parkett, im Speisezimmer der American Heating Stove, ein formschöner amerikanischer Patentofen mit feuerfestem Glas an den bauchigen Rundungen; doch im Keller kein elektrisches Licht. Mein Vater immer mit irgendeiner Neuheit unterm Arm: mal ein Grammophon, mal ein Staubsauger oder ein neues Radio mit Kopfhörer. Meine Mutter mit dem Satz auf den Lippen, den sie auf Schallplatte hätte fixieren können, so oft mußte sie ihn sprechen: »Das bringst du bitte wieder zurück!«

Offenbar konnte sie nicht vergessen, daß sie bislang in einer Wohnung hatte leben müssen, die nur mit Petroleumlampen zu erleuchten war. Außerdem mißtraute sie der Festigkeit des neuen Wohlstandes. Nicht unbegründet. Der Schwarze Freitag an der New Yorker Börse, 1929 im Herbst, war noch frisch in Erinnerung. Die Weltwirtschaftskrise hatte im Jahr darauf auch die Tschechoslowakei erfaßt. Die Industrieproduktion begann zu sinken, und es gab mehr als eine Million Arbeitslose.

Aber Papa fuhr weiter mit Chauffeur im Buick der Amerikaner, der mich hin und wieder zum Kindergarten beförderte, als wäre ich Rockefeller junior.

Mein Vater war Monarchist. Im Stammbaum der Habsburger kannte er sich aus. Und er hätte es genossen, seinen Sohn in der Uniform eines k. u. k. Intendanzhauptmanns zu sehen, auch wenn es nur für die Rolle in einem Theaterstück oder Film gewesen wäre. Papa trug die Uniform mit großer Eleganz; keine Hauptmannsuniform zwar, aber so, wie er für den Fotografen posierte, hätte er der Kronprinz sein können.

Obwohl seine Muttersprache Deutsch war, sprach er das Tschechische ebenso fließend. Er hatte Sinn für Humor und wußte Witze doppelt zu genießen, weil sich Pointen aus dem Tschechischen, wie aus anderen Sprachen auch, mitunter nur schwer oder manchmal gar nicht übersetzen lassen.

Ein kluger Kopf prägte einmal den Satz: »Je mehr Sprachen man kann, um so mehr Mensch ist man!« Das läßt sich erweitern: Je mehr Sprachen du sprichst, um so öfter kannst du lachen! Mein Vater lachte gern. Den tschechischen Witz, auch den jiddischen, liebte er besonders, wie er überhaupt Menschen mochte, die Humor hatten und die Größe, über sich selbst lachen zu können.

Das Mietshaus, in dem wir lebten, steht heute noch. Damals war es roséfarben, heute ist es lindgrün verputzt. Die Wohnung war nicht groß, hatte aber eine Veranda und einen Balkon, von wo aus sich allerhand beobachten ließ: die Straßenbahn, zu der wir in Brünn »Elektrische« oder auch »Tramway« sagten; die Polizei, die hoch zu Roß mehrmals am Tag die Fleischergasse zum Polizeidepot hinaufritt; dann die kleine Autowerkstatt und das Delikatessengeschäft auf der anderen Straßenseite sowie an der Ecke gegenüber die Gastwirtschaft, deren Wirt Kalivoda hieß und dessen Schäferhund Pilot; beide Namen mit der Betonung auf der ersten Silbe.

Dreimal im Jahr gab es die sogenannten Balkonhöhepunkte. Das begann mit dem Ersten Mai, wenn die Festzüge entlangkamen und die Fleischer in ihren blauweiß gestreiften Hemden und weißen Schürzen vorbeimarschierten, wobei mir die geschulterten, im Sonnenlicht blitzenden Hackebeile besonders imponierten. Dann, irgendwann im Sommer, verschaffte uns der Flugtag jede Menge Abwechslung. Der Flugplatz auf dem nahegelegenen Bergplateau war zwar nicht einzusehen, aber die gestarteten Flugzeuge mit ihren Kunstflugvorführungen und die Fallschirmspringer waren gut zu beobachten. Und schließlich der dritte Höhepunkt: die Rallye der Sportwagen quer durch die Republik, deren eine Strecke durch Brünn in Richtung Olmütz führte.

Die Wagen kamen rasant von rechts aus der Stadtmitte vom Hauptbahnhof her, fauchten an unserem Haus vorbei, überquerten die kleine, leicht gewölbte Svitava-Brücke, fuhren viel zu schnell, so daß jedes Fahrzeug einen Luftsprung machte, was bei den Leuten auf den Gehsteigen und an den offenen Fenstern die unterschiedlichsten Reaktionen hervorrief: Die Kinder jauchzten und jubelten, die Erwachsenen schrien entsetzt staunend auf. Es war ein Fest, eines der wenigen Jahresereignisse, von Weihnachten, Silvester, Ostern und dem großen Autorennen auf dem Masaryk-Ring abgesehen, das neben regelmäßigen Kinobesuchen Abwechslung in den Alltag brachte.

Als ich fast vierzig Jahre später den Fellini-Film »Amarcord« sah und darin jene Szene, in der sich nahezu alle Bewohner einer italienischen Mittelmeer-Provinzstadt am Strand versammeln, dort stundenlang ausharren, das Warten zu einem Fest werden lassen, und das Ganze nur, um wenige Minuten lang den Anblick eines vorübergleitenden, im Lichterglanz strahlenden Luxusdampfers zu erleben, kam mir die Sternfahrt in Erinnerung. Auch da nur eine kurze Spanne des Genusses: das Vorübersausen rassiger Tourenwagen, in der Dunkelheit dann schon mit eingeschalteten Scheinwerfern und rot aufleuchtenden Bremslichtern kurz vor der Brücke: Minutengefühl des Dazugehörens, Abenteuer und Wohlstand pur.

Was den Wohlstand angeht, war mein Vater stets in Hoffnung und stützte seine Zuversicht auf zwei Glaubenspfeiler: den lieben Gott und die Klassenlotterie. Die tägliche Verbindung mittels regelmäßiger Kirchenbesuche mit dem einen und von Ziehung zu Ziehung per Achtel- und Viertellos mit dem anderen Vertrauenselement stärkten seine Kraft zum Warten und nährten seine Geduld. Womit ich erwähnt habe, was zu unterlassen sich mein Vater nie verziehen hätte: gottgefällig zu leben, zu handeln und zu glauben.

Daß sein Bestreben, all dies auch auf den Sohn zu übertragen, kläglich scheiterte, spricht für das Ewigkeitsprinzip der Generationskonflikte. Dennoch muß ich ihm gelegentlich das Gefühl von Erfolg vermittelt haben.

Beispielsweise als ich mir, in jeder Hand einen Tischdeckenzipfel, das Tafeltuch um die Schultern legte, den Eierbecher als Hostienkelch ergriff, auf den Küchenschemel stieg und – in saecula saeculorum – vor dem mir als Schreinaltar dienenden Küchenschrank einen Teil der katholischen Messe zelebrierte. Da werde ich fünf gewesen sein und mein Vater vierzig. Vielleicht träumte er davon, mich eines Tages ins Priesterseminar begleiten zu können und später noch dabei zu sein, wenn der Sohn die Priesterweihe erhält.

Daß ihm dieser Traum nicht vergönnt sein würde, hätte ihm spätestens in Kumrowitz klar sein müssen. Kumrowitz, damals noch ein Außenbezirk von Brünn, hatte eine Biergartenattraktion: »Hájek« hieß das Lokal. Dort saßen die Gäste bei schönem Wetter draußen im Garten im Schatten hoher alter Bäume, ansonsten im Saal. Am Wochenende und am Sonntag spielte eine Kapelle, die ein gewisser Kohout dirigierte.

An einem Sonntagnachmittag, es war im Saal, muß mir der Gedanke gekommen sein, daß es nicht schaden könnte, der Orchesterdarbietung auf der Bühne eine pantomimisch solistische unten im Saal hinzuzufügen. Und so ergriff ich zwei von den dünnen langen Salzstangen, wie sie heute noch in Böhmen und Mähren und der Slowakei gebacken werden, klemmte mir eine unters Kinn und nutzte die andere als Geigenbogen, stieg auf einen der Wirtshausstühle, um der Vorführung mehr Attraktivität zu verleihen, und geigte, was die Salzstangen und die musikalische Vorlage hergaben.

Erst als mein salziger Fiedelbogen an einem besonders temperamentvollen Armschwung zerbrach, fand meine Darbietung ein Ende. Das Publikum applaudierte, ich weinte.

So jedenfalls wurde mir mein erster öffentlicher Auftritt von meiner Mutter geschildert. Daß mein Vater diese Episode jemals erwähnt hätte, kann ich mich nicht erinnern. Die Entscheidung zwischen Priester oder Stehgeiger dürfte ihm derart zugesetzt haben, daß sein Innerstes ihm riet, den Vorfall schnellstens und für immer zu vergessen.

An seinem Ziel, aus mir einen gottesfürchtigen Menschen zu machen, hielt er aber weiter fest, und eine Bemühung ist mir in Erinnerung geblieben: die Verlockung durch Speise und Trank. Gulasch hieß für mich das eine Reizwort, und Apfelsaft lautete das andere, und beides erhielt ich, Sonntag für Sonntag, aber nur, wenn mein Kirchgang an Vaters Seite protestlos erfolgt war. Fatales Ergebnis: Immer wenn ich das Vaterunser betete, fiel mir Gulasch ein und beim Gulasch das Vaterunser.

Weitere Schäden wurden keine verursacht, wenn ich von der Kleinigkeit absehe, die mir im zarten Kindesalter widerfuhr. Dreieinhalb Jahre alt war ich, als mir die himmlische Macht des Guten in Begleitung des abgrundtief Bösen zum ersten Mal begegnete: Himmel und Hölle vor unserer Wohnungstür.

Es war der 5. Dezember 1930. Es war schon dunkel draußen, als es an der Wohnungstür klingelte. Ich rannte wie der Blitz an die Tür, streckte und reckte mich und sprang schließlich hoch, um an die Türklinke zu kommen, zog sie herunter, der Türflügel ging auf und vor mir stand – o Schreck – Seine Heiligkeit persönlich. Nicht der Papst, den ich vom Bild her kannte, das im Wohnzimmer hing, sondern die Heiligkeit selbst, wie sie für mich heiliger nicht sein konnte, weil offensichtlich auf direktem Weg vom Himmel gekommen. Es war Sankt Nikolaus!

In seinem bischöflichen Gewand stand er vor mir, die hohe, goldbestickte Bischofsmütze, die Mitra, auf dem Kopf, in der linken Hand den Krummstab, die rechte Hand segnend vor der Brust. Aber dahinter, zum Glück noch auf dem Treppenflur, dieses schwarze Etwas, mit roten Hörnern und einer flammendroten langen Zunge, kettenrasselnd und rutenschwingend, zähnebleckend fürchterliche Laute ausstoßend, der Teufel höchstpersönlich, um unartige Kinder einzusammeln.

Grauenvoll, wie sich der Kerl hinter dem Rücken des heiligen Mannes aufführte und versuchte, am Nikolaus vorbei in den Wohnungsflur zu schlüpfen.

Doch welch ein Wunder, ich riß nicht aus und flüchtete mich auch nicht unter die Schürze meiner Mutter; ich suchte lediglich Halt an der Vorzimmerwand und sagte: »Heiliger Nikolaus, komm doch herein!«

Noch über Jahre hinweg, bis in mein Ewachsenenalter, hörte ich diese Geschichte, wie ich mich zentimeterweise, ohne den Kontakt mit der Wand zu verlieren, von der Eingangstür abgesetzt hatte. Allerdings weiß ich bis zum heutigen Tag nicht, wer den Nikolaus und wer den Abgesandten der Hölle gemimt hat. Ich fragte nie danach. Überzeugend gespielt war der Auftritt. Leider auch folgenreich, wie ich glaube, weil sich nach diesem Ereignis bei mir nervliche Störungen einstellten.

Puzzl, Du wirst Dich bestimmt noch an meine Schwierigkeiten erinnern, Wörter mit einem K oder B als Anfangsbuchstaben hemmungsfrei über die Lippen zu bringen, wenn ein Gesprächspartner besonders aufmerksam meinen Worten folgte.

Es war während des Geschichtsunterrichts. Ein Kapitel über die Bauernkriege sollte laut gelesen werden, und ich war aufgerufen zu beginnen. Schon bevor ich anfing war mir klar, daß dies nicht gutgehen würde. Ich sah die gespannten Gesichter meiner Mitschüler, ich sah den erwartungsvollen Blick des Lehrers, und ich sah die Sätze im Geschichtsbuch, die nur so von »B«s wimmelten. Dennoch fing ich an.

Ich weiß nicht mehr, wie die Überschrift lautete. Aber etwas für mich so grausames wie »Das Bauerndrama der Bauernkriege unter Berücksichtigung der Besonderheiten bäuerlichen Brauchtums« muß es gewesen sein.

Die ersten beiden Worte kamen erstaunlich störungsfrei über

meine Lippen. Doch schon beim nächsten B geschah es: Ich preßte und schwitzte und muß dabei irrsinnig komisch ausgesehen haben. Meine Mitschüler begannen zu lachen. Unterdrückt zwar erst, dann immer ungehemmter und lauter, je mehr ich mich in der »Berücksichtigung der Besonderheiten« qualvoll verfing und die Wörter schließlich hinausdonnerte, nachdem ich die hemmenden »B«s überwunden hatte.

Ich weiß noch, daß mein Banknachbar nach Luft schnappte, andere sich den Bauch hielten und wie angestochen wieherten und andere wiederum nicht anders konnten als sich in ihren Bänken hinzuschmeißen und loszuprusten.

Dieser unfreiwillig öffentliche Auftritt dürfte es wohl gewesen sein, der mir den ersten Heiterkeitserfolg meines Lebens einbrachte. Ich litt sehr unter der Buchstabenblockade und quälte mich damit bis zum zweiten Schock, als neben mir hinter einer dicken Betonwand eines Luftschutzbunkers eine amerikanische Fliegerbombe explodierte und dort alle umbrachte.

So glaube ich, daß das eine Schreckerlebnis mir das Sprechstakkato brachte und das andere es mir wieder nahm. Den Amerikanern in den Superfortressbombern dafür dankbar zu sein vermochte ich mich allerdings nicht durchzuringen.

Mich völlig von dem Leiden zu befreien gelang mir erst in Wien, als ich im Herbst 1945 begann, Schauspieltexte auswendig zu lernen und laut zu sprechen.

Vielleicht hätte ich die Koordinationsneurose behalten sollen wie William Somerset Maugham oder Johannes Mario Simmel. Dann wäre der Antrieb, mich nur noch schriftlich auszudrücken, stärker gewesen, und ich hätte mich zielstrebig der schreibenden Zunft zugewandt.

Doch kam es anders, und der Schaden blieb begrenzt: Den Leser verschonte ich, und mir ersparte ich die Eiertänze und Bocksprünge zwischen unbestreitbarer Wirklichkeit und obrigkeitserwünschter Aussage, womit Journalisten und Schriftsteller in der DDR auszukommen hatten.

Künstler in der Familie gab es keine, aber die damals noch aktuelle Hausmusik wurde gepflegt. Mein Großvater mütterlicherseits spielte Violine, und mein Vater soll eine schöne Gesangsstimme gehabt haben. Singen gehört hatte ich ihn allerdings nie. Wahrscheinlich hatte er jedesmal damit begonnen, wenn ich bereits im Bett war, was darauf hinzuweisen scheint, daß er erst singen konnte, wenn ein gewisses Quantum Fröhlichkeitswasser seiner Kehle die nötige Lockerheit verliehen hatte.

Aus den Erzählungen meiner Mutter zu schließen, muß vom Gesang meines Vaters etwas würdevoll Komisches ausgegangen sein. Eine Art Julio-Iglesias-Inbrunst, würde man heute sagen. Doch während man bei Julio Iglesias nicht weiß, ob er seine Hand nur ihrer Schönheit wegen in Höhe des Mageneingangs hält oder zur zusätzlichen Atemstütze an das Zwerchfell legt, wußte meine Mutter mit Sicherheit, daß diese Haltung ihres Mannes eindeutig mit Sodbrennen zu tun hatte. Besonders beeindruckend sollen die Falsettstellen gewesen sein, wenn die Bruststimme sich zur Kopfstimme wandelte. Diese hohen Töne soll mein Vater stets mit geschlossenen Augen und auf Zehenspitzen gemeistert haben.

Dann hatte ich noch die klavierspielende Schwester um mich sowie den Freund meiner Schwester, der recht bald mit ihr verlobt und verheiratet war, den als meinen Schwager zu bezeichnen ich mich weigerte und den ich nur als Schwiegerbruder akzeptierte. Er spielte Violine, wie ich später übrigens auch, so daß wir mit dem Großvater aus Wien eine Erste, Zweite und Dritte Geige gehabt hätten, dazu das Klavier meiner Schwester, also reichlich Kunst im Heim.

Doch niemals war ernsthaft der Gedanke an eine berufliche Nutzung im Gespräch. Im Gegenteil. Den Begriff »brotlose Kunst« gebrauchte meine Mutter fast so häufig wie das Nudelholz in der Küche, als drängte sie eine Ahnung, besonders mir die Schattenseiten eines Künstlerdaseins düster vor Augen zu halten.

So darf ich sagen, daß es abgesehen vom bereits geschilderten Salzstangenstehgeigerauftritt sowie der Priesteretüde an der Küchenkredenz nur noch eine Jan-Kiepura-Imitation mit Zylinder und weißem Schal gegeben hat, aber sonst eben nichts, was auf einen späteren Berufsweg als Schauspieler und Sänger hätte hindeuten können. Da bin ich eher geneigt, aus der Wahl der Lieder, die ich schon als Fünfjähriger sang, so etwas wie ein vorweggenommenes Credo meines Lebensweges zu empfinden. So sang ich mit Vorliebe »Die kleinen Mäderln im Trikot« und »Ob blond, ob braun, ich liebe alle Frau'n«.

Eines Tages kam Unruhe ins angenehm friedliche Familienleben. Zuerst meldeten es die Radionachrichten: »Bewaffnete Arbeiter Wiens und anderer Städte wehren sich gegen die Truppen der Heimwehr.« Wir hörten regelmäßig die Wiener Radiostation, die sich RAVAG nannte, die Abkürzung für Radio-Verkehrs-Aktiengesellschaft. Der Rundfunkempfänger stand in der Wohnküche. Ich sehe noch die erleuchtete Skala vor mir, und ich entsinne mich der einzelnen Namen: Hilversum, Beromünster, Bisamberg, Königs Wusterhausen. Das waren die Orte, wo die Sendetürme standen.

Die Erregung in der Familie war groß. Kanonen in den Straßen von Wien und Wohnhäuser unter Artilleriebeschuß. Am Tag darauf die ersten Bilder in den Zeitungen: Soldaten mit Stahlhelmen hinter Maschinengewehren und Artilleriegeschützen in uns vertrauten Straßen; Mietshäuser mit Einschußlöchern in den Fassaden. Doch zum Glück keine Kämpfe dort, wo die Brüder meiner Mutter wohnten und wo Großvater zu Hause war. Geschossen wurde in den Arbeitervierteln. Es war Mitte Februar 1934. Ich war noch keine sieben. Also klärte mich keiner über Sinn und Unsinn dieser Geschichte auf. Es war das Jahr, in welchem mich auch keiner fragte, ob ich meine Mandeln vielleicht doch lieber behalten möchte. Die Meinung meines Vaters, daß drin zu bleiben habe, was hineingehört, fand bei meiner Mutter kein Gehör. Da begriff ich, daß ein Mann in einer Ehe wenig zu bestimmen hat und daß das Leben insgesamt nicht nur aus Erfreulichem besteht. Diese Erkenntnis mußte ich noch vor dem Eingriff, aber bereits unter Narkose und deshalb vielleicht so interessant verschlüsselt, an den operierenden Arzt, Dr. Schallinger, weitergegeben haben; denn nach der Operation sagte er zu meiner Mutter nicht etwa: »Gratulation, Ihr Sohn hat den Eingriff gut überstanden«, sondern: »Glückwunsch, Ihr Sohn hat ein bewundernswert großes Repertoire an Schimpfwörtern!«

Dennoch hatte er in Hals und Nase korrekt gekappt, was meiner Atmung im Wege stand. Ob das meiner Laufbahn als Sänger förderlich war, weiß ich nicht. Erste Zweifel kamen mir, als ich Peter Kraus so erfolgreich nasal singen hörte.

Puzzl, Du warst erst sechs und wirst ebenso wenig begriffen haben, warum alles so sein mußte wie es war. Unsere Eltern waren doch Österreicher, nur daß sie immer noch in der Stadt lebten, die vierhundert Jahre lang österreichisch war, doch mit dem Ende der Österreich-Ungarischen Monarchie 1918 einem neuen

Staat zugehörig, der sich Tschechoslowakische Republik nannte. Also mußte an der Verfassung dieser Republik für die im Land verbliebenen deutsch sprechenden Menschen vieles annehmbar und vertrauenswürdig gewesen sein.

Da war Tomáš Garrigue Masaryk, der erste Präsident dieser Republik. Er war westlich orientiert, liberal, ein gebildeter Mann mit einer zur Würde des Menschen sich verpflichtet fühlenden Gesinnung. Und wir lernten in der Schule, daß er viel Gutes getan hat für das Land, in das wir hineingeboren wurden. Leider trat er 1935 aus Altersgründen von seinem Amt zurück. Es war das Jahr, in dem vieles zu kippen begann. Die Kommunisten siegten bei den Parlamentswahlen, aber der Sudetendeutschen Partei gelang es, zwei Drittel der deutschen Stimmen auf sich zu vereinen. Der bisherige Außenminister Edvard Beneš wurde zum Präsidenten gewählt. Das geschah eine Woche vor Weihnachten, und ich nehme an, daß er das kaum als vorgezogenes Weihnachtsgeschenk empfunden haben wird.

1937 fuhr ein Bekannter unserer Familie mit meiner Mutter und mir nach Schlesien. Auf dieser Fahrt sah ich zum ersten Mal die rote Fahne mit dem schwarzen Hakenkreuz auf weißem Grund. Sie flatterte in einem Gebäudehof, und angetreten waren Männer in grünlichen Uniformen. Sie standen in Reih und Glied, und die geschulterten blankpolierten Spaten blitzten in der Sonne. Wir fuhren eine Bergstraße entlang und hatten von oben einen freien Blick auf die Szene.

Ein Jahr später waren plötzlich viele Fremde in Brünn. Erinnerst Du Dich? Viele der Männer hatten schwarze Schläfenlocken, trugen lange schwarze Mäntel und hatten schwarze Hüte auf, die sie niemals abzunehmen schienen.

Ich kann mich keiner Aufklärung über das Woher und Wohin dieser Menschen erinnern. Oder hat Dir jemand gesagt, daß diese Leute bereits Flüchtlinge waren, die in der kleinen Tschechoslowakei Schutz vor Hitler suchten?

Es muß die Zeit gewesen sein, da auch Intellektuelle wie Heinrich und Thomas Mann in Brünn ankamen und Wieland Herzfelde seinen Malikverlag gründete. Eine der letzten Möglichkeiten, freie Gedanken in deutscher Sprache gedruckt zu sehen.

Emigranten aus Deutschland muß die Tschechoslowakei wie ein Paradies der Freiheit vorgekommen sein. Für uns selbstverständlicher Alltag! Die Filme aus Amerika: »Broadwaymelody« mit Fred Astaire, der eigentlich Austerlitz hieß und deshalb, wie wir Brünner das sahen, einer von uns war, weil Austerlitz, das heutige Slavkov, unweit von Brünn liegt. Dann die Fliegerabenteuer mit Wallace Beery oder Walt Disneys »Schneewittchen und die sieben Zwerge«, uns damals in der amerikanischen Originalfassung »Snow-white and the seven dwarfs« in den Kinos vorgeführt.

Brünn war eine weltoffene Stadt. In Brünn wurden Stoffe gewebt, die so erstklassig waren, daß sie nach England geschickt werden konnten, dort das britische Label erhielten und als original englische Tuche hinaus in die Welt gelangten. Und wer an einem der Wiener Theater ankommen wollte, tat gut, sich erst am Brünner Stadttheater die Schuhe abzutreten und dem Brünner Publikum zu beweisen, daß er etwas zu bieten hatte.

Es gab so einiges, worauf wir Brünner stolz waren. Auf den Masaryk-Ring zum Beispiel, den damals schwersten Rennkurs Europas. Wer auf dieser Strecke das Autorennen gewann, durfte sich zur Weltspitze rechnen. Stolz waren unsere Eltern auch auf die südmährischen Weine und das wienerische Ambiente unserer Stadt sowie auf die wehrhaften Vorfahren, die den Schweden im Dreißigjährigen Krieg eine gehörige Abfuhr erteilt hatten.

Ich merkte erst 1938, daß einiges aus dem Gleichgewicht geraten war. »Němci, kobelenci!« schimpften uns die tschechischen Kinder, und wir revanchierten uns für die Pferdeäpfelbezeichnung, indem wir die tschechischen Gassenjungs in nicht einwandfreiem Tschechisch zu Flöhen degradierten und »Čechy, blechy!« riefen.

Auch die folgende Episode signalisierte Veränderung: Der Großvater eines Schulfreundes besaß eine Kunstschlosserwerkstatt unweit unserer Wohnung. Dort im Hof und angrenzenden Garten spielten wir oft. Eines Nachmittags nach der Schule war einer der Schlosser damit beschäftigt, an sein Motorrad einen Beiwagen anzubringen. Mein Freund und ich schauten zu, wie der Schlosser die Gondel an die linke Seite des Motorrades montierte.

Da sagte eine Stimme: »Die Mühe kannst du dir sparen!«

Ich drehte mich um und erkannte einen Mann aus der Nachbarschaft. Früher ging er glattrasiert, aber jetzt war so eine Art schwarzer Kurzhaarpinsel unter seiner Nase, und statt der üblichen langen Hosen, die er sonst immer an hatte, wenn ich ihm auf der Straße begegnete, trug er nun Knickerbocker aus schwarzem Schürlsamt, und die Waden umspannten weiße, dick gestrickte Zopfmusterstrümpfe.

Der Schlosser legte den Schraubenschlüssel schwungvoll aus der Hand, und das unfreundliche Klirren auf dem Zementfußboden ließ mehr erwarten als schließlich kam; denn er sagte nur: »Wie?« Worauf der Mann wiederholte: »Die Arbeit kannst du dir sparen!« – »Und warum?« fragte der Schlosser. »Weil der Beiwagen an der falschen Seite hängt!« – »Der Beiwagen hängt richtig! Wir haben schließlich Linksverkehr!« – »Nicht mehr lang!« sagte der Mann, grinste und ging.

Da sah ich, daß er auch einen neuen Haarschnitt hatte.

Dann der September 1938. Ich war seit gut drei Monaten elf, und wir wohnten inzwischen in den Schwarzen Feldern, der »besseren Gegend« mit der besseren Luft. In meiner Erinnerung sind die Ereignisse auf einen einzigen Abend zusammengeschrumpft. Als es zu dunkeln beginnt, gehen keine Straßenlaternen an. Auch die Fenster in den Häusern bleiben finster. Vor dem Haus patroullieren bewaffnete Männer in Zivilkleidung. Sie tragen Armbinden, haben Stahlhelme auf und Gasmasken umgehängt.

Die Familie sitzt in der dunklen Küche. Ich denke, es ist Stromsperre, aber das Radio geht. Der Schein der Skalenlampe ist die einzige Lichtquelle. Erst weiß ich nichts anzufangen mit dem Rauschen, das aus dem Rundfunkgerät kommt. Ich halte es für atmosphärische Störungen und sage das auch. Da sagt meine Schwester aus dem Dunkel: »Halt den Mund!« Und eine Stimme, die es gut mit mir meint, sagt: »Das ist Applaus.« Aber da habe ich das mit dem Beifall selbst schon mitgekriegt und wundere mich nur noch über die stille Andacht in unserer Küche. Und dann kommen die Worte, die schreienden, heiseren. Wie Maschinengewehrfeuer knattern die Sätze aus dem Kasten. Und wieder tost Beifall. Bedeutungsvolle Blicke rund um den Tisch. Ich kann das deutlich sehen, weil in diesem Augenblick ein Streichholz aufflammt. »Licht aus!« ruft mein Vater. Und dann dröhnt es weiter. Selbst in den Wörtern ohne »r« rollt es noch nach wie das Donnergrollen eines abziehenden Gewitters.

Doch das Gewitter zog erst auf. Die Geschichtsbücher sagen es genau: Es war der 23. September 1938. Allgemeine Mobilmachung in der Tschechoslowakei, und sieben Tage währte die gespannte Lage. Schon im Mai hatte es eine Teilmobilmachung gegeben. Zum Schutz der tschechischen Grenzgebiete. Chamberlain hatte erklärt, die deutsche Minderheit in der Tschechoslowakei werde von den Tschechen unterdrückt und hatte damit nur nachgeplappert, was Hitler ihm gesagt hatte. Dabei war das Gegenteil der Fall: In den tschechischen Grenzstädten und Grenzdörfern flogen Steine gegen die Fensterscheiben der Amtsgebäude. Tschechische Aufschriften wurden heruntergerissen, tschechische Gendarmerieposten bespuckt und tschechische Einwohner im Schlaf überfallen. Die Grenze war längst keine Grenze mehr. Da kam und ging, wer wollte. Bis endlich das tschechische Militär anrückte und wieder Ruhe und Ordnung herstellte.

Hitler, der schon geglaubt hatte, mit der Tschechoslowakei ähnlich verfahren zu können wie mit Österreich, brachte seine in Richtung Böhmen in Marsch gesetzten Verbände zum Stehen. Die Henleinleute und Provokateure tauchten unter.

Und so standen auch im September vierzig modern ausgerüstete Divisionen der tschechoslowakischen Armee mit Panzern und eintausendfünfhundert Kampfflugzeugen bereit, um einen Einmarsch Hitlerdeutschlands abzuwehren. Es wäre die letzte Gelegenheit gewesen, Hitlers Aggressionspolitik zu stoppen. Doch dann geschah das, was heute in jedem Schulbuch steht: Am 29. September 1938 einigten sich in München die Mächte Großbritannien, Frankreich, Deutschland und Italien. Die Tschechoslowakei, um die es ging, war nicht eingeladen. Und so alleingelassen, blieb der Regierung der Tschechoslowakischen Republik nichts anderes übrig, als das Münchner Diktat anzunehmen, so daß schon am 1. Oktober das Sudetenland besetzt werden konnte.

Heute frage ich mich, warum die Monate darauf in meinem Gedächtnis so gut wie ausgelöscht sind? Was wird mich abgelenkt haben? Die neue Umgebung, neue Freunde, die ersten Monate in der Realschule oder »Der Schatz im Silbersee«, der unter dem Weihnachtsbaum lag?

Die Erinnerungsbilder beginnen erst wieder mit dem Hakenkreuzmorgen: Ich wache auf, weil meine Mutter schreit: »Schau hinaus, Bub! Schau hinaus!« Also springe ich aus dem Bett, stürze ans Fenster und sehe die Fahnen: Es sind nicht die mir vertrauten rot-weiß-blauen, sondern die, die ich schon in Schlesien gesehen hatte. Ich renne in die Küche und hinaus auf den Rundbalkon. Von dort habe ich den besten Überblick. Ich kann die gesamte Straßenkreuzung einsehen sowie die Bindergasse hinunterschauen und die Kinderspitalgasse rechts und links kontrollieren. Aber weit und breit kein tschechisches Militär. Auch keine bewaffneten Männer in Zivil wie im vergangenen Jahr.

Es ist Mittwoch, der 15. März 1939. Und da sehe ich sie, die ersten deutschen Krafträder. Von zwei Seiten rollen sie heran: die Bindergasse herauf und die Kinderspitalgasse herunter. Männer in grüngrauen derben Regenmänteln über feldgrauen Uniformen sitzen auf schweren Motorrädern mit Beiwagen. Die Männer haben Stahlhelme auf. Auch die, die in den Beiwagen sitzen. Und die Beiwagen sind an der rechten Motorradseite montiert.

Ich weiß nicht, wie Du den Trubel erlebt hast, der drei Tage währte und seinen Höhepunkt am 17. März erreichte, als Adolf Hitler durch die Stadt fuhr.

Ich wartete, wie viele andere auch, am Rand der Glacisanlagen und sah alles sehr deutlich. Erst kamen Militärkapellen und herausgeputzte SA- und SS-Einheiten, danach motorisierte Truppenverbände, und schließlich näherte sich die Wagenkolonne, vom Bahnhof kommend, und in einer der großen offenen Limousinen stand er, der Unglücksbringer: die Uniform aprikosenfarben, die linke Hand an der Windschutzscheibe, den rechten Arm wie im Streckverband zum Gruß erhoben. Und die Menschen entlang der Straße machten es ihm nach.

Bestimmt wird es auch zur Faust geballte Hände gegeben haben; aber dann sicherheitshalber nur in den Taschen. Einige, noch nicht mit dem neuen deutschen Gruß vertraut, nahmen den Hut ab. Allerdings gab es auch Männer, die ihren Hut demonstrativ aufbehielten. In den Augen der bereits vorhandenen Aufpasser ein Vergehen; denn nur wer den Arm zum Hitlergruß erhob, hatte das Recht, seine Mütze oder seinen Hut aufzubehalten. Einen sah ich, dem der Hut vom Kopf geschlagen wurde. Und von einer Frau wurde erzählt, daß sie des Führers Kotflügel geküßt habe. Ich nehme an, daß dieser Satz nicht unabsichtlich so formuliert worden war.

Die Inszenierung an jenem Tag war perfekt. Kein Zirkus der

Welt hätte den Triumphzug lauter und bunter gestalten können. Paradetruppen defilierten im Rhythmus von Trommeln und preußischer Marschmusik, und die Menschen in der Stadt jubelten, schwenkten Fähnchen und riefen »Sieg heil!«

Heute, mehr als ein halbes Jahrhundert danach, fällt mir dazu der passende Satz ein: »Ein schöner Aufmarsch!« sagte der Frosch. Da ging die Egge über ihn.

Von der Feuerwehr zum Theater, vom Theater in den Krieg

Wer zwischen Sassnitz und Suhl, Görlitz und Eisenach Interesse an privaten Details seiner Lieblingsschauspieler, Sänger und Fernsehsprecher hatte, dem wird irgendwann auch meine Story untergekommen sein, die ich innerhalb von dreißig Arbeitsjahren immer wieder erzählen mußte. Hier schreibe ich sie zum ersten Mal auf, weil ich denke, daß einiges dabei sein könnte, das selbst Dir neu sein wird.

Um dem nervtötenden Dienst in der Hitlerjugend zu entgehen, dem stupiden Aufundnieder, dem Hüpfen und Kriechen, dem Linkszweidreivier und dem Brüllgesang in der Marschkolonne, meldete ich mich bei der Freiwilligen Feuerwehr und fragte an, ob vielleicht Bedarf sei an einem fixen Kerlchen wie mir. Der Chef des Feuerwehrdepots, gleichzeitig Inspizient am Stadttheater, hatte Bedarf; denn der schrecklichste aller Kriege war inzwischen ausgebrochen, die Zeit des Mangels an Männern hatte begonnen und damit die Zeit der Chancen für all jene, die Männer werden wollten. Eine Feuerwehr, die löscht, kennt jeder. Aber eine Feuerwehr, die entzündet, wie in meinem Fall die Liebe zum Theater und zur dramatischen Literatur, hat es verdient, lobend hervorgehoben zu werden.

Fukatsch hieß der Inspizient, ein heiterer und allein schon darum liebenswerter Mann, körperlich nicht groß, aber dennoch in bester Verfassung, die zu jener Zeit mit dem Vermerk »kriegsverwendungsfähig« ihre wehrkreisamtliche Bestätigung erhielt. Daß er dennoch dem Wehrdienst und später auch dem Fronteinsatz entging, bestätigte die Richtigkeit seiner Entscheidung, der widerrufbaren Unabkömmlichkeit als Theaterinspizient noch die zusätzliche Aufgabe eines Feuerwehrhauptmanns hinzuzufügen.

Diesem Mann also, sowie meiner Abneigung gegen die Braunhemdjugend, hatte ich meine ersten unvergeßlichen Bühnenerlebnisse zu verdanken: Goethes »Faust« und Calderóns »Der Richter von Zalamea«. Berauschend auch die Ballettabende, die ich entweder von meinen Dienstplätzen auf den Zuschauerrängen oder aus einer der Kulissengassen hinter der Bühne erlebte.

Noch näher ans Geschehen gelangte ich, wenn Fukatsch einen Teil seiner Feuerwehrleute in die Statisterie abkommandierte. Das war meist bei großen Opernwerken der Fall und übrigens die Zeit, da mir weibliche Brüste mit einem Mal betrachtenswert erschienen. Zuvor waren das für mich Gebilde von der Interessantheit ungekochter Semmelknödel.

Schuld an diesem Entwicklungsschub waren jene Theaterstücke, die eine historisch bedingte Freizügigkeit der Kleiderausschnitte verlangten, wobei die Kleindarstellerinnen für mich die besondere Rolle spielten. Da kamen die Kleider aus dem Kostümfundus, waren demnach nicht maßgeschneidert, weshalb so manches Kleid nicht paßte, so daß sich tiefe Einblicke ergaben, wenn sich die jungen Damen vorbeugten oder gar bückten.

Friedrich Schiller mußte seinerzeit einen anderen Blickwinkel gehabt haben, als er »die Schaubühne als moralische Anstalt« pries. Mir jedenfalls fiel eines schönen Abends eine der Kleindarstellerinnen in die Hände. Das heißt, um es genau zu sagen, fiel sie mir nur in eine Hand. Und auch nicht die ganze Statistin, sondern nur deren linke Brust. Es war auf einer Parkbank, und es war schon dunkel. Meinen linken Arm hatte ich dem Mädchen um die Schulter gelegt und meine rechte Hand auf Erkundung geschickt. Der Weg war kurz, die Lust war lang. Wer will es mir verübeln, daß ich bereits an diesem einen Hügel Gefallen fand und den anderen vergaß.

Doch bald, wie Du weißt, hatte ich begriffen, wo überall hinzugreifen ist, um ein Mädchen glücklich zu machen.

Ob es das war, was Schiller meinte, als er sagte: »Im engen Kreis verengert sich der Sinn, es wächst der Mensch mit seinen größern Zwecken«?

Es ist schon verrückt, wie sich im Lebensmosaik Splitter an Splitter und Steinchen an Steinchen zu Bildern fügen, scheinbar

Unwichtiges plötzlich Gewicht erlangt und Zufallsmomente sich als wesentliche Teile einer Gesamtinszenierung erweisen.

Um in den Genuß dieses Erlebnisses zu kommen, bedarf es allerdings zweier Voraussetzungen: man muß ein einigermaßen hohes Alter erreichen und außerdem noch Kraft genug haben, akribisch Rückschau zu halten.

So sagte uns beiden zum Beispiel so gut wie nichts der Umstand, daß ich, noch kurz vor Schließung der Theater, als Kleindarsteller eine winzige Sprechrolle in dem Reimstück »Die goldene Eva« an den Brünner Kammerspielen erhielt. Ich spielte einen Handwerksburschen und hatte lediglich einen einzigen Satz zu sprechen. Also wirklich kein Anlaß, um damit anzugeben. Aber daß dieser Satz aus neun Wörtern bestand und Hilde Engel, die Mutter von Frank Elstner, die Hauptrolle spielte, darf ich nicht unerwähnt lassen.

Januar 1945. Die Theater spielten nicht mehr. Der von Goebbels ausgerufene »Totale Krieg« hatte inzwischen auch die Mimen an die Front gescheucht.

Wie Du Dich erinnern wirst, liebe Puzzl, hatten wir den ganzen Monat für uns und noch zwölf Tage im Februar. Da wußtest Du schon, daß ich mich freiwillig als Offiziersanwärter gemeldet hatte. Du warst nicht entzückt, aber meine Rechnung war aufgegangen. Ich weiß nicht mehr, ob ich Dir reinen Wein einschenkte. Ich hatte herausgefunden, daß Freiwillige später einberufen wurden als jene, die sich weniger begeistert zeigten, für Führer, Volk und Vaterland zu kämpfen.

Freiwillig gemeldet hatte ich mich zur Luftwaffe. Sehr gewagt! Denn jeder einigermaßen hirnintakte Mensch wußte zu diesem Zeitpunkt längst, daß es keine Luftwaffe mehr gab.

Trotzdem kam ich damit durch, und der Bürokratismus spielte prächtig mit. Selbst in so chaotischen Zeiten blieb er unverwüstlich in seinem sturen Trott und hielt das, was ich mir von ihm versprach: meine spätest mögliche Einberufung. Mehr war nicht herauszuholen.

Es waren wundervolle Tage! Du wirst Dich erinnern. Niemand störte. Meine Mutter nicht, meine Schwester nicht. Beide waren in der Stadt, der Arbeit wegen. Und so hatten wir die Wohnung für uns.

Daß gelegentlich die Luftschutzsirenen heulten, behelligte uns nicht. Wir blieben eng umschlungen in meinem weißen Schleiflackbett und spielten »Kismet«. Verliebte sind offenbar süchtig danach.

Es war der dreizehnte Februar, als ich in den Zug nach Wien stieg. Kein gutes Datum. Daran konnte auch der Dienstag nichts ändern. Onkel Poldi, Mamas ältester Bruder, holte mich am Nordbahnhof ab und brachte mich zum Westbahnhof. Wir umarmten uns, und ich sagte: »Wahrscheinlich werde ich nicht zurückkommen.« Dir gegenüber hatte ich mich am Tag zuvor optimistischer gegeben: »Also dann, nach'm Krieg in Berlin an der Siegessäule!« Da kannte ich noch nicht den Satz, den Schwejk zum Schanzarbeiter Woditschka sagte: »Also nach'm Krieg um sechs Uhr abends im ›Kelch‹!«

Beordert worden war ich tatsächlich zu einem Luftwaffenstützpunkt. Pocking hieß der Ort, südlich von Passau zwischen dem Inn und dem Flüßchen Rott gelegen. Offensichtlich war ich nicht der einzige Clevere gewesen; denn mit mir fanden sich noch ungefähr zweihundert weitere Burschen meines Alters ein.

Den Flugplatz sahen wir nur von weitem. Ein Maschenzaun trennte uns vom eigentlichen Gelände. Und wir Piloten im Geiste saßen da wie Obdachlose in einem Auffanglager für Asoziale.

Viele Maschinen gab es auf diesem Flugplatz nicht. Wir sahen immer nur drei aufsteigen, wenn die Luftalarmsirenen zu heulen begannen, und eine der neuen, schnellen Messerschmitt-Versionen sahen wir eines Tages etwas unglücklich herunterkommen.

Ende Februar mußten sich die maßgeblichen Stellen geeinigt haben, daß dem Wunsch der Freiwilligen, in einem Luftwaffengelände Dienst zu tun, ausreichend nachgekommen war. So wurden wir verladen, im wahrsten Doppelsinn des Wortes. In Viehwaggons verstaut, rollten wir eine ganze Nacht lang. Gelegentlich standen wir auf irgendwelchen Abstellgleisen, wurden hin und her geschoben, wurden abgekoppelt, angekoppelt, rollten weiter und standen wieder. Als schließlich die schwere Waggontür aufgeschoben wurde und ich ins fahle Morgenlicht blinzelte, staunte ich nicht schlecht: Ich war wieder in Wien.

Nicht übel, dachte ich; denn inzwischen war es bereits März. Mein Verzögerungskonzept funktionierte.

Untergebracht waren wir in der Rennweg-Kaserne, einem Militärbau aus der Kaiserzeit, zwischen Prater und Südbahnhof gelegen, und wir übten alles, was angeblich notwendig war, um einen Fronteinsatz zu überleben.

Also ehrlich, ich fand, daß die Übungen ebenso gut geeignet waren, mit ihnen umzukommen.

Das Kommando »Volle Deckung!« gefiel mir am besten. Den Befehl »Auf, marsch, marsch!« mochte ich weniger, obwohl er sich gut auf »Leck mich am Arsch!« reimte.

Einmal mußte ich zehn Strafrunden laufen. Rund um den Appellplatz. Ein Knopf an meinem Uniformmantel war abgegangen. Also rannte ich, feldmarschmäßig bepackt, wie befohlen. Stahlhelm auf dem Kopf, Tornister auf dem Rücken, Gasmaske und Brotbeutel umgehängt, am Koppel das Eßgeschirr, die Feldflasche, den Spaten und das Seitengewehr, in der Hand den schweren Karabiner.

Schrieb ich Dir eigentlich aus Wien? – Bestimmt. Doch berichtete ich sicher nicht von meinen nächtlichen Wachdiensten im Freien, diesen zäh dahinkriechenden Stunden, die mit ödem Nichtstun nur schwer zu bewältigen waren. So schuf ich mir in diesen Nächten eine zweite Lebensebene. Die Handlung begann stets damit, daß ich mir vorstellte, als Reporter für eine amerikanische Illustrierte unterwegs zu sein. In meiner Phantasie war dann längst schon Friede; dennoch verlegte ich die Vorgänge entweder in die Schweiz, nach England oder in die USA. Deutschland und Österreich hatte ich mein Vertrauen entzogen.

»Noch am Tag der Vereidigung, entgegen meinen Berechnungen völlig unerwartet, marschierte das Erste Ausbildungsschwadron ab.« So steht es in meinem Tagebuch von damals, und ich erinnere mich: Zug um Zug marschierten die frisch Vereidigten aus der Kaserne, den Rennweg und die Simmeringer Hauptstraße hinunter, Richtung Schwechat, am Flughafengelände vorbei; denn auch dieses Flugfeld wollte nichts von uns wissen, weil wir inzwischen Grenadiere waren: das graue Fußvolk einer jeden Armee, zum Laufen vergattert.

Das Tagebuch sagt mir nicht, wo wir in die Bahn einstiegen; aber daß es schon dunkel war und wir eine knappe Stunde brauchten, bis wir in Deutsch-Altenburg an der Donau ankamen, kann ich nachlesen.

»Flüchtige Ausbildung am Leichten Maschinengewehr, Ausbildung an der Panzerfaust, Graben eines Schützenlochs unter Artilleriebeschuß.« So steht es geschrieben, mit grüner Tinte, inzwischen leicht vergilbt, auf gelbstichigem karierten Papier.

Ich entsinne mich, daß es in diesem Städtchen an der Donau recht beschaulich zuging. Von unseren kriegerischen Übungen abgesehen, geschah nichts, was die provinzielle Ruhe gestört hätte. Nur einmal knallte es gewaltig. Da hatte ein Unglücksrabe in der Regimentsschreibstube eine Panzerfaust gezündet. Zum Glück war das Geschoß durch ein geöffnetes Fenster ins Freie gelangt und hatte draußen keinen Schaden angerichtet. Lediglich der Feuerstrahl, der hinten aus dem Rohr fegte, hatte eine Gardine in Brand gesetzt.

Die nächsten Zeilen aus dem Tagebuch sagen mir, daß wir am 28. März Deutsch-Altenburg verließen. Wir marschierten in Richtung Südsüdwest und nahmen Quartier in den Räumen der leerstehenden Reichssegelflugschule Spitzerberg.

Ein letzter Trost und Gruß an die Offiziersanwärter der Luftwaffenfreiwilligen? fragte ich mich.

Am übernächsten Morgen mußten wir wieder einmal abmarschmäßig antreten. Ich rechnete mit einem Übungsvormittag und träumte von der Rückkehr ins wohlige, saubere Doppelstockbett. Doch es kam anders. Und es war ein Schock. Nicht der Abmarsch. Es war die Ankunft, die mich wie ein Hammer traf.

Auf freiem Feld hielten wir an. Vor uns ausgehobene Gräben, unregelmäßig in der Anordnung ihres Verlaufs. Über uns ein unfreundlicher Himmel, unter uns die feuchte Erde.

Ich stand da, schaute über die aufgeworfenen Hügel, starrte in die Gruben, und alles in mir wehrte sich, die Tatsache als gegeben hinzunehmen. Doch es war kein Traum: Es war Freitag, der 30. März 1945, und das Feld sah aus wie ein frisch angelegter Friedhof in Erwartung seiner Toten.

Drei Tage später begannen sich die Ereignisse zu überschlagen.

Mit vereinzelten Schüssen war es losgegangen. Punkt sechs Uhr früh. Dann tackerten Maschinengewehre, und die Luft über dem Schützengrabenrand begann eisenhaltig zu werden. Also behielt ich den Kopf unten, ließ es zwitschern, sirren und pfeifen und hielt es mit dem Sprichwort: »Wenn man lange genug wartet, wird das schönste Wetter.«

Aber Kampfgeschehen lassen einen selten warten. Wir erhielten den Auftrag, zum Schwadronsgefechtsstand vorzustoßen, um dort einen Spähtruppauftrag entgegenzunehmen.

Was für einen Spähtruppauftrag um Himmels willen, fragte ich mich und war froh, innerhalb des Grabensystems in geducktem Lauf einigermaßen unbeschadet voranzukommen. Die Luft war staubig, es roch nach Pulver, und ständig rotierten Splitter explodierter Geschosse über den Grabenrand.

Als wir endlich den Schwadronsgefechtsstand erreichten, war dort keiner mehr an uns interessiert. Ein Maschinengewehrschütze schrie: »Die Russen sind am Hang!«

Ich zeigte keinerlei Neigung, mich von der Richtigkeit seiner Behauptung zu überzeugen, zumal das Maschinengewehr zu streiken begann, der Mann an den Patronengurten zerrte, mit der Faust gegen die Mechanik schlug und schreiend kundtat, was ich ohnehin sah: Eine deutsche Präzisionswaffe, die leider nur frisch geölt und frei von Sand und Erdreich auf dem Schießplatz beruhigend gut funktionierte.

Diese Empfindung hatte ich offenbar nicht als einziger; denn als ich mich umdrehte, war ich allein.

Ich glaube nicht, daß es zu diesem Zeitpunkt schon den Führerbefehl gegeben hat, jeden Soldaten, der ohne Marschbefehl hinter der Frontlinie·aufgegriffen wird, unverzüglich aufzuhängen.

Dennoch richtete sich bereits eine gesonderte Aufmerksamkeit all jenen zu, die allein unterwegs waren, anstatt den Karabiner über den Grabenrand zu halten, auf den Feind zu zielen, zu schießen und ihn nach Möglichkeit auch noch zu treffen.

Ich bin auf dem Rückweg zu meinem Unterstand – um mich herum noch immer das Heulen, Krachen, Pfeifen und Donnern –, als mir ein Offizier begegnet. Er hält mich auf, will wissen, was ich hier zu suchen habe. Ich nehme Haltung an, so gut das eben geht, wenn der Rücken krumm und der Kopf eingezogen ist, melde kurz meine Rückkehr vom Schwadronsgefechtsstand, unterstreiche meinen Eifer mit einem strammen »Auftrag ausgeführt!« und einem ebenso kernigen »Bitte zum Zuggefechtsstand weiterlaufen zu dürfen!«, als zwei Granaten, kurz hintereinander, mitten im Laufgraben einschlagen, genau dort, wo ich mich befunden hätte, wäre ich nicht aufgehalten worden.

Im Zuggefechtsstand erfahre ich, daß es bereits Opfer gegeben hat. Unter den Toten sind zwei, die ich kenne. Mit einem ging ich in Brünn fünf Jahre lang nahezu täglich ein Stück des Weges zur Volksschule. Otto Zaruba war sein Name. Sein Grab entdeckte ich auf dem kleinen Dorffriedhof von Hundsheim, als ich Ende der fünfziger Jahre mit meinem Schwager Karl die Gegend der damaligen Rückzugsgefechte südlich der Donau zwischen Hainburg und Prellenkirchen aufsuchte. Die letzte Ruhestätte des kleinen, blondschopfigen und immer lustigen Soldaten Glück hingegen fand ich nicht. Schon in den ersten Minuten des Gefechts soll ihn eine Kugel in den Kopf getroffen haben.

Seit dieser Zeit erlaube ich mir anzuzweifeln, daß im Namen eine Vorbedeutung liegen soll. Nomen est omen! Ein schöner Reim, verehrter Titus Maccius Plautus! Aber Kriege nehmen keine Rücksicht; schon gar nicht auf die Sprüche römischer Komödiendichter.

Als der Befehl zum Absetzen kam, was weniger feige klingt als Flucht, war mir der Glaube an den gesunden Menschenverstand für einen Augenblick wiedergegeben.

Ade, lebwohl, du hartes Lager, von erdbeschwerten Brettern überdacht! Zum letzten Mal kroch ich hinein in den Unterstand, griff nach meinem Tornister, schnallte ihn um, dankte den Stämmen und Bohlen für den Schutz, den sie mir vier kurze Nächte lang gegeben hatten, und schwang mich aus dem Graben.

Kein Maschinengewehrfeuer, nur Granatwerfereinschläge ringsum. Unter den permanent ungünstigen Augenblicken dieses Morgens muß dies für mich der günstigste gewesen sein. Ich lief wie ein Hase, war zum Glück immer schon dort, wenn es gerade da krachte, wo ich eben noch war, und wieder weg, wenn die mit Eisen vermengte Erde aufspritzte.

Ich muß irrsinnig schnell gewesen sein, trotz der vielen Sachen, die an mir hingen. Sogar den Karabiner hatte ich noch in der Hand. Nur der Mündungsschoner fehlte. Das stellte ich am Fuß des Spitzerberges fest, nachdem ich die gefährliche Ebene hinter mich gebracht hatte und für eine Minute anhalten und verschnaufen konnte.

Der Kinnriemen meines Stahlhelms drückte, also löste ich das Kinnband und schob es über den vorderen Wulst des Helms. Das sei ohnehin besser, war mir gesagt worden, weil der Luftdruck einer in der Nähe explodierenden Granate einem dann nicht den Kopf abreißen könne. Egal, dachte ich, ob Luftdruck oder Splitter – ungesund ist beides!

Und so lief ich weiter, weil es wieder zu fauchen und zu krachen begann, und merkte, daß der gelöste Kinnriemen keine gute Idee war. Immer wenn ich mich hinwarf, flog mir der Helm vom Kopf. Irgendwo auf dem Hangplateau über mir war die deutsche Artillerie postiert, die zu den Russen hinüberschoß, was diesen natürlich lästig war. Also schossen sie zurück. Nur leider zu Beginn nicht weit genug, daß sie nur den Hang trafen, auf dem ich gerade unterwegs war.

Das Hin und Her der Geschosse war sehr laut und obendrein von einer schwer deutbaren Polyphonie. Für einen Neuling jedenfalls. So wußte ich nie, ob es Geschosse waren, die kamen oder sich entfernten. Und weil ich mich von beiden Möglichkeiten bedroht fühlte, warf ich mich öfter hin als nötig. Ich lag – der Helm kullerte, ich sprang – der Helm flog. So kam ich zwar auch voran, aber aufreibend beschwerlich.

Atemlos war ich endlich an eine Stelle gelangt, über der es ruhiger zuging. Ich schaute hinunter zu den Stellungen und weiter hinüber in westliche Richtung bis dorthin, wo der Verlauf der Front nur noch zu erahnen war. Über dem gesamten Abschnitt waberten Rauchschwaden, und kurze grelle Blitze zeigten die Einschläge.

Am Fuß des Spitzerberges noch, da hatte ich gedacht, der einzige zu sein, der durchgekommen war. Doch in Hundsheim drängelte sich nahezu die gesamte Schwadron.

Gut, sagte ich zu mir, dann kann ja die Absatzbewegung geordnet weitergehen! Aber Pustekuchen! »Eingraben!« hieß das Kommando. Aber wie? Das sagte mir keiner. Der Boden war steinig. Mehr als eine flache Flunderkuhle war nicht zu schaffen. Aber was das Blickfeld anging, war es ein hervorragender Platz.

Da lag ich nun und starrte hinüber zum Waldsaum, von wo jeden Augenblick die Russen mit aufgepflanztem Bajonett und dem markerschütternden Urrääh hervorbrechen konnten, umkrampfte meinen Karabiner, saugend schraubend, ganz nach Vorschrift, aber zweifelnd, ob das Ding überhaupt funktionieren würde. Zu oft war der Lauf ins Erdreich geraten. Der Mündungsschoner hätte die Öffnung nicht besser verschließen können.

Und so genieße ich heute noch das gute Gefühl, keinen einzigen Schuß abgegeben zu haben. Auf wen auch? Zwischen den Russen und mir war fortan ein wohltuender Abstand; denn auch Hundsheim brauchte ich nicht zu verteidigen.

Die Geschehnisse sorgten für eine schnelle Uhr, und die Russen drehten die Zeiger. Der Befehl zum Absetzen war mir an diesem Tag der liebste, und die Nacht wurde mein bester Freund.

Als der Morgen graute, war weit und breit kein Soldat zu sehen. Nur kurzes Gras auf spärlichen Grüninseln, karstiger Boden, wellige Hänge. Und so stolperte ich vorwärts, befehlsgetreu voran ins Hinterland, gemäß der erhaltenen Anweisung, der allerdings etwas Wesentliches fehlte: die Angabe eines Sammelpunktes.

Das machte mir angst; denn mit diesem Alleinsein war ich in die bedenkliche Nähe des Tatbestandes »Unerlaubte Entfernung von der Truppe« gerückt.

Da hörte ich Stimmen und sah drei Figuren durch den Morgendunst auf mich zukommen. Es waren Grenadiere wie ich, und einer davon war Willy Hagara.

»I scheiß mi an!« schrie er. »Die Künstler ham überlebt!«

Puzzl, Du wirst ihn vom Fernsehen her kennen. Mitte der fünfziger Jahre gewann er einen Schlagerwettbewerb im Wiener Konzerthaus und wurde danach schnell bekannt. »Eine Kutsche voller Mädels«, »Casetta in Canada« und »Mandolinen und Mondschein« hießen seine erfolgreichsten Lieder. Und weil er ein fescher Bursch war, meldete sich bald auch der Film.

Ich kannte ihn von Pocking her. Dort hatten wir täglich zusammengehockt und die gängigen Filmschlager der Komponisten Peter Kreuder, Peter Igelhoff und Michael Jary gesungen.

Wir klopften uns gegenseitig auf die Schulter, marschierten ein Stück des Weges gemeinsam, und ich skandierte: »Wie tarnt man beim Verdrücken/ als Vormarsch seinen Lauf?/ Das Koppelschloß am Rücken,/ den Helm verkehrtrum auf!«

Der Spruch gefiel dem Willy und den beiden andern, und kurz darauf war die erste abseits stehende Scheune die ihre. Hundemüde warf auch ich mich ins Stroh und wachte auf, als es bereits gegen Mittag war. Ich rappelte mich hoch, klopfte mir das Stroh von der Uniform, Hagara schlug die Augen auf und sagte im schönsten Wienerisch: »Geh hörst, bist du deppert? Am hellerlichten Tag willst du nach Wien?« Und einer der beiden anderen sagte: »Mir gehn erst wieder los, wann's dunkel is!«

Ich zögerte, sagte aber dann doch »Servus!« und »Macht's gut!«, trat vor die Scheune und hörte noch den dritten rufen: »Derstess di net! Und wann die Kettenbeißer dich am Krawattl ham und fragen – uns gibt's net! Hast g'hört!«

Schwer zu sagen, wessen Entscheidung leichtsinniger war. Mich jedenfalls hatte die Feldgendarmerie schon eine Stunde später. Da war ich längst weit weg von der Scheune.

Mein Spruch muß gut gewesen sein. Melden ist eben nicht gleich melden. Vielleicht hatten deshalb die Gendarmen ein Erbarmen mit mir. Einen Idioten derart unglücklich zu sehen, nur weil er seine Truppe verloren hat, nimmt mit. Das zerrt am Gemüt. So zeigten sich die Herren mit den Blechschildern vor der Brust erstaunlich verständnisvoll und mild.

Als ich Willy Hagara im Spätherbst auf der Kärntnerstraße traf, erfuhr ich von seiner Odyssee. Nur nachts waren die drei unterwegs gewesen. Ganz so wie geplant. Doch dann war dieser Führerbefehl da, daß fortan jeder Soldat, der ohne Marschbefehl hinter den Kampflinien angetroffen wird, rücksichtslos vom Leben zum Tode zu bringen sei. Mit Hunden durchkämmten Suchtrupps Wälder, Felder, Auwiesen und Dörfer, durchstöberten die Gebäude und Scheunen einsam liegender Gehöfte. Hagara sagte mir, daß es vornehmlich SS-Leute in den schwarzen Uniformen waren. Das Schwierigste, so erzählte er mir, sei die Beschaffung von Essen und Trinken gewesen; denn an jeder öffentlichen Wasserstelle lauerten die Häscher. Versteckt habe er sich zuletzt in Erdlöchern, dürftig mit blätterlosen Zweigen überdacht und mit Laub bedeckt. Alle drei hatten Glück. Aber auch ich hatte einen Schutzengel.

Mit Unterstützung der beiden Feldgendarmen war ich schnell wieder unter die zurückflutenden Truppenteile gelangt und damit in den Sicherheitsbereich einer angeordneten Rückzugsbewegung. Die Einkesselungstaktik der Zweiten und Dritten Ukrainischen Front machte den Korridor zwischen Bratislava und Wiener Neustadt immer enger. Die gesamte Heeresgruppe unseres Südostabschnitts mußte schnellstens zurückgenommen werden. Und in diesem Schub war ich mittendrin. Wie auf dem Förderband einer Kartoffelsortiermaschine.

Der Schüttelrost ordnete mich zu den minderwertigeren Exemplaren, offenbar ausersehen, das diesseitige Donauufer zu verteidigen. Es war der Fährübergang bei Hainburg.

Allmählich wurde es dunkel. Gruppe um Gruppe marschierte zur Fähre, die pausenlos fuhr. Nur wir standen und warteten. Da zweifelte ich keine Sekunde mehr, daß wir, die mit dem Nulldurchblick, die Puffer sein sollten. Kartoffelpuffer, zum Verschmoren freigegeben.

Es war eine finstere Nacht. Das Grau der Uniformen und das Grauschwarz der Dunkelheit verwischten alle Konturen. Alles floß ineinander, und keine fünfzig Meter von hier floß die Donau.

Da kam auf dem Weg zur Fähre ein Trupp Soldaten unmittelbar an uns vorbei. Diese Truppe oder nie wieder eine!, dachte ich und kalkulierte meine Schritte: Einen, ganz beiläufig nach hinten und ein wenig zur Seite, und dann noch einen schnell und elegant genau nach dort, wo in den nächsten Sekunden die letzten der Marschkolonne vorbeikommen werden!

Ich sah, daß in der Kolonne jeder seinen Stahlhelm aufhatte. Das gefiel mir. Und schon hatte ich meinen Stahltopf, den arg gebeutelten, auch auf dem Kopf.

Die kombinierten Schritte gelangen mir, als hätte ich sie vorher geprobt. Geradezu choreographisch exzellent, wie ich zu einem Teil der anderen Gruppe wurde, Schulter an Schulter mittendrin in der grauen Masse, aber Angstschweiß im Nacken, daß jemand rufen könnte: »He, Sie! Wo wollen Sie hin?«

Aber keiner rief. Dennoch war ich erst beruhigt, als ich das hohle Dröhnen der Stiefel auf den Bohlen der Fähre vernahm.

Während der gesamten Überfahrt blieb ich mit dem Rücken zum Ufer. Um nichts in der Welt hätte ich mich umgedreht. Standhafter hätte Lot auch nicht sein können. Am linken Ufer geriet ich zwar auch wieder unter ein Kommando, aber die Donau zwischen den Russen und mir war schon recht beruhigend.

So hockte ich befehlsgemäß im feuchten Dickicht. Neben mir ein älterer Soldat. Unser Auftrag: Sicherung des Uferstreifens. Unsere Weisung: Augen und Ohren auf, Mund zu!

Trotzdem flüsterten wir. Unser Thema: Kommen sie noch in dieser Nacht oder kommen sie nicht?

»Wenn sie kommen, dann erst im Morgengrauen!«

Muß ich erklären, wer gefragt und wer geantwortet hat?

Es war nicht gerade gemütlich so nah am Wasser, aber ausgesprochen ungemütlich war es auch wieder nicht. Was uns allerdings fehlte, war etwas für den Magen. Seit Hundsheim hatte ich nichts mehr gegessen. Und wann der Frontexperte neben mir seine letzte Mahlzeit hatte, war ebenfalls deutlich zu hören. Ansonsten blieb es still. Lediglich die Donau rauschte.

Von Mitternacht an wechselten wir uns im Wachdienst ab, so daß jeder zwei Stunden lang schlafen konnte. Ich war um zwei Uhr früh dran, war aber kein guter Wachhund. Mehrmals nickte ich ein, schreckte auf, lauschte in die Dunkelheit und rutschte wieder in den Sekundenschlaf, gegen den ich nichts ausrichten konnte, so sehr ich mich auch wehrte.

Gegen Morgen muß ich besonders tief geschlafen haben, als mich ein schwerer Griff weckte und eine tiefe Stimme hinter mir sagte: »No Towarisch, du gut, du nix bumbum, du schlafen!«

Es war mein Partner, das Rindvieh. Einen alten Volkssturmmann hätte der Schlag getroffen.

Von diesem Morgen an liefen die Ereignisse für mich recht günstig. Das begann damit, daß ein Fahrzeug mit Brot bis in den Uferstreifen vorgefahren kam, ging weiter mit meiner Ablösung vom Uferwachdienst und fand seinen Höhepunkt darin, daß plötzlich ein General vor mir stand.

Entweder war er erheblich größer als ich oder er stand auf einem Erdhügel und wirkte deshalb so groß in seiner maßgeschneiderten Uniform, mit dem vielen Rot und Gold und den Auszeichnungen und dem langen eleganten Mantel, halboffen über die Schultern gehängt. Auch an die Altersröte im Gesicht kann ich mich erinnern. Zu hoher Blutdruck oder täglicher Weingenuß. Es kann aber auch an dem frischen Aprilmorgen gelegen haben. Der General sah beeindruckend aus. Wie ein Buntspecht unter Sperlingen.

Seine Fragen waren anders als die Fragen, die untere Chargen gestellt hätten. Auch fehlte dieser Tonfall, der mit der Frage bereits den Zweifel an der Antwort durchschimmern läßt.

Meine Auskunft bezüglich der nur knapp dreiwöchigen Ausbildung zum Infanteristen und Offiziersanwärter ließ ihn den Kopf schütteln.

Kurz darauf besaß ein Hauptfeldwebel das lebenswichtige Papier eines Marschbefehls ins Waldviertel, nordwestlich von Wien, ausgestellt für eine Gruppe freiwilliger Offiziersbewerber, zu denen ich, dank meiner Voraussicht, auch gehörte.

Ich kann mir nicht vorstellen, daß der General ernsthaft der Meinung war, den Offiziersnachwuchs zur Ausbildung zukünftiger Aufgaben unbedingt in Sicherheit bringen zu müssen. In Sicherheit, ja, aber mehr auch nicht. Und wenn schon nicht all den unbedarften jungen Leuten geholfen werden konnte, so doch wenigstens jenen, für die eine Begründung zu konstruieren war. Eine glaubhafte. Denn auch Generäle lebten damals schon gefährdet.

Meinem Tagebuch läßt sich die Marschroute entnehmen. Eckartsau finde ich verzeichnet, den Marsch nach Wagram und die Fahrt nach Wien. Hinter Stammersdorf, irgendwo am Fuß des Bisambergs, hatte unser Trupp angehalten. Wien war von dort gut zu überblicken. Es war später Nachmittag, und wir rasteten, bis es dunkel wurde. Von fernher dröhnte Geschützdonner. Am südlichen Horizont leuchtete der Himmel blutrot. Von russischen Aufklärungsflugzeugen schwebten Leuchtfallschirme herab. Von den Plattformen der Luftschutzbunker im Zentrum der Stadt böllerten die Fliegerabwehrkanonen. In den Außenbezirken Richtung Simmering züngelten Flammen.

Ein paar Stunden später – wir hatten gerade einen Weinkeller um einige Flaschen Rotwein erleichtert – kam die Meldung, daß die Bevölkerung Wiens bereits gegen die Russen kämpfe.

Diese Behauptung muß ein Spaßvogel unter die Landser gestreut haben. Und ich hatte den Satz auch noch aufgeschrieben.

Nicht einmal die Weinkeller wurden verteidigt, wie später bekannt wurde. Und das will in Wien etwas heißen.

Die vorletzte Eintragung in meinem Tagebuch lautet: »Oberrußbach, Dienstag, 10. April 1945. Wir befinden uns auf dem Marsch zu unserer Einheit, der 6. Panzerdivision, die in Meissa liegen soll.«

Also hatten auch die sich abgesetzt. Da fragte ich mich, wer um Himmels willen in Wien noch seinen Kopf für Führer, Volk und Vaterland hingehalten hat? Denn erst am 13. April galt Wien als eingenommen.

Die Notiz auf der halb herausgerissenen letzten Tagebuchseite schildert einen Traum, der mich mehrere Nächte hintereinander gequält hat: »Ich bin auf der Donau. Es ist die letzte Fährfahrt. Wir sind in der Mitte des Stroms, und da kommt dieser gewaltige Schlag. Ich sehe die Trümmer umherwirbeln und mich in den lehmigen Wellen. Ich will schwimmen und kann nicht. Der Uniformmantel ist vollgesogen und wird immer schwerer. Maschinengewehrgarben bestreichen die gesamte Flußbreite. Umgeben von Leichen treibe ich im eiskalten Wasser und versinke.«

Kein Frühling war seitdem vergangen, der mich nicht an jene Tage erinnert hätte. Und irgendwann im April, in einem der Jahre danach, muß ich die folgenden Verse geschrieben haben, die ich unter alten Manuskriptblättern fand:

»Allerletztes Aufgebot
Führers letzter Halt
Vorgemerkt zum Heldentod
Schlußappell und trocken Brot
Und dann hat's geknallt

Magen leer, Hosen voll
Nichts geht mehr, was da soll
Feuerwand, Stahl und Dreck
Das Gewehr plötzlich weg

Allerletztes Aufgebot
Feigheit vor dem Feind
Aufgehängt im Morgenrot
Und der Freund, erstarrt im Kot,
Steht und staunt und weint.«

Welch ein Glück, daß ich nicht in den Bereich des Aushaltegenerals Schörner geraten war, der sich mit einer beachtlichen Streitmacht südlich von Prag festgesetzt hatte.

Als die Nachricht von Hitlers Tod eintraf, standen wir in Reih und Glied angetreten, aber nicht um Trauer zu bekunden und Salut zu schießen, sondern um abzumarschieren.

Der Führer sei im Nahkampf gefallen, hieß es. Das Aufatmen in mir war gewaltig. Aber meine Erleichterung zu zeigen ließ ich vorerst doch lieber sein.

Der Abmarsch ging zügig vonstatten. Ohne Zielangabe. Deshalb war die Stimmung nicht so, wie sie gewesen wäre, hätten wir erfahren, daß wir uns auf schnellstem Weg von den Russen weg in Richtung auf die amerikanische Front zubewegen werden. Doch bald schon wußten wir es und marschierten recht hoffnungsfroh, allerdings mehr hoffend als froh, weil sich Fröhlichkeit nur schwer einstellt bei einem Tagesmarschpensum von sechzig bis siebzig Kilometern. Da konnte ich meine Fußlappen noch so vorschriftsmäßig wickeln: die Haut an den Fersen wurde immer dünner. Wahrlich kein Vergnügen, die Blutblasen aufzuschneiden und die Jodtinktur auf das wunde Fleisch zu tupfen. Hätte ich nicht schon jodeln können, die Prozedur hätte es mir beigebracht.

Ich kann nicht sagen, wieviel Soldaten unterwegs waren auf dieser Strecke. Hätte ich die Kondition eines Hirtenhundes gehabt, wäre ich die Kolonne nach vorn und nach hinten abgelaufen, um mich zu überzeugen. Ich weiß auch nicht, was das alles für Einheiten waren, die sich auf diesem Weg zusammengefunden hatten wie Ameisen auf einer Ameisenstraße, die zu einem liegengebliebenen Marmeladenglasdeckel führt.

Die Tage waren heiß und trocken, und es gab jede Menge Maikäfer. Wir schleppten uns immer noch mit Karabiner, Gasmaske, Stahlhelm und blödsinnigen Munitionskisten, als uns auffiel, daß in den Gräben und im Gestrüpp entlang der Straße Dinge herumlagen, die eigentlich laut oberstem Heeresgesetz nicht dort hingehörten.

Lang dauerte es nicht, bis die Welle der Selbstentwaffnung auch uns erreichte: Karabiner sanken, wie unabsichtlich einer schlaffen Hand entglitten, an günstigen Stellen in Mulden mit wegnahem Unterholz. In hohem Bogen flog in die Botanik, was belastete und nicht lebenswichtig war. Einige zerrissen ihren Wehrpaß und ließen ihn stückchenweise fallen. Was ich zuerst wegwarf, weiß ich nicht mehr so genau. Jedenfalls lief auch ich immer unbeschwerter und schließlich leicht und federnd und erheitert obendrein; denn kurz nachdem ich den Karabiner weggeworfen hatte, fand ich den Mündungsschoner. Ich entdeckte ihn, als ich in meinem Brotbeutel nach Brotkrümeln suchte.

Und dann waren sie plötzlich da, die Amerikaner. An einer Wegkreuzung standen sie, völlig friedlich, und winkten uns ein. Wie freundliche Verkehrspolizisten taten sie ihren Dienst. Ich hörte die mir von den vielen amerikanischen Filmen her vertraute Sprache zum ersten Mal live und kam mir vor, als sei ich nach langem Irrweg endlich angekommen. Den ersten Jeep, den ich sah, zierte in großen weißen Buchstaben die Aufschrift PRESS auf der Kühlerhaube. Da war mein Journalistentraum wieder da.

In den darauffolgenden Tagen geschah nicht viel. Ich suchte den Smalltalk mit einigen Wachposten. Sie freuten sich, in ihrer Landessprache angesprochen zu werden, und ich freute mich, daß ich sie verstand. Die Jungs waren freigebig, und ich machte die Bekanntschaft mit Amerikas Exportartikel Nummer eins, dem Chewing Gum.

Zu essen gab es einmal am Tag. Wahrscheinlich waren es die Reste der deutschen Truppenverpflegung, die verteilt wurden. Die Furiere zeigten sich, entgegen ihrer sonstigen Art, unerwartet gebefreudig. Ich glaube nicht, daß sie ihr mildtätiges Herz entdeckten. Es wird die Schokolade gewesen sein, die in den Fahrzeugen weich zu werden begann, sowie die Angst, eines Morgens mit verändertem Gesicht im Kakaopulver aufzuwachen.

Nach zwei Tagen waren die Vorräte aufgebraucht, womit der Gesprächsstoff Essen auf der Themenskala der Unterhaltung fortan den ersten Platz einnahm.

Thema Nummer zwei war die Frage nach unserer nächsten Zukunft. Die Antwort erhielten wir schneller, als uns lieb sein konnte.

Vom Chewinggum zum Läusekamm

Es wird Dich traurig stimmen, liebe Puzzl, aber in jenen Tagen hatte ich einen seltsamen Wunsch: Ich wollte als Mister Unbekannt sonstwohin, nur nicht mehr nach dort, wo ich hergekommen war. Also weder nach Brünn noch nach Wien. Ich wollte in die Schweiz, nach England, Südfrankreich, Nordamerika. Weg von der Vergangenheit und unbeschwert offen für alles, was einem eine Welt ohne Krieg und Diktatur bietet.

Entschloß ich mich kurz? Überlegte ich lang? – Also das Wort »überlegen« sollte ich streichen; denn ich tat es den Unbesonnenen nach, zerriß den Wehrpaß und verscharrte ihn in südböhmischer Erde. Das war Dummheit Nummer eins.

Dummheit Nummer zwei war, daß ich der US-Registratur kundtat, bereits achtzehn Jahre alt zu sein, was erst am 18. Juni der Fall gewesen wäre. Aber ich wollte nicht unter die Sechzehn- und Siebzehnjährigen, von denen es hieß, daß die Amerikaner sie in ein Camp der amerikanischen Zone Deutschlands bringen würden. Ich wollte bei den erwachsenen Männern bleiben.

Zwei oder drei Tage später wußte ich, was ich mir angetan hatte. Erst war es nur ein Gerücht, aber bald wurde die Flüsterbotschaft zur Gewißheit: Wir waren den US-Streitkräften auf einem Gebiet zugelaufen, das laut Viermächteabkommen den Russen zugesprochen war. Das bedeutete, daß sämtliche Einheiten auf diesem Territorium an die Sowjetarmee auszuliefern waren.

Da war mir klar, was die Amerikaner den Jugendlichen unter den Soldaten ersparen wollten und mit der Aussortierung auch ersparten.

Eine Korrektur für mich wäre nur noch mit Hilfe meines Wehrpasses möglich gewesen. Aber der war unwiederbringlich weg. So waren für mich die Weichen gestellt. Doch wie gut, daß auch Dämlichkeit Gottes Fürsorge findet! Die Trucks der Amerikaner hatten einen Pendelverkehr eingerichtet: voll dorthin, woher wir Unglücksvögel unter Fußbeschwerden erst gekommen waren, leer zurück, um eine neue Fuhre zu holen.

Weit brauchten die Amerikaner nicht zu fahren. Da erst merkten wir, wie nah uns die Russen die ganze Zeit über waren.

Und dann sah ich sie, die ich aus dem Schützengraben nur mit dem Fernglas hatte sehen können. Auch sie hatten Trucks aus amerikanischer Produktion. Lediglich anders gespritzt waren die Lastwagen und mit dem sowjetischen Emblem versehen. Doch waren die Wagen nicht gekommen, um uns zu transportieren. Sie brachten auf den Ladeflächen nur die Soldaten, die den Auftrag hatten, uns zu eskortieren.

Junge Burschen waren es. Ihre Uniformen waren nicht so adrett wie die der Amerikaner. Aber die Jungs waren freundlich, so daß der Schreck der Auslieferung schnell überstanden war.

Es wurde ein langer Marsch, der durch mehrere Lager führte. Gleich im ersten Durchgangslager leistete ich meine erste Reparationszahlung: eine Armbanduhr der Marke Omega und ein Schreibset der Firma Pelikan. Von dem Füllhalter mit Goldfeder und dem Druckbleistift mit Ersatzminen wollte ich mich nicht trennen. Doch ein Fußtritt als Empfangsbestätigung beschleunigte das Verfahren.

Jetzt hatte ich nur noch einen Bleistiftstummel bei mir, dafür aber jede Menge Kleiderläuse. So hielt jede Lagerstation für uns ihre spezielle Überraschung bereit. In einem Lager gab es den perfekten Glatzenschnitt, in einem anderen eine Entlausung gratis. Zu essen gab es wenig. Das allerdings regelmäßig. Ein Eßgeschirr hatte ich längst nicht mehr. Während einer Übernachtung unter freiem Himmel war es mir abhanden gekommen. Auch das war eine Erfahrung, für die es in diesem neuen Umfeld eine Vokabel gab: Enteignung.

Also half ich mir mit einer leeren Konservendose, die ich am Straßenrand fand. Daß sie außen schon angerostet war, störte nicht. Im Gegenteil. Das dünne Blech und die dünne Wassersuppe paßten zueinander.

Es muß bereits Ende Juni gewesen sein, als sich in der Bewegungsregie einiges änderte. Für unsere Wandergruppe gab es keine Lager mehr, dafür aber ein höheres Marschtempo. »Dawaj, dawaj!« war unser Morgen-, Mittags- und Abendlied, das uns die Begleitmannschaft in die Ohren brüllte. Und weil es nichts zu essen gab, entfielen auch die Pausen. Im Gehen rissen wir die noch unreifen Äpfel von den Ästen oder hoben die herabgefallenen Kümmerlinge auf. Trostvoll, daß auch die Russen das machten.

An einem dieser Tage tropfte plötzlich Blut aus meiner Nase. Die Grenze der Belastung war erreicht. Zwanzig Stunden auf den Beinen, achtzig Kilometer ohne Rast marschiert. Die österreichische Landschaft hatte uns wieder. Als wir uns auf den Höhen des Wienerwalds entlangbewegten, sah ich wieder Wien. Im Frühdunst lag die Stadt halbrechts unter uns. Ein schmerzlicher Anblick. In knapp drei Stunden hätte ich bei meinen Verwandten in der Burggasse sein können.

Eine längere Strecke liefen wir an niedrigen Häusern entlang, und ich überlegte, ob ein schneller Sprung in eines der Haustore nicht der Anfang einer geglückten Flucht bedeuten könnte. Ich wog meine Chancen ab und entschied mich lediglich für eine kurze Nachricht mit Adresse, die ich im Gehen auf eine herausgerissene Tagebuchseite kritzelte. Als wir an einer Straßenverengung besonders nah an den Hausfassaden vorbei mußten und vor einer der Türen eine alte Frau stand, steckte ich ihr die Botschaft zu.

Die gute Frau hat meine Nachricht befördert, wie Du weißt. Und so gelangte über Onkel und Tante auch zu Deiner Kenntnis, daß ich noch am Leben war. Aber wo ich war, stand für Dich in den Sternen, wie auch ich nicht wußte, wie weit denn noch dieser harsche Ausflug gehen würde. Er ging bis Bratislava. Auf dem weitflächigen Gelände eines Verschiebebahnhofs war Schluß. Ermattet und ausgedörrt hockte ich mit tausend anderen im Staub. Auf den Gleisen vor uns standen Güterwaggons in langer Reihe, und heiß brannte die Sonne auf die schwarzen Dächer der Wagen.

Durch die Reihen der Wartenden sickerten die unterschiedlichsten Vermutungen und Voraussagen. Zwei Vokabel machten das Rennen: »Zwangsarbeit« und »Kohlenbergwerk«.

Ich starrte auf die Güterwagen, stellte mir die stickige Hitze und den Platzmangel vor, als sich abrupt in mir etwas zu regen begann, was auf etwas anderes hinzudeuten schien als auf das, was landläufig unter Durchfall verstanden wird. Schmerzen in den Eingeweiden krampften in immer kürzeren Schüben, und Schweißnässe und Schwäche breiteten sich in mir aus wie Wasserpfützen in trockenen Scheuertüchern.

Ich kroch aus der grauen Masse der Hockenden und Liegenden irgendwohin zur Seite, und wenn ich dachte, eine Attacke überstanden zu haben, nötigte mich vehement ein neuer Anfall, heiß und dünn.

Mich zu fragen, wann einer der Wachposten die Geduld verlieren würde, fand ich keine Zeit. Zu sehr war ich mit dem quälenden Wühlen in mir beschäftigt. So bemerkte ich gar nicht, daß außer mir noch andere mit Darmbeschwerden im Staub hockten und eine Gesundheitskommission bereits dabei war, die Kranken von den Gesunden zu trennen.

Das in meiner jugendlichen Einfalt erhoffte weißbezogene Krankenhausbett wurde mir nicht zuteil, aber immerhin ein Quarantänespital mit ärztlicher Betreuung und der Aussicht, in nächster Zeit keinen Verladebahnhof sehen zu müssen. Und so betrachtet, empfand ich das dürftig zusammengenagelte Brettergestell, ohne Decken und Kopfkissen, wie ein fürstliches Himmelbett.

»Dysenterie«, sagte die russische Lagerärztin. Amöbenruhr, nannte es der deutsche Sanitäter, der uns Verseuchten eine blaßlilafarbene Flüssigkeit einflößte, die er Belladonna nannte. Zweimal täglich, jeweils einen Eßlöffel voll.

Vielen half die Medizin. Einigen war nicht mehr zu helfen. Ich entdeckte die vom Tod schon Vorgemerkten in einem abseits gelegenen Gebäude. Die Ärmsten waren bis auf die Haut abgemagert. Längst war alle Feuchtigkeit aus ihren von Darmkrämpfen geschüttelten Körpern gesogen. Begreiflich, daß auch die Seelen, belästigt vom faden Geruch der Exkremente, hinaus wollten aus dem ausgedörrten Fleisch.

Einen hatten die noch Lebenden dieser Abteilung neben dem Eingang abgelegt, halb an die Wand gelehnt, so wie heute zum Abholtermin Sperrmüll hinausgebracht wird. Es war der erste Tote, den ich auf so entwürdigende Weise hüllenlos erblickte.

Als die Linde vor unserer Steinbaracke in Blüte stand und ihr Duft sich mühte, alles Übelriechende ringsum zu überdecken, passierte das, was meiner unbesonnenen Handlung bei den Amerikanern bald einen Sinn geben sollte.

Auf dem Weg zum Essenempfang fiel mir ein Mann auf, der mir bekannt vorkam. Sein Gesicht war aufgedunsen, die Augen zugeschwollen und nur noch zu erahnen. Das schwarze, glatt zurückgekämmte Haar, der Mund, die Nase: alles schien mir vertraut und dennoch fremd. Erst als ich ihn ein paar Sätze zu einem Mitgefangenen sprechen hörte, wußte ich, wen ich vor mir hatte.

»Entschuldigen Sie«, sagte ich. »Sie sind doch Erich Elstner, der Operettenbuffo und Regisseur vom Stadttheater in Brünn.«

Er sah mich an wie einen, den er längst erwartet, mit dem er aber nicht mehr gerechnet hat und sagte schließlich: »Ja, der bin ich.«

Heute weiß ich, wie das ist, wenn einem durch politische Ereignisse die berufliche Plattform wegrutscht. Damals dürfte ich diesen seelischen Knacks in Erich Elstner eher verschwommen erfühlt als begriffen haben; denn mit keinem Wort erwähnte er seinen verlorenen Beruf. Was ihn quälte, war die Sorge um die Familie und die Frage, wo Hilde Engel war, die Mutter seines Sohnes Tim, und ob der kleine Bub noch lebte.

Daß plötzlich vorerst ein junger Mann da war, der mit Hilde Engel in den Kammerspielen auf der Bühne gestanden hatte, mußte ihm als gutes Vorzeichen erscheinen.

Ich müßte wirklich lange nachdenken und käme immer noch

nicht darauf, was es wohl gewesen sein mochte, daß Erich Elstner mir so dankbar war. Hatte ich ihm zusätzliches Essen verschafft, vielleicht auch Tabak, ihm beschwerliche Gänge abgenommen, ihn gestützt, wenn er ins Freie wollte? Oder hatte ich ihm nur die Öde des Lazarettalltags erträglich gemacht?

Es war Mitte August, als mich die Verantwortlichen des Gefangenenlazaretts laufen ließen. Erich Elstner war schon einige Tage zuvor entlassen worden.

Da stand ich nun in Freiheit und beging gleich die nächste Dummheit: Anstatt mit meinem Entlassungsschein schnurstracks nach Wien zu trampen, fuhr ich nach Brünn. Wie eine Brieftaube reagierte ich, die es zurück zu ihrem Taubenschlag zieht, egal, wo sie auch hintransportiert wurde. Keiner warnte mich, keiner informierte mich. Die letzte Radiomeldung, die ich gehört hatte, war: Starke Bomberverbände über Kärnten und der Steiermark im Anflug auf Wien.

Ich dreimal gehörnter Ochse fahre also in meiner verschlissenen Wehrmachtskluft nach Brünn, komme unbehelligt aus dem Bahnhof, laufe Richtung Schwarze Felder, lasse unterwegs in einem Mistkübel mein Uniformkoppel verschwinden und stehe vor der Wohnungstür, an der ich Dich, liebe Puzzl, ein halbes Jahr zuvor, Tag für Tag in die Arme geschlossen hatte.

Ich habe kein gutes Gefühl, weshalb ich weder läute noch klopfe. Ich lege mein Ohr an die Türfüllung und höre den mir vertrauten Ruf der Kuckucksuhr aus der Bauernstube.

Da kommt die Hausmeisterin aus dem Keller, sieht mich und sagt auf tschechisch: »Jesusmaria, machen Sie, daß Sie wegkommen! In der Wohnung sind Partisanen! Wenn die Sie erwischen, kommen Sie ins Lager!«

»Danke!« sage ich, mache auf dem Absatz kehrt und bin so schnell weg, daß die Hausmeisterin hätte denken können, mich nur geträumt zu haben. Mein nächstes Ziel: die Wohnung meiner Schwester in der Neutorgasse; vom Depot der Freiwilligen Feuerwehr, die es nicht mehr gibt, um das Neutor herum und gleich rechts, direkt gegenüber von der Polizeidirektion.

Auch dort ist es die Hausmeisterin, mit der ich spreche, und auch ihr erstes Wort ist: »Jesusmaria!« Sie zieht mich in ihre Wohnung, spricht sehr schnell, und ich erfahre, daß meine Mutter und meine Schwester in Gurein sind, in Kuřím, im Lager. Wir stehen im engen Vorzimmer, sie sagt, Moment, geht in ein Zimmer, kommt wieder, mit einem braunen Anzug über dem Arm, mit einem Hemd und einer Unterhose, mit Strümpfen und Schuhen, von denen sie meint, daß sie mir passen müßten, schiebt mich in ihr Badezimmer und sagt: »Los, ziehen Sie das an!«

Mit den Hosen habe ich Schwierigkeiten: sie sind mir zu lang. Aber weil Hosenträger dran sind, kann ich mir den Hosenbund bis fast ans Brustbein ziehen. Die Schuhe sind mir etwas zu groß; aber besser so als zu eng.

»Schützner«, höre ich die Hausmeisterin sagen. »Es ist der Anzug von Herrn Schützner, dem Schauspieler vom Stadttheater. Ein Stockwerk über der Wohnung Ihrer Schwester hat er gewohnt.«

Ich bin inzwischen raus aus dem Bad, die Hausmeisterin sagt, daß ich um Himmels willen nicht auf die Idee kommen soll, nach Kuřím zu fahren: »Die fangen Sie dort weg, und Sie landen irgendwo in den Kohlengruben!«

Ich nicke und überwinde mich zu der Frage: »Prosím Vás, máte ještě klobouk pro mě?« Ich glaube nicht, daß ich den Schneid besessen hätte, noch nach einem Hut zu fragen, wäre ich im Bad nicht meinem Spiegelbild begegnet. Trapper Geierschnabel muß – jedenfalls so wie ich ihn mir vorstellte – eine Schönheit gegen mich gewesen sein. Und so schaue ich flehend treuherzig und wiederhole in Kurzfassung: »Klobouk?«

Darauf die Hausmeisterin, ebenfalls in Kurzform: »Nemám!«

In diesem Wort steckt knapp, was der Berliner sanftherziger in drei Absätze kleiden würde: »Is nich, ham wa nich, kriejen wa ooch nich rin!«

Na dann halt weiter als Kahlkopf durch die Welt, denke ich, während die Hausmeisterin die Tür zum Treppenhaus öffnet, horcht, hinauslugt und sagt, daß ich meine Uniformlumpen nehmen und ihr folgen soll.

Sie läuft vorneweg die Stufen hinunter, ich hinterher, unten noch eine Treppe tiefer. Ich denke: »Was will sie im Keller? Will sie die Uniform vergraben?« Aber da sehe ich schon den Heizungskessel. Die Hausmeisterin macht die Feuerungsklappe auf, und ich wundere mich, daß im heißen August ein Feuer brennt. Ich frage nicht, sie sagt nichts, nimmt mir die Uniformstücke aus der Hand, stopft sie einzeln in den Ofen: erst die Jacke, dann die Hose, und auch die Knobelbecher verschwinden im Feuerloch.

Vor der Unterhose und den Fußlappen ekelt sie sich, also schmeiße ich die drei Teile selbst ins Feuer und schüttle mich angewidert dabei, damit die Hausmeisterin sieht, daß ich mir noch ein Gran von Reinlichkeit bewahrt habe, und sage dann, um abzulenken: »Sie wußten wohl, daß ich komme?« – »Wieso?« fragt sie. »Weil Sie Feuer gemacht haben!«

Sie lacht nicht, sagt nur: »Das ist für das Warmwasser im Haus!«

Und ich denke: Wenn das so ist, war's wirklich keine Pointe!

Die Hausmeisterin greift in eine Tasche ihrer Kittelschürze, holt einige Geldscheine hervor, drückt sie mir in die Hand und sagt: »No tak, s pánem bohem!« Also gehe ich mit Gottes und der Hausmeisterin Segen und bin ihr heute noch dankbar, obwohl ich inzwischen weiß, daß außer einigen Anstandsgegenständen, die sie für die Behörden in der Wohnung meiner Schwester belassen hatte, alles andere in ihren Schränken verschwunden war.

Der Blüthner-Flügel übrigens, den sie schon allein der Größe und Schwere wegen nicht so ohne weiteres hätte bewegen können, war im Brünner Konservatorium gelandet und dient dort wahrscheinlich heute noch den Musikstudenten.

Puzzl, Du weißt, von der Neutorgasse bis zum Bahnhof ist es nur ein Katzensprung. Am Schalter spreche ich in akzentfreiem Tschechisch den Satz, daß ich eine Fahrkarte nach Wien möchte. Auf dem Weg hatte ich mir sicherheitshalber die Wörter zur Kontrolle mehrmals vorgesprochen. Dennoch schaut der Mann am Schalter befremdet. Ich kriege einen Schreck, weil ich denke, daß er in mir vielleicht doch den verhaßten Deutschen erkannt haben könnte. Aber da sagt er schon: »Nach Wien gehen keine Züge mehr. Nur noch von Bratislava. Dort gibt es einen Pendelverkehr.«

So sage ich: »Einmal zweiter Klasse nach Bratislava.« Der Schalterbeamte nennt den Preis, ich zahle vom Geld der Hausmeisterin und sitze kurz darauf wieder im Zug, nur jetzt mit einer Fahrkarte und deshalb um eine Angst weniger. Auf meinen tschechischen Namen vertrauend, bin ich ziemlich gelassen, aber deswegen nicht unvorsichtig. Ich sitze zwischen Männern, die Zivil tragen, aber mit ihren roten Armbinden dennoch gefährlich uniformiert wirken. So verhalte ich mich weder auffällig stumm noch beredt, und alles geht gut.

Schließlich bin ich wieder dort, wo ich vor einigen Stunden erst war. Ich frage nach dem Wiener Zug und erfahre, daß heute keiner mehr geht. Wahrscheinlich morgen.

Also schlendere ich in die Stadt. In einer Seitenstraße spielen zwei Buben mit einem Herrenhut Fußball. Wie ich vorbeigehe, fliegt mir das bereits deformierte Filzstück entgegen. Also hechte ich wie ein professioneller Torwart nach dem Stumpen. Die Jungs, in Erwartung, daß ich den Hut mit einem kräftigen Fußschwung wieder ins Spiel bringe, kriegen den Mund nicht zu, als ich mir das schäbige Ding auf den kahlgeschorenen Kopf stülpe und davonrenne.

Von diesem Augenblick an fühlte ich mich sicherer als Harry Piel in dem Film »Ein Unsichtbarer geht durch die Stadt«.

Den Abend verbrachte ich in einem Kino und sah einen russischen U-Boot-Film. Dann ging ich wieder zum Bahnhof. In der verzweigten Halle war zu später Stunde mehr Leben als in den Straßen der Stadt. Auf dem Steinfußboden lagerten viele Reisende. So legte ich mich dazu und schlief unbehelligt bis zum Morgen.

Der Zug nach Wien stand ziemlich weit draußen, und als ich ihn sah, wußte ich, daß ich mir den Kauf der Fahrkarte hätte sparen können. Besetzt waren nicht nur die Abteile und Gänge, besetzt waren sämtliche Trittbretter, und einige Leute begannen bereits, sich auf den Wagendächern niederzulassen.

Die Eisenbahnstrecke Bratislava-Wien hat so gut wie keine Kurven, und es gibt auch keinen Tunnel auf diesem Abschnitt. Das wußte ich auch erst, als ich am Stadtrand von Wien vom Waggondach kletterte und die freundlichen Slowaken dankbar pries, die diesen unkontrollierten Grenzverkehr noch zuließen.

In der Burggasse war keiner zu Hause, also setzte ich mich auf die Treppenstufen vor der Wohnung. Als mein Onkel endlich heimkam und die klapperdürre Jammergestalt vor der Wohnungstür kauern sah, schaute er sehr erschrocken. Ich glaube nicht, daß er mich gleich erkannte. Falls doch, wird er gedacht haben: Seit wann tragen Gespenster so elegante Anzüge?

Ein paar Tage darauf kamst auch schon Du. Welch ein Segen! Ob ich jemals erfahren werde, welchen Eindruck ich auf Dich machte? Du warst so schön! Und ich war so häßlich! Daß Dein

Herzenstakt nicht zuließ, mich mein Aussehen fühlen zu lassen, machte Dich in meinen Augen noch schöner.

Einige Wochen darauf waren meine Mutter und meine Schwester endlich auch in Wien. Die tschechischen Behörden hatten sie ausreisen lassen. Mag sein, daß der gute Leumund meines Vaters hilfreich war. Den Satz eines tschechischen Arbeiters, kurz nach meines Vaters Tod im Jahre 1943, habe ich nicht vergessen: »Váš otec, to byl člověk!«

Welch eine Auszeichnung für einen Deutschen, in jener Zeit als Mensch bezeichnet zu werden!

Küchendunst und Schauspielkunst oder: Texas in Wien

Erinnerst Du Dich noch an meine erste Arbeitsstelle in Wien?

Es war eine Fleischerei mit einem dazugehörigen kleinen Imbißraum, und meine erregend kreative Aufgabe dort war das Zerkleinern großer Salzklumpen. Mich über diese Tätigkeit hinaus bemerkbar zu machen gelang mir erst, als US-Soldaten mit einem Truck vor dem Laden hielten, ins Geschäft kamen und wissen wollten, wo der nächste »refusedump« sei.

Ich war gerade im Imbißraum und sagte in lockerem Hollywoodtonfall, daß ich das wüßte.

Die Kinnlade des Fleischermeisters klappte nach unten; ein Glück, daß weder Fliegen noch Wespen im Laden waren: er hätte mindestens fünf im Mund gehabt. Aber dann strahlte er stolz, daß ich dachte, er würde gleich »Gut, mein Sohn!« zu mir sagen. Doch er sagte nur: »Fahr mit und zeig den Herren den Weg!«

Also fuhr ich mit den GI's im Truck, sagte »make a right turn, and turn left now«. Und wenn mich der Fahrer, unsicher geworden, weil ich nichts mehr sagte, fragend ansah, nickte ich, zeigte mit dem Finger geradeaus, sagte aber sicherheitshalber noch: »It's okay, still straight ahead!«

Am nächsten Tag – wahrscheinlich nach Rücksprache mit seiner Frau – erklärte mir der Fleischermeister, daß er mich auf seine Kosten auf die Hochschule schicken wolle. Wann er das zu tun gedachte, behielt er allerdings für sich, und ich sollte es auch nie erfahren.

Noch bevor der gute Mann vielleicht auf die Idee gekommen wäre, eine Tafel in die Auslage zu stellen, daß hier auch Englisch verstanden und gesprochen werde, kam mir der Einfall, nicht mehr wiederzukommen. Motor dieser Entscheidung war meine Angst, daß sich Salzhacken für mich zu einer Lebensaufgabe ausweiten könnte.

Bereits am Tag darauf bewarb ich mich bei einer US-amerikanischen Arbeitsbeschaffungsstelle im VIII. Bezirk, wie Du noch wissen wirst, und geriet, obwohl ich meine Fachkenntnis als Salzhacker verschwieg – Ironie des Schicksals –, wieder in salzige Nähe, allerdings in würzig verfeinerte und amerikanisch versüßte.

Das »Café Josefstadt«, damals direkt gegenüber vom »Theater in der Josefstadt«, gibt es heute nicht mehr. 1945 war es zu einer US-Kantine umfunktioniert worden. Das heißt, es war schon etwas mehr als eine Kantine, weil einfache Soldaten dort nicht auftauchten. Es war so etwas wie eine Offiziersmesse. Das war allein schon an der Speisenauswahl zu erkennen. Und auf die war mein besonderes Augenmerk gerichtet. Begreiflich, nach den Monaten unfreiwilliger Mäßigkeit und angesichts der leeren Speisekammern meiner Verwandten.

Ich gehörte zum »kitchen staff«, was ich auch so nannte, wenn mich jemand nach meinem Tun befragte, weil sich das besser anhörte als wenn ich nur »Küchenpersonal« gesagt hätte. »Küchenhilfe« wäre die zutreffendste Bezeichnung gewesen. Ich half mit kleinen Handreichungen, hatte aber gleichzeitig die Wünsche der amerikanischen Kasinoleitung dolmetschend dem Wiener Personal zu vermitteln. Das Personal bestand aus zwei Köchen und mir, was die Sache vereinfachte.

Der First Sergeant – zu deutsch Hauptfeldwebel – war der Chef dieses Kasinos. Zumindest war er für die Aufsicht des Ladens zuständig. Dieser gutmütige Kerl, der mich offenbar vom ersten Augenblick an mochte, muß in den ersten Tagen geglaubt haben, daß ich mit einem Gehörschaden behaftet war; denn nach jedem Satz, den er sagte, sagte ich »pardon?« Der Sergeant war in Texas zu Hause und sprach mit mir so, als wäre ich mit ihm über den Großen Teich gekommen und als läge meine Geburtsstadt Brünn irgendwo zwischen Housten und Dallas. Ich glaube, daß er meine schnelle Auffassungsgabe schätzte, während ich ihm für den maßvollen Wortschatz dankbar war, der mich nicht überforderte.

So wiederholte sich bei ihm besonders häufig das Wort »fucking«, das ich von »fuck« ableitete und für mich mit »verfickt« übersetzte und staunte, wie locker und ohne rot zu werden er dieses Wort gebrauchte. Dennoch ließ ich es in meinen Übersetzungen weg, weil ich sonst den Köchen wörtlich hätte sagen müssen, daß sie sich, verfickt nochmal, gefälligst daran gewöhnen sollen, die verfickten Puten mit der verfickt guten Rosinensoße zu versüßen.

Als ich dann irgendwann erfuhr, daß »fucking« auch im Sinne von »scheiß« und »verflucht« gebraucht wird, war ich doppelt froh, die Übersetzung weggelassen zu haben, wobei mir, ehrlich gesagt, eine verfickte Pute auf dem Teller immer noch lieber wäre als eine verflucht beschissene.

Pute hin, Rosinensoße her, dem Texaner hatte ich zu verdanken, daß ich innerhalb von vierzehn Tagen die Wörter aus mir hinauskaute, als wäre ich zwischen Bohrtürmen und Rinderherden großgeworden.

Nebenbei lernte ich, wie Zwiebeln fachgerecht geschnitten werden. Das brachten mir die Wiener Köche bei. Und ich begriff auch schnell, wie man aus großen Töpfen siedendheißes Kartoffelwasser abgießt, ohne sich dabei zu verbrühen.

Meine Verwandtschaft hätte mich zu gern für immer in dieser amerikanischen Küche gesehen, weil es auch in Wien zu dieser Zeit so aussah, als würde es für die Kriegsanzettler in diesem Leben nie wieder reichlich zu essen geben, während ich hingegen allabendlich nach Hause brachte, was die meisten Familien einen ganzen Monat über nicht zwischen die Zähne bekamen.

Doch dann geschah, was offenbar passieren mußte; denn Großstädte werden zu Dörfern, wenn man sich ins Zentrum der Bummelboulevards begibt. In Wien sind das die Kärntnerstraße und der Graben, in Berlin ist es der Kurfürstendamm. Und wer jemanden treffen will, den er schon jahrelang nicht mehr gesehen hat, gehe dorthin. Irgendein Bekannter wird ihm garantiert über den Weg laufen. Aber wem sage ich das! In der Kärntnerstraße kam mir Johannes Heesters entgegen; auf dem Graben traf ich Willy Hagara. Erich Elstner begegnete ich an der Ecke der beiden Straßen. Im Schatten des Stephansdoms fielen wir uns in die Arme.

Er war noch nicht gesund. Die Gewebswassersucht war ihm noch anzusehen. Aber vom Elan her schien er wieder fit zu sein.

Er war glücklich, seine Frau Hilde und seinen Sohn, den kleinen Tim, wieder bei sich zu haben. Und von diesem Tag an schloß ich auch ihn und seine Familie in meinen amerikanischen Versorgungsplan ein.

Daß ich im Gegenzug Schauspielunterricht und Gesangsstunden erhielt, werde ich Dir vielleicht nicht erzählt haben, wie ich wahrscheinlich auch nicht mit der Wahrheit herausrückte, wie Elstner mir die Lage erklärte: »In Wien drängen sich sämtliche Schauspieler der vormals deutschen Theater in Prag, Brünn, Karlsbad, Aussig, Teplitz, Olmütz, Mährisch Ostrau und Preßburg. Alle scharren mit den Hufen, putzen Klinken und hoffen auf ein Engagement in Wien.« Dabei zeigte er mir eine Karte von Österreich, tippte mit dem Finger auf Salzburg, Graz und Innsbruck und zuletzt noch auf Sankt Pölten und die Kurstadt Baden vor den Toren Wiens, und sagte: »Das wär's dann auch schon! Und nun frage ich dich: Glaubst du etwa, daß einer der dort seit Jahren engagierten Schauspieler und Sänger Platz machen wird, nur weil der Operettenbuffo Elstner aus Brünn angekommen ist? Keiner wird Platz machen! Und die Wiener Theater werden sich die durch den Film bereits bestens eingeführten Namen holen. Also weg von hier und keine Zeit verschwendet!«

Meine Mutter roch als erste den Braten. »Der Elstner verzahrt uns den Buben!« rief sie eines Tages aus.

Ich fürchte, daß »verzahren« in keinem Wörterbuch zu finden sein wird. »Vaziern« fand ich. In Peter Wehles wienerischem Wörterverzeichnis von »Adaxl bis Zwutschkerl«. Dort ist der Ausdruck mit »vagabundieren, arbeitslos wandern« erläutert. Meine Mutter gebrauchte ihre Version mit Vorliebe in der Koppelung »Kinderverzahrer«, wenn sie ältere Herren meinte, die junge Mädchen verführen. Im Fall meiner »Verführung« durch Erich Elstner schmiß sie offenbar alle Auslegungen in einen Topf.

Heute bin ich mir nicht sicher, welche Verlockung entscheidend war. War der Köder wirklich nur die Bühne oder war es der Lockruf der Ferne, der mich betörte, weil die Ferne Berlin hieß?

Was auch immer lockte, für meine Mutter war die lockende Ferne gleichbedeutend mit unsicherer Zukunft und Lotterleben. Eine Entführung ihres Sohnes durch Zigeuner, Feuerschlucker oder Jahrmarktschreier hätte sie nicht schlimmer treffen können.

Glaube mir, meine Liebe, ich machte mir die Entscheidung

nicht leicht. Ich ging in mich, überlegte gründlich: Was war zu schaffen und was nicht? Und was würde mich in Wien erwarten, ohne die mir wohlgewogene Familie Elstner? Aber da warst ja noch Du! Einen Englischkurs für Fortgeschrittene hattest Du mir spendiert, doch zuletzt war ich nicht mehr hingegangen. Da hatte ich ein schlechtes Gewissen und fühlte mich entsprechend elend. Mich zur Vernunft zu bringen und zum Bleiben zu bewegen, versuchte die eine Stimme in mir. Aber die Stimme, die mich bedrängte und ausrief, »spring und schwimme dich frei!«, war stärker. So vertraute ich den beiden Bademeistern an meiner Seite und sprang.

Am Naschmarkt, wo heute noch das ehrwürdige »Theater an der Wien« Publikumsmagnet ist, bestiegen wir die Ladefläche eines mit einer Plane überdachten Lastwagens. Neben irgendwelchen anderen Leuten, die ebenfalls nach Salzburg wollten, hockten auf den Koffern Hilde Engel, Erich Elstner, der kleine Tim und ich.

Mein Schwager Karl hatte mir einen Daunenschlafsack mitgegeben, meine Mutter und meine Schwester einen Koffer mit ein paar zusammengebettelten Hemden und Strümpfen. Der Abschied war traurig, der frühe Morgen der Stimmung angepaßt. Mich quälte der Abschied vom Tag zuvor. Wir hatten uns gestritten, ich hatte mich abrupt von Dir abgewandt und war einfach fortgegangen, ohne mich noch einmal nach Dir umzudrehen. Ich wollte stark sein. Aber schon eine Straßenecke weiter weinte ich bitterlich.

Jetzt saß ich auf der Ladefläche, und es gab kein Zurück. In meiner Manteltasche steckte der elfenbeinfarbene Hund aus Wachstuch, den Du genäht und mir als Talisman mitgebracht hattest. Meine Mutter weinte, meine Schwester war gar nicht erst zum Abfahrtstermin erschienen. Ihre tränennassen Augen vom Vortag sah ich auch so noch vor mir. Alle, die zur Verabschiedung gekommen waren, winkten. Aber Dein Winken ging mir besonders zu Herzen.

Als der Wagen anruckte und losfuhr, hielt ich den kleinen Tim fest an mich gedrückt, als wäre er ein Teil von Dir.

Es war Januar, das Jahr 1946 war erst ein paar Tage alt und jung die Erinnerung an unsere Silvesternacht in Tante Marys Villa. Vier Monate nur, liebe Puzzl, hat unser Nachkriegsglück gedauert. Aber für mich schweben die rosa Wolken heut noch über Wien.

ZWEITE BRIEFMAPPE

Zeitreise in die Vergangenheit

Lieber Frank! Lieber Tim!

Ich nenne Dich, lieber Frank, zuerst, weil Du der Ältere bist und der eigentliche Frank, also nicht jener, den ein Millionenpublikum kennt und dessen Vorname eigentlich Tim ist. Dich nahm ich erst in Berlin zur Kenntnis, als wir in der kleinen Wohnung Deiner Großmama zusammentrafen, in Spindlersfeld, dem kleinen Stadtteil zwischen Köpenick und Adlershof, während ich Deinen Halbbruder Tim schon seit Monaten an meiner Seite hatte.

Ich war für Dich und Deinen kleinen Bruder so etwas wie eine Nurse, eine Art Kindermädchen, nur männlich halt, also ein Aufpaßbursche für Euch quicklebendige Knaben, wenn Mama und Papa unterwegs waren und Euch nicht mitnehmen konnten.

Es waren anstrengende Tage und Monate für Eure Eltern so kurz nach dem Krieg, angefüllt von vielerlei Bemühungen unterschiedlichster Beschaffenheit: Suche nach Arbeit, Suche nach dem täglichen Brot, nach Heizmaterial, nach Kollegen und Kontakten, die einem vielleicht weiterhelfen konnten; Fahrten in die Altmark mit irgendwelchem Plunder, um dann dort, von Dorf zu Dorf und von Haus zu Haus, wie Bettelmönche an die Hoftore klopfend, anzufragen, ob vielleicht Bedarf sei an alten Vasen, Teppichbrücken, Porzellanhunden, Keramikkatzen, Eheringen, Krawattennadeln und Silberbroschen.

Frank, Du bist mir aus dem Blickfeld gerutscht. Erst im Jahr 1978 erzählte mir Dr. Walter, der enge Mitarbeiter Deines Bruders Tim, daß Du in Südamerika lebst, den Namen Deines eigentlichen Vaters, Werner Scharf, angenommen hast, wodurch es möglich war, daß sich Tim Elstner Frank Elstner nennen konnte. Deinen Namen, unter dem Du jetzt lebst, entdeckte ich auf dem Abspann einer Fernsehsendung. »Produktion Frank Scharf«, las ich und wußte, daß es Dich wieder in Europa gibt.

Ältere Kinobesucher, die noch so manchen UFA-Film in Erinnerung haben, würden mir bestimmt noch diese oder jene Filmrolle nennen können, die Dein Vater spielte, während ich mich im Augenblick nur noch an jene Szene erinnere, die Deinen Vater als Gegenspieler von Hans Albers zeigt: Albers, in der Rolle des Lügenbarons Karl Friedrich Hieronymus Freiherr von Münchhausen, kämpft gegen Deinen Papa, der als »UFA-Schurke vom Dienst« schubladengerecht eingesetzt laut Drehbuch mit dem Säbel die Attacke einzuleiten hatte. Klar, daß sich Albers lügenbarongerecht zu wehren weiß: Gezielte Säbelhiebe zerschneiden die Kleidung Deines Vaters, sezieren skalpellscharf das Hemd Stück um Stück, Streifen um Streifen, bis Dein Vater mit freiem Oberkörper dasteht, körperlich·unversehrt, aber dennoch schmachvoll besiegt.

Von Deiner Mama weiß ich, daß Dein Vater, in den letzten Kriegstagen noch, während des Endkampfes um Berlin gefallen war.

Dir hingegen, lieber Tim, begegnete ich bereits wieder, als Du in der Glanzzeit der Schwarz-Weiß-Sendungen des bundesdeutschen Fernsehens als Partner von Camillo Felgen in der untergeordneten Eigenschaft als Situationsschilderer des jeweiligen Stadtturnierspektakels zu sehen warst. Städtemannschaften hatten mit den verrückten Geschicklichkeitsspielen gegeneinander anzutreten, und Du kommentiertest einen Teil dieses Geschehens. Für mich raste die Zeit mit der Schnelligkeit eines zurückgespulten Aufzeichnungsbandes in jenen Abschnitt unseres Lebens, da wir beieinandersaßen in der geräumigen Bauernstube der Gründerzeitvilla meiner Tante Mary im Wiener Bezirk Hietzing, schräg gegenüber vom Schloß Schönbrunn, und Deine Eltern mit Tante Mary und Onkel Ferry den Verlauf Deiner Taufe besprachen.

Wie Du weißt, lieber Tim, hast Du eine stattliche Reihe von Vornamen: Franz Maria Timotheus. Wem Du den Timotheus zu verdanken hast, weiß ich nicht. Aber über Franz und Maria kann ich Dir Auskunft geben. So hießen Deine Taufpaten. Franz, das war mein Onkel Ferry, und Maria, meine Tante Mary. Tante Mary hatte noch zwei Schwestern. Eine davon hatte einen Bruder meiner Mutter geheiratet, den Onkel Leopold. Und Tante Mary selbst war mit dem zweiten Bruder meiner Mutter vermählt, mit Onkel Eduard. Das war der mit dem Filmverleih Eduard Brandl, dessen verregnete Filmkopie »Die Mühle im Schwarzwald« als Restbestand guter alter Zeiten noch nach dem Zweiten Weltkrieg als Vorfilm in den kleinen Kinos der Wiener Außenbezirke lief und jedesmal Heiterkeitserfolge unter den Zuschauern auslöste. Auch

Willy Hagara lachte seinerzeit herzhaft, als ich ihm von Onkel Edi erzählte; denn auch er kannte die knisternde Kopie mit dem schon leicht verjaulten Ton der Musikuntermalung.

Also mit diesem Onkel, lieber Tim, hattest Du nichts zu tun. Onkel Edi war zu dieser Zeit längst von Tante Mary geschieden.

Tante Mary, eine bildschöne Frau, war in den Jahren ihrer Blüte einige Zeit mit einem gewissen Kertesz befreundet. Kertesz kam aus Budapest, war mit dem Verfertigen von Stummfilmen befaßt und gerade dabei, einen Kinderfilm zu beginnen. Tante Mary, von Natur leichtsinnig, aber familienbewußt, schwatzte dem armen Kertesz als Hauptdarstellerin meine Schwester auf. Ich war damals noch nicht auf der Welt, meine Schwester wird noch keine vier Jahre alt gewesen sein, war mutig und liebenswert frech, wenn die Mama dabei war, und auf Kommando jederzeit bereit, wie später Shirley Temple, zu singen und zu tanzen. So war sich Tante Mary sicher, daß Elisabeth diese Rolle meistern würde. Kertesz verließ sich darauf.

Die Szene, mit der begonnen werden sollte, war so angelegt, daß ein ausgewachsener Bernhardiner meine Schwester über einen Friedhof an das Grab der verstorbenen Mutter führt.

Wahrscheinlich hätte Kertesz dem Kind die Filmsequenz einfühlsamer erklären sollen. So aber sagte er der knapp Vierjährigen: »Paß auf, deine Mutter ist tot. Sie liegt dort im dunklen Grab tief unter der Erde. Der große Hund weiß, wo sie liegt, und er führt dich hin.«

Der Hund brauchte an diesem Vormittag niemanden mehr irgendwohin zu führen. Meine Schwester brüllte wie am Spieß, und Kertesz tröstete, indem er auf meine Mutter zeigte und zu meiner Schwester beschwichtigend sagte: »Schau, deine Mutter lebt ja noch!«

Dieses »noch« war es, das Kertesz besser hätte weglassen sollen. Meine Schwester schrie noch lauter, und Kertesz wußte, daß Kinderpsychologie sein Fall nicht war. Er ging nach Amerika, nahm dort den Namen Michael Curtiz an, wurde mit diesem Namen berühmt, drehte unter anderem den noch berühmteren Film »Casablanca« und traf sich mit Tante Mary in Wien erst wieder, als er in der Donaustadt den Film »Olympia« mit Sophia Loren drehte.

Tante Mary hatte eben ein anziehendes Wesen. Auch Onkel Edi kam nie ganz von ihr los. Obwohl längst von ihr geschieden, strich er ihr den schmiedeeisernen herrschaftlichen Zaun vor der noblen Villa, die er bezahlt und ihr überlassen hatte. Mit diesem Onkel habe ich, wie ich heute feststellen muß, einiges gemeinsam.

Wenn Du deine Taufkirche besuchen möchtest, sie befindet sich zwischen Kärntnerstraße und Kohlmarkt auf der rechten Seite des Grabens in eine Nische der Häuserzeile kurz vor dem Kohlmarkt eingebettet. Die Nische ist eigentlich schon ein kleiner Platz und heißt nach der Kirche Peters-Kirch-Platz. In dieser altehrwürdigen Kirche also saßen wir schließlich alle, die an der Zeremonie Deiner verspäteten Taufe teilhaben wollten.

Ich sehe Dich, als wäre es gestern erst gewesen, auf der kalten Kirchenbank sitzen. Bislang hattest Du nur mit Vorgängen zu tun gehabt, die sich um die Schauspielerei drehten, hattest Bühnengespräche Deiner Eltern im Ohr, weshalb für Dich überall dort, wo Menschen zusammenkamen, um etwas Spektakuläres zu erwarten, nur eines stattfinden konnte: Theater. Völlig verständlich daher, daß Du, nach geraumer Zeit des braven Wartens, auf der Bank herumzurutschen begannst und fragtest: »Papa, wann geht die Vorstellung endlich los?«

Ich bestätige hiermit, lieber Franz Maria Timotheus Elstner, der Du allen deutsch sprechenden und verstehenden Fernsehkonsumenten Europas unter dem Namen Frank Elstner bekannt bist, daß Dir zu Wien im kalten Winter des Jahres 1945 dreimal Wasser über den Kopf gegossen wurde, wobei der Priester die Worte »Ich taufe dich im Namen des Vaters und des Sohnes und des Heiligen Geistes« sprach, und daß wir alle »Amen« sagten.

Deine Taufe mit einer schlechtgeprobten Theateraufführung zu vergleichen, wäre nicht gerecht und außerdem blasphemisch; dennoch verlief einiges nicht korrekt.

So hättest Du als Täufling mit Deinen Paten vor der Kirche oder in der Vorhalle warten müssen. Schließlich warst Du noch ungetauft und standest »im Todesschatten der Erbsünde«, also »ohne Wohnrecht für das Haus Gottes«, wie es heißt. Und erst mit dem Priester, der Dich und die Paten mit einem Gebet auf den »Eintritt in das Reich des Lichts« vorbereiten sollte, wäre der Eintritt erlaubt gewesen.

Auch scheint mir, daß die Taufpaten Franz und Maria eigentlich nicht so ganz im Sinne der Vorstellung und Forderung der Kirche die rechten waren.

So verlangt die Kirche, daß die Taufpaten der katholischen Glaubensgemeinschaft angehören, in den Wahrheiten der Religion gut unterrichtet sind und einen sittlich einwandfreien Lebenswandel führen.

Das mit der Zugehörigkeit zur katholischen Kirche ging ja noch in Ordnung. Doch schon beim zweiten Punkt der Forderung kommen mir berechtigte Zweifel. Vom dritten Punkt ganz zu schweigen. So dürfte für Tante Mary der gute alte Michael Curtiz nicht der einzige Fehltritt gewesen sein, und Onkel Ferry wurde bestimmt nicht ohne Grund von seiner Mary auf offener Straße geohrfeigt, als er aus einem Haus kam, das nicht gerade als Mädchenpensionat angesehen werden konnte.

Doch attestiere ich den beiden, die nicht mehr unter uns weilen, daß sie ganz gewiß an jenem Tag um keusche Zucht und Reinheit der Gedanken bemüht waren, weshalb sie sich am Tag vorher der Prozedur der heiligen Beichte unterzogen hatten und demzufolge würdigen Gefühls an das Taufbecken treten konnten, um statt Deiner auf die Fragen des Priesters zu antworten.

Wie das mit dem geweihten Salz war, das der Priester laut Taufzeremonie Dir hätte in den Mund legen müssen, um damit die Fäulnis der Sünde zu beseitigen, so wie das Salz die Speise vor Fäulnis bewahrt, vermag ich leider nicht mehr nachzuvollziehen. Doch weiß ich, was Du geantwortet hättest, wäre Dir tatsächlich Salz zwischen die Lippen gekommen. Du hättest dich geschüttelt und gefragt: »Habt ihr keinen Zucker?«

Du warst ein aufgewecktes Kerlchen und wußtest dich schon mit knapp vier Jahren so auszudrücken, daß Dir die Herzen der Damen zuflogen.

So wäre Dir zum Beispiel die Frage »Wann gibt es Essen?« zu direkt gewesen. Zu Hause hättest Du vielleicht so gefragt. Aber in der noblen Villa meiner Tante wußtest Du Dich dem eleganten Ambiente anzupassen. Und so formuliertest Du: »Könnte es sein, daß ihr vielleicht schon gegessen habt?«

Noch ein paar Bemerkungen von Dir fallen mir ein. Da waren wir schon auf unserer Reise und über Salzburg längst hinaus. In Rottach-Egern hatten wir Station gemacht. Am Tegernsee. Dort, wo sich nach der Wende Erich Honeckers Devisenbeschaffer, Herr Schalck-Golodkowski, niedergelassen hat.

Deine Eltern hatten diesen Abstecher gemacht, um Leo Slezak zu besuchen. Ende Januar 1946 war das, als ich mit Dir, lieber Tim, vor Leo Slezaks Haus stand. Du, an meiner Hand, brav wie immer. Wir froren, und Du fragtest, warum Mama und Papa allein in der schönen Villa wären, in der es bestimmt einen warmen Ofen und etwas Gutes zu essen gäbe.

Ich sagte: »In dem Haus ist es genau so kalt wie hier draußen. Und weil es dort drin so kalt ist, hat sich Onkel Slezak auch so sehr erkältet, muß im Bett liegen und darf auch nichts essen.«

Du hörtest Dir meine Schwindelei geduldig an, zeigtest dann auf den rauchenden Schornstein und sagtest: »Schlimm, wenn man heizt und das Haus nicht warm wird!«

Darauf erzählte ich von alten Kachelöfen, die keine Wärme mehr geben, und von alten Leuten, die schneller frieren als junge, worauf Du meintest: »Kann es sein, daß ich schon alt bin?«

Wir gingen auf und ab; der Filmschauspieler Ernst F. Fürbringer kam vorbei; ich grüßte, und er dankte, als würde er mich auch kennen; da wolltest Du wissen, ob ich hier früher schon einmal gewohnt hätte. Ich fragte: »Wie kommst du darauf?« Da sagtest Du: »Weil dich der Mann gegrüßt hat.« Ich sagte, daß der Mann Filmschauspieler sei und ich ihn nur vom Kino her kenne. Darauf Du: »Das ist etwas anderes! Wenn ich später Schauspieler bin und du gehst in meinen Film und kaufst dir eine Kinokarte, grüße ich dich auch!«

Zu gern hätte auch ich Leo Slezaks Hand gedrückt, zumal ich mit meinem Großvater hätte aufwarten können, unter dessen Aufsicht Schmiedelehrling Leo die ersten Hammerschläge geübt hatte und dabei schon gesungen haben soll.

Vielleicht hatten mich deshalb Deine Eltern nicht mit ins Haus genommen. Ich hätte ja ausrufen können: Der Werkmeister Brandl aus Brünn läßt grüßen! Er liegt leider schon auf dem Hietzinger Friedhof, aber Sie sehen sich eh bald!

Deine schnelle Zunge, lieber Tim, wird es gewesen sein, warum Deine Eltern aus Sicherheitsgründen auch mich in ihre vorbeugende Maßnahme eingeschlossen hatten.

Als Hilde und Erich aus dem Haus kamen, brachten sie eine Bemerkung Leo Slezaks mit, die inzwischen als Anekdote längst zum Allgemeingut geworden ist. So hat die Frage gelautet, ob Slezak vorhabe, noch einmal nach Amerika zu reisen, um in Hollywood seinen Sohn zu besuchen. Worauf Slezak antwortete: »Ich glaube nicht. Da müßte ich ja in Holzkirchen umsteigen.«

Ob man heute immer noch in Holzkirchen umsteigen muß, um vom Tegernsee nach München und von dort weiter in die große Welt zu gelangen? Schalck-Golodkowski wird es wissen.

Wie ich von den Engländern die sofortige Öffnung des Schlagbaums verlangte

Was Eure Eltern an Bargeld mit sich herumtrugen, ob sie überhaupt genügend Geld besaßen, ob uns Tante Mary etwas mitgegeben hatte und später vielleicht die Theaterkollegen aushalfen, die bereits wieder in Lohn und Brot standen und bei denen wir übernachteten, ich weiß es nicht. Immerhin waren wir inzwischen schon bis Kassel, Braunschweig, Hildesheim und Hannover gelangt. Eine beachtliche Leistung im Jahr nach der Stunde Null.

Was ich bislang an Zerstörung gesehen hatte, war nichts gegen den Anblick der Städte in Deutschland. Erstaunlich, daß in diesen Trümmerwüsten überhaupt noch etwas funktionierte. Die Menschen froren, sie hatten Hunger, aber sie gingen ins Theater.

Wir wollten weiter nach Berlin und suchten entlang der Demarkationslinie nach einem geeigneten Übergang. Bei Duderstadt fanden wir ihn. Aber einen Übergang finden, hieß noch lange nicht, ihn so ohne weiteres passieren zu dürfen. Wir vier waren nicht die einzigen, die nach Berlin wollten. Doch die Engländer ließen uns nicht. Jedenfalls nicht gleich. Vielleicht war ihnen das Öffnen des Schlagbaums für jeden Verrückten, der zu den Russen wollte, zu viel an Bewegung. Vielleicht hatten sie auch nur Teatime. Und die haben Engländer ja so gut wie immer. Also dachte ich, daß dies der rechte Augenblick sein könnte, für die Familie etwas zu tun.

Ich ging schnurstracks kühn in die angenehm durchwärmte Baracke des Wachhabenden, mitten hinein in den würzigen Duft von Tee mit Milch, der durchmischt war vom blauen Aroma gerade erst entzündeter Navycut-Zigaretten, und fragte in meinem besten Amerikanisch, wann für meine Familie und für mich der Schlagbaum endlich aufginge. Und ich bin mir sicher, daß ich Schlagbaum sagte und nicht Kochlöffel. Dennoch reagierte der Mann, als hätte ich Kochlöffel gesagt; dabei hatte ich ihn nur gefragt, ob sich denn sein Balken immer so selten hebe, sozusagen nur »once in a blue moon«, was er richtig mit »alle heiligen Zeiten« verstanden und dummerweise persönlich aufgefaßt haben mußte.

Und so verschwand ich. Für mindestens eine Stunde galt ich als verschollen. Mama Hilde und Papa Erich rannten in heller Aufregung mit Dir umher und suchten nach dem ausgewachsenen Küken, das sie sich leichtsinnigerweise ins Nest geholt und nun verloren hatten.

Sie fanden mich schließlich im Gewahrsam der britischen Krone, erklärten mich für ihren Sohn und bekamen mich auf diese Weise zurück.

Der Dolmetscher sagte zu Erich, während Mama Hilde inzwischen mit Dir und dem »Adoptivsohn auf Zeit« ins Massenquartier zurückkehrte, daß die Angelegenheit dem Wachhabenden verdächtig erschienen war, weil ein ausweisloser Bursche im Slang eines Texaners die sofortige Öffnung des Schlagbaums für sich und seine Familie verlangte.

Dieser Zwischenfall gehörte noch lange zum Erzählrepertoire Eurer Eltern. Ich notierte später die Geschichte und schloß mit dem Reim: »So ging zu guter Letzt noch glatt/
mein Bubenstück von Duderstadt.«

Endlich in Berlin

Der Schnellzug nach Berlin war gestopft voll, und ich erinnere mich, die ganze Fahrt über gestanden zu haben. Zum Glück hielt der Zug nicht oft. Aber wenn er hielt und die neu hinzugestiegenen Rucksackträger hereindrängten, gab es den Gletschereffekt: wir kalbten. Das hieß, daß sich eine Station weiter im Waggon keiner mehr dort befand, wo man ihn eine Station zuvor noch gesehen hatte. Selbst die schwersten Brocken wurden geschoben und gehoben. Nach geraumer Zeit entdeckte ich mich bis fast auf Gepäcknetzhöhe emporgedrückt, aber noch atmend. An welche Abteilwand geklebt Du diese Fahrt überstanden hast, armer Tim, könnte uns heute nur noch Dein Schutzengel verraten.

Als wir in Berlin ankamen, stand die Sonne schon schräg, und es war Frühling. Zum Anhalter Bahnhof führten noch oder schon wieder Gleise. Ich bin mir so gut wie sicher, daß der Zug dort fuhr. Vor der Bahnhofsruine empfing uns Musik. Mittels einer sinnvoll angebrachten Hilfsmechanik bediente ein Mann mehrere Instrumente, einschließlich eines Schellenbaums auf dem Kopf und zweier Tschinellen auf dem Rücken. Mit dem Mund widmete er sich einer in Gesichtshöhe fest installierten Trompete, mit den Händen zog und quetschte er ein Akkordeon, während die Füße das Schlagwerk in Gang setzten. An dem Mann war so gut wie alles in Bewegung: nur für die Ohren und den Zipfel in der Hose war ihm offenbar nichts eingefallen.

Wir schleppten unsere Siebensachen, die wir erstaunlicherweise alle noch hatten, eine freigeräumte Straße entlang. Es wird die Möckernstraße gewesen sein. Und mein erster Eindruck von Berlin: weißgraue Ordentlichkeit zwischen den Trümmerbergen und den vereinzelt noch stehenden Häuserwänden.

Ich erinnere mich, daß in Wien, wo eigentlich wenig kaputtgegangen war, die Trümmerbrocken noch im Herbst 1945 auf den Gehsteigen der Innenstadt herumlagen.

Die einstige Metropole an der Spree hingegen – ein einziger Steinhaufen zwar – präsentierte sich gefegt und demonstrierte deutsche Sauberkeit, worauf die Welt gern verzichtet hätte, wäre ihr in den Jahren davor nur alles andere erspart geblieben.

Das also ist Berlin! dachte ich und genoß das hohlheiser röhrende Geräusch der fahrenden S-Bahn, die uns nach Spindlersfeld, dem kleinen Stadtteil zwischen Köpenick und Adlershof brachte.

Dort in der Wohnung Eurer Großmama Engel war die Familie dann komplett. Frank sah den Tim und Tim den Frank zum ersten Mal, und Frank sah außerdem noch mich. Und erstmalig schien der Oma aufzufallen, daß ihre Wohnung klein war. Von einem Tag zum andern zehn Füße mehr unterm Küchentisch: das war zuviel für die alte Dame. Grund genug für sie, tag und abendfüllend zu seufzen, während ich reichlich Gelegenheit hatte, wahrzunehmen, was ich so noch nicht kannte. Die Großmama seufzte nämlich auf eine für mich interessante Weise: Sie legte das sorgenvoll gehauchte »Ja« auf den eingeatmeten Luftstrom. Eine gefährliche Praktik, wie ich fand. Ich wäre an einem

Versuch beinahe erstickt. Ungeübten Süddeutschen demnach nicht zu empfehlen! Aber recht geben muß ich der Oma: Sorge, Gram und Kummer lassen sich mit diesem in die Luftröhre eingehauchten »Ja« weitaus besser ausdrücken als mit einem ausgeatmeten »Ja«, das stets nach Erleichterung klingen wird.

Und über noch etwas wunderte ich mich: Bislang war mir nur der Nachgeschmack bekannt gewesen, den eine Speise haben kann; bei Eurer Großmama in Berlin hingegen, da schmeckte etwas vor. So gab es viel zu bestaunen. Besonders in der Stadt, von der aber nicht mehr viel übriggeblieben war, also wenig zu erkennen. Nur unter der Erde in den U-Bahnhöfen konnte man sich der Illusion hingeben, daß oben noch das intakte alte Berlin steht. So war ich gern dort unten. Der abgestandene Geruch störte mich nicht, wenn ein sich nähernder Zug den modrigstickigen Kelleratem aus dem Tunnel vor sich hertrieb und in den Bahnhof drückte. Ich fand es abenteuerlich, von Station zu Station zu fahren und die Namen von Plätzen und Straßen zu lesen, die ich entweder noch von den alten Jahrgängen der »Berliner Illustrirten« in Erinnerung hatte oder aus den kleinen Detektivheften der »Tom-Shark«-Reihe kannte. So fiel mir in der U-Bahnstation Alexanderplatz nicht Alfred Döblin ein, sondern der glücklose Kriminalkommissar Wendler, der im Polizeipräsidium am »Alex« sein Büro hatte, in jedem Heft Gegenspieler von Tom Shark war und der richtigen Spur stets hinterherhinkte.

Am U-Bahnhof Uhlandstraße stieg ich aus und stieg die Treppen hinauf zum Kurfürstendamm, der Bummelstrecke von Tom und dessen Freund Pit Strong, ging zu Fuß den ziemlich weiten Weg bis zum S-Bahnhof Halensee und die Königsallee hinunter und dann rechts in die Wallotstraße, wo laut Beschreibung von Pit Strong das Haus des Königs der Detektive gestanden haben soll. Übrigens war es eine Frau gewesen, die sich die einfach gestrickten und simpel geschriebenen Geschichten ausgedacht hatte, angelehnt an die guten alten Vorlagen von Edgar Allan Poe und Sir Arthur Conan Doyle. So gab es den messerscharf kombinierenden Supermann, sowie den weniger geschickten Partner, der oft mehr schadete als nützte; es gab einen Schäferhund, der auf den Namen Greif hörte, und einen Diener, der Bill hieß und dessen Aufgabe es war, den Maybach in der Garage auf Hochglanz zu polieren und einmal in der Woche von Lutter & Wegner je eine Kiste Wein und Sekt, sowie Asbach Uralt und eine Großpackung Attika-Zigaretten zu holen. Ein Geheimgang, der vom Haus in der Wallotstraße zu einem Birkenwäldchen unweit des Halensees führte, gehörte mit zu den Geschichten. Auf diesem Weg konnten Tom und Pit das Haus unbemerkt verlassen, sicherheitshalber häufig auch noch verkleidet, wenn dies ein besonders schwieriger Fall erforderte und sie damit rechnen mußten, daß Ganoven das Grundstück und die nähere Umgebung beobachteten. Und schließlich gab es noch den Hausarzt, Medizinalrat Dr. Bürgel, der ebenfalls Heft für Heft eine Rolle spielte, weil kein Abenteuer ohne Schramme ablief und kein Fall gelöst wurde, der nicht einem der Helden mindestens eine Beule am Hinterkopf oder eine Streifschußwunde eingebracht hätte. In der Wallotstraße gab es immer Wunden zu säubern, zu nähen und zu verbinden. Ich war zehn gewesen, als mir eine Freundin meiner Schwester zum ersten Mal die Tom-Shark-Hefte mitbrachte. Mit sechzehn las ich sie nicht mehr: Mein Stilempfinden rebellierte. Aber so etwas wie eine Aura war verblieben. Das merkte ich, als ich entdeckte, daß es die Straßen tatsächlich gab, die in den Geschichten eine Rolle spielten. Eines Tages entdeckte ich die Station Gleisdreieck: die Szenerie des Filmes mit Peter Lorre. Die Steilkurve der Avus-Rennstrecke sah ich mir auch an, sowie natürlich den Flughafen Tempelhof. Es war eine kurze, aber spannende Zeit.

Doch dann begann für mich der Ernst des Lebens. Großmama Engel war der berechtigten Meinung, daß der junge Mann an Eurer Seite beschäftigt werden müsse. Müßiggang ist aller Laster Anfang, wird sie nicht gerade gesagt haben, aber mich spazierenfahren lassen, herumsitzen, Zeitung lesen und die Daumendrehen, das gestattete sie mir nicht länger. Und so ordnete sie an, dem Nachbarn behilflich zu sein. Der freundliche Herr von nebenan wusch gegen Honorar in einer Art privaten Dienstleistung Laken, Kopfkissenbezüge, Tischtücher, Unterwäsche und Hemden, die bügelfertig zu den jeweiligen Auftraggebern zurückgebracht werden mußten. Diese Botentätigkeit wurde mir übertragen. Großmama übernahm das Management, und ich sorgte für den gewissenhaft ausgeführten Transport.

Der Kurzweil dieser Aufzeichnungen täte es gut, wenn ich mit einem spektakulären Verlauf meiner Ausfahraktionen aufwarten könnte: *Leiterwagen eines Wäscheboten mit sowjetischem Panzer kollidiert* oder *Wäschelieferant in Straßenbahnweiche eingeklemmt – Wäschereibote im Schock.* Aber nichts dergleichen war passiert. Nur die Wäsche, der Bote und der Leiterwagen können von mir bestätigt werden.

Vierzig Jahre später sprach mich ein junger Mann an, der für die Künstleragentur der DDR als Reiseleiter tätig war und das Tourneeprogramm der »Großpopowitzer Bocksbande« begleitete, für die ich als Textautor die deutschen Worte geschrieben hatte und außerdem noch als Moderator und Sänger in dieser Show mitwirkte. Er sagte: »Mein Großvater hat immer wieder von Ihnen erzählt, wenn er Sie im Fernsehen sah oder im Radio hörte. Dann sagte er jedesmal: Der hat neben mir gewohnt und mir eine Zeitlang geholfen.«

Ich erinnerte mich sofort und fragte: »Hat Ihr Großvater vielleicht in der Köllnischen Vorstadt, unweit des S-Bahnhofs Spindlersfeld gewohnt?« Der Reiseleiter nickte.

»Dann hat er bestimmt Bahlke geheißen, und ich hatte für ihn Wäsche ausgefahren!«

Da war des Reiseleiters Glück komplett: Großvaters Geschichten hatten sich als wahr erwiesen; Fernsehliebling L. J. war tatsächlich mit Opas Wäschekarren durch Köpenick gezogen.

»Deutschland ist nicht Österreich«, seufzte Eure Mama. »Was sich in Wien relativ leicht hätte bewerkstelligen lassen, wird hier zu einem nervenaufreibenden Hindernislauf.«

Damit hatte sie recht. Ich allein wäre bereits an der ersten Hürde gescheitert. Zuzugsgenehmigung hieß der unüberwindliche Graben. Meine Rettung: Eure Mama war in Berlin geboren, hatte mit den Nazis nichts am Hut, weshalb sie nicht in Deutschland geblieben war, als Hitler die Macht übernahm. Das wird ihr bei den Ämtern im sowjetisch verwalteten Stadtteil Köpenick genützt haben. Der »Pflegesohn« aus Brünn – als wie icke also – wurde »der Familie Elstner zugehörig« bestätigt, daß für mich Wichtigste war damit geschafft!

Doch die nächste Hürde lauerte schon: das Arbeitsamt!

»Sie sind Schauspieler?« fragte der Beamte und sah mich dabei an, als hätte ich behauptet, Marlene Dietrich zu sein. »Und wo haben Sie schon geschauspielert, abgesehen von jetzt hier?«

»Der Mann sieht durch«, dachte ich, gab mich aber weiterhin selbstbewußt und sagte: »In Brünn, an den Kammerspielen.«

»Na, da haben Sie doch sicherlich noch einen Vertrag, oder?«

»Hab ich leider nicht.«

»Oder das Abschlußzeugnis einer Schauspielschule.«

»Hab ich auch nicht. Die Wohnung wurde von Partisanen beschlagnahmt, und alle meine Unterlagen sind noch dort.«

»Na fein«, sagte der Mann vom Arbeitsamt, »dann melden Sie sich gleich am Montag früh um sieben unter dieser Anschrift auf der Baustelle im Grunewald. Der Nächste, bitte!«

Da stand ich nun mit der Adresse in der Hand, las unter meinem Namen »Bauhilfsarbeiter«, dachte, na bravo, den Job hättste auch in Wien haben können, und zog von dannen.

Einen Tag lang gab ich mir Mühe, ein guter »Hucker« zu sein, wie das in der Fachsprache der Bauarbeiter heißt. Ich schleppte Kanthölzer, schob Karren mit Kies, klopfte Ziegel ab, schupfte neue, rührte Kalk, schaufelte Zement, und alles ohne Arbeitshandschuhe, ohne Arbeitskleidung, ohne Schutzhelm und Atemmaske.

Noch auf dem Heimweg brannten meine Schleimhäute in Nase und Rachen; meine Augen tränten, meine Hände zitterten, und auch mein Gang war nicht mehr der alte. Ich sprach vor mich hin wie ein vom Spaltirrsinn Gejagter: »Noch eine Woche an der Kalkgrube zwischen Zement und ungelöschtem Kalk, noch eine Woche Zentnerlasten auf deiner Schulter, und du wirst nie wieder aufrecht gehen, geschweige singen können; dein Leben wird verpfuscht sein, weil deine Hände zittern werden wie die eines alten Mannes; keinen Füllhalter wirst du mehr halten können, keine Schreibmaschinentaste richtig treffen; du wirst nur noch husten, krächzen und zittern!«

Ich ging wie von Teufeln getrieben. Nur weg von dieser Arbeitsstelle! Heute weiß ich, daß es die Teufelsseestraße war, die ich entlangstolperte.

Ich kann das alles einigermaßen genau belegen, weil ich im Nachlaß meiner Mutter Briefe fand, die ich ihr damals schickte und aus denen ich entnehme, daß wir zu jenem Zeitpunkt bereits im Berliner Nobelviertel Westend wohnten. Tante Milli hatte uns aufgenommen.

Es war zwar keine Villa, aber es war ein immerhin unzerstört gebliebenes Wohnhaus am Ende der Soorstraße, kurz vorm Spandauer Damm. Die Wohnung war größer, die Zimmer waren höher, demzufolge auch kühler; doch Tante Millis Herz war warm. Seelensgut habe ich sie in Erinnerung. Mit einer Engelsgeduld ertrug sie die fünfköpfige Familie. Mit ihrem Mann und ihrer bereits erwachsenen Tochter Inge hatte sie sieben immer Hungrige um sich.

Großmama Engel war froh, ihre kleine Wohnung wieder für sich allein zu haben. Und auch wir waren froh, ihre Seufzer nicht mehr hören zu müssen. Wir waren jetzt am anderen Ende der Stadt, im Sektor der Engländer, weit weg vom Bereich der SMAD, der sowjetischen Administration.

Papa Elstners Ehrgeiz strebte nach einer Konzession für ein eigenes Theater. Und mein einziger Ehrgeiz auf dem Weg von der Teufelsseestraße war: nie wieder diese Strecke von Westend zur Baustelle und zurück laufen zu müssen; auch nicht fahren.

Wie ich das britische Nationalgetränk mißhandelte

Ich dachte an das Café Josefstadt und an meine Kühnheit, die mir den angenehmen Job an der Seite des Texaners verschafft hatte, und sagte mir, daß es so etwas doch auch in Berlin geben müsse. Und so inspizierte ich den Berliner Stadtplan, sah aber mit Bedauern, daß für einen Fußgänger der amerikanische Sektor mit seinen Arbeitsplätzen in Dahlem und Zehlendorf zu weit weg von Westend war.

So nahm ich gleich am Tag darauf das Arbeitszeugnis aus der Tasche, das mir die Amerikaner in Wien ausgestellt hatten, und marschierte damit zur britischen Arbeitsvermittlungsstelle, nur eine halbe Stunde Fußweg von der Soorstraße entfernt; und siehe da: das Papier half!

Nun gut. Es war nicht das angenehme Arbeitsklima, das ich bei den Amerikanern hatte; es war auch nicht die Dolmetschertätigkeit, die ich mir wünschte: es war die Stelle eines Kochlehrlings, die ich ausfüllen durfte.

Und das tat ich, sehr zur Freude der Familie, weil meine Lebensmittelrationen Euch zugute kommen konnten.

Der Weg zum Fehrbelliner Platz ins Cumberlandhouse war nicht gerade der kleine Spaziergang, den sich ein Arbeitnehmer wünscht, doch ging ich ihn gern; allerdings ungern betrat ich die Küche, weil der Küchenbulle, der dort das Sagen hatte, nicht meine Kragenweite war. Auch ich schien ihm nicht zu behagen, und am allerwenigsten behagte ihm der Tee, wie ich ihn zubereitete. So erfuhr ich, daß er »absolutely undrinkable« sei.

Das traf mich hart. Einem Engländer einen ungenießbaren Tee anbieten, das kommt, wie mir jeder empirekundige Englandfreund bestätigen wird, einer Majestätsbeleidigung gleich. Da hätte ich eher dem Herzog von Edinburgh unter den Schottenrock oder der Königin an die vergoldete Klinke fassen dürfen.

Also gab ich mir Mühe. Doch irgendwas machte ich offensichtlich weiterhin falsch. Und der Schweinehund mit dem Bullbeißergesicht sagte mir nicht, was. Er sagte nur, daß Quizkandidaten den von mir zubereiteten Tee spontan mit dem Prädikat »Abwaschwasser« belegen würden.

Das wagte ich anzuzweifeln und antwortete: »Wenn Sie mich nicht mögen und deshalb an meinem Tee andauernd herummäkeln, schmeißen Sie mich doch einfach raus!«

Ich hätte das vielleicht vornehmer ausdrücken sollen; doch ich sagte tatsächlich »fire me!« Und das ließ sich der Küchenbulle kein zweites Mal sagen und feuerte mich wirklich. Der Tee war noch nicht kalt und weggegossen, da stand ich schon auf der Straße und überlegte, wie ich die unerfreuliche Wahrheit in eine erfreulichere Fassung umwandeln könnte.

Als ich die halbe Wegstrecke vom Fehrbelliner Platz in Richtung Westend gegangen war, hatte ich ein Konzept parat. Und hilfreich dabei war folgendes:

Eure Mama pflegte mich gelegentlich zu necken, indem sie auf eine gewisse Gefährdung meines Jünglingskörpers hinwies. Sie meinte jene Stelle der Rückenansicht, die bei Pavianen rot markiert ist.

Die Geschichte lag noch gar nicht lang zurück. Mama Hilde hatte mich in Richtung Pankow zu zwei Herren geschickt, von denen sie wußte, daß sie miteinander leben. Einen Schuhkarton hatte sie mir mitgegeben und gesagt: »Wenn du die Schuh abgibst, wackel nicht zu sehr mit deinem Po!«

Die Herren wohnten in der Hallandstraße, unweit des U-Bahnhofs Vinetastraße, wo der Bezirk Prenzlauer Berg aufhört und Pankow anfängt.

Einer der Herren öffnete, nachdem ich geklingelt hatte, bat mich in ein Zimmer, das ich gar nicht als Schlafzimmer wahrgenommen hätte, wäre da nicht der Satz gewesen, daß ich verzeihen solle, hier hereingeführt zu werden, der Steuerberater sei gerade da und im Wohnzimmer mit den Akten und dem Freund beschäftigt. Da hatte er mir den Schuhkarton bereits abgenommen, lässig auf das breite Bett geworfen und mich in einen großen weichen Lehnsessel gedrückt. Ich versank so tief, daß ich glaubte, vorher noch kräftig Luft holen zu müssen.

Diesen Atemzug muß der Mann falsch gedeutet haben. Er setzte sich auf die Lehne und damit beinahe halb auf mich. Der Mann war groß und schwer. Jetzt war ich hilflos eingepolstert.

Er redete und redete, und ich fragte mich, was seine behaarte Hand auf meinem Hemd suchte. Ich starrte auf diese Hand, die unterhalb meines Kinns am obersten Hemdenknopf herumfummelte und von Knopf zu Knopf immer tiefer rutschte, bis mein Hemd fast aufgeknöpft war. Erst staunte ich nur, weil das, was er erzählte, in keinem Zusammenhang stand mit dem, was er an mir vollführte. Dann war ich wie gelähmt.

Erst als er mir den Hosengürtel lösen wollte und endlich etwas Konkretes zur Sache sagte, schreckte ich auf. Der Satz lautete: »Hier schlummert er!« Das war für mich wie das Fingerschnippen eines Hypnotiseurs, der sein Medium in die Wirklichkeit zurückholt. Ich schnellte aus dem Clubsessel, als hätten sich sämtliche Sprungfedern der Sitzfläche aus einer verklemmten Spannung gelöst und mich hochkatapultiert. Mit einem zweiten Sprung war ich an der Tür, mit Riesenschritten durch den Flur, und mit einem dritten Sprung im Treppenhaus. Ein Kugelblitz hätte das nicht schneller geschafft. Wie ein wild gewordener Schirokko wirbelte ich die Stufen hinunter, im Rücken den Ruf des Mannes: »Schenk mir doch wenigstens ein Küßchen!« Auch dieser Wunsch blieb ihm versagt, weil ich noch rannte, als ich schon auf der Schönhauser Allee und damit längst in Sicherheit war.

Diese Story, von mir im häuslichen Kreis zum besten gegeben, hatte die von Eurer Mama erwartete Pointe. Große Heiterkeit und Applaus!

Und dieses wahre Abenteuer, sagte ich mir, wäre eine glaubhafte Grundlage für eine Lügengeschichte, mit der ich den Schock mildern könnte, den zweifellos die Offenbarung meiner Entlassung zu Hause auslösen würde. Und so baute ich eine Fassung mit der logischen Fortführung dessen, was Eure Mama schon immer meinte, wenn sie sagte, daß ich sexuell gefährdet sei.

Wilmersdorf lag längst hinter mir, ich marschierte inzwischen schon durch Charlottenburg den Kaiserdamm hinauf, als ich die Story fertig hatte.

Mea culpa, und mein Hemd zerrissen! Der arme unschuldige Küchenbulle möge mir verzeihen!

Shakespeare, Fred Astair oder Egon Erwin Kisch?

So war ich wieder arbeitslos, doch deshalb niemals ohne Arbeit. Eingespannt ins Studium zweier Rollen, hatte ich mein tägliches Pensum zu bewältigen, weil ich in Abständen vorzutragen hatte, was mir auferlegt worden war. Das reine Auswendiglernen war ein Schritt, die szenengerechte Wiedergabe ein zweiter. Lernen konnte ich überall, die Texte unter Kontrolle szenengerecht laut sprechen, war nur zu Hause möglich, wenn entweder Mama Hilde oder Papa Erich Zeit für mich hatten.

Eine Passage aus Shakespeares »Was ihr wollt« war dabei; die Rolle des Junkers Christoph von Bleichenwang, und ich übte den Abschnitt in der Dritten Szene, den Dialog zwischen Junker Tobias und mir, wenn der Narr hinzukommt und ich als Junker auszurufen habe: »Da kommt der Narr, mein ›Seel‹!«

Schon dieser Einstieg verschaffte mir Bauchgrimmen. Warum konnte ich nicht sagen: ›Meiner Seel da kommt der Narr!‹?

Hilde las die Rolle des Junker Tobias, Erich mimte den Narren. Dann kam der größere Absatz, mit dem ich mich besonders quälte, und ich begann: »Mein Seel', der Narr hat eine prächtige Zunge ...«

Mama Hilde fiel vor Lachen fast vom Stuhl. »Lunge!« rief sie, »Lunge, nicht Zunge!«

Ich setzte neu an: »Mein Seel', der Narr hat eine prächtige Lunge! Ich wollte ein halb Dutzend Dukaten drum geben, wenn ich so 'ne Wade hätte und so 'nen schönen Ton zum Singen, wie der Narr! Wahrhaftig, du brachtest gestern abends charmante Possen vor, da du von Pigrogromitus erzähltest, von den Vapianern, die die Linie von Queubus passieren.«

Das waren Wörter! Wie geschaffen zum Abhusten! Und ich fragte, ob ich nicht statt »Pigrogromitus« lieber »Hadschi Halef Omar Ben Hadschi Abbul Abbas Ibn Hadschi Davud al Gossarah« sagen sollte. Das hätte ich drauf. Damit wüßte das Publikum etwas anzufangen.

»Szenenapplausverdächtig«, sagte ich. »Auch aus dem ›Vapianer‹ einen ›Indianer‹ zu machen, wäre ein Klacks. Und was die ›Linie von Queubus‹ anlangte, müßte sich doch auch dafür etwas Besseres finden lassen.«

»Das ist original Shakespeare«, sagte Papa Erich. »Mit diesen Phantasienamen sollten Gelehrsamkeitsangeber verspottet werden.«

»Na gut«, meinte Eure Mama, »doch ließe sich das für ein Publikum von heute nicht tatsächlich besser mit neuen Wortzusammenstellungen erreichen?«

»Na klar«, sagte Erich, »wie wär's denn mit ›Hokuspokuslokus‹?«

Ein naheliegender Einfall! Es gab nur ein Örtchen in der Wohnung, und wir waren zu acht!

Gelegentlich kamen auch noch Gäste, die über Nacht blieben. So schlief einmal der berühmte Kameramann Rautenfeld in meinem Zimmer. Jahre später sah ich ihn auf einem Illustriertenfoto: Bepackt mit einer schweren Reise- und Kameratasche eilt er mit großen Schritten dem Flughafengebäude zu, während O. W. Fischer, eine seiner Lieblingskatzen auf dem Arm, noch an der Gangway für die Fotografen posierte.

Ich posierte auch, allerdings in den vorgeschriebenen Ballettpositionen an der Trainingsstange in Arne von Molanders Ballettstudio. Der Ballettsaal muß früher Teil eines Wirtshauses gewesen sein. Das Gebäude stand noch Anfang der neunziger Jahre, war ein Flachbau mit einem verwahrlosten Vorgarten zwischen mehrstöckigen Wohnhäusern in der Berliner Straße.

Nur wer schon einmal an einer Ballettstange die täglichen Übungen und das anschließende Training über Wochen hinweg durchexerziert hat, wird wissen, was der künstlerische Bühnentanz für eine Schinderei ist. Vielleicht war diese Erkenntnis in Verbindung mit dem Auswendiglernen elend langer Texte und der mangelnden Aussicht, in absehbarer Zeit ein Engagement zu erhalten, mit ein Grund zu überlegen, ob nicht besser doch dem

Journalismus von der Pike auf zu dienen die für mich gesündere Entscheidung wäre.

Der Spagat meiner Vorbilder reichte von Fred Astaire bis Egon Erwin Kisch. Da konnte mehr reißen, als nur die Naht im Schritt meiner Hose. Ich mußte mich allmählich entscheiden.

Eine Stellenanzeige belebte meine alte Berufssehnsucht. Der »Nachtexpress« suchte einen Volontär. Ich bewarb mich.

Doch einige Tage darauf überraschten mich Eure Eltern mit der Nachricht, daß mich das »Theater am Nollendorfplatz« wahrscheinlich engagieren werde; für die Laufzeit einer Inszenierung zwar nur, was aber doch immerhin ein Anfang sei.

Den Volontärposten beim »Nachtexpress« erhielt Lothar Kusche; das war gut so. Und ich bekam die Rolle eines der beiden Gerichtssachverständigen in der Operette »Die geschiedene Frau«, was sich auch nicht schlecht ausgewirkt hat.

Zu verdanken hatte ich diesen ersten Theatervertrag in Berlin Eurer Mama, die wiederum ihr erstes Engagement in Berlin der Direktion des »Neuen Theaters am Nollendorfplatz« verdankte. Das legendäre Haus am Nollendorfplatz existierte nicht mehr, aber das Rathaus Schöneberg stand noch und hatte einen schönen Saal. So spielte das Ensemble dort. »Katja, die Tänzerin« von Jean Gilbert stand auf dem Programm, und Eure Mama spielte die Hauptrolle. Tänzerin war sie auch, wie Ihr wißt. Schon als Kind hatte sie solistisch am Deutschen Opernhaus getanzt, war am Staatstheater Kassel Solotänzerin und später Ballettmeisterin in Graz und Wien gewesen. Also war ihr die Rolle wie auf den Leib geschneidert. Leider vermochte die Regie nichts aus dem Schmachtfetzen zu machen. Wahrscheinlich wäre das auch einem genialen Regisseur nicht gelungen, meinte die Kritik, weil das Libretto nicht nur verworren, sondern hirnrissig sei.

Mehr Glück hatte das Haus dann mit der Leo-Fall-Operette. Edith Schollwer in der Rolle der geschiedenen Frau war hinreißend, ebenso Adi Appelt in der Buffopartie mit dem Lied »Man steigt nach«. Der Saal war Vorstellung für Vorstellung ausverkauft. Und ich hatte mich in eine süße Tänzerin verguckt, die Lissy hieß.

Abend für Abend stand ich in der ersten Kulissengasse und prägte mir die Buffopartie ein. Nachts träumte ich von den Liedern und Dialogen. Ich war Opfer eines Drehbuchklischees geworden: Ehrgeizige Tänzerin aus der letzten Reihe studiert heimlich Starpartie, springt für die erkrankte Primaballerina ein und feiert Triumphe.

Schuld an dieser Phantasmagorie war der Direktor. Er lebte in der steten Angst, daß es irgendwann einmal Adi Appelt nicht schaffen könnte, rechtzeitig zum Vorstellungsbeginn im Haus zu sein. Appelt galt als Tingelkönig: unschlagbar in der Anzahl seiner Nebengeschäfte, die nicht selten zwischen zwei Vorstellungen lagen.

Eines Tages kam der Direktor tatsächlich zu mir und erschreckte mich mit der Nachricht, daß ich möglicherweise am kommenden Sonntag für Adi Appelt einspringen müsse.

»Wieso?« fragte ich. »Was ist passiert?«

»Er hat eine Verpflichtung angenommen, die außerhalb Berlins liegt. Er meint zwar, daß er es schaffen würde. Doch Sie wissen ja, wie das mit den Holzgasautos heute ist.«

Ich hatte tapfer genickt, war aber eine ganze Woche lang einem Nervenfieber näher als der Hoffnung, daß mich Lissy, die Tänzerin, vielleicht doch noch eines Abends beachten könnte.

Es war ein Fehler gewesen, zu Hause in der Soorstraße zu erzählen, daß ich die Buffopartie so gut wie drauf hätte. Mama Hilde, die mich ohnehin überschätzte, mußte dem Direktor gegenüber eine entsprechende Bemerkung gemacht haben.

Der bewußte Sonntag kam, ich zitterte wie Espenlaub und betete, daß Adi Appelt kommen möge. Ich war derart auf diesen Noteinsatz fixiert, daß mir gar nicht auffiel, daß ich der einzige war, der mit meinem Einspringen rechnete.

Es war wie der Traum, den ich kürzlich erst wieder hatte: Ich weiß, daß ich auf die Bühne muß, aber keinen blassen Schimmer vom Text habe, den ich sprechen soll.

Adi Appelt kam, ich atmete auf und schrieb noch am selben Abend in mein Tagebuch:

»Riskier nie wieder eine Lippe,
so sehr der Übermut auch zwickt,
und spring dem Eifer von der Schippe,
bevor er dich zum Teufel schickt!«

Am 25. Dezember 1946 stand ich zum letzten Mal auf der Bühne im Schöneberger Rathaus. Das »Nollendorftheater« spielte jetzt die Emmerich-Kálmán-Operette »Csárdásfürstin«, und ich hatte mich vertraglich an ein Ensemble gebunden, das sich »The English Repertory Players« nannte. Die Schauspielergruppe hatte bislang in Viktor de Kowas Theater »Tribüne« gespielt und war dabei, sich auf eine Gastspielreise in die englische Besatzungszone vorzubereiten. Das Stück, das wir bereits vierzehn Tage lang probten, war »Der eingebildete Kranke« von Molière. Theo Shall, der Leiter des Ensembles, spielte die Titelrolle. Ich mimte den Apothekergehilfen Fleurant. Am 23. Dezember hatte ich meiner Mutter mitgeteilt, daß Hannover die erste Tourneestation sein würde und wir anschließend auch in Lübeck und Hamburg gastieren werden. Die Gage sei fabelhaft, schrieb ich, zumal sie durch englische Verpflegung ergänzt werde sowie durch zwanzig bis vierzig Zigaretten und zwei Tafeln Schokolade pro Woche.

Ich weiß nicht, ob Euch der Name Theo Shall noch etwas sagen wird. Neben Rudolf Carl in Wien und Rudolf Platte in Berlin war Shall für mich der dritte Kinostar, den ich näher kennenlernen durfte. Er war Deutsch-Amerikaner, hatte in Hollywood als Partner von Greta Garbo den Film »Königin Christine« in deutscher Sprache gedreht, war nach Deutschland gegangen und in die Mühle des nationalsozialistischen Films geraten. In den Kriegsfilmen durfte er die englischen Offiziere spielen. Sein markantes Gesicht machte sich gut unter britischen Marinemützen. Ich hatte ihn von den Filmen her noch gut in Erinnerung.

Und nun war ich Schauspieler in seinem Ensemble! Was tat sich da plötzlich in meinem Leben?

»Wo haben Sie Ihr Pferd?« fragte er mich, als er den ersten englischen Satz von mir hörte.

»Was denn für ein Pferd?« fragte ich naiv zurück.

»Mit dem Sie aus Texas gekommen sind! Wir spielen für Engländer, und dieser Fleurant, den Sie darstellen, ist Apothekergehilfe und nicht Cowboy!« Und er sprach mir den Satz vor: mehrmals und betont langsam. Da merkte ich, daß ich noch eine Weile würde üben müssen. Doch ich lernte schneller als ich dachte.

»Halt«, rief Theo Shall schon bei der nächsten Probe, »nicht weiterüben! Sie sprechen mir sonst vornehmer als der Chefbutler im Buckinghampalast!«

Dann endlich war es soweit, und wir spielten. Es war eine Art Generalprobe. Am Tag darauf wollten wir wissen, wann die Tournee beginnen wird. »I fear we're not going to make it«, sagte Theo Shall, den ich schon lustiger gesehen hatte.

»Was schaffen wir nicht?« wollten wir wissen.

»Die Engländer umzustimmen. Die britische Administration hat Abstand genommen. Es wird keine Tournee geben.«

»Und das heißt?«

»I have to pay the fiddler!«

Wie die Unkosten aussahen, die Theo Shall zu tragen hatte, weiß ich nicht. Wir Schauspieler kamen ungeschoren davon, hatten lediglich ohne Vergütung geprobt: die Hauptdarsteller länger, ich, der kleinen Rolle entsprechend, nur kurz.

Warum die ganze Geschichte ins Wasser gefallen war, habe ich nie erfahren. Möglicherweise war den Engländern erst zu jenem Zeitpunkt zur Kenntnis gelangt, welche Rollen Theo Shall in den Kriegsfilmen der Nazis gespielt hatte.

An meiner Glückssträhne änderte das nichts: Das Gesetz der Serie hatte mich beim Wickel. B-O-B, Berliner-Operetten-Bühne, nannte sich großspurig das Unternehmen, das sich für mich interessierte. Der Übergang klappte nahezu nahtlos.

Papa Erich hatte die Sache für mich eingerührt, weil er der Meinung war, daß ich mich langsam an größeren Rollen ausprobieren müßte, und die gebe es für Anfänger gegenwärtig nur an kleinen Bühnen. Die Bezeichnung »Schmiere« vermied er.

Daß wir dennoch großen Erfolg hatten, lag zweifellos an den ausprobierten Erfolgsvorlagen der einfach nicht kaputtzukriegenden Stücke »Im weißen Röss'l« und »Land des Lächelns«.

Ich hatte die Rolle des Dr. Siedler zu spielen und gleich mit meinem ersten Auftritt das Titellied zu singen. Probiert hatten wir in der Wohnung des Ensemblechefs in Berlin-Oberschöneweide, und die erste Aufführung absolvierten wir im Saal eines Dorfgasthofs.

Wegen einer Stromsperre begannen wir eine halbe Stunde später als angekündigt, was der Stimmung im Saal keinen Abbruch tat, obwohl es saukalt war und die Menschen in Mänteln und zusätzlich noch in Decken eingehüllt auf ihren Wirtshausstühlen saßen.

Ich kam von hinten durch die Saalmitte, mir voran mein dampfender Atem, und ich sang: »Wenn das Barometer wieder Sommer macht und wenn der Urlaub lacht, dann bin ich froh ...«

»Ich auch!« schrie einer aus dem Publikum, und alle im Saal applaudierten.

Es war mein erster Auftrittsapplaus, der sich in mein Gedächtnis ebenso deutlich eingegraben hat wie die erste längere Tourneefahrt.

Der Winter 1946/47 war sehr kalt, und besonders kalt war er für die ausgehungerten Menschen in ihren Notbehausungen. Fensterglas war Mangelware, Kohle kostbarer als Gold, und wer Bretter hatte, den quälte die Entscheidung: verheizen oder vors Fenster nageln?!

Ich hatte Anweisung erhalten, am Ende des Kaiserdamms auf das Tourneefahrzeug zu warten. Es werde ein Bus sein, war mir gesagt worden. Als ein Lastwagen ohne Verdeck den Kaiserdamm heraufgeknattert kam und ich auf der offenen Ladefläche ein paar mir bekannte Kulissenteile, sowie einige Kollegen des Ensembles erblickte, wußte ich, daß dies der Bus sein sollte.

Die Kollegen hatten alle etwas Wärmendes auf dem Kopf: eine Mütze, einen Hut, einen Strickstrumpf. Da war mir klar, was mir in Kürze fehlen würde.

Schon nach einigen Kilometern hatte ich das Gefühl, statt Haarwurzeln Eiszapfen in der Kopfhaut zu haben; nach einer halben Stunde fühlte ich überhaupt nichts mehr, hielt meinen Kopf für eine Eisbombe und rechnete mit meinem Tod, spätestens kurz hinter Nauen.

Daß ich in Friesack immer noch lebte, wundert mich heute noch; doch war ich nicht der einzige, der vom Laster heruntergehoben werden mußte.

Im Veranstaltungssaal glühte zum Glück ein eiserner Ofen; dennoch wäre eine Eiskugel schneller aufgetaut als ich.

Erwärmend an der ganzen Tournee war die Sekretärin des Direktors. Sie war ein Jahr älter als ich, liebenswert und rothaarig. Doch liebte sie mich nur einen Winter. Die Betten in den Quartieren waren kälter und feuchter als dies je Wadenwickel hätten sein können. Und in einer besonders kalten Hotelnacht – die Sekretärin war für zwei Tage dienstlich nach Berlin gefahren – war es die Soubrette, die mich vor dem Erfrieren bewahrte.

In Kyritz ließ ich mich zum ersten Mal rasieren. Die Notwendigkeit hierzu bestand zwar nicht, doch irgendwie empfand ich, daß dies der richtige Zeitpunkt war, dieses männlichkeitsfördernde Ritual an mir vollziehen zu lassen.

Bei Euch zu Hause hatte sich auch einiges bewegt: Erich Elstners Traum war in Erfüllung gegangen: das Metropol-Theater hatte ihn engagiert!

Nun ja, es war nicht mehr das alte, glanzvolle Metropol in der Behrenstraße, und die Berühmtheiten waren auch nicht mehr da; aber der Glorienschein einstigen Ruhms strahlte noch.

Gespielt wurde in der Schönhauser Allee, im Eckgebäude des heutigen Kinos »Cinemax-Colosseum«. Friedrich Schröder, der Komponist des letzten großen Metropol-Erfolges »Hochzeitsnacht im Paradies«, mit Johannes Heesters und Walter Müller in den Hauptrollen, hatte ein neues Werk geschrieben: »Nächte in Shanghai.« Das Libretto von Leo Lenz und Waldemar Frank gab nicht viel her, dafür brillierte um so mehr die Musik.

Es war Mitte Februar 1947, als sich der Vorhang zur ersten Metropol-Nachkriegsuraufführung hob. Ich war dabei, hatte tourneefrei an diesem Tag, saß im Publikum und wußte, daß es einen großen Erfolg geben würde.

Ich hatte die Haupt- und Generalprobe gesehen, die mitreißende Musik und die gutgesetzten Chöre gehört, hatte das hervorragend tanzende Ballett erlebt: Es konnte nichts schiefgehen.

Eurem Vater hielt ich trotzdem die Daumen. Das Erbe, das er antrat, war nicht leicht: Die Berliner hatten noch Max Hansen und Walter Müller in Erinnerung. Aber alles ging gut. Papa Elstner sang und tanzte wie ein junger Broadwaystar, hatte aber auch eine brillant tanzende Partnerin zur Seite: Sonja Ziemann. Am 8. Februar war sie gerade erst volljährig geworden: 21 Lenze jung. Und an der Vielzahl der Vornamen übertrifft sie Dich, wenn auch nur um eine Position, lieber Tim: Sonja Alice Selma Toni Ziemann. So steht es im Eichwalder Geburtsregister des Jahres 1926.

Die Premiere war ein rauschendes Fest. Der Jubel des Publikums wollte kein Ende nehmen. Friedrich Schröder, der das temperamentvoll musizierende Orchester dirigiert hatte, mußte mit den Solisten immer wieder auf die Bühne. Ilse Hülper, die Sängerin, Julius Katona, der Tenor, Sonja Ziemann und Erich Elstner, das Buffopaar, sowie die Schauspieler Fred Kronström, Egon Brosig und Julius Geisendörfer nahmen den Maestro und den Regisseur Eduard Rogati in die Mitte.

Auch die Kritik jubelte und schwärmte.

Ich sah die Aufführung mehrmals, und bestimmt wird auch in Eurer Erinnerung noch einiges aus dieser Zeit vorhanden sein.

Als noch die Proben liefen, saßen wir öfter in der Gaststätte »Venezia«, gleich neben dem Theater am anderen Straßeneck, und warteten auf die Pause. Dann kamen die Sängerinnen und Sänger des Chors herüber, die Tänzerinnen und Tänzer, die Musiker und Hauptdarsteller. In diesem Lokal lernte ich von Euren Eltern, daß es die Bühnenarbeiter sind, die die Meinung über einen Künstler hinaustragen in die Öffentlichkeit und damit in die Kreise der Verehrerinnen und Verehrer, von deren Gunst Schauspieler und Sänger schließlich leben; daß man sich also maßvoll zu verhalten habe, bescheiden und kollegial freundlich, zu wem auch immer.

Vom rauschenden Erfolg dieser Operette blieb über die Jahre hinweg nur ein Lied übrig: »Komm mit mir nach Tahiti.« Der Refrain läßt sich gut in Schusterterzen zweistimmig singen. Duettpaare stürzten sich dankbar auf diese Melodie. Das Lexikon des deutschen Schlagers verzeichnet zwei Schallplattenfassungen: eine mit Undine von Medvey, die andere mit Sonja Ziemann. Und es gab keine Kaffeehauskapelle, die dieses Lied nicht im Repertoire gehabt hätte. Günther Schwenn, der Texter mit Erfolgsgarantie, konnte einen Schlager mehr in sein Ewigkeitsbuch immergrüner Weisen eintragen.

Im März war ich noch einmal unterwegs: Die Berliner Operetten-Bühne beglückte zum letzten Mal die Gasthöfe der Prignitz. Es war schön auf dem Land. Ab und zu waren wir bei Bauernfamilien zu Gast, die uns zum Essen einluden. Einmal durften wir eine Zuckerfabrik besuchen. Von diesem Abstecher brachte ich mehrere Gläser Melasse nach Hause.

Doch in den späten Märztagen des Jahres 1947 ging für mich dieser Theaterabschnitt wilder Ausprobierkunst zu Ende. Im Windschatten junger duftender Kiefern und Fichten gab es schon von der Frühlingssonne erwärmte Kuschelinseln, und es wäre herrlich gewesen, sie weiterhin mit der süßen Sekretärin zu nutzen.

Als ich von den fruchtbaren Weiden zwischen Elbe und Dosse heimkehrte, fand ich Euch nicht mehr in Tante Millis Wohnung. Ihr wohntet jetzt in der Künstlerkolonie Schmargendorf, und ich durfte noch einmal bei Euch einziehen. Die Filmschauspielerin Alice Treff bewohnte die Räume unter uns. Ich übernahm wieder den Wachdienst bei Euch, während Eure Eltern mit einem ehrgeizigen Projekt befaßt waren.

Auf der Suche nach einem eigenen Theater waren Hilde und Erich auf das Volkshaus Wilmersdorf gestoßen. Das war bereits im Jahr zuvor gewesen, kurz nachdem wir in Berlin angekommen waren. In einem der oberen Stockwerke – »zwar etwas hoch oben«, wie die Tageszeitung »Vorwärts« schrieb – gab es einen Saal und eine kleine Bühne. »Theater in der Kaiserallee« nannte sich die Spielstätte.

Die Theaterkonzession, um die sich Eure Eltern schon im Mai 1946 bemüht und irgendwann auch erhalten hatten, bestimmte den weiteren Verlauf ihrer Tätigkeit.

Im April 1947 bestimmte noch ein ungebremster Optimismus den Tagesablauf der Familie Elstner. Auch für mich tat sich ein neuer Weg auf: Das »Gesetz der Serie« wirkte noch.

Hilfreich waren die guten Verbindungen Erich Elstners zur Theaterfamilie Sense-Macheiner. Diese Namen waren an den deutschen Bühnen Nordböhmens ein Begriff gewesen. Etwa so wie die Familie Millowitsch in Köln oder später die Steiners in Bayern oder Minetti in Berlin.

Ein Sproß der Familie Sense war zu dieser Zeit am Theater der Altmark in Stendal engagiert. Als Eure Mutter wieder einmal sagte, daß der Lutz unbedingt in die Provinz müsse, und zwar eine ganze Spielzeit lang an ein Stadttheater, setzte sich Papa Erich mit dem guten alten Sense in Stendal in Verbindung und fragte an, ob nicht für die kommende Spielzeit eine Vakanz bestünde. Die Antwort war, daß er sich umhören werde.

Mit dieser Bereitschaft war eine Weiche gestellt worden, die mich auf das für meine Entwicklung wichtigste Gleis führen sollte.

Aber noch war ich in Berlin und erlebte den Tag, an dem den Deutschen und der Welt das Ereignis der verfügten Vereinigung von SPD und KPD über die Bilder der Kino-Wochenschau nahegebracht wurde. Die Inszenierung war hervorragend, der Kamerastandpunkt gut gewählt. An einer Stelle, wo zwischen den Trümmern zwei Straßenzüge im spitzen Winkel aufeinander zuliefen, wurde optisch einprägsam vorgeführt, was die sowjetische Militäradministration in Zusammenarbeit mit der Gruppe Ulbricht ausgetüftelt hatte: spektakulär zu zeigen, daß nur eines die Wiederholung geschichtlichen Unheils unmöglich machen könne: die Verhinderung dessen, was seinerzeit die Einheitsfront gegen Hitler nicht zustandekommen ließ: die Zerrissenheit zwischen Sozialdemokraten und Kommunisten.

Der eigentliche Vereinigungsakt war auf der Bühne des Admiralspalastes vollzogen worden, unmittelbar am S-Bahnhof Friedrichstraße. Das ehemalige Revuetheater, in den zwanziger Jahren Schauplatz der berühmten Haller-Revuen, benannt nach dem damaligen Direktor des Hauses, Herman Haller, war wie durch ein Wunder relativ wenig beschädigt worden, so daß dort bald die Staatsoper spielen konnte.

Am 21. April 1946 waren keine flitterbehangenen Girls aus den Bühnengassen gekommen, auch kein Papageno und kein Don José: die Stars hießen Wilhelm Pieck und Otto Grotewohl.

Unter brausendem Beifall traten sie auf, die jeweiligen Vorsitzenden der KPD und SPD, gingen aufeinander zu, bis dorthin, wo textschwache und gleichzeitig auch schon ein wenig schwerhörige Schauspieler hinzustreben pflegen, unmittelbar zur Bühnenmitte an die Rampe, wo der hilfreiche Souffleurkasten sich befindet, reichten sich die Hände, während Grotewohl für die SPD die historisch verspäteten Worte sprach: »Ein alter Traum ist Wirklichkeit geworden: die Einheit der deutschen Arbeiterklasse!« Worauf Wilhelm Pieck für die KPD antwortete: »Wir werden unsere Sozialistische Einheitspartei zu der Millionenpartei des deutschen werktätigen Volkes machen, um damit alle inneren Feinde zu schlagen, um das große Werk zu vollenden, das wir uns als Ziel gesetzt haben: den Sozialismus!«

Eure Mutter sagte, daß die Aktion vor fünfzehn Jahren hätte stattfinden müssen. Da wäre sie notwendig und sinnvoll gewesen und hätte den Krieg verhindert. Jetzt hingegen habe sie das ungute Gefühl, daß sich ein Parteiungetüm entwickeln könnte.

Papa Elstner sprach es deutlicher aus: »Was heißt, könnte! Es wird! Und ich sage euch: die Einheitsgedanken werden sich noch unheilvoll auswirken!«

»Aber die Kunst wird profitieren«, sagte Eure Mutter.

»Ich bin skeptisch«, meinte Elstner.

»Erinnere dich an Wolfgang Staudte! Sein Film ›Die Mörder sind unter uns‹ wäre ohne die Zustimmung der Russen nie gedreht worden!«

»Die Engländer, Franzosen und Amerikaner waren nicht dagegen!«

»Na gut. Aber ernsthaft interessiert waren nur die Russen.«

»Die aber Staudte ins Exposé reingeredet hatten!«

»Nur der Schlußsequenz wegen«, sagte Eure gutinformierte Mutter.

Ich erinnere kurz, worum es in Staudtes Filmentwurf ging: Ein Mann, Chirurg von Beruf, kehrt kurz nach dem Krieg enttäuscht, ernüchtert und ohne Hoffnung nach Berlin zurück und erfährt, daß sein ehemaliger Kompaniechef, der in Polen unschuldige Menschen erschießen ließ, als aufstrebender Geschäftsmann in der Stadt lebt. Das erträgt er nicht und entschließt sich, den Kerl genau so zu töten, wie dieser einst die Geiseln zu töten befohlen hatte.

An dieser Stelle des Exposés war dann der Einspruch des russischen Kulturoffiziers erfolgt: »Das ist Aufforderung zur Selbstjustiz! Njemožno! Aber es gibt einen Ausweg: die Freundin wird kommen und wird ihn davon abbringen, den tödlichen Schuß abzugeben. Ende gut, alles gut!«

»Ja«, sagte Eure Mutter, »so war es. Staudte hat es mir selbst erzählt. Und daß Walter Felsenstein im Saal des Pratergebäudes in der Prenzlauer Kastanienallee das Jacques-Offenbach-Werk ›Pariser Leben‹ herausbringen darf, ist auch den Russen zu verdanken.«

Wann genau das gewesen ist, daß ich mit Papa Elstner in die Kastanienallee fuhr, weil er mir unbedingt zeigen wollte, wie eine hervorragende Inszenierung auszusehen hat, kann ich Euch heute nicht mehr sagen. Ich kann nur das präzise wiedergeben, was ich seinerzeit für mich notiert oder in Briefen an meine Mutter aufgeschrieben hatte. Einiges war verloren gegangen, einiges hatte ich nicht aufgezeichnet. Ich war ziemlich sprunghaft in meinen Interessen, war oft abgelenkt. Häufig war ich auch der Meinung, daß ich große Ereignisse garantiert niemals vergessen würde. Warum also aufschreiben?

Vom Besuch bei Felsenstein weiß ich nur noch, wie beeindruckt ich war. Elstner hatte sich die Veranstaltung gleich mehrmals angesehen. Es war eine Zeit starken Zusammenhalts. Jedesmal staunte ich aufs neue über die Kontakte Eurer Eltern. Da waren große Namen darunter.

Doch hat Zusammenhalt auch Grenzen. Wer weiß das nicht! Die Meister besannen sich ihres Standes, die Gesellen ihres Könnens, und die Lehrlinge sahen sich wieder auf den ihnen zustehenden Platz verwiesen, weshalb so mancher, der zur Quelle gehen wollte, sich mit dem Wassertopf begnügen mußte.

Rudolf Platte und Erich Elstner waren gleichermaßen am Schiffbauerdamm-Theater interessiert gewesen. Erich hatte eine Komödie geschrieben, Rudolf Platte aber auch. Platte durfte seine am Schiffbauerdamm aufführen, Erich hingegen nur staunen, weil die Grundidee des Stückes dem Grundgerüst seiner Komödie entsprach.

Eure Mutter nahm die Sache locker und sagte zu ihrem Mann: »Zieh Nutzen aus der Erfahrung und rede nie wieder über die Bemalung von Eiern, die noch nicht gelegt sind!«

Ich brauche Euch gewiß nicht zu erzählen, daß Ostberlin längst damit befaßt war, den noch ungelegten Eiern seiner Vorstellung Nester zu bauen und Lockrufe in die Ferne auszusenden, die von Anna Seghers in Mexiko, von Arnold Zweig in Palästina, von Heinrich und Thomas Mann in Kalifornien und von Bertolt Brecht in der Schweiz vernommen wurden.

Nicht alle kamen gleich, wie wir wissen. Und ausgerechnet Brecht, für den das Theater am Schiffbauerdamm freigehalten wurde, ließ sich besonders viel Zeit. Erst 1949 überwand er sich, das schöne Zürich gegen das graue Ostberlin einzutauschen: Dem großzügigen Angebot, ein Brecht-Theater mit unbeschränkter Unterstützung aufbauen zu dürfen, hatte er nicht länger widerstehen können.

Ich weiß nicht, wie Eure Eltern sich großzügigen Angeboten gegenüber verhalten hätten. Es gab keine.

Das sei es dann wohl gewesen, meinte Papa Erich und konzentrierte sich auf das Theater in der Kaiserallee.

Ich beschäftigte mich mit Eurer Aufsicht, lernte zwischendurch einen Lustspielmonolog, den Dein Vater regelmäßig abhörte und mich korrigierte, wenn ich den Pausen nicht genügend Beachtung schenkte.

»Pausen sind genau so wichtig wie der Text selbst«, prägte er mir ein, »in ihnen spiegeln sich die inneren Vorgänge des Sprechenden. Pausen dienen auch der Vorbereitung von Pointen. Eine Pointe, die schlecht vorbereitet wurde, wird auf ein Publikum wirken wie auf den Raucher eine Zigarette, die ausgetreten wird, noch bevor sie gebrannt hat.«

In diesen letzten Apriltagen las ich auch viel. Von Hans Fallada den Roman »Kleiner Mann – was nun?«. Eure Mutter gab mir das Buch zu lesen und erzählte mir, daß Fallada seine Gesundheit mit Opiaten ruiniert habe und in einem Berliner Hilfskrankenhaus in der Nacht zum 6. Februar an Herzschwäche verstorben sei. In diesem Zusammenhang hörte ich zum ersten Mal den Namen Johannes R. Becher, der alles nur mögliche für Hans Fallada getan habe, um dessen schriftstellerische Kraft neu zu beleben.

Die Kraft hatte nur noch für ein Buch gereicht. »Jeder stirbt für sich allein« nannte er das Auftragswerk, das er nach Gerichtsakten der Nazi-Justiz gestaltete. Johannes R. Becher hatte ihm die Akten besorgt. Es ging darin um das Arbeiterehepaar Otto und Elise Hampel, die heimlich kleine selbstgeschriebene Aufrufe gegen Hitler austrugen und in die Briefkästen der Mietshäuser steckten. Daß sich die Eheleute im letzten Akt der Tragödie in ihren Gnadengesuchen gegenseitig anschwärzten, blieb unerwähnt. Es ist anzunehmen, daß Hans Fallada dieses Blatt gar nicht erst zu Gesicht bekam. Johannes R. Becher wußte um die Unbeständigkeit des Volksschriftstellers. Die Zeit drängte, eine Diskussion konnte Becher nicht gebrauchen, und eine Beschädigung der Heldengeschichte schon gar nicht. 75.000 Mark soll der Aufbau-Verlag für das Buch gezahlt haben, und es heißt, daß Falladas Frau Ursula das ganze Honorar für 100 Ampullen Morphium ausgegeben habe.

Im Familienkreis diskutiert wurden die Texte eines erst 26 Jahre jungen Mannes. Wolfgang Borchert war sein Name, und der Nordwestdeutsche Rundfunk Hamburg hatte im Februar eine Szenenfolge ausgestrahlt, die sich »Draußen vor der Tür« nannte. Die Zeitungen nannten das Hörspiel »Aufschrei einer gequälten, betrogenen Jugend«.

Ob das nicht etwas für die Kaiserallee sein könnte, fragte Eure Mutter. »Ich glaube nicht«, sagte Papa Erich. »Den Menschen ist gegenwärtig nicht nach Dramatik zumute. Dramatik hatten wir in den letzten Jahren genug. Und die Gegenwart ist, weiß Gott, auch noch nicht das reinste Zuckerlecken. Laß uns etwas herausbringen, was die Leute den grauen Alltag vergessen läßt!«

Petrus muß den Satz gehört haben und brachte die Sonne heraus. Welch ein Erfolg!

Es war warm geworden in Berlin, und die Tourneesekretärin ließ mich wissen, daß sie am Wochenende an irgendeinen See hinausfahren werde.

Ich kannte Grünau und die Regattastrecke, kannte also den Langen See und die Dahme, kannte die Spree und den Müggelsee, aber den Wannsee hatte ich noch nicht gesehen. Inge, die Sekretärin, kannte ihn und wollte ihn mir zeigen. Auch ich wollte ihr zeigen, was sie zwar schon kannte, aber vielleicht wieder sehen und fühlen wollte. So fanden wir noch einmal zusammen. Im Strandbad Wannsee war Hochbetrieb, überall Sonnenhungrige, nur wir lagen unter einer Decke, sittlichkeitshalber.

Aus dem Kleiderschrank ihres Bruders hatte sie mir eine kurze Sommerhose mitgebracht. Ich küßte sie dafür, obwohl ich die Shorts unter der Decke nicht brauchte. Es war ein herrlicher, fast hochsommerlicher Tag, und wir spielten noch einmal Winter.

Bald darauf kam aus Stendal die Nachricht, daß ich mich unverzüglich vorstellen sollte. Ein junger Komiker werde noch vor Spielzeitende ausscheiden, so daß Vakanz bestehe.

Ich fuhr hin, sang und tanzte – und wurde engagiert. Monatsgage: 350,- Mark! Den Vertrag mußte Papa Elstner unterschreiben, weil ich noch keine 21 war.

Damit war ich fest engagiertes Mitglied des Theaters der Altmark. »Operettenbuffo und jugendlicher Komiker« stand in meinem Vertrag. Und der Regisseur, der sich meiner annahm, war ein Großer seines Fachs. Sein Name: Leo Wanaus. Im Operettenbetrieb der Gebrüder Rotter war er in den sogenannten »Goldenen Zwanzigern« als Buffo engagiert und somit Fachkollege von Max Hansen und Arno Assmann gewesen. Das Rotter-Unternehmen war ähnlich aufgezogen wie heutigentags die Musical-

Konzerne funktionieren: Es gab nur eine Inszenierung, aber drei Ensembles. So gastierte zum Beispiel Leo Wanaus mit einer Operette in St. Petersburg, während Arno Assmann mit demselben Werk in New York auftrat und Max Hansen in Berlin.

Leo Wanaus war ein bescheidener Mann. Er verstand sein Handwerk, aber er sprach nicht über die Erfolge, die er mit seinem Können hatte. Ich schätzte und achtete ihn. Obwohl von Natur aus neugierig, brachte ich es nicht über mich, ihn näher auszufragen. Einmal erzählte er mir, daß er schon als Knabe in Berlin auf der Bühne gestanden habe. Sein prominentester Partner: Alexander Girardi, die Theaterlegende aus Wien.

Das muß zu jener Zeit gewesen sein, als Theaterdirektor Karczak den Liebling aller Wiener zum Fortgehen veranlaßt hatte und Girardi bereits in Berlin spielte.

Es war eine Szene, in der Alexander Girardi in der Rolle eines Handwerksmeisters seinen Lehrbuben zu umarmen hatte. Den Lehrling spielte Leo Wanaus. Während einer der Proben war die Umarmung etwas heftiger ausgefallen. Wanaus ächzte und keuchte und rief: »Ujeh! Wieder zwa Ripperl'n kaputt!« Die versammelte Theatermannschaft im Saal lachte, worauf Girardi dem kleinen Wanaus ins Ohr zischte: »Na, na, mei Bua, den Satz sag' i!«

Unter der Regie von Leo Wanaus und unter dem Zwang der Proben und der Unausweichlichkeit öffentlicher Bewährung lernte ich schon innerhalb von zwei Inszenierungen mehr, als mir dies eine Schauspielschule in zwei Jahren Studium hätte beibringen können.

Euren Eltern war eine Sorge abgenommen. Ich war nicht nur gut untergebracht, sondern hatte schon in kurzer Zeit beweisen können, daß sie sich ihrer Empfehlung nicht zu schämen brauchten.

Mein Kontakt zu Euch war nur locker. Das Stendaler Arbeitspensum ließ nur noch wenig freie Tage zu. Das Theater der Altmark war ein Dreispartentheater: Schauspiel, Oper und Operette verschafften dem Stendaler Publikum einen abwechslungsreichen Spielplan, aber mir eben auch eine arbeitsreiche Zeit.

So weiß ich nur, daß für Eure Eltern der Theaterauftakt in der Kaiserallee nicht gerade erfreulich war. »Amor incognito« nannte sich das Lustspiel mit Musik. Eine kurze Zeitungsnotiz vom 9. September 1947 gibt Auskunft, erwähnt aber wohlwollend nur

Eure Mutter. Die neunzehn Zeilen der Besprechung krönt die Frage »Liebhaberbühne?« Und der Kritiker mokiert sich über das mehrmalige Auftauchen ein und desselben Namen im Programm.

Ich kann mir schon denken, wie das war: Der Start sollte so wenig wie möglich kosten. Doch die Rechnung des »Do-it-yourself-Verfahrens« war nicht aufgegangen. Also griffen Papa Erich und Mama Hilde wieder auf Bewährtes zurück.

Ein Zeitungsartikel vom 17. Februar 1948 bescheinigte dem »Theater in der Kaiserallee«, daß sich das Aufführungsniveau merklich gehoben hat. Liebe auf amerikanisch. Ein Zweipersonenstück. Und fünf Wochen später darauf gab es den nächsten Erfolg für Eure theaterleitenden Eltern. Daß ihn ausgerechnet Friedrich Luft belegte, macht mir diesen Beweis besonders wertvoll:

»Vorab ist der Eifer zu loben, mit dem das winzige Theaterchen hoch über der Kaiserallee sich um die wichtigeren Sphären der Bühne bemüht. Es beschränkt sich nicht auf die Ausübung platter Unterhaltung, wie sich für das kleine Brett dieser Behelfsbühne eigentlich anböte, sondern es hat Ambitionen. Sie seien registriert. Hier wurden wir mit Cocteaus psychologischem Reißer von der ›Schreibmaschine‹ bekannt. Hier hat man ›Celestina Goya‹ von Brian Hill gezeigt. Jetzt läßt man sich nicht von einem veritablen Ibsen abschrecken. Man hat die ›Gespenster‹ auf dem Spielplan.«

Statt »man hat« hätte es eigentlich heißen müssen, »Erich Elstner hat«, aber die Mitwirkung in einer einzigen Operetteninszenierung und der erst knapp zweijährige Aufenthalt in Berlin waren nicht ausreichend genug, jemanden bekannt zu machen.

Als zu Ibsens »Gespenster« noch die Proben liefen, war ich für zwei Tage nach Berlin gekommen und stieg die Treppen zum Theater Eurer Eltern hinauf, weil ich sehen und hören wollte, was es mit dem jungen Mann auf sich hat, den sie sich für Jean Cocteaus »Schreibmaschine« und nun für die Rolle des Oswald engagiert hatten und für den sie so schwärmten.

Regisseure und Theaterdirektoren hatten Elstner abgeraten, diesen Wirrkopf unter Vertrag zu nehmen; doch Eure Eltern standen zu ihrer Entscheidung. Zu mir sagte Papa Erich: „Ich weiß nicht, was die Leute gegen den Burschen haben. Na gut, er ist ein bißchen verrückt und schwierig; aber er ist eine Jahrhundertbegabung, und ich komme prima mit ihm aus.«

Als ich auf Zehenspitzen den Theatersaal betrat, stand der schwierige Bursche gerade auf der Bühne und sprach eine längere Textpassage. Seine Erscheinung war anziehend und abstoßend zugleich: sinnlich üppige Lippen, das blonde Haar zerrauft, die großen Augen unter buschigen Brauen irre ins Leere starrend, die Zähne gebleckt: die Horrorvision von Rotkäppchen und Wolf in einem, oder Jung-Siegfried nach der Einnahme von Ecstasy. Der Name des damals erst einundzwanzigjährigen Schauspielers: Klaus Kinski.

Es stand gut um das Ansehen des Theaters in der Kaiserallee, und ich glaube, daß Eure Mutter einen großen beratenden Anteil an dieser Entwicklung hatte.

»Die Welt« schrieb: »Endlich ein gültiger Beweis, wie wenig Mittel es bedarf, um gutes Theater zu spielen.« Aber immer noch keine Erwähnung, wer hinter dem Unternehmungsgeist steckte, den diese kleine Bühne in der Kaiserallee ausstrahlte.

Am 20. Juni 1948 – ich war längst wieder voll im Dreispartenbetrieb des Stendaler Stadttheaters eingespannt – wurde in den Westzonen die D-Mark eingeführt. Drei Tage darauf antworteten die Russen mit der Blockade Berlins.

Friedrich Lufts Einschätzung der gesamtberliner Theaterszene, drei Monate vor der Blockade zu Papier gebracht, liest sich wie eine Weissagung des Nostradamus: »Keine gute Spielzeit. Keine guten Aussichten.«

Die Westsektoren von Berlin benötigten täglich mindestens 3.500 Tonnen Nahrungsmittel und Brennstoffe. Gelagert waren Lebensmittelreserven für nur 36 Tage und Kohle für 45 Tage. Es mußte dringend gehandelt werden. General Wedemeyer, der Chef der Planungsabteilung im US-Generalstab, sah nur einen Weg: die Versorgung aus der Luft. Am 30. Juni landete die erste Maschine in Tempelhof. Am Tag darauf waren es schon zehn Flugzeuge. Die Luftbrücke funktionierte von Tag zu Tag besser. Schließlich kam alle dreiundsechzig Sekunden eine Maschine an, verteilt auf die Flugplätze Tempelhof, Tegel und Gatow.

Dennoch ließen sich Engpässe nicht vermeiden, als es wieder kalt zu werden begann. Stromsperren waren an der Tagesordnung. Vorstellungen mußten unterbrochen werden und fielen schließlich ganz aus.

Während ich im »Theater der Altmark« eingesponnen war im süßen Netz erster Erfolge, kreiste über dem »Theater in der Kaiserallee« der Pleitegeier.

Wie dieser letzte Akt aussah, weiß ich nicht. Ich weiß auch nicht, wann genau Eure Eltern das Handtuch werfen mußten und wer alles auf der Matte stand und Geld forderte.

Vergeblich suchte ich in den Zeitungen nach Zeilen wie »Lebensnerv einer aufstrebenden Privatbühne getroffen« oder »Keine Kohlen, kein Strom, kein Publikum, aber Schauspieler bestehen auf Gagenzahlung«. Nichts dergleichen war zu lesen, und ich fragte mich, wann die juristische Klausel »höhere Gewalt« Anwendung finden soll, wenn nicht in einem Fall wie damals. Für Eure Eltern war die Tragödie komplett. Vorausplanend hatte Papa Erich mit einer Reihe von Schauspielern Verträge abgeschlossen.

Am 12. Mai 1949 gaben die Russen die Land- und Wasserwege von Westdeutschland nach Berlin wieder frei. Die Kopie eines mit dem Archivstempel »26. Mai 1949« versehenen Zeitungsausschnitts belegt, daß da Eure Eltern ihre ehrgeizigen Pläne bereits verzweifelt aufgegeben hatten. Die Notiz teilte mit, daß Graf Treuberg – unter Karl Heinz Martin Dramaturg am Hebbel-Theater – das Theater in der Kaiserallee übernehmen und als erste Inszenierung »Die geliebte Stimme« von Cocteau herausbringen würde, wozu es nicht kam, weil die Bühne an der Kaiserallee einer »Arbeitsgemeinschaft junger Kulturschaffender« zur Verfügung gestellt wurde.

Am 9. April 1949 verkündete eine Zeitung: »Eröffnung des Theaters in der Kaiserallee.« Diese Mitteilung ärgert mich heute noch, ein halbes Jahrhundert danach, weil sie unerwähnt läßt, daß es bereits 1946 eine Eröffnung gegeben hat und daß über ein Jahr lang unter der Leitung von Erich Elstner mit wachsendem Anspruch Theater gespielt wurde und weiter gespielt worden wäre, wenn es den Blockadewinter 1948/49 nicht gegeben hätte.

Am 30. April 1949 gibt es die letzte Meldung zum »Theater in der Kaiserallee«. Es wird mitgeteilt, daß die Baupolizei die Eröffnung verboten habe.

Ob diese Nachricht Eure Eltern ein wenig trösten konnte? Ich glaube nicht. Auch dürften sie nicht von Herzen aufgeatmet haben, als sie erfuhren, daß ich Vater geworden war.

Meine Mutter soll die Hände über dem Kopf zusammengeschlagen und ausgerufen haben: »Der Bub, der Bub!«

Das wird Mitte April gewesen sein, denn am vierten April 1949 hatte ich ihr geschrieben, daß ich mittags am 31. März, fünfzehn Minuten vor zwölf, Vater eines sechs Pfund schweren Jungen geworden sei, und sie damit Großmutter.

Falls Euch interessieren sollte, wer mir den ersten Sohn schenkte: Die hübsche rothaarige Tourneesekretärin war es nicht. Einmal noch sah ich sie. Offenbar mochte sie mich mehr als ich es verdiente. Sie kam per Bahn nach Stendal, fuhr aber mit dem nächsten Zug wieder nach Berlin zurück. Das war bereits im Frühsommer 1948 gewesen. Verdammt herzlos hatte ich ihr klargemacht, daß mir die Arbeit in den kommenden Jahren weder Zeit noch genügend Geld für ein häusliches Beisammensein lassen würde, falls sie sich mit dem Gedanken trüge, nach Stendal zu ziehen.

Kurz darauf hatte ich Zeit. Zeit für die Liebe und Geld für die Folgen. Es ist schon so, wie das Sprichwort sagt: Abendrede und Morgenrede kommen selten überein. Was zählt da schon eine Meinung gegen kornblumenblaue Augen und einen taufrischen Rosenmund? Sie war Tänzerin und ihr Gang entsprechend anmutig. Sollte mich etwa der gestopfte Fleck an ihrem einzigen Rock stören, wo es doch an ihrem Körper aufregendere Blickpunkte gab?

In Stendal war ich erwachsen geworden. Von heute auf morgen. Ich hatte geheiratet, weil ein Kind von mir ein eheliches Kind sein sollte. Ich war nun selbst Familienvater und damit von Eurer Familie abgenabelt. Es ist ein Trauerspiel, daß ich nicht weiß, wann genau Ihr mit Euren Eltern Berlin verlassen habt.

Noch einmal sah ich Deinen Papa, lieber Tim. Es war in Garmisch-Partenkirchen und muß im Jahr 1952 gewesen sein. Demnach müssen wir damals noch in brieflichem Kontakt gestanden haben, weil er ja sonst nicht hätte wissen können, daß ich nicht mehr im Osten engagiert war, sondern jetzt im Oberbayrischen herumtingelte, hauptberuflich bei der Post Exchange der Amerikaner beschäftigt war und bei meiner Mutter in Garmisch wohnte.

Papa Erich ging es nicht gut. Ich sah den Mullverband an seinem Genick, und er erzählte mir, daß ihn vor Jahren während einer Bühnenprobe ein vom Schnürboden herabsausendes Zuggewicht am Kopf gestreift habe, worauf die Beschwerden offenbar zurückzuführen seien, derentwegen er sich jetzt einer Punktion habe unterziehen müssen.

Es schmerzte mich, ihn leiden zu sehen, denn er litt dreifach: erstens wegen seiner plötzlich aufgetretenen Kopfbeschwerden, zweitens wegen des finanziellen Desasters und drittens, weil er mich um Geld für die Heimfahrt ersuchen mußte.

Ich war in jener Zeit ebenso finanziell am Boden, konnte aber mit hundert Mark aushelfen, weil ich gerade mein Gehalt von der Post Exchange erhalten hatte: zweihundertsechsundfünfzig Mark und neunzig Pfennige: mein Monatslohn und meine gesamte Barschaft zu diesem Zeitpunkt. Dennoch kam ich mir schäbig vor, nur mit einem Hunderter beigesprungen zu sein. Also nahm ich eine Anleihe bei der Verkäuferin der PX-Hemdenabteilung und besserte die in meinen Augen magere Bargeldhilfe noch mit einem regalneuen maßgerechten weißen Hemd auf.

Euer neuer Wohnsitz war Baden-Baden. Ich hatte eine neue Frau und inzwischen einen zweiten Sohn. Ein kühnes Unterfangen angesichts meines Monatsgehalts in Garmisch und der dort später am Zimmertheater spärlich tröpfelnden Gagentrinkgelder. Zwar hatte ich 1955 endlich wieder ein festes Engagement an einem richtig großen Haus, das leider den Makel hatte, nicht das Gärtnerplatztheater in München zu sein, sondern das Operettenhaus in Leipzig, wo die Monatsgagen nach wie vor nicht in D-Mark ausbezahlt wurden, sondern in Scheinen und Münzen, die in Baden-Baden nicht einmal aus Höflichkeit der Toilettenmann des Spielkasinos angenommen hätte.

Dort in Leipzig hörte ich durch Zufall über einen Westsender die wohl einzige Rundfunkpräsentation Erich Elstners. Er sang Paul-Abraham-Melodien, begleitet vom Kölner Rundfunkorchester. Wie ich später erfuhr, ging sein gesamtes Honorar an irgendwelche Gläubiger des mißglückten Theaterunternehmens in der Berliner Kaiserallee.

Der Schatten dieser Entwicklung lastete auch auf mir. Moralisch hätte ich helfend an die Seite Eurer Eltern gehört. Aber wie? Ich war selbst gerade erst aus einer Berufsmisere heraus und froh, an ein angesehenes Theater gelangt zu sein.

Die folgenden Jahre bastelte ich an meiner Entwicklung. Hilfreich dabei waren nicht nur die Theateraufführungen, sondern auch die Veranstaltungen mit dem Rundfunk-Unterhaltungsorchester des Senders Leipzig unter der Leitung von Erich Donnerhack, sowie bald darauf auch die Operettensendungen des Fernsehens aus Berlin-Adlershof. Und als ich endlich eine ausreichend hohe Sprosse auf der Leiter des Bekanntheitsgrades erreicht hatte und mich mit stolzgeschwellter Brust besuchsweise via Baden-Baden hätte in Bewegung setzen können, kam erst eine große Filmrolle dazwischen und dann die Berliner Mauer.

Erst siebzehn Jahre nach dem Mauerbau erhielt ich die Erlaubnis, mit dem Wagen nach Österreich fahren zu dürfen, und zwar ausnahmsweise über die Bundesrepublik Deutschland, mit der Auflage, dies auf dem kürzesten Weg und ohne Aufenthalt zu tun. Diese Bedingung ignorierte ich, fuhr nach Baden-Baden, fragte nach Euren Eltern und erhielt statt einer Adresse die Nummer einer Grabstelle genannt.

Fassungslos stand ich vor dem schlichten Stein, las die Namen und die Daten:

Hilde Engel-Elstner
* 12. 12. 1908 † 4. 7. 1965
Erich Elstner
* 25. 2. 1910 † 10. 2. 1972

Ich wartete auf den Blitz, der mich hätte treffen müssen. Aber nichts geschah. Nur die Stille traf mich. In ihr war alles enthalten, was ich mir vorwerfen mußte.

Die Zeit, die weilt, eilt, teilt und heilt, verfluchte ich respektlos an diesem dafür unpassenden Ort und verfluchte damit gleich alles, was Deutschland zu einem geteilten Land gemacht hatte.

In meinem Kalender finde ich den Termin, zu dem ich von Dir, lieber Tim, zum Essen ins Düsseldorfer Hotel Intercontinental eingeladen war: Donnerstag, der 24. August 1978, ein sonniger Tag. Da warst du auf Mallorca und hattest Deinen RTL-Mitstreiter, Herrn Dr. Walter, gebeten, Dich zu vertreten.

Danach telefonierten wir zweimal miteinander. Problemlos konnte ich das nur von Wien aus, wenn ich bei meiner Schwester war. Ich wußte nicht, wie ich Dich anreden sollte. Sollte ich Tim sagen oder vielleicht doch Frank, weil Dich so inzwischen sicherlich die meisten ansprachen? Du sagtest: »Komm zu mir nach Luxemburg! Wir machen uns ein paar schöne Tage!« Ich sagte, daß dies leider nicht möglich sei, weil ich von Wien mit dem Flugzeug wieder so zurück müßte, wie ich gekommen war. Daß es, abgesehen vom Paßrechtlichen her, auch finanziell für mich nicht machbar gewesen wäre, erwähnte ich nicht.

In Westberlin hätten wir beinahe eine Chance gehabt, uns zu treffen und auszusprechen. Du warst mit Deiner neuen Reihe »Nase vorn« in Berlin und hattest für mich im Hotel »Interconti« an der Rezeption zwei Karten hinterlegt, mir aber gleichzeitig um Verständnis bittend mitgeteilt, daß für ein Gespräch keine Zeit sein werde.

Es war Frühling. Die Deutsche Demokratische Republik hatte nicht mehr lang zu leben, aber eine Dame im Kulturministerium gab sich noch sehr kämpferisch, als ich dort anrief und für meinen Reisepaß um die Zusatzeintragung bat, außer nach Österreich über die Bundesrepublik Deutschland auch noch nach Westberlin fahren zu dürfen. Den patzigen Ton habe ich heute noch im Ohr: »In Westberlin haben Sie doch nichts zu suchen!«

Daß ich schließlich doch fahren durfte, lieber Tim, wirst Du gemerkt haben. Es war Samstag, der 22. April 1989. Die Karten für meine Frau und mich lagen an der Rezeption, und ich hinterließ ein Kuvert an Dich mit einigen Zeilen darin.

Es waren hervorragende Plätze. Die Deutschlandhalle war ausverkauft. Und wir saßen unmittelbar vorn an der Spielfläche.

Obwohl mir alles mehr oder weniger von meiner eigenen Fernseharbeit vertraut war, hatte ich dennoch Grund zum Staunen. Den ersten Anlaß dazu gab mir das Eintreffen des Westberliner Bürgermeisters Walter Momper. Auch ohne seinen roten Schal hatten ihn die Leute sofort erkannt und reagierten je nach Zuneigung oder Ablehnung. Obwohl sich Beifall und Pfiffe die Waage hielten, erschreckten mich die Pfiffe sehr. Derlei Unbotmäßigkeit war mir gelerntem DDR-Bürger fremder als einem Tropenwaldbewohner Moonboots und Ohrenschützer.

Der zweite Anlaß mich zu wundern, war die Duldung der vielen Fotografen während der Live-Übertragung. Im DDR-Fernsehen durfte gerade noch während der Generalprobe fotografiert werden. Oft sogar nur in den Pausen.

Doch am meisten staunte ich über Deine Nerven. Mich hat mitunter während einer Probe schon ein übereifriger Kameraassistent aus dem Konzept bringen können, wenn er unmittelbar in meiner Blickachse mit heftigen Fuchtelbewegungen einem anderen Kameramann irgendwelche Zeichen gab.

In Deinem Blickwinkel hüpften, standen, hockten gleich rudelweise die Fotografen; doch Du bist cool geblieben, hast ungerührt Deine Texte gesprochen; das hat mich schon sehr beeindruckt.

Deinem auf einer Neujahrskarte geäußerten Wunsch, lieber Tim, mit mir in Berlin für ein paar Stunden den Spuren unserer gemeinsamen Vergangenheit zu folgen, hatten sich offenbar stets berufliche Termine entgegengestellt. Ich kenne das. Auch ich war immer irgendwie verhindert.

Darf ich auf Euer Verständnis hoffen, wenn ich mit dreiundsiebzig der Zukunft nicht mehr so wie einst vertraue? – Sicherheitshalber hab ich darum alles für Euch Erfahrenswerte aufgeschrieben. Es ist nicht viel, ich weiß. Wir waren ja auch nicht lang beisammen. Und solltet Ihr schon einiges gekannt haben, hat Euch vielleicht der andere Blickwinkel etwas gegeben.

Gern wüßte ich, wie es mit Euch weitergegangen war, nachdem Ihr Berlin verlassen hattet. Ob ich es jemals erfahren werde?

Warum mit mir alles so kam, wie es kam und sich erfüllte, mit allem Für und Wider, den Höhen und Tiefen, dem Glück und den Zweifeln – Ihr könnt es erfahren, wenn Ihr wollt. Auf den nächsten Seiten werde ich es meinen Söhnen und Enkelkindern berichten.

DRITTE BRIEFMAPPE

Meinen Söhnen Axel, Peter, Sascha und Fabian und deren Nachkommen zur Erinnerung

Was muß ein Mann in seinem Leben alles geschafft haben?

Ein Haus muß er gebaut, einen Baum gepflanzt und einen Sohn gezeugt haben.

All diese Forderungen habe ich erfüllt, und angefangen hatte ich mit dem Leichtesten: drei Söhne wurden mir geschenkt, drei Söhne von drei Frauen. Inzwischen gibt es noch den Fabian, das Nesthäkchen.

Du, lieber Axel, bist der Älteste. Und Du, lieber Sascha, warst bislang der Jüngste: zur Welt gekommen in Berlin am 17. Juni 1964. Es war ein strahlend schöner heißer Sommertag, und ich mußte nach Bad Blankenburg zu einer Veranstaltung.

Diese Zeilen richte ich an Euch beide, weil ich Euren Bruder Peter nicht mehr mit einbeziehen kann. Die Welt, die er erblickte, war eine weiß-blaue: eine oberbayrische im Werdenfelser Land. Es war Garmisch, genau gesagt, und es war der 1. Oktober 1953. Wir gaben ihm den Namen Peter-Michael. Doch am Theater nannte er sich später nur Peter Jahoda. Seine größten Erfolge hatte er in Potsdam. In den Sommerferien 1989 wollte er seine Tante Elisabeth in Baden bei Wien besuchen. Der Intendant des Potsdamer Hans-Otto-Theaters, Gero Hammer, unterstützte diesen Wunsch über die Leitstelle beim Ministerium für Kultur, von wo aus alle Anträge mit entsprechenden Stellungnahmen an das Ministerium des Inneren weiterzuschicken waren. Doch Peter wartete auf die Reisegenehmigung vergebens. Dann kam die Wende mit all ihren Turbulenzen und das an Ereignissen nicht minder aufregende Jahr 1990. Aber in den Sommerferien 1991, so hatte es sich Peter vorgenommen, wollte er ausführen, was ihm bislang versagt worden war: nach Österreich zu fahren und anschließend nach Oberbayern, um endlich seinen Geburtsort Garmisch-Partenkirchen kennenzulernen.

Daß es dazu nicht kam, konnte nicht mehr der DDR-Administration angelastet werden. Es war die überparteiliche, aber deshalb nicht minder unfreundliche und herzlose Verwaltung des Gevatters Tod, die etwas gegen diese Reise hatte. Am 31. Januar 1991, vormittags um zehn, erstickte Euer Bruder in seiner Wohnung in Potsdam-Babelsberg, an einem besonders heftigen epileptischen Anfall.

An dieser Geißel, die ihn eines Tages unvermittelt traf, litt er bereits seit Jahren. Aber niemals behelligte ihn das Leiden abends auf der Bühne. Immer geschah es aus der Ruhe heraus am Morgen oder am frühen Vormittag.

Einmal war meine Frau, die Krankenschwester, in der Wohnung, als es passierte. Sie kannte sich mit diesen Anfällen aus. Sie hatte in Jena studiert und in der dortigen Psychiatrischen Klinik gearbeitet. Sie wußte, was zu tun ist, um einer Erstickung vorzubeugen. Aber sie wußte auch, wie mehr oder weniger hilflos die Medizin dieser Krankheit gegenüberstand. An jenem letzten Januartag war Euer Bruder allein in der Wohnung. Seine Frau Bärbel, von der er geschieden war, mit der er aber wieder in der gemeinsamen Wohnung zusammenlebte, war an diesem Morgen bereits zur Arbeit unterwegs.

Ich tröste mich mit dem Gedanken, daß ihn seine tote Großmutter, die ihn in Halberstadt großgezogen und über alle Maßen geliebt hat, sanft auffing.

Gero Hammers Trauerrede auszugsweise in diese Zeilen einfließen zu lassen, bin ich Eurem Bruder schuldig. Er war der ärmste unter Euch dreien, obwohl ich ihn nicht weniger liebte als Euch beide. Ich weinte bitterlich um jeden von Euch, als ich Euch an die Mütter verlor.

So verneigen wir uns vor Deinem Leben, Peter Jahoda

Doch eins nach dem andern. Hier die Rede des Intendanten, gesprochen am Sarg Eures Bruders am 5. Februar 1991 in der Aufbahrungshalle am Alten Friedhof zu Potsdam:

»Verehrte Angehörige, liebe Kolleginnen und Kollegen, liebe Trauergäste! Wir trauern um den Schauspieler Peter Jahoda, unseren hochgeschätzten Kollegen, den warmherzigen Kameraden, den sensiblen Künstler. Wir sind zusammengekommen, von ihm Abschied zu nehmen.

Sein langes Leiden, gegen das er mit Energie und Klugheit an-

Wetten, daß mich keiner findet? Ich bin der quergestreifte Kleinste. Der zweite in der obersten Reihe von rechts.

... mit der großen Schwester, als man sich noch auf den Winter verlassen konnte. 1934/35 in Brünn auf dem Olmützer Berg

Papa, der Monarchist

Meine Schwester und ich in den Rollen »Königinmutter und Kronprinz«, Spätherbst 1943

Lutz im Glück mit Puzzl im Sommer 1944

Stadttheater in Brünn. In diesen heiligen Hallen wirkte ich als Feuerwehrmann und Statist

Hilde Engel, Frank Elstners Mutter, Choreographin, Schauspielerin, Sängerin; mit ihr spielte ich in den Brünner Kammerspielen meine erste Sprechrolle (9 Wörter!)

Tante Mary mit Michael Curtiz, als er noch Kertesz hieß und in Wien Stummfilme drehte, 1922

Tante Mary und Onkel Ferry. Frank Elstners Taufpaten

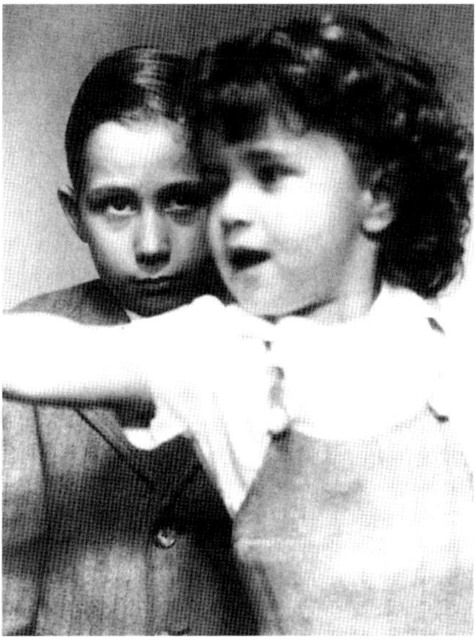

Die Brüder: Frank Scharf im Hintergrund, im Vordergrund: Timotheus Franz Maria Elstner, der heutige Frank, 1946 in Berlin

Erich Elstner mit seiner Mutter Anna und Sohn Tim (Frank Elstner)

... als Buffo und jugendlicher Komiker in Stendal und Halberstadt 1947–1951

... als Schauspieler am Zimmertheater in Garmisch-Partenkirchen, 1953

Der Osten hat mich wieder! Operettentheater Leipzig, 1955

gekämpft hat, hat ihn überwältigt: plötzlich, unerwartet, hinterrücks.

Als er sich nach der Premiere mit Hinweis auf sein angeschlagenes Nervensystem krankmelden mußte – oft schon hatten wir diesen Vorgang erlebt und ihn in die Alltäglichkeit eingeordnet –, hofften wir alle auf seine baldige Genesung.

Was wir nicht wußten, war, welch Ausmaß an Kraft ihn dieser Beruf kostete, wie groß die Erschöpfung war, die der Konzentrationsarbeit des Schauspielers ständig folgte, wie sehr er sich verausgabte und in dem geliebten und gesuchten Beruf eigentlich über seine Kräfte lebte.

Peter Jahoda, seit mehr als zehn Jahren Schauspieler am Hans-Otto-Theater, hat hier in Potsdam, in seinem dritten Engagement seit seinem Diplom an der Leipziger Theaterhochschule, seine eigentliche künstlerische Heimat gefunden. Mehr als siebzehn große Rollen ließen ihn künstlerisch reifen und wachsen, und unzweifelhaft stand er an der Schwelle zu noch größeren Aufgaben. Sein psychologisch so behutsam aufgeblätterter Valentin im ›Kuß der Spinnenfrau‹, sein draufgängerischer Alcest in Goethes ›Mitschuldigen‹ werden uns neben vielen anderen Rollen ebenso im Gedächtnis bleiben wie seine letzte Rolle, die des Grinberg in ›Noch ist Polen nicht verloren‹, die er nur noch bis zur Premiere bringen konnte.

Nun müssen wir von ihm, der mit uns lebte, zu uns gehörte, viel und zuverlässig arbeitete, der Respekt, Freundschaft und Zuneigung verdiente und genoß, in der Vergangenheit sprechen.

Ich blättere nach bei Dichtern, um der schmerzhaften Situation gerecht zu werden, und komme auf Rilke:

> Der Tod ist groß.
> Wir sind die Seinen
> lachenden Munds.
> Wenn wir uns mitten im Leben meinen,
> wagt er zu weinen
> mitten in uns.

So verneigen wir uns vor deinem Leben, Peter Jahoda, so verstummen wir vor deinem Tod.«

Der Magen, leer, die Beine schwach, im Kopf jedoch zum Glück hellwach

Dreiundfünfzig Jahre vom Jahr 2000 zurückdrehen muß ich, um Euch dorthin zu führen, wo für Euren Papa die ernsthafte Theaterarbeit begann. Es war in Stendal, und einen Spitzenplatz in meinen Erinnerungen nimmt die folgende Begebenheit ein:

Ich war gerade auf dem Marktplatz, wo man von allen Seiten gut gesehen wird, als es passierte. Die Aktentasche war, vom Armschwung dirigiert, gerade hinten, als sie vom Wind oder durch eine unglückliche Haltung meiner Hand in eine Schräglage geriet und deshalb nicht an meinem rechten Bein vorbei wieder nach vorn gelangte, sondern in meine Kniekehle schlug. Das Gewicht der Tasche war unbedeutend, die Bewegung lächerlich schwach, doch die Wirkung war ungeheuer: Wie ein Klappmesser knickte mein rechtes Bein zusammen, worauf die linke Kniekehle, wie aus Sympathie zur rechten, unverzüglich auch schlappmachte, so daß ich erst auf die Knie fiel, dann auf die Hände und schließlich auf den unterernährten und deshalb nicht vorhandenen Bauch.

Es waren die Tage von »Otto-Normalverbraucher«, mit Gert Fröbe in der Titelrolle ideal besetzt, weil Fröbe damals genau so mager war wie wir alle, nur seiner Körpergröße wegen besonders dünn wirkte. Horst Tappert und Heinz Quermann magerten am Stadttheater Köthen vor sich hin. Tappert alias Derrick erholte sich bis heute nicht davon. Und ich frage mich, wie es mir spilleirigem Hänfling möglich war, Soubretten durch die Luft zu wirbeln. Ich spielte, sang und tanzte, als säßen Abend für Abend Filmregisseure oder Theateragenten im Zuschauerraum, die mich entweder an den Broadway oder zumindest nach Magdeburg holen könnten.

Wahre Triumphe feierte ich als Graf Boni. Wer Emmerich Kálmáns Operette »Die Csárdásfürstin« kennt, wird wissen, wie dankbar diese Rolle ist, so daß ich, um glaubhaft zu bleiben, hinzufügen muß – auch wenn dies meinen Erfolg von damals schmälern wird –, daß ein Operettenbuffo schon ein Antitalent sein muß, um mit dieser Partie nicht die Zuneigung des Publikums zu finden. Nach der Premiere stand in der Zeitung der seltsame Satz: »Wenn Stendal einen Himmel hätte, wäre Lutz Jahoda ein leuchtender Stern!« Gemeint hat der Kritiker sicher: »Wenn Stendal der Himmel wäre ...« Aber Stendal war nicht der Himmel, obwohl ich mich bald wie im Himmel fühlte.

Im Fahrwasser meines Erfolgs schwammen nämlich schon nach wenigen Tagen jene lebenserleichternden Umstände, die mit dem Wort Annehmlichkeiten nicht ausreichend bezeichnet wären. Mehr an Gutem konnte einem in jenen Tagen nicht widerfahren. Die kraftspendenden Glücksbringer und Engel der Nächstenliebe hießen Hüttenrauch und Wendt.

Hüttenrauch, eine bekannte Fleischerei in Stendal, und Wendt, eine Konditorei, ebenso angesehen in der Stadt, sorgten dafür, daß das Wort Hunger im Konzert meiner Gedanken nicht mehr die erste Geige spielte. Mindestens zweimal in der Woche durfte ich in dem kleinen Hinterzimmer des Fleischereigeschäfts, unmittelbar neben der Küche an der Rückfront des Ladens, entweder im Kreis der Familie oder manchmal nur mit Fleischermeister Hüttenrauch allein, an einem Mittagessen teilhaben, von dem ich seit meinen amerikanischen und englischen Küchenparadieszeiten nur träumen konnte. Meist bekam ich noch ein Wurstpaket mit. Dann verließ ich die Fleischerei hinten durch den Wirtschaftseingang und war bereits auf dem Südwall, brauchte nur noch über die Straße zu laufen und schon konnte ich mit der Wurstspende ins Haus Nummer 17 schlüpfen, wo ich in der ersten Etage bei Freifrau von Lützow ein möbliertes Zimmer bewohnte, dessen Erkerfenster auf den damals noch stillen Südwall hinausging.

Konditormeister Wendt war ebenfalls ein Freund der heiteren Künste. »Kunst ist Kunst und Handwerk ist Handwerk, doch kommt das eine ohne das andere nicht aus«, sagte er eines Tages in der Backstube, als er mir die Zusammengehörigkeit beider Begriffe am Beispiel der klassischen Baumkuchenherstellung demonstrierte: das vorsichtige Drehen der konischen Walze über hellem Birkenholzfeuer, das schichtweise behutsame Auftragen des kostbaren Teigs, die notwendigen Pausen zum Durchbacken der jeweiligen Lagen, während die Walze weitergedreht werden muß, langsam und gefühlvoll, damit vom Teig mit der vielen zu Sahne geriebenen Butter und den bis zu vierzig oder gar fünfzig Eidottern, dem feingestoßenen Zucker und dem Mehl und dem zu Schnee geschlagenen Eiweiß nichts von der Walze rutscht und im Feuer verzischt.

Gelegenheit zum Zuschauen bei Übungen, die den Meister machen, hatte ich in Stendal ausreichend. Nur beim Fleischerhandwerk begnügte ich mich mit dem Transport und Verzehr der mir mitgegebenen Würste.

Daß ich ins Gärtnerhandwerk hineinschnuppern durfte, hatte ich einer dritten Familie zu danken: der Familie Seidenschnur.

Hans Joachim hieß der Junior, der nicht nur das Theater liebte, sondern einfach alles Gedruckte, was sich in Bücherregale stellen ließ. Und da die gesamte Stadt von Bombenschäden verschont geblieben war, war auch der Bibliothek der kunstsinnigen Familie nichts widerfahren. Da fand sich einiges an literarischen Kostbarkeiten.

Gleich schräg gegenüber vom damaligen kleinen Stadtbad war der Gärtnereibetrieb mit der großen Wohnung darüber. Ob es das Blumenhaus noch gibt? Und das Stadtbad schräg gegenüber?

Das Stadtbad übrigens mied ich, nachdem ich mir dort im späten Frühjahr 1947 ein paar Tierchen eingefangen hatte, denen unter dem Namen Phthirus pubis weniger Peinlichkeit anhaftet als unter der volkstümlichen Bezeichnung Filz- oder auch Schamlaus.

Zum Glück war ich zu jener Zeit weder verheiratet noch sonstwie mit einem weiblichen Wesen im intimen Kontakt, so daß ich mich keiner Zweifel zu erwehren brauchte. Seidenschnur ist Zeuge, daß ich sehr unter diesem Nachkriegsmalheur litt, und er war es auch, der mir glaubte und ohne Augenzwinkern meinte, daß die unerfreulichen Parasiten wenn schon nicht davon, so bestimmt nur aus der feuchten Wärme des öffentlichen Bades herrühren konnten.

Unvergeßlich eingeflochten in den Kranz meiner Erinnerungen haben sich die einmalig schönen Sommernächte jener Jahre in Stendal. Politik existierte für mich nur am Rande, obwohl ich schon so wichtige Ereignisse wie den »Marshall-Plan« zur Kenntnis nahm sowie die allmähliche Wiederbelebung Westberlins, aus der ich meinen kleinen Nutzen ziehen konnte, weil ich noch in Berlin-Westend bei Tante Milli in der Soorstraße angemeldet war. Das »Ahlener Programm« der Christlich Demokratischen Union, verkündet im Jahre 1947, interessierte mich weniger. Um so unterhaltsamer wirkt der Inhalt der programmatischen CDU-Erklärung heute: »Das kapitalistische Wirtschaftssystem ist den staatlichen und sozialen Lebensinteressen des deutschen Volkes nicht gerecht geworden. Nach dem furchtbaren politischen, wirtschaftlichen und sozialen Zusammenbruch als Folge einer verbrecherischen Machtpolitik kann nur eine Neuordnung von Grund auf erfolgen.«

Und nun der Abschnitt, den man genießerisch gleich zweimal lesen sollte: »Inhalt und Ziel dieser sozialen und wirtschaftlichen Neuordnung kann nicht mehr das kapitalistische Gewinn- und Machtstreben, sondern nur das Wohlergehen unseres Volkes sein. Die neue Struktur der deutschen Wirtschaft muß davon ausgehen, daß die Zeit der unumschränkten Herrschaft des privaten Kapitalismus vorbei ist.«

Schöner hätte das Walter Ulbricht auch nicht sagen können. Allerdings wäre ihm der Folgesatz der Ahlener Wirtschaftserklärung nicht über die Lippen gekommen, daß vermieden werden müsse, den privaten Kapitalismus durch den Staatskapitalismus zu ersetzen, weil dies noch gefährlicher für die politische und wirtschaftliche Freiheit des einzelnen sein würde.

So richtig glücklich war die CDU nicht mit dieser Erklärung. Also suchte und fand sie bald einen Weg zwischen den beiden Übeln, wobei sie das eine Übel nicht mehr Übel, sondern soziale Marktwirtschaft nannte.

Ich hatte wenig Zeit, mich mit den Mißlichkeiten ideologisch auseinanderzusetzen; ich lebte sie. Eine Zigarette: 8 Mark, ein Schweinsohr: ebenfalls ein kleines Vermögen. Und in der Tasche hatte ich eine ausgefranste Lebensmittelkarte. Oft konnte ich nicht zu Tante Milli fahren, um mich in Westend mit den ersten Ergebnissen der sozialen Marktwirtschaft einzudecken. Da war inzwischen das andere Geld im Westen, da waren die Kontrollen des Ostens, und da war der Dienstplan des Theaters.

Euer Vater war in allen Sparten dabei: In der Oper »Carmen« sang ich die Partie des Schmugglers Il Dancairo, an Ballettabenden war ich der Pas-de-deux-Partner der Primaballerina, im Schauspiel der Schufterle in Schillers »Räuber«, und in der Operette war ich der Buffo, der ohne Zugaben niemals von der Bühne kam. Traudel Hartwig und Brigitte Kreuzer waren meine Partnerinnen, und mit welcher Soubrette auch immer: wir waren die Lieblinge des Publikums. In »Charleys Tante« spielte ich die Hauptrolle, im Zweipersonenstück »Karl III. und Anna von Österreich« war ich auch dabei. Ihr werdet die Geschichte mit

Ilse Werner und Viktor de Kowa unter dem Filmtitel »Wir machen Musik« kennen.

Es waren tolle Jahre. In jeder Beziehung. Der Glenn-Miller-Sound belebte den Kreislauf von jung und alt. Die Kinos hatten Hochkonjunktur. Ich fuhr eigens nach Westberlin, um mir den Film »Der dritte Mann« anzusehen. In einer der durchwachten Talknächte in Hans-Joachim Seidenschnurs Bibliothek ließ ich den Film Sequenz um Sequenz noch einmal Revue passieren und schilderte begeistert die einzelnen Einstellungen.

Viele Jahre danach las ich, daß dieser Film einen Mann nicht sonderlich beeindruckt hatte: Johannes R. Becher, Präsident des Deutschen Kulturbundes und später Minister für Kultur der DDR. Wahrscheinlich wird ihm jemand den Film ähnlich begeistert geschildert haben, wie ich das meinem Freund Seidenschnur gegenüber tat. So etwas geht selten gut. Denn wie spricht der Dichter: Erwartung, die zu hochgeschraubt, hat manchem schon den Spaß geraubt! Aber beruhigend zu wissen, daß auch Ostfunktionäre nach Westberlin ins Kino fuhren.

Über die Leichtigkeit, eine Opernaufführung zu unterbrechen

Für das Zweipersonenstück brauchte ich dringend einen Anzug. Der Sohn eines Arztes hatte einen. Nagelneu, wie er mir versicherte. Vor einer Woche erst aus Westberlin mitgebracht! Ich sah mir den Anzug an: gute Qualität, meine Größe, nicht gerade billig, aber rostrot. Begreiflich, daß der Junge den Anzug loswerden wollte. Er redete so lange auf mich ein, bis ich ihm glaubte, daß die Farbe nicht rostrot, sondern rostbraun sei.

Daraufhin ging ich zur Bank, beantragte einen Kredit – und bekam ihn! Das hätte mich stutzig machen müssen. Aber ich staunte nur. Doch nicht lang: nur bis zur Geldentwertung. Dann wunderte ich mich: über die Summe der Kreditabzahlung. An der hatte sich nämlich nichts geändert! Das Geld neu – der Betrag alt! Das einzig neue an der alten Summe: Für die frischgedruckten Ostpiepen hätte ich inzwischen drei Anzüge bekommen.

»Aber keine rostroten!« meinte der Sohn des Arztes.

Sagte ich nicht, daß mir Stendal eine tolle Zeit bot! In der Presse zu lesen, daß Euer Vater die von ihm gespielten Rollen »in die unangefochtene Höhe des guten Geschmacks hebt«, macht schon verdammt selbstsicher. Daß sich dann auch Leichtsinn einstellt, gehört dazu. Jedenfalls war das bei mir so. Und es geschah während einer Opernaufführung.

»Die lustigen Weiber von Windsor« wurden gespielt. Ich hatte die kleine Partie des Marktausrufers zu singen. Ein Klacks für mich! Und so saß ich wie immer, wenn ich auf meinen kurzen Auftritt zu warten hatte, beim Maskenbildner Pepi.

In das private Protokoll, das ich in der Nacht unmittelbar nach dem Vorfall anfertigte, hatte ich den folgenden Reim eingebaut:

»Der Gesprächsstoff ging uns niemals aus,
Pepi war ein fideles Haus,
wir erzählten uns Witze und lachten uns schief,
dieweil auf der Bühne die Oper lief.«

Dabei war die Angelegenheit gar nicht lustig. Es begann damit, daß uns plötzlich die anheimelnde Klangkulisse der Musik Otto Nicolais fehlte. Eine beklemmende Stille schob sich von der nahegelegenen Bühne den Gang herab zum Maskenbildnerzimmer; aber dann, wie ein Echo aus den Bergen, einem Jodler ähnlicher als einem Notruf, hörte ich meinen Namen. Da wußte ich, daß ich meinen Auftritt verpaßt hatte.

Als ich die Bühne betrat, fand ich alle erstarrt. Wie auf einem stehengebliebenen Filmbild. Der offene Mund des Kapellmeisters und die zur Bühne hinaufschauenden reglosen Gesichter der Musiker erschreckten mich gewaltig. Auch der Chor sah aus wie tot. Im ausverkauften Zuschauerraum bewegte sich ebenfalls nichts. Die Stille war so groß, als hätten auf der Bühne, im Orchestergraben und im Saal alle zu atmen aufgehört.

»So muß dem Prinzen im Schloßhof zumute gewesen sein, bevor er Dornröschen küßte«, schrieb ich später meiner Mutter.

Aber da ich nicht den Kapellmeister zu küssen gedachte, schwang ich meine Marktschreierglocke, und das brachte wieder Leben in die Oper: Der Kapellmeister klopfte mit seinem Dirigentenstab auf das Notenpult, die Musiker begaben sich wieder in Spielposition, die Musik setzte ein, und die Handlung ging weiter mit meinem Gesang – Gott sei Lob und Gott sei Dank!

Die Stendaler Theaterjahre waren ein Glücksfall für mich, weil ich am Theater der Altmark erst richtig lernte, was ich in der kurzen Lehrzeit an der Seite von Hilde Engel und Erich Elstner ansatzweise mitbekommen hatte. In Stendal drillte mich der Dreispartenalltag durch sämtliche Teilbereiche der Theaterkunst. Ich wiederhole mich, ich weiß. Doch kann ich es nicht oft genug sagen, daß den höchsten Anteil an dieser Ausbildung Leo Wanaus hatte. Er kam aus der harten Schule der Operettenglanzzeiten, ebenso wie der um Jahre jüngere Arno Assmann, dem es noch vergönnt war, das Fernsehzeitalter zu erleben und zu nutzen, zum Wohle vieler Fernsehproduktionen des Westens. Assmann ist aus den Archiven des Fernsehens jederzeit abrufbar. Von Wanaus gibt es nur noch Fotos. Unter den erstklassigen Mimen gehörte er zu den letzten, denen die Nachwelt keine Kränze flocht.

Seinen einzigen Sohn hatte er im Krieg verloren. In den letzten Kriegstagen war er in Berlin ums Leben gekommen; in einem der U-Bahnschächte, die Hitler fluten ließ. Der Sohn dürfte in meinem Alter gewesen sein. Vielleicht sah Wanaus in mir so etwas wie einen Ersatz und mochte mich allein schon deshalb.

Eines Tages eröffnete er mir, daß er ans Operettenhaus nach Leipzig gehen werde und mich mitnehmen würde, falls ich dazu bereit wäre. Da ahnte er schon, was es für ein Hindernis geben könnte. Es war weiblichen Geschlechts und vom Schicksal dazu erkoren, Deine Mutter zu werden lieber Axel.

In der Nacht vom 30. zum 31. März 1949 warst Du es leid, nur im Bauch herumgeschaukelt zu werden, und so bewegtest Du Dich geschickt in Richtung Ausgang. Also nicht so tollpatschig wie Dein Vater das seinerzeit am 18. Juni 1927 um 20 Uhr 15 in Brünn vollbrachte. Da hatte ich es mit meiner Wurstelakrobatik geschafft, mir die Nabelschnur gleich zweimal um den Hals zu wickeln.

Ein halbes Jahr und sieben Tage nach Deiner Geburt wurde die Gründung der Deutschen Demokratischen Republik gefeiert. In Erinnerung ist mir ein großes Feuerwerk über der Stadt.

Leo Wanaus, mein Mentor, war inzwischen in Leipzig. Wir schrieben uns einige Zeit. Ich vermißte seine Regie und vermißte die guten Ratschläge und fragte mich oft, ob es nicht doch besser gewesen wäre, mit ihm an das große Operettenhaus zu gehen.

Ungefähr anderthalb Jahre darauf hatte ich einen ungemein deutlichen Traum. Mir träumte, daß ich in Leipzig bei Leo Wanaus war und mit ihm auf der Bühne stand. Das Publikum hatte auf keine der witzigen und sonst immer stark belachten Pointen reagiert, applaudierte aber artig am Schluß. Wir verbeugten uns, und Wanaus murmelte mit jeder Verbeugung ein freundliches »Japaner« in die Richtung seiner Verneigung. Dann ging er von der Bühne. In der ersten Kulissengasse drehte er sich noch einmal nach mir um, winkte und lächelte verschmitzt.

Wenige Tage danach erfuhr ich, daß Wanaus zum Zeitpunkt meines Traums an den Folgen einer schweren Grippe verstorben war.

Ein Mann mit zweiundzwanzig sollte noch keine Familie gründen. Erst recht nicht, wenn er den Beruf eines Schauspielers hat.

Ich gründete. Ohne Aussicht auf ein beständiges Familiennest, ohne Gewißheit auf ein Engagement in einer größeren Stadt und damit ohne jede Sicherheit, in nächster Zeit mehr Geld zu verdienen.

Leichtsinn, du Motor allen Lebens! Unbesonnenheit, du Dienerin des Unglücks! Es kommt immer darauf an, von welcher Seite wir die Probleme betrachten. Ob Entscheidungen richtig oder falsch sind, helfen oder schaden, wer kann das schon im voraus wissen! So manchem hat Klugheit nichts genützt; aber Blödheit hat schon vielen vorangeholfen.

Der Zeit des Glücks, dem Sensenmann des Krieges entkommen zu sein, war längst die Zeit des Drucks gefolgt, sich einer Seite zugehörig bekennen zu müssen. Einfach dahinzuleben, zu arbeiten und sich seiner gesunden Tage zu erfreuen, war den Herren aus Pankow zu wenig. Es entsprach nicht dem neuen Menschenbild, das fortan im Osten zu gelten hatte.

Auch in Stendal wurde begonnen, sich intensiver um die Menschen zu kümmern. Daß die Theaterleute nicht ausgeklammert waren, merkten wir an vielem.

Da war die administrative Seite, gegen die nichts einzuwenden war, da sie sich lediglich um die beruflichen Belange kümmerte. So kam eine Kommission aus Halle nach Stendal, die im Land

Sachsen-Anhalt von Stadt zu Stadt reiste, um zu überprüfen, wer da alles, durch die Kriegswirren begünstigt, ohne Schauspielprüfung an ein Theater gelangt war.

Ich fand das Verfahren entgegenkommend freundlich. Die Kommission hätte mich als Paradebeispiel illegaler Theatertätigkeit auch nach Halle vor ein Gremium zitieren können. Dort hätte ich ohne jegliche Publikumsresonanz vorsprechen und vorsingen müssen. Das hatten mir die Herren aus Halle erspart. Sie wohnten einer Operettenaufführung bei, wurden Zeuge meines Erfolgs, sahen die Blumen, obwohl es keine Premiere war, und schon bald darauf hatte ich die amtlich unterstempelte Berufsbescheinigung, die mich als Schauspieler und Sänger auswies.

Die andere Seite war, daß sich im Theater eine Parteigruppe gebildet hatte, die Einfluß auf die parteilosen Ensemblemitglieder auszuüben begann. Hans Pabst, der Intendant, der mich 1947 engagierte und mir wohlgesonnen war, saß auf einem neuen Intendantenposten in Halberstadt. Die neue Leitung in Stendal war mir zwar auch freundlich gesinnt, doch war es nicht mehr die Zeit, aus der ich künstlerisch so reichen Nutzen zog.

Aus der Parteigruppe erfuhr ich, daß sich der Kulturoffizier der im Raum Stendal stationierten Streitkräfte der Sowjetarmee nach mir erkundigt hatte. Das Gespräch wurde mir wie folgt geschildert:

»Liebe Genossen. Frage: Der Lutz Jagoda, ist er in Partei?« – »Soviel wir wissen, nein.« – »Schade. Sehr, sehr schade!«

Felix Husadel, zum Zeitpunkt meines Einstiegs in Stendal musikalischer Oberleiter, hatte längst das Weite gesucht. Erst später erfuhr ich den Grund seiner so schnellen Abreise: Husadel war unter Hitler Chef des Luftwaffenorchesters gewesen. Verwunderlich, daß er es überhaupt gewagt hatte, sich in der sowjetisch besetzten Zone aufzuhalten. Wie es hieß, habe er durch den Fliegergeneral Galland die Möglichkeit erhalten, nach Argentinien einzureisen.

»Die Absetzbewegungen sind so gut wie abgeschlossen«, steht in einem Brief an meine Mutter aus dem Jahr 1949. Ihr merkt, Söhne, daß noch militärisches Vokabular in meinem Sprachschatz war.

»Nach der Blockade Westberlins«, so schrieb ich weiter, »ist jetzt auch der Rest der einstigen Künstlerprominenz in den

Westen gegangen. Als ich 1947 nach Stendal kam, erzählten mir die Damen des Betriebsbüros, daß kurz zuvor noch Heinz Rühmann hier auf der Bühne gestanden habe, er aber inzwischen in München sei.«

Vom letzten Prominenten, dem Schauspieler Claus Holm, Intendant am Stadttheater in Salzwedel, berichteten die Theateranfänger Rolf Herricht und Arno Görke, die vom nahen Salzwedel an das größere Theater in Stendal herübergewechselt waren.

Wer Rolf Herricht war, brauche ich Euch bestimmt nicht zu erklären. Würde er noch leben, hätte seine verschmitzt trockene Pointierkunst längst auch die Herzen der Menschen in den alten Bundesländern erobert, und er wäre, glaube ich, gut im Geschäft. Über Arno Görke hingegen muß ich Auskunft geben. Ihn hielt es nicht im Osten. Er war nach Köln gegangen und einem breiten Publikum erst durch das Fernsehen als Spaßmacherpartner des Hasen Cäsar bekannt geworden. Den Besuchern des Kölner »Theaters am Dom« hingegen war er schon lang davor ein Begriff.

Als Rolf Herricht und Arno Görke nach Stendal kamen, wußte die Intendanz mit den beiden nicht viel anzufangen. Herricht konnte weder singen noch tanzen, und Görke versprühte sein Talent in den Ankleideräumen oder beim Maskenbildner. Rolf und Arno waren in Stendal noch das, was man in Fachkreisen ein wenig abwertend Garderobenkomiker nennt. Ihre Begabung kam so richtig erst hinter der Bühne zur Geltung.

Görkes private Spezialstrecke waren Parodien. Das ging wie Kraut und Rüben durcheinander und war nicht gerade unbedenklich, was die Aneinanderreihung der einzelnen Personen betraf: Hitler, Goebbels, Adenauer, Ulbricht.

Als Tribüne ausersehen hatte er sich immer die Gitterplattform am oberen Ende der Eisentreppe, die vom Hof zum Notausgang der Bühne hinaufführte. Als dankbaren Zeitpunkt wählte er jeweils die Pausen zwischen den Proben, wenn das Wetter schön war und die Kollegen alle auf dem Hof standen, um frische Luft zu schöpfen.

Ich wundere mich heute noch, daß seine Politsprüche keine Konsequenzen hatten.

»Bruder«, hörte ich Rolf zu Arno sagen, »du hast es doch gut an meiner Seite. Warum willst du unbedingt in die Lausitz?«

Ich dachte dasselbe, nur daß ich es meiner Neigung gemäß in

Reime setzte: »Träumt dir eines Morgens, daß Gittertüren plauzen, könnte es sein, du bist schon in Bautzen!«

Arno, Rolf und ich waren der Schrecken des Hauses: Mit Blödheiten und allerlei Unsinn im Kopf überraschten wir die Kollegen, aber auch uns selbst täglich mit neuen Späßen. Für uns gab es zwischen Vergnügen und Arbeit keinen Unterschied. Mit unseren Gags und Pointen schaukelten wir uns gegenseitig in Stimmung. Wir waren immer »in the mood«, passend zum damals meistgespielten Schlager.

So führte ich eines Abends zur Gaudi der umstehenden Kollegen, die auf den Beginn der Vorstellung warteten, vom Inspizientenpult aus ein vorgetäuschtes Telefongespräch mit dem Intendanten: »Wie sagten, Herr Intendant? Sie wollen einen Teil Ihrer Gage abtreten? – Zugunsten der Herren Herricht, Görke und Jahoda? – 500 Mark für jeden? – Monatlich! Das darf nicht wahr sein! Ich glaub, unsre Brieftaschen jodeln! Danke, Herr Intendant! Ergebensten Dank! Zu gütig! Danke! Danke!«

Und mit jeder Dankesbezeugung verbeugte ich mich tief und machte einen Schritt rückwärts.

Erst kurz nach meinem letzten »Danke!« bemerkte ich eine Veränderung in den Gesichtern der Kollegen. Auch Arno Görkes Mimik war irgendwo zwischen Lachen und Erschrecken hängengeblieben. Aber da hatte ich schon das zum Höhepunkt hochgeschraubte überschwengliche »Umwerfendsten Dank, Herr Intendant!« auf den Lippen, trat dabei noch einmal mit einer besonders unterwürfigen Verbeugung zurück, stieß gegen ein Hindernis hinter mir, drehte mich um – und wer stand da? – Der Intendant!

»Oh«, sagte ich, »da kann ich Ihnen ja gleich persönlich danken! Aber vorher muß ich erst aufs Klo!«

Flucht ist nicht gleich Flucht! Das müßt Ihr Euch merken, Söhne! Niemals traurig abgehen! Immer mit einer Pointe die Szene verlassen! Aber, wenn möglich, mit einer geistvolleren!

Arno, Rolf und ich wären produktive Gaglieferanten gewesen, hätte es diesen Berufszweig im Osten gegeben. Wir hätten eine Firma gründen können. Einen Namen für das Unternehmen hatte ich schon: Team Terrible! »Brüder Fürchterlich« hätte auch gepaßt.

Eine Sängerin könnte Auskunft geben. Sie stand in der Kulissengasse und wartete auf ihren Auftritt. Ich sehe die Szene, die einundfünfzig Jahre zurückliegt, derart lebendig vor mir, als hätte ich sie gestern erst erlebt. Die Sängerin trug ein rückenfreies Abendkleid und lauschte konzentriert dem Geschehen auf der Bühne, um nicht das Stichwort zu verpassen. Auch Rolf und ich kannten das musikalische Stichwort. Das war wichtig, weil Rolfs Vorhaben nur dann gelingen konnte, wenn es unmittelbar, sozusagen im Bruchteil einer Sekunde vor dem Auftritt der Sängerin geschah, die keine Zeit mehr finden durfte, sich nach den Übeltätern umzudrehen.

Der Rücken der Sängerin war makellos, die Haut bestimmt warm durchpulst, wohingegen das Kölnisch Wasser, das Rolf in der Hand hielt, kalt war, wie das Herausgenieste eines Polarkreisbewohners nicht hätte kälter sein können.

Wir standen auf dem Sprung und zählten die Sekunden. Der Busen der Sängerin hob und senkte sich in Vorbereitung ihres gesanglichen Einsatzes. Vier, drei, zwei eins – und da war das Stichwort! Ich nieste und Rolf spritzte. Das Kölnischwasser landete zwei Handbreit unter dem Schwanenhals der Primadonna, und ich dachte: »Wenn es sich so anfühlt, wie es unappetitlich glänzt, dann möchte ich jetzt nicht dort draußen stehen und singen!«

Die arme Frau! Nach ihrer Arie hörte ich sie hinter der Bühne schimpfen. Wir standen in der Nähe, hatten ein Pokerface aufgesetzt und hörten, wie sie zu zwei Chordamen sagte: »Da hat mich doch irgend so ein Ferkel kurz vor meinem Auftritt angeniest! Pfui Teufel! Schaut doch bitte nach, ob ihr etwas seht.«

Die Chordamen schauten. »Ich sehe nichts«, sagte die eine. »Wirklich«, sagte die andere, »da ist nichts!«

»Wißt ihr, wie das ist, mit so einem klebrigen Gefühl auf dem Rücken? Und dann so tun, als wär nichts, und außerdem noch singen? – Igittigitt! Als hätte mich ein Bernhardiner angerotzt!«

Der Inspizient zischte und bat die Damen, das klebrige Gespräch doch bitte außerhalb des Bühnenbereichs zu führen.

Die Sängerin mit dem schönen Rücken rauschte zu den Garderobenräumen hinaus, die beiden Chordamen tippelten hinterher, immer noch die freie Rückenpartie der Solistin kontrollierend und versichernd, daß alles trocken und in Ordnung sei.

»Ich hab mir das doch nicht eingebildet!« rief die Sängerin, blieb im Türrahmen stehen und sah zu uns herüber.

Rolf und ich schauten geflissentlich weg.

»Oder bin ich vielleicht blöd? Ich bin schließlich Sopranistin und nicht Tenor!«

Dann fiel die Tür laut klappend zum Garderobengang zu, und wir hörten nichts mehr. Nur der Inspizient fluchte, weil offenbar jemand den Lappen vom Türschwellenrand weggeschoben hatte, so daß die Tür noch einmal ins Schloß knallte, als der Tenor zum Auftritt herbeigelaufen kam.

Selbstverständlich bestand unser Alltag nicht nur aus Jux und Alberei, obwohl es schwer war, ernst zu bleiben, wenn Arno und Rolf von Salzwedel erzählten, wo in jener Zeit unter den Schauspielern noch der Rübenschnaps regierte. So erzählten sie, daß Claus Holm nur selten ohne Alkohol Regie führen konnte. Hatte er keinen dabei, sei klar, daß von ihm nichts weiter zu erwarten war als »du kommst von links und du von rechts!« Wollte man mehr Einfälle von ihm, erzählte Arno, mußte schnellstens etwas anregend Belebendes her. Nach Möglichkeit etwas, das nach Whisky schmeckte. »Ja«, bestätigte Rolf, »zwei Dinge brauchte er, um genial zu sein: eine Flasche mit hochprozentigem Feuerwasser und eine Stuhllehne. Das Hochprozentige, damit ihm was einfiel, und die Lehne, damit er nicht umfiel!«

»Die Dringlichkeitsphasen waren die amüsantesten«, sagte Arno, »doch auch dann vergaß er niemals, Wert auf einen gewissen Standard zu legen. Brachte man ihm eine Flasche, von der er nicht wußte, was drin war, pflegte er zu fragen: ›Ist das vielleicht Methylalkohol?‹ – Und wenn die Kollegen mit den Schultern zuckten, fügte er hinzu: ›Falls ja, bitte ich schon jetzt um einen Blindenhund!‹«

Ein gewisser Joschi Pietsch gehörte auch noch zum Repertoire ihres Salzwedler Bilderbogens. Welches Fach er dort spielte, außer privat den Größenwahnsinnigen, muß unwesentlich gewesen sein. Arno und Rolf erwähnten seine Arbeit nie. Entscheidend war die Rolle, mit der er Aufsehen erregte. Und das war immer außerhalb des Theaters.

»Hat es dem Haus geschadet?« wollte ich wissen.

»So etwas schadet einem Theater selten«, sagte Arno, der schon damals etwas von Imagepflege gewußt haben muß. »Wenigstens einen Verrückten braucht jede Stadt. Und je bekannter, desto besser.«

Im geteilten Berlin mußten später gleich zwei her: Harald Juhnke, zuständig für den Westteil der Stadt; im Osten glänzte der ebenso geniale Rolf Ludwig, dessen spektakulärster Auftritt wohl jener war, als er unmittelbar vor Beginn einer Vorstellung sein Publikum im Theaterfoyer aufsuchte und den Leuten empfahl, doch lieber nach Haus zu gehen, weil das Stück nichts tauge und die Regie erst recht nichts und er aus diesem Grund unpäßlich sei, um nicht zu sagen, besoffen.

Joschi Pietsch allerdings soll nüchtern gewesen sein, als er einen Gemüseladen aufsuchte und den Inhaber anwies, ihm die zustehende Kartoffelmenge von zehn Pfund unverzüglich frei Haus zu liefern.

»Ich war dabei«, erzählte Arno, »und es war genau so, wie ich es dir jetzt berichte: Der Mann hinterm Ladentisch machte große Augen und sagte nur: ›Sie wissen, welches Jahr wir haben und wo Sie leben?‹ – Darauf Joschi Pietsch: ›Sehe ich vielleicht aus wie blöd? Also was ist? Kriege ich die Kartoffeln ins Haus gebracht oder nicht?‹ – ›Nein‹, sagte der Gemüsefritze, ›erstens bin ich allein im Laden und, zweitens werden Sie doch noch fünf Kilo allein tragen können!‹ – ›Dann nehme ich noch zwei Tomaten und ein Radieschen‹, trumpfte Joschi auf. – ›Auch wenn Sie drei Tomaten nehmen, die ich übrigens gar nicht habe, und statt eines Radieschens gleich zwei und eine saure Gurke noch dazu, müßten Sie Ihren Krempel selbst nach Hause tragen!‹ – Das war Joschi zu viel. Er stellte sich in Positur, holte tief Luft, als müßte er zu den Festspielen in Salzburg im ›Jedermann‹ die Rolle des Todes sprechen, und ich dachte, ich träume, als er tatsächlich dröhnend zu rufen begann: ›Gemüsemann! Gemüsemann!‹ – Und gleich darauf, außerhalb seiner Rolle, im trocken privaten Tonfall: ›Sagt Ihnen das etwas? – Natürlich nicht! Hätte ich mir denken können!‹ – Der Gemüsemann stand wie erstarrt, und auch ich war so gut wie nicht mehr da; doch Joschi befand diesen Augenblick für genau richtig, um auszusprechen, was er für seinen größten Trumpf hielt: ›Sie wissen wohl immer noch nicht, wer ich bin? – Ich will es Ihnen sagen: Ich bin Joschi Pietsch! Joschi Pietsch vom Stadttheater Salzwedel!‹

Dann drehte er sich um, stieß mich aus der Ladentür, als wäre ich an allem schuld und rief abschließend: ›Ich könnte Ihnen den roten Hahn aufs Dach setzen! Aber das würde Ihnen so passen,

Gemüsemann! Ich werde Ihnen sagen, was passieren wird: Ich komme morgen wieder und trage dann meine Kartoffeln selbst. Doch die zwei Radieschen können Sie sich in die Ohren schieben und die saure Gurke in den Hintern!‹

Nach dieser Schilderung war mir klar, warum Arno und Rolf nicht länger in Salzwedel hatten bleiben wollen.«

Im Mahlstrom der Liebe

Halberstadt, lieber Axel, war Deine nächste Lebensstation. Dort konntest Du erproben, was Du in Stendal bereits erlernt hattest: das Laufen, ohne Dich an einem Bleistift festzuhalten. Erst war es meine Hand gewesen, die Dir Sicherheit gab, dann war es der besagte Stift, dem Du bedingungslos vertrautest, obwohl ich ihn längst losgelassen hatte. Ein köstlicher Anblick, Dich allein, nur mit dem Bleistift in der winzigen Faust, selbstsicher durch das Zimmer stapfen zu sehen.

Bald konnte ich schon ohne Kinderwagen mit Dir unterwegs sein. Freund Seidenschnur aus Stendal, der uns in Halberstadt besuchte, war bei einem Spaziergang dabei und meinte: »Was für ein braver Junge!« Und ich sagte: »Ja, ganz der duldsame Vater!«

Der Grund unserer Übersiedlung: das Volkstheater Halberstadt. Hans Pabst, der Intendant, hatte sich seines Stendaler Buffopaares erinnert. So lang war es ja auch noch nicht her, daß er Stendal verlassen hatte. Ilse Wittig und Robert Hanke, unsere Vorgänger, waren für die Halberstädter das gewesen, was Brigitte Kreuzer und ich für die Stendaler waren. Buffopaare waren an jedem Theater beliebt. Und so hatten es die Nachfolger nirgendwo leicht, aber wiederum auch nicht allzu schwer, sich als neue Lieblinge einzuführen. Warum die beiden Halberstadt verließen, weiß ich nicht. Robert Hanke hatte vielleicht damals schon Aussichten, in Berlin Fuß zu fassen; ein paar Jahre später sollte ich ihm als Mitarbeiter des Fernsehens in Adlershof begegnen.

Halberstadt war eine von Bomben grauenvoll zerstörte Stadt. Doch das Theater, ein kleiner, aber schöner Neubau, stand in einem optisch noch intakten Viertel. Ich entsinne mich des leicht ansteigenden Zuschauerraums, von dessen Plätzen das Bühnengeschehen, egal wo man saß, gut zu verfolgen war. Die kühle Sachlichkeit der Backsteinwände ist mir auch noch in Erinnerung. Doch am deutlichsten sehe ich die gemütliche Kantine vor mir, die ganztags, bis in die Nacht hinein, bewirtschaftet war und bei deren freundlichem Wirt das Ensemble anschreiben lassen durfte. Die Gage in Halberstadt war schon wesentlich besser als in Stendal: Sechshundert Mark waren es, die ich monatlich erhielt. Aber immer noch zu wenig für einen, der sich schon vormittags zu den Proben in der Kantine aufhalten mußte und abends nach der Vorstellung aufhalten wollte, weil das alle Kollegen so praktizierten.

»Tag der kurzen Freude« nannte ich den Tag der Gagenauszahlung, weil fast alle Kollegen gleich mehr als die Hälfte des erhaltenen Geldes dem Kantinenwirt auf die Theke blättern mußten. Ich machte da keine Ausnahme.

Wir hatten eine eigene Wohnung im ersten Stockwerk einer alten Villa, unmittelbar an der Straße gelegen, die vom Theater hinaus an die Peripherie der Stadt führte. Vorm Haus stand ein Baum, der nur im Winterhalbjahr der Südfrontfassade etwas Sonne gönnte. Mit dem ersten Laub an den Zweigen begann somit auch für unser Wohnzimmer die Zeit der Düsternis, die wir allerdings an sonnigen heißen Hochsommertagen genossen. Wir nannten diesen Zyklus, »unsere grüne Periode«. Heute, etwas kunstgebildeter als damals, kann ich ergänzend hinzufügen, daß uns Corot'sches Grün umgab. Jean-Baptiste-Camille Corot, französischer Maler. Siehe bitte dort.

Angenehm war der Balkon. Dort saß ich in der Mittagshitze gern, wenn ein leichter Wind wehte und die bewegten Blätter kleine Sonnenblitze durchließen und zitternde Sonnentupfer auf dem altersgrauen Gemäuer tanzten.

Zum Theater brauchte ich zu Fuß höchstens fünf Minuten. Trotzdem hätte ich gern ein Fahrrad gehabt. Halberstadt hatte schöne Fahrradwege entlang einiger Straßen, und mich reizte die waldige Umgebung. Auch nach einer Schreibmaschine sehnte ich mich. Die ich einst in Brünn besaß, wird die tschechischen Partisanen nur geärgert haben, falls sie überhaupt je mit ihr schrieben, weil sie jedem zweiten getippten Wort die notwendigen tschechischen Weichheitszeichen hätten handschriftlich hinzufügen müssen.

Ein eigenes Radio übrigens gehörte auch noch zu meinen Halberstädter Träumen. Aber nichts davon sollte ich mir in dieser Stadt erfüllen können.

Essen und Trinken sowie eine einigermaßen vertretbare Bühnen- und Privatgarderobe standen im Vordergrund. Sollten die Schuhe modisch sein und außerdem etwas taugen, mußten sie in Westberlin gekauft werden. Das kostete einiges und schwankte, dem jeweiligen Umtauschkurs folgend, zwischen viel und sehr viel Ostgeld.

Was Deine Mutter in Halberstadt nicht gerade glücklich machte: Sie war nicht mehr im Beruf. Das hätte sie auch in Leipzig haben können, und ich wäre bei Wanaus am Operettenhaus gewesen. Diese für mich verschenkte Chance und die Unzufriedenheit Deiner Mutter bildeten den Nährboden für Mißgelauntheit, Zank und Streit. Aus jeder Nichtigkeit erwuchs eine Auseinandersetzung, und jedem Wortwechsel dieser Art folgte das große Schweigen und dem Schweigen mein ausgedehnter Spaziergang.

Was Deine Mutter in dieser Zeit tat, weiß ich nicht. Ich jedenfalls ging immer in Richtung Felsenkeller, einem Ausflugslokal am Rand der Stadt, aber nicht um mir einen anzuzwitschern, sondern um die ersten Hügel des nördlichen Harzvorlandes zu erkunden. Das passierte schon in den Theaterferien, noch bevor die Proben für die neue Spielzeit begannen. Es war kein guter Anfang.

Deine Mama fuhr mit Dir immer öfter nach Magdeburg, und eines Tages brachte sie Dich nicht mehr nach Halberstadt zurück.

Das machte unser Zusammenleben noch angespannter. Häufig saß ich allein auf dem Balkon und schrieb, während Deine Mama bei ihrer Freundin war, der einzigen Tänzerin aus dem Stendaler Ballett, die Hans Pabst nach Halberstadt geholt hatte.

In dieser Zeit las ich viel und schrieb kleine Situationsberichte. Etwas davon schickte ich in Briefform nach Stendal an meinen Freund Seidenschnur. Heinrich Heine las ich, weil ich mir sagte: Im Harz zu sein und »Die Harzreise« nicht gelesen zu haben, wäre wie ein Besuch im Hotel Sacher ohne ein Stück Sachertorte zu kosten.

Das große Trauerspiel: In der Welt gab es wieder Krieg. Nordkoreanische Truppen waren nach Südkorea eingedrungen, und die amerikanische Besatzungsmacht Südkoreas hing voll in dem Schlamassel drin.

In Ostberlin wurde der erste Fünfjahrplan verabschiedet, und Walter Ulbricht ließ sich zum Generalsekretär der Sozialistischen Einheitspartei wählen. Die Spannungen zwischen Ost- und Westdeutschland wurden nicht weniger, und Gründe dafür fanden sich täglich. Die Schaufenster in Westberlin waren wieder gefüllt, aber zwei Millionen Menschen in der Bundesrepublik waren arbeitslos. Im Westen kostete ein Kilogramm Butter fünf Mark und fünfzig, im Osten mußten die Menschen für die gleiche Menge achtundvierzig Mark hinblättern. Im Westen betrug der Preis für ein Ei zweiundzwanzig Pfennige, im Osten zahlten die Menschen drei Mark fünfundsiebzig. Und täglich verließen achthundert bis tausend Menschen über Westberlin die DDR. Sie vertrauten dem bundesdeutschen Wirtschaftswunder und rechneten sich, trotz der seit Kriegsende höchsten Arbeitslosenquote im Westen, mehr Chancen als im Osten aus.

Gegen Ende der Theaterferien trudelten allmählich die einzelnen Kollegen ein. Hans Pabst, der Intendant, kam wie immer sonnengebräunt. Und schon nach den ersten Proben merkte ich, daß diese Spielzeit für mich keine verlorene sein würde.

Für den Posten des Operettenchefs war aus Westberlin Gottfried Geißler gekommen. Ein Mann, der sein Handwerk beherrschte und regielich mit den bestmöglichen Ratschlägen für mich dort weitermachen konnte, wo Wanaus in Stendal aufgehört hatte.

Doch nach wie vor nicht gut lief es privat. Deine Mutter bekam Geld für unseren Lebensunterhalt sowie die Summe für die monatliche Miete, die jeweils an den Kantinenwirt des Theaters bezahlt werden mußte, der das Haus, in dem wir wohnten, verwaltete. Außerdem erhielt Deine Mutter noch einen gewissen Betrag für Dich, den sie in Abständen Deiner Großmutter geben sollte, die Dich in Magdeburg betreute.

Eines Tages beugte sich der freundliche Kantinenwirt über die Theke und flüsterte mir etwas zu, das ich nicht verstand. Auch als er den Satz wiederholte, wußte ich immer noch nicht, was er meinte, weshalb ich noch einmal nachfragen mußte. Endlich begriff ich den Inhalt des Satzes, unter dem der Wirt sichtlich litt: Die Miete war seit drei Monaten nicht bezahlt worden.

Also ging ich zur Sparkasse, nahm das Geld, das ich für ein Radio angespart hatte, und zahlte die drei ausstehenden Beträge.

Ein paar Tage darauf kam Deine Mama mit einem flaschengrünen schicken Ledermantel, in dem sie noch flotter und verführerischer aussah. Da wußte ich, wofür der Mietzins verwendet worden war.

Nun gibt es ja Ehemänner, wie man weiß, die es – siehe Al Bundy – auch unter schlimmsten Bedingungen dreißig Jahre und länger an der Seite einer Frau aushalten. So etwas nenne ich standhaft und findet jederzeit meine Hochachtung. Dennoch hatte ich unter den schon so früh sich abzeichnenden Verhältnissen wenig Lust auszuprobieren, ob auch ich so etwas auf Dauer meistern könnte, zumal die Position eines Märtyrers zu keiner Zeit auf der Liste meiner Lebensziele stand.

An die Trennung vor den Schranken des Gerichts in Halberstadt kann ich mich gerade noch so erinnern, daß ich behaupten kann, tatsächlich dort geschieden worden zu sein, mit dem Verdrängen muß es schon in Halberstadt gut geklappt haben; denn nichts über die Scheidung und den Ärger zuvor findet sich in meinen Aufzeichnungen.

Bildete ich es mir nur ein oder war es tatsächlich so, daß mir die Luft in Halberstadt von Tag zu Tag leichter und würziger vorkam und mein Gang immer beschwingter wurde?

Der Hypophysenvorderlappen als Verursacher und die Keimdrüsen als stark Mitbeteiligte werden fortan zu benennen sein, wenn es bei mir künftig um Schuldzuweisungen gehen wird. Ich habe mich sachkundig gemacht. Und wenn Ihr es ganz genau wissen wollt, hier ist die Formel: $C_{19}H_{28}O_2$. Und Testosteron ist das Kunstwort dazu. Und Androsteron heißt die Umwandlungsform.

Aber egal unter welchem Pseudonym und auf welchem Testikelvehikel auch immer sich uns Männern der kleine Schweinehund Amor nähert – er macht mit uns, was er will.

Mich hatte es unweit der Spiegelsberge zu Halberstadt gepackt. Im Sommerbad war es passiert, hatte mir den Kopf herumgerissen, daß es zwischen den Nackenwirbeln nur so knackte und ich sehen durfte, was ich sehen sollte und wollte: Eingerahmt von zwei Palmwedeln stand sie zwischen den Palmkübeln in der Sonne. Ihr Augenschnitt war mir als erstes aufgefallen. Ein Hauch von Thailand war darin. Makellos war die Figur. Ich nahm die gleichmäßig gebräunte Haut zur Kenntnis, die schönen Hände, das Profil des feingeschnittenen Gesichts. Der geheimnisvolle Mund gefiel mir, die dunkelbraunen Haare, der warme Blick, kurzum, da war nichts, das mir nicht den Rest gegeben hätte.

Dennoch war ich standhaft geblieben und hatte sie nicht angesprochen. Ein übersinnliches Ohr hätte den himmlischen Ruf »er ist gerettet!« vernommen. Ich vernahm nichts. Und Amors Stachel saß, auch wenn ich es nicht wahrhaben wollte.

Als ich nach der Sommerpause ins Theater kam und dem Ensemble als neu engagiertes Mitglied vorgestellt wurde, dachte ich, daß meine Augen Samba tanzen: Zwischen den Tänzerinnen stand meine Sommerbadschönheit!

Sie gehörte zum Ballett, war in Halberstadt geboren, wie ich später erfuhr, und die Enkelin des einstigen Museumsdirektors der Stadt, der zu einigem Ruhm gelangt war, als er eine bislang unbekannte Saurierart entdeckte.

Als die erste Spätherbstkühle von den Bergen herabstrich und Nebelbänke im Tal der Holtemme die Liebespaare im Freien allmählich frösteln ließen, küßte ich die Mandeläugige zum ersten Mal. Es geschah vor dem Haus ihrer Familie in der Witzlebenstraße 33.

Daß ich bereits im Winter in diesem Haus übernachtete, zeigt mich leichtsinnig, aber auch entschlußfreudig. Bald darauf gab ich die Wohnung auf, in der ich kaum noch geschlafen hatte. Deine Mutter war zu Dir nach Magdeburg gezogen. Also hielt mich nichts mehr in dem grauen Gemäuer.

In der Witzlebenstraße ging es mir gut. Endlich erlebte ich wieder so etwas wie ein geregeltes Leben. Drei Frauen umsorgten mich: die Mutter meiner Ballettschönen, dann deren Schwester, die Tatta genannt wurde, sowie die fröhliche Oma Hemprich. Ich war der einzige Mann in der gutbürgerlichen Familie. Und das Töchterlein an meiner Seite war das Kostbarste im Haus. So genossen wir beide die Wohltat der Dienstleistungen um uns und fanden das in Ordnung.

Heute, da keine dieser guten Frauen mehr lebt, kommt mein Dank zu spät. Auch Deiner Großmama in Magdeburg wäre viel zu danken, wie auch dem herzensguten Opa Franz an Deiner Seite. Du weißt am besten, was Dir beide waren.

Es wurde eine schlichte, aber schöne Hochzeit. Für mich die

einzige Trauung übrigens, die auch kirchlich vollzogen wurde. Das Gotteshaus war protestantisch, und ich weiß nicht, ob es gut war, als Katholik dort vor den Altar zu treten.

Es war im Hochsommer 1951, und bald darauf war es schon wieder soweit, daß eine neue Spielzeit begann und die Kollegen sich nach den Ferien erneut zusammenfanden und erfuhren, wer ausgeschieden war, und sahen, wer alles neu war im Ensemble.

Und da geschah, was niemals hätte geschehen dürfen. Es war eine Katastrophe! Denn wieder tanzten meine Augen Samba, nur jetzt in doppeltem Tempo.

War das schon die schnelle Antwort auf meine aus päpstlicher Sicht eingegangene Mesalliance? Sollte der Himmel meine Verfehlung derart zügig ahnden? fragte ich mich.

Die neuengagierte Tänzerin war süße achtzehn. Sie hatte ein bezauberndes Lächeln, lustige Augen, zwei entzückende Leberflecke auf der rechten Wange und den Teufel im Leib.

Solltet Ihr mich jetzt fragen, ob das genügen kann, einen frisch Vermählten in Versuchung zu führen, muß ich Euch sagen, ja.

Schon Euripides nannte es »das Süßeste und Bitterste«. Ich nenne es »mixtura obligata amoris«, die herkömmliche Mischung der Liebe. Sie streichelt und züchtigt in einem. Und wenn sie im Doppelpack daherkommt, wie in meinem Falle damals, folgt die Gummizelle bald frei Haus.

Meine Gummizelle war der nahe Wald. In ihm konnte ich mich austoben. Aber eine Dauerlösung war das nicht, weil ich mich auch beruflich in einer Zwickmühle sah: Gottfried Geißler gehörte nicht mehr zum Ensemble, und es gab keinen ebenbürtigen Nachfolger. Intendant Hans Pabst war mehr dem Schauspiel zugeneigt und vertraute blind der Selbstläuferstärke des Zugpferdes Operette. Das Niveau begann zu sinken und meine Seelenpein zu steigen. Ich litt so sehr, daß ich mich lieber der Leere einer Engagementlosigkeit aussetzen wollte als noch länger unter diesen Bedingungen auszuharren.

Ich bat den Intendanten um eine Unterredung. Er hörte sich an, was er längst wußte, aber vorläufig nicht abstellen konnte. Daß ich in meiner Freizeit wie ein Irrer durch den hügeligen Spiegelsberger Forst rannte, Bäume umarmte und küßte, ließ ich unerwähnt. Ich sprach nur über meine beruflichen Nöte. Und das Kühnste an meiner Rede waren die folgenden Sätze: »Herr Intendant, ich bitte um Auflösung meines Vertrages. Lassen Sie mich gehen. Meine Propeller laufen schon; ich brauche nur noch die Bremsklötze wegzureißen!«

Möglicherweise hätte ich keine so großen Töne gespuckt, wäre nicht das Angebot meiner Cousine gewesen. Über meine Mutter, die zur Hochzeit nach Halberstadt gekommen war, hatte sie mir mitteilen lassen, daß sich ihr Mann, Padrone Impresario Sereno, mit dem Gedanken trage, eine neue Varieté-Tournee zusammenzustellen, bei der ich mitwirken könnte, falls ich das wollte.

Ich wollte. Und vor allem wollte ich fort. Am liebsten gleich. Nur mit wem, das wußte ich noch nicht. Meine junge Frau kannte meine Nöte. Ich glaube, daß sie bereit gewesen wäre, sich und mich zu Konvertiten zu machen, wenn damit hätte geklärt werden können, was so unauflösbar schien. Heißt es nicht, daß Allah keinen Gläubigen in die Irre gehen läßt und dem Mann erlaubt, vier Frauen zu haben? Ich war bescheiden und hätte mich im Namen Allahs, des Allbarmherzigen, damit begnügt, lediglich mit zwei Schönen an meiner Seite zu leben. Wofür ich mich allen religiösen Vorschriften unterworfen hätte, einschließlich des Studiums der hundertvierzehn Suren sowie der vorgeschriebenen Gebete mit den dazugehörigen Niederwerfungen in Richtung Mekka.

Euch zur Kenntnis, Söhne, wir blieben christlich, und die Sünde blieb an mir haften wie ausgespuckter Kaugummi an den Schuhsohlen. Tag und Nacht jagte mich mein schlechtes Gewissen, wenn ich daran dachte, auf eine der beiden jungen Frauen verzichten zu müssen, wobei es mir besonders schlecht erging bei dem Gedanken, daß es die Neue sein würde.

Mein Traumkino spielte unablässig ein und dieselbe Filmschleife: Auf seidene Kissen gebettet, umgeben von duftenden Gräsern und Blumen, erwarten mich in friedlichem Einvernehmen die beiden Schönen meines Herzens, bereit zu geben und beglückt zu nehmen.

Die Wirklichkeit war leider anders: Keine der jungen Frauen war bereit zu teilen. Sie wollten alles oder nichts. Einmal nur zeigte die mir Angetraute Verständnis. Sie sagte, daß sie mich freigeben wolle. Da erschrak ich, weil alle Erdenschwere von mir genommen war und mir wieder das Paradies erschien, jedoch jetzt so, wie es die andere wollte: mit Seidenkissen nur für zwei.

Doch ertrug meine junge Ehefrau nicht lang das Ergebnis ihrer Finte. So war die Leichtigkeit in mir nur kurz zu Gast. »Laß uns fortgehen«, sagte sie, »irgendwohin, wo uns keiner kennt. Nur du und ich.«

Da erschrak ich noch einmal, aber jetzt richtig, und konnte das ebensowenig verbergen wie die Freude zuvor; denn diese Sätze hatte mein anderer Schatz auch gesprochen, nur noch ergänzt durch die Versicherung, daß ihr keine Arbeit zu schwer sein würde, wenn sie nur an meiner Seite bleiben dürfe. »Ich würde auch als Zimmermädchen gehen«, sagte sie. Einige Monate später wußte ich, daß ihre Einschätzung des bundesdeutschen Arbeitsmarktes auf dem Gebiet des Theaters realistischer war als meine.

Ich weiß nicht, wie meine Zukunft ausgesehen hätte, wäre ich nicht mit meiner Frau über Nacht aus Halberstadt verschwunden, sondern mit dem Mädchen meines Verlangens. Wir wären nicht wieder in die DDR zurückgekommen. Zu keiner Zeit. Das weiß ich. Unsere Lebensbahnen wären anders verlaufen. Wir liebten uns sehr. Aber wir liebten uns nur einen Sommer. Dennoch blieb sie in meinem Herzen all die Zeit, bis wir uns eines Tages auf wundersame Weise wiedertrafen, um wiederum kurze Zeit darauf erneut getrennt zu werden.

Drei große Pakete schickte ich an meine Mutter nach Garmisch-Partenkirchen. Das vierte Paket wurde besonders schwer. Meine Frau und ich hatten als letzte Handlung unserer Entscheidung alle unsere Bücher eingepackt. Die letzte Zeile, die ich las, war von Mark Twain: »Alles, was man im Leben braucht, sind Ignoranz und Selbstvertrauen.« Davon hatten wir reichlich, und so handelten wir danach.

Die Flucht oder: Das Abenteuer West

Ein ratternder, stinkender Diesel ließ den Landomnibus mit einigen Fahrgästen und uns in Richtung Grenze rollen. Der frühe Morgen war trüb und frisch. Meine junge Frau – ich möchte sie fortan Bella Seconda nennen – hatte Tränen in den Augen, und ich hoffte, daß in dem kleinen Dorf unmittelbar an der Zonengrenze der Geländekundige auf uns warten würde, so wie ich es mit einem Kontaktmann verabredet hatte.

Wir kamen an und stiegen aus, und mit uns kletterten die restlichen Fahrgäste aus dem Vehikel. Die Leute hatten Rucksäcke auf dem Rücken und schleppten sich mit Koffern und Taschen und strebten sofort in eine Richtung. Wir standen auf dem Dorfplatz, während der Autobus davonfuhr, leer und weiß der Teufel wohin, und Bella Seconda sagte unnützerweise: »Und was jetzt?«

Dieselbe Frage stellte ich mir auch, aber ich sprach sie nicht aus. Ein orientalisches Sprichwort sagt: »Wenn du irgendwo bist, wo kein Mann ist, dann sei du der Mann!« Und ich war irgendwo, und der Mann, der da sein sollte, war tatsächlich nicht da, und so blieb mir nichts anderes übrig, als selbst der Mann zu sein.

Daß ich uns nicht der rechte Mann war, zeigte sich schon in der nächsten halben Stunde. Im feurigen Schwung meiner vierundzwanzig Lenze hatte ich den Leithirsch gemimt, war wie ein perfekter Waldläufer zielsicher losmarschiert, Bella Seconda ergeben hinter mir her; doch dann mußte ich einsehen, daß mir der ungestüme Drang nach vorn nicht den Erfolg brachte, den ich mit diesen Attributen auf der Bühne hatte. Hier wäre mir die Bedächtigkeit eines Esels besser bekommen. Leider war ich weder zögernd noch bedächtig. Ich war nur ein Esel.

Als ich die Grenzpfähle sah, sah ich auch schon die Grenzsoldaten, und die wiederum sahen uns. Wir hatten zwar nur leichte Taschen bei uns, aber leider keine leeren, so daß wir uns schwerlich als Pilzsammler ausgeben konnten.

Zum Glück wurde damals noch nicht geschossen, und auch der Umgang mit den Ertappten war, wenn schon nicht herzlich, so doch immerhin sittsam. Aber was mir 1947 im Sommer von Stendal aus noch bestens gelungen war mit einem Koffer über die grüne Grenze bei Oebisfelde nach drüben und mit zwei Koffern und einem Rucksack ebenso wieder zurück –, das klappte nicht mehr, wie ich sehen mußte. Es hätte auch nicht geklappt, wenn ich den Grenzern gesagt hätte, daß ich in den nächsten Jahren bestimmt nicht wieder auf diesem Weg zurückkommen würde. Die Burschen sahen nicht aus, als ob sie Spaß verstünden. Und so dauerte es nicht lang, bis wir auf einer ebenso harten Bank saßen wie eine knappe Stunde zuvor im Autobus und sogar einen Teil der Fahrgäste bei uns hatten, die in Halberstadt mit uns eingestiegen waren.

In meiner Erinnerung drängt sich unser Grenzarrest auf einen knappen Tag zusammen. Aber aus einem Brief an meine Mutter vom 9. Oktober 1951 ersehe ich, daß es siebenundzwanzig Stunden waren.

Die Ausweise waren uns abgenommen worden, und als Bestätigung erhielten wir ein kleines Stück Papier, auf dem geschrieben stand, daß dies eine vorläufige Identitätsbescheinigung sei.

Es war bereits später Nachmittag, als wir wieder auf dem Dorfplatz standen. Der Autobusfahrer hätte uns mit dem Ruf empfangen können: »Alle Harztouristen wohlauf und wieder zurück?« Es war aber ein anderer, der uns beförderte. So blieb uns der Spott erspart.

Halberstadt wurde uns nicht erspart. Zum Glück war es schon dunkel, als wir am Bahnhof ankamen. Es war ein verdammt scheußliches Gefühl, immer noch in der Stadt zu sein und so nah dem Theater, wo es einen ziemlichen Rummel gegeben haben mußte. Franz Lehárs »Zigeunerliebe« stand auf dem Programm, und »Die Vielgeliebte« von Nico Dostal war in Vorbereitung. Meine Handlungsweise war nicht gerade edel, ich weiß. Aber hatte ich den Intendanten nicht rechtzeitig genug gebeten, mich legal gehen zu lassen? Damit tröstete ich mich. Wohler war mir deshalb nicht.

Natürlich wäre es einfacher und bequemer gewesen, den Weg über Westberlin zu wählen. Doch hätten wir dafür das Geld für zwei Flugtickets von Westberlin nach München gebraucht. Das hatten wir nicht. daß wir nun doch diesen Weg nehmen mußten, war bitter.

Ein direkter Zug nach Berlin ging um diese Zeit nicht. Aber nach Magdeburg fuhr noch einer. Also warteten wir. Hungrig und durstig hockten wir auf unseren Taschen. In meinem Kopf war ständig nur der Satz: »Möge uns erspart bleiben, daß einer kommt, der uns kennt und von unserem Vertragsbruch weiß!«

Dann endlich kam der Zug. Unbehelligt stiegen wir ein. Aber in Magdeburg gab es keinen Anschluß. Erst in den frühen Morgenstunden ging es weiter.

Die nächste Hürde, vor der uns graute, war die bekannte Kontrolle kurz vor Berlin. Wir hatten ja keinen Ausweis mehr. Nur diesen Papierfetzen würden wir vorweisen können. Bella Seconda sah uns schon wieder eingesperrt, aber ich konnte sie trösten, weil der Zettel nichts aussagte.

Auf dem Papier hätte stehen müssen, daß dem Besitzer dieser vorläufigen Bescheinigung der ordentliche Ausweis beim gesetzeswidrigen Überschreiten der Staatsgrenze abgenommen worden war und dem Bürger somit das Verlassen seines Wohnortes bis zur Klärung des Falles nicht zu gestatten sei. Doch das stand nicht drauf auf dem Wisch. Die Regierung übte noch. Und das war unsere Chance.

»Ausweis und Gepäckkontrolle!« Dieser Ruf ließ keinen ungerührt. Auch wenn die meisten ein reines Gewissen hatten, weil noch nichts im Gepäck war. Nur einer hatte Kupferrohre und ein paar Messinghähne in zwei schweren Koffern, was das Interesse der Beamten an allen anderen im Abteil sofort abschwächte.

Wir zeigten die unterstempelten Papierstreifen. Der Beamte las, und ich hoffte, daß er alles Lebensnotwendige an und in sich haben mochte, um in Gesundheit alt zu werden, jedoch um Himmels willen keine Phantasie und Kombinationsgabe.

Er machte den Mund auf, und ich erkannte an der Art, wie er den Mund offenhielt und zuzumachen vergaß, daß wir an den richtigen geraten waren.

»Wir müssen wegen dieser Ausweissache ins Polizeipräsidium nach Berlin«, sagte ich. Und das war nicht gelogen. Schließlich wollten wir. Allerdings zur Polizei in Westberlin.

Der Mann nickte, und ich nahm das amüsiert als Zustimmung und schaute gespannt zu dem Vorgang an der Abteiltür, wo der Reisende mit den Buntmetallen im Koffer gerade von zwei Uniformierten in den Gang hinausbugsiert wurde. Auch der Beamte sah hin und ging.

Allgemeine Entspannung im Abteil.

In mein Tagebuch schrieb ich: Fremd ist dem Leichtsinn jede Bürde, drum graut ihm auch vor keiner Hürde!

Das war kühn gedacht. Die Wirklichkeit sah finster aus. Unser ursprünglicher Plan war ja gewesen, mit so gut wie keinen Kosten über die Grenze und über München nach Garmisch-Partenkirchen zu kommen, um von dort aus weiter nach Italien zu fahren. Ziel der Reise sollte jener Ort an der Riviera di Ponente sein, der sich rühmt, zweitausendsechshundert Sonnenstunden im Jahr zu haben und dem die Operette »Maske in Blau« mit dem Lied »Frühling in San Remo« einen vorderen Platz unter den Reisewünschen der Westdeutschen sicherte. Dort wollten wir mit dem Mann meiner Cousine Mutz zusammentreffen, um die gemeinsame Varieté-Tournee zu besprechen.

So war es jedenfalls vorgesehen gewesen. Doch irgendwie und irgendwo war der neueste Informationsstand auf dem Weg zwischen San Remo und Halberstadt steckengeblieben. Es war die Nachricht, daß Signor Sereno umdisponiert hatte.

Dazu muß ich kurz erklären, daß Padrone Impresario Sereno jahrelang der Manager der »Fratelli Sereno« war, die möglicherweise gar keine Brüder und ganz sicher nicht die Söhne von Sereno waren, sondern nur dessen Entdeckung: Zwei gutaussehende elegante Burschen, die mit einer Stepnummer von Varieté zu Varieté reisten und auch im Berliner Friedrichstadtpalast gastiert hatten, als dort noch der Italiener Nicola Lupo Direktor war.

Was war passiert? Nun, liebe Söhne, nichts weiter, als daß sich Impresario Sereno, der vielen Reisen und seiner inzwischen bestimmt auch schon in die Jahre gekommenen Stepboys überdrüssig, kurzfristig entschlossen hatte, die Jungs abzuschirren, sein Geld nicht in ein neues Tourneevorhaben zu stecken, sondern in eine Eigentumswohnung, die Beine hochzulegen und auf das Mittelmeer zu schauen. Eine verständliche Entscheidung. Nur rechtzeitig erfahren hätten wir sie müssen.

Bella Seconda konnte noch lachen, als ich meinte, daß Sereno wahrscheinlich schon von tanzenden Lackschuhen träumte und Nacht für Nacht mehrmals aus dem Schlaf schreckte, weil das Klappern in seinen Ohren so laut war, daß er dachte, seine Frau, die Maria, würde auf dem Nachttisch steppen.

Die ersten Tage in Westberlin waren nicht gerade heiter. Wir erfuhren, daß es zum Zweck eines Wohnungswechsels gar nicht so einfach war, Berlin mit dem Flugzeug zu verlassen. Um zwei Flugtickets kaufen zu dürfen, bedurfte es nämlich einer Erklärung, die nicht wir abgeben konnten. Irgendwer mußte bestätigen, daß er bereit war, die ausreisenden Personen für ein ganzes Jahr bei sich aufzunehmen, ohne zusätzlichen Wohnraum zu beanspruchen. Dieses Papier konnte aber nur anerkannt werden, wenn das entsprechende Wohnungsamt seinen Stempel daruntergesetzt hatte. Und so ging am 9. Oktober per Luftpost unser Hilferuf nach Garmisch-Partenkirchen.

Zur Menschwerdung sei es nicht verkehrt, alles durchlebt und durchlitten zu haben, heißt es. »Heute mit den Fürstenkindern, morgen mit den Bürstenbindern!«

Nun, ich weiß nicht. Da gibt es welche, die nichts ausgelassen haben; aber am Abstand zur Menschwerdung hat sich dennoch nichts verändert.

Also, mir hat's geholfen. Ich war ein paar Tage Stadtstreicher in Westberlin, und Bella Seconda assistierte mir.

»Kann es sein, daß wir arm sind?« fragte ich.

»Wir sind arm«, sagte sie. »Die meisten Obdachlosen haben wenigstens einen Hund.«

»Du hast doch mich!« sagte ich.

»Danke!«

»Gern geschehen!« Und dann nieste ich.

Ihr merkt, Söhne, besser war ich nicht geworden, schlechter war ich nicht geworden, aber erkältet hatte ich mich. Die U-Bahn als rollendes Schlafzimmer hatten wir entdeckt, und statt einer Nacht in Monte Carlo genossen wir eine Nacht im Obdachlosenasyl in Ruhleben.

Als Absenderadresse auf den Briefen an meine Mutter lese ich »Berlin-Charlottenburg, Soorstraße 87«. Das war die Anschrift von Tante Milli und ihrer Familie. Dort war ich zuletzt polizeilich gemeldet gewesen. Aber hingegangen war ich nicht. Ich hätte wieder einmal als Bittsteller kommen müssen. Das brachte ich nicht fertig.

Wie Kapitäne, die schon mehrmals das Kap der Guten Hoffnung umsegelten und die Fallwinde kennen, so kannten wir die zugigen Ecken des Kurfürstendamms, aber auch die warmen Luftströme einzelner Heizschächte und die Kalme günstiger Geschäftspassagen.

Der Oktober 1951 war schon recht frisch. Ich erinnere mich gut. Uns war kalt, und wir hatten Hunger. Wenn ich mich an eine Hauswand lehnte, wußte ich nach einer Weile nicht mehr, ob die Wand mich hielt oder ich die Wand.

Gottfried Geißler, von dem Halberstadt nichts mehr wissen wollte und er nichts mehr von Halberstadt, hatte unweit vom Kurfürstendamm seine Wohnung. Dort kamen wir schließlich für eine Nacht unter und hätten noch länger bleiben dürfen, wenn nicht Seconda etwas gegen die Bettwäsche gehabt hätte. Sie sei schon benutzt, behauptete sie; was mich an den barfüßigen Bettler erinnerte, der Schuhe geschenkt bekam und sich beschwerte, weil sie nicht geputzt waren.

Bully Buhlan sang zu dieser Zeit »Ich hab' noch einen Koffer in Berlin«. Wir hatten unsere Koffer in Garmisch. Die Deutsche Grammophongesellschaft überraschte mit einer Neuigkeit: sie präsentierte die Langspielplatte. »Toll«, sagte Seconda, »aber eine Wurstplatte wäre mir lieber!« Wir sprachen viel übers Essen. Berlin sprach über Hildegard Knef und ihren nackten Auftritt im Film »Die Sünderin«. Priester sollen in den Kinos Stinkbomben geworfen haben. Nun, liebe Söhne, ich hatte andere Probleme: Wir kämpften ums nackte Überleben.

An einem kalten Vormittag – wir sahen aus wie Braunbier mit Spucke – stand Deine Mutter vor uns. Ja, Axel, Du liest richtig. Es war Deine Mama. Sie sah sehr fesch aus, obwohl sie nicht den flaschengrünen Ledermantel trug. Ihre Garderobe war neu, sozusagen westlichem Anspruch gerecht; also mußte es ihr gut gehen.

Ich fragte nach Dir und hörte, daß Du bei der Oma in Magdeburg in guten Händen wärest.

»Und wie geht es Euch?« fragte sie. Ich antwortete: »Sieht man das nicht?« Und Seconda erzählte von unserer Misere. Ohne Zögern und ohne Skrupel. Mein Gott, fragte ich mich, haben wir mit den Eheringen, die wir vorgestern einem Goldschmied verkauften, etwa auch unseren Stolz mit abgegeben?

Deine Mutter machte es uns leicht. »Hört mal«, sagte sie, »wenn euch zentralgeheizte trockene Luft nicht stört, könnt ihr mein Zimmer haben.«

»Und dudududu?« fragte ich. Kurz zuvor hatte ich ein Zähneklappern erfolgreich unterdrücken können. Jetzt gelang es mir nicht mehr.

»Ich wohne bei meinem Freund«, sagte sie, und ich schaute dabei auf ihren Busen, der immer noch groß war und bestimmt wärmer als meine Brust, obwohl sie den eleganten Stadtmantel offen trug.

Mit einem Lächeln quittierte sie mein Interesse, und so wie sie mich mit ihren wunderschönen blauen Augen ansah, verstand ich wieder, warum ich sie vor zwei Jahren geheiratet hatte, begriff aber auch, warum ich mich schon ein Jahr später wieder scheiden ließ. Wer so schaut, dachte ich, der kann auch ein Plakat vor sich hertragen: Suche Kerl, der meinem Alten Hörner aufsetzt!

Das Zimmer war in einer picobello sauberen Wohnung einer alten Dame. Noble Gegend. Das Haus, keine zwanzig Schritte vom Kurfürstendamm entfernt, in der Bleibtreustraße. Eine Straße also, in der ich, was den Namen anlangt, nie hätte wohnen dürfen. Die Wohnung war anheimelnd warm und tatsächlich zentralgeheizt. Und so fühlten wir uns von diesem Augenblick an wieder gut.

Noch am selben Tag kam außerdem ein Teil des lang ersehnten Geldes, das eigentlich in Garmisch-Partenkirchen auf uns warten sollte. Wir konnten also wieder ein Lebensmittelgeschäft betreten. Das erste, was wir kauften, war frisches Brot, ein Stück Butter, Salz, ein Päckchen Ceylon-Tee, zwei Zitronen, Würfelzucker, das aktuelle Wochenmagazin »Der Spiegel« und für Seconda eine Frauenzeitschrift. Das sind zwei Ewigkeiten her. Doch dieses Brot mit Butter und Salz, dazu den heißen Tee in einem warmen Zimmer: einfach unvergeßlich!

Für den Flug am 5. November 1951 hatten wir zwei Tickets bei Air France vorbestellt, mußten aber auf den 9. November umbuchen lassen, weil unsere Reisepapiere noch nicht komplett waren.

Pünktlich um 8 Uhr 45 hob die Linienmaschine mit der Nummer AF 475 vom Flughafen Berlin-Tempelhof ab und nahm Kurs auf Oberbayern.

Bella Seconda schimpfte mit mir, weil ich nicht schnell und rücksichtslos genug die Gangway hinaufgestürmt war, um für sie einen Fensterplatz zu belegen.

Ihr Versuch, sich auf einen der noch freien Fensterplätze hinter uns zu setzen, scheiterte am Einspruch des französischen Stewards. »Impossible«, rief er, »impossible à cause de balance et stabilité!«

Bella Seconda war schlank und hatte ja nur sitzen und nicht seilhüpfen wollen im Heck. Aber der Steward bellte »Non!« Er war ein Ekelpaket.

Zwei Stunden und fünfzehn Minuten brauchte damals noch eine Passagiermaschine, um von Berlin nach München zu fliegen. Ohne Rückenwind wäre garantiert noch eine Viertelstunde hinzugekommen.

Nach der Landung in München-Riem waren wir eine Zeitlang taub, was Bella Seconda nicht daran hinderte, kräftig weiterzuschimpfen. Der Satz »Ich verstehe nur Bahnhof« wurde möglicherweise damals von uns erfunden, als wir, immer noch gehörgeschädigt, auf dem Münchner Hauptbahnhof nach dem richtigen Bahnsteig suchten.

Der Zug nach Garmisch rumpelte aus der Stadt hinaus ins freie Land, und von Stund an sollten wir keine Ruinen mehr sehen; für die nächsten drei Jahre jedenfalls. Für eine Filmbildumsetzung hätte ich jetzt schon Zithermusik einspielen lassen. Und bei der Einfahrt in den kleinen Bahnhof von Garmisch hätte ein Zwiefacher erklingen müssen, urwüchsig intoniert von einer Blaskapelle in oberbayrischer Tracht. Das sind die herzigsüßen Lügen, ohne die ein Heimatfilm nicht auskommt, und erst recht nicht dann, wenn die Ortschaft von einer alpinen Kulisse eingerahmt ist.

Und das ist Garmisch-Partenkirchen. Die Höhe des Ortes ist am Bahnhof mit 700 m angegeben. Die Luft ist würzig frisch und klar, wenn nicht gerade ein pfeiferauchender Ureinwohner neben einem steht.

Vor dem Bahnhof stand einer. Vollbart im Gesicht, Gamsbart auf dem Hut. »Entschuldigen Sie«, sagte ich, »welche Möglichkeiten hat man, um von hier weiterzukommen?«

»Zwoaraloa«, sagte der Mann, ohne die Pfeife aus dem Mund zu nehmen.

Zwoa-ra-loa? Ich weiß noch, wie ich in mich hineinhorchte. Nein, keine Südseebrandung! Ich war nicht auf Hawaii! Dennoch ritt mich der Übermut. Ich sagte »Aloa!«, und Seconda machte das Kraut fett und rief »Aloa-é!«

Zwei Straßen hatten wir zur Auswahl. Wir nahmen die, die links hinunterführt, und die war richtig, denn wir wollten nach Garmisch. Wären wir vom Bahnhof über den Platz und geradeaus gelaufen, wären wir nach Partenkirchen gekommen.

Wir liefen also links und folgten der Straße wieder links und gelangten so nach einer Weile schon ins urig idyllische Ortsinnere. Dort fragte ich jemanden ohne Bart und Pfeife. Zwar hatte auch er einen Trachtenhut auf, trug aber Jeans und ein großkariertes Wollhemd mit einer Lederweste darüber. Sicherheitshalber hielt ich ihm die Postkarte mit der Adresse hin. Aber wieder Pech! Der Mann schüttelte den Kopf, doch hier verstand ich wenigstens, was er sagte: »Sorry, I'm strange here!« – »Ja«, sagte ich, »das bin ich auch!«

Bei einer Frau hatten wir dann endlich Glück, obschon auch sie einen Bart hatte, einen angedeuteten zwischen Nase und Oberlippe, dafür aber nicht rauchte, doch einen wunderschönen Kropf besaß.

Sie beugte sich über die Adresse und meinte: »Ja mei, Se san e glei do!«

Die Baracke, in der meine Mutter wohnte, gibt es nicht mehr. Es war das letzte Gebäude auf der linken Seite, wenn man die Klammstraße in Richtung Hausberg ging. Die Bretterbude hatte sogar eine Hausnummer: Klammstraße 47. Kneisl – für Wintersportexperten und Skifans ein bekannter Name – hatte in diesem Holzbau ein Büro und so etwas wie einen Skiausleih- und Reparaturdienst.

Abgesehen von der Baracke war dem Wintersportort der verlorene Krieg mit all seinen Folgen nicht anzusehen. Aber das Hotelgewerbe lag brach. Das Kurhotel Sonnenbichl stand so gut wie leer. Das Kurhotel Wigger war auch schlecht belegt. In dieser Zeit half auch nicht das durch die Olympiade noch leidlich erhaltene Ansehen. Und so betrachtet, war 1951 auch hier vieles im Neuanfang begriffen. Bogner zum Beispiel hatte erst ein kleines Geschäft: Bogner-Skihosen, Bogner-Skijacken, Bogner-Skimützen. Kleine Gastronomieunternehmen und Pensionen waren besser dran als die großen Hotelpaläste. Aber die Einwohner zeigten sich insgesamt optimistisch und meinten, daß es bald wieder bergauf gehen würde. Nur ich – das begriff ich schnell – war hier der falsche Mann am falschen Ort.

Skilehrer hätte ich sein müssen, Holzschnitzer oder Lawinenhund zumindest. Als Schauspieler jedoch, da war ich für Garmisch-Partenkirchen das, was für einen Äquatorialafrikaner eine Heizdecke ist. Zwar wußte ich inzwischen, daß zwoaraloa zweierlei heißt und zu Spiel Spui und Gfui zu Gefühl gesagt wird, doch war dies weder für die Oberammergauer Passionsspiele noch für eine Inszenierung des Partenkirchener Bauerntheaters ausreichend. Also besann ich mich noch einmal der guten Erfahrungen, die ich in Wien gemacht hatte und schrieb in mein Tagebuch:

Und so war es dann auch. Nur war es diesmal kein amerikanisches Offizierkasino, sondern eine Post Exchange, kurz PX genannt. Ein Kleinkaufhaus also. Eingerichtet für die amerikanischen Besatzungstruppen und Erholungssuchenden aus den USA. Dort kam ich in Lohn und Brot.

»Garmisch, your recreation-center and your place and time for your vacation! Enjoy Bavaria!« So tönte es aus dem amerikanischen Ortssender AFN Munich.

Abgesehen davon, daß ich das Theaterspielen vermißte und die erste Zeit in der Buchhaltung zubringen mußte, bevor ich einer Verkaufsabteilung zugewiesen wurde und damit den belebenden Kontakt mit der amerikanischen Kundschaft bekam, fühlte ich mich sofort wohl. Butzke hieß der freundliche Oberbuchhalter, der mir vorstand, und Mr.Kuznik war der deutsche Manager dieser Zweigstelle, während die Überwachung des Ganzen einem Supervisor oblag, einem sympathischen Amerikaner, der mit einer lebenslustigen Österreicherin verheiratet war.

Mister Kuznik brauchte mich angeblich unten in der Verkaufsabteilung. Ich weiß nicht, ob das so war. Was ich eher glaube, daß Butzke den langsamsten Addierer aller Zeiten loswerden wollte.

Ich kam an den Konfektionscounter, verkaufte alles, was ein »american guy« zum Anziehen benötigte, einschließlich der US-Rangabzeichen und Uniformaufnäher sowie der zivilen Sportklamotten für den Urlaub, und genoß den kurzweiligen Kontakt mit den amerikanischen Kunden.

Gestern erst, nachdem ich mein oberbayrisches Intermezzo aufzuschreiben begann, war mir ein kleiner Biografieband über Erich Maria Remarque in die Hände gefallen. Ich hatte wieder einmal die Regale entstaubt. Das kostet mich immer viel Zeit, weil ich mehr lese als entstaube. Und da las ich drei Sätze, die mich an meine Zeit in der PX erinnerten. Drei Sätze aus einem Interview, das Remarque am 1. April 1957 dem Magazin »Newsweek« gegeben hatte: »Ich bin sehr froh, Amerikaner geworden zu sein. Es ist hier so leicht, anderen Menschen nahezukommen. Diese Freiheit zu begreifen, ist für einen Europäer, der sie vorher nie erlebt hat, sehr schwer.«

Das kann ich bestätigen, auch ohne Amerikaner geworden zu sein. In den Arbeitspausen und nach der Arbeit war zwar das oberbayrische Volksleben um mich, doch den größten Teil der Zeit verbrachte ich in amerikanischer Umgebung. Fast drei Jahre lang. Irgendwann kannte ich nicht einmal mehr mich selbst. War ich wirklich der Operettenbuffo, der in Stendal und in Halberstadt so erfolgreich war? Der donnernde Applaus, die Zugaben, die vielen Blumen – alles nur ein Traum?

Nein, nein, Söhne! Ich war nur in einer anderen Welt. Also riß ich mich zusammen, sprach mir Zuversicht und Mut zu und sagte mir: »Du bist hier, du lebst hier, also mach was aus dir! Schließlich hast du auch schon andere Situationen gemeistert! Wer in Stendal auf dem Marktplatz vor Hungerschwäche der Länge nach hinfallen und dennoch abends auf der Bühne ›Ja, das Studium der Weiber ist schwer‹ schmettern konnte, der wird doch nach achtstündigem gemütlichen Kundenplausch und nach nahrhaften Brotzeitpausen noch etwas anderes mit sich anfangen können!«

So fing ich an, Kurzgeschichten zu schreiben. Die Zeiträume mit wenig Kundenverkehr nutzte ich, um auf diesen hellbraunen amerikanischen Einheitspapiertüten Handlungsabläufe und Dialoge zu notieren, die ich dann zu Hause ausarbeitete und auf einer geliehenen Schreibmaschine ins Reine tippte.

Größenwahn, Größenwahn, du mein Vergnügen! Größenwahn, Größenwahn, du meine Lust! Ich hatte damals gerade mit großem Staunen einige Erzählungen Franz Kafkas gelesen. Diese Träume, Visionen, Gleichnisse. Und einer Biografie entnahm ich, daß viele Texte während der Zeit seiner Anstellung bei der Prager »Arbeiter-Unfall-Versicherung« entstanden waren. Sicherlich nicht an seinem Amtsstubenschreibtisch. Dort mußten ihn die Aufstellungen und Berechnungen über Unfallbelastungen, Unfallverhütungen und Erste Hilfe und die damit verbundenen endlosen trockenen Zahlen über die Einreihung von Betrieben in die einzelnen Gefahrenklassen unwahrscheinlich genervt haben.

Es gibt eine Tagebucheintragung, in der sich Kafka über diese Belastung äußert: »Habe ich an einem Abend Gutes geschrieben, brenne ich am nächsten Tag im Bureau und kann nichts fertig bringen. Dieses Hinundher wird immer ärger.«

Und einer anderen Stelle konnte ich entnehmen, daß zur dichterischen Arbeit in ihm jederzeit alles bereit sei, so daß »eine solche Arbeit eine himmlische Auflösung und ein wirkliches Lebendigwerden« für ihn bedeute. Aktenstücke hingegen seien »elend« und sein »Bureauschreibtisch ein Ungeheuer, das sich der Kontrolle des Besitzers entzieht«.

Das waren Worte, die ich nachfühlen konnte! Was tat es da, vom Genius Kafkas weiter entfernt zu sein als Rockefeller junior von mir in meiner Eigenschaft als Warenhausverkäufer?

Meine Kunst des Schreibens bestand in erster Linie darin, von Tag zu Tag mehr Zeilen auf eine Packpapiertüte zu bekommen. Auf diesem Gebiet entwickelte ich mich zum Meister. Da blieb kein freier Rand. Ein Psychiater hätte an jeder vollgeschriebenen Tüte seine helle Freude gehabt.

Aber eines Tages war wieder Klarheit über mich gekommen, und ich erinnerte mich meines eigentlichen Berufs. Ich stellte mich bei Herrn Kilian vor, weil ich gehört hatte, daß es im Kurhotel »Wigger« ab und an Modeschauen gebe, wofür das Hotel immer wieder Sprecher suchte.

Herr Kilian, Chef oder gar Eigentümer des Kurhotels, war nebenbei noch Sportfunktionär. Ein recht hoher sogar. Stand er vielleicht dem Nationalen Olympischen Komitee vor? Ich hab's vergessen und hatte es auch nicht notiert. Ich weiß nur noch, daß Herr Kilian ein sehr freundlicher Mann war, der mich auf meine treuen Augen hin für einen Nachmittag und einen Abend verpflichtete.

Es gibt ein Foto von mir: Ich sitze in einem Clubsessel des Hotels schwarze Hose, schwarze Schuhe, helle Smokingjacke, schwarze Fliege in der Hand eine dicke Zigarre. Sehr weltmännisch sitze ich da. Dennoch muß an mir etwas gewesen sein, das nicht stimmte. Eine Dame kam zu mir und sagte: »Herr Ober, würden Sie mir bitte einen Stuhl bringen!« Da stand ich allerdings noch und hatte keine Zigarre in der Hand. Ich sagte, »sofort, gnädige Frau«, ging und holte ihr den Stuhl. Kurz darauf brannte ich mir die Zigarre an und posierte für den Fotografen; zum Selbstschutz sozusagen.

Die Präsentation der Modelle und der Mannequins muß mir ganz gut geglückt sein. Auch mein Auftritt in der Bar wurde freundlich aufgenommen. Hanns Kilian fragte, ob ich noch bleiben wolle, ich sei herzlich eingeladen. So blieb ich und saß noch eine Weile in fröhlicher Runde am Tisch einer Schweizer Viererbobmannschaft. Ich will keineswegs für einen gemäßigten Alkoholismus eintreten, aber einiges bringt er zustande: wortreiche Nächte, perfekte Verständigung, selbst bei hoffnungslos Verklemmten. Wer etwas erfahren will, wer Hilfe benötigt, brauchbare und unbrauchbare Ratschläge sammeln möchte, Freundschaften schließen, auflösen und neue Bande knüpfen, der ist am Biertisch, an der Theke oder an der Bar genau am rechten Ort. Daß eine solche Verbindung sich bereits mit dem ersten Licht des Tages wie Morgennebel verflüchtigt, steht auf einem anderen Blatt und ist das ernüchternde Ende rosaroter Gedankenflüge.

Ich weiß nicht, weshalb ich diese mir schon seit Stendal und Halberstadt geläufige Erkenntnis just in jener Nacht vergaß. Die Sportler waren längst schon auf ihre Zimmer gegangen. Auch Kilian war nicht mehr da. Nur noch ein paar Unentwegte saßen an der Bar. Und da ich freies Essen und Trinken hatte an diesem Tag, zumindest bis Mitternacht, blieb ich. Und da hockte sich dieser Mann neben mich. Mit der positiven Wirkung von Johanniskraut auf Körper und Seele begann er das Gespräch. Da dachte ich noch, daß es sich um einen Vertreter einer pharmazeutischen Firma handeln müsse. Aber dann redete er quer durch alle möglichen Themen und bei der Literatur blieben wir schließlich hängen. Ein Wort gab das andere, und so muß ich ihm auch von meinen schriftstellerischen Übungen erzählt haben; denn am nächsten Tag schon holte er mich von der Arbeit ab und lud mich ein, mit ihm ein Glas Bier zu trinken.

»Management ist alles«, sagte er und reichte mir seine Karte.

Ich las: Hans Röglich, Journalist, public relation manager, Munich, London, Paris, New York.

Das ließ er auf mich einwirken, bevor er weitersprach und meinte, daß auch Literatur ein Management brauche. »Sie schreiben, und ich verkaufe das Zeug!«

Das hörte sich gut an, fand ich. Ich hatte inzwischen eine ganze Schublade voll von Shortstories und Gebrauchslyrik.

»Wie sieht es aus mit Pressearbeit?« wollte ich wissen.

Röglich strahlte. Mehr Zuversicht war in seinem Gesicht nicht unterzubringen. Er legte eine Hand auf meine Schulter und sprach: »Wenn ich Sie bitten darf, einen Satz niemals zu vergessen: Hänschen Röglich macht alles möglich! Sagen Sie Johnny zu mir!«

Ich sagte also Johnny zu ihm, schleppte die Manuskripte herbei und fuhr mehrmals mit ihm nach Mittenwald zum Abendbrot.

Er fuhr einen großen amerikanischen Wagen mit einem Radio darin, trug täglich ein neues Hemd und eine neue Krawatte. Anzug und Mantelstoff waren von bester Qualität. Kurzum, alles an Johnny war imponierend. Wenn er mir gesagt hätte, Ali Khan sei sein Freund und Rita Hayworth seine Jugendliebe, ich wäre geneigt gewesen, ihm das zu glauben.

Garmisch-Partenkirchen, für die Amerikaner nach dem zweiten Weltkrieg sofort als Erholungszentrum entdeckt, lockte auch Hollywoodstars an. So war Errol Flynn dem Kurhotel Wigger als Gast angekündigt. Röglich brachte mir diese Information. »Ich werde ein Interview mit ihm machen. Wenn Sie mitkommen möchten, könnten Sie mir die Fotolampe halten.«

Es wird niemanden überraschen, wenn ich sage, daß es zu diesem Interview nie gekommen ist. Röglich rückte eines Tages mit dem Ansinnen heraus, einen Vorschuß von mir haben zu wollen. So etwas wie eine Anzahlung für seine Bemühungen, sich für mich verwenden zu wollen. Vermittlungsgebührenvorauszahlung nannte er das und meinte, daß schließlich nicht jeder ins Pressegeschäft einsteigen könne, der eine Ader hierfür habe und das notwendige Talent und Durchsetzungsvermögen. Unterstützung sei erforderlich. Unterstützung durch einen Experten, der die notwendigen Verbindungen habe. »Und reaktionsschnell muß man sein«, fügte er noch hinzu, »die Gunst der Gelegenheit erkennen und den Schwung zur sofortigen Entscheidung haben. Das sind ganz wesentliche Kriterien. Und Sie haben das alles. Außerdem können Sie schreiben. Und das ist ja das Wichtigste.«

Wem gefällt nicht, bestätigt zu bekommen, daß man etwas kann, und erst recht, wenn man weiß, daß man es so richtig eigentlich nicht kann? »Also was ist«, fragte Röglich, »soll ich etwas für Sie unternehmen oder nicht? So was muß schnell gehen! Und wann, wenn nicht jetzt?«

Ich konnte ihm kein Geld geben, aber ich glaube, ich wäre so blöd gewesen, wenn ich welches gehabt hätte. Also gab ich ihm wenigstens die Manuskripte zu treuen Händen. Und lange Zeit trug ich den Wisch mit mir herum, den er mir als Empfangsbestätigung überreicht hatte.

Meine gesammelten Werke sah ich niemals wieder und Herrn Röglich auch nicht. Weiß der Kuckuck unter welchen Namen er danach noch agierte.

»Du bist nicht zum Bescheißen geboren«, sagte eine Kollegin im Kaufhaus zu mir, »du stehst in der anderen Abteilung, wo diejenigen sind, die beschissen werden!«

Ich sah die Sache weniger tragisch. Wo das Zeug gelandet war, erfuhr ich nie. Im Zweifel, ob in einem bayrischen Dorfabort oder in den Schubladen eines Schundromanverlags, entscheide ich mich für den Nagel an der Bretterwand des Dorfklosetts.

Die höchste Spielfläche und die niedrigste Gage

Mein Beruf ist nicht gerade der familienfreundlichste gewesen. Aber was ist heute schon familienfreundlich? Welcher Vater versammelt noch seine Lieben um sich und gibt ein paar Geschichten aus seinem Leben zum besten?

Ich versuche es auf diese Weise. Auch auf die Gefahr, daß ihr noch weniger Zeit haben werdet, als ich seinerzeit für euch aufbringen konnte.

1952 konnte ich uns endlich ein Radio kaufen. Es hatte ein schön poliertes Holzgehäuse, eine erstklassige Resonanz und ein fluoreszierendes Lichtzeichen, mit dessen Hilfe der jeweilige Sender optimal eingestellt werden konnte. »Magisches Auge« nannten es die Experten. Auch ein Fahrrad hatten wir inzwischen, wenn auch nur ein gebrauchtes und leider nur dieses eine, weshalb Seconda und ich niemals eine Radtour gemeinsam unternehmen konnten. Einmal nahm ich sie auf dem Gepäckträger mit und bekam auch prompt Ärger mit der Polizei. Um so sehnsuchtsvoller betrachteten wir den Motorroller der Marke »Vespa«, der schon beliebt war, bevor er 1953 durch Gregory Peck und Audrey Hepburn im Film »Ein Herz und eine Krone« zum Kultobjekt der jungen Generation wurde.

In meinen Aufzeichnungen von einst lese ich: »Garmisch ist voller Überraschungen: Garmisch soll ein Theater bekommen! Ein Zimmertheater! Und Rohrbeck heißt der Mann, der das Projekt ins Leben rufen will.«

Die Zeilen strahlen Optimismus aus. Doch bald darauf sah ich keine Veranlassung zu weiterer Zuversicht. Rohrbecks Zimmertheater war ein reines Privatunternehmen, das froh sein mußte, wenn sich nebenberuflich Schauspieler fanden, die für das abendliche Trinkgeld weniger Vorstellungen wochenlange Proben auf sich nahmen.

Blöcker hieß ein Kollege, den ich Jahre später in einer Werbesendung des Fernsehens wiedersah. In der Rolle eines Zahnarztes empfahl er irgendeine Zahnpasta. Und von den Kammerspielen München war Robert Gillner als Regisseur gekommen, um dem Unternehmen ein wenig großstädtischen Glanz zu verleihen. Gillner hatte kurz zuvor für ein Drehbuch 35.000 DM erhalten und konnte sich den Luxus leisten, mehrmals in der Woche von München nach Garmisch zu kommen. Wir spielten eine amerikanische Boulevardkomödie und gastierten mit diesem Stück auch im Schneefernerhaus, unmittelbar unter der Zugspitze. Somit waren wir das höchste Theater mit den niedrigsten Gagen.

Das war die Zeit, als wir uns nach einer eigenen Wohnung umsahen, weil es kein Dauerzustand sein konnte, in den engen Barackenräumen bei meiner Mutter zu wohnen, zumal wir inzwischen die Auflage erfüllt hatten, ein Jahr lang keinen Wohnraum zu beantragen.

Ein Gartenhaus gefiel uns. Wir vereinbarten mit dem Vermieter unseren Einzug zu Beginn des nächsten Monats. Doch als wir einziehen wollten, teilte uns der Mann mit dem Gemüt eines Fleischerhundes mit, daß er das Gartenhaus bereits anderweitig vergeben habe.

Da mußte mir mein Großvater väterlicherseits, der Oberlandesgerichtsrat Jahoda, im Traum aufmunternd zugenickt haben, denn schon am nächsten Tag verklagte ich den unredlichen Gartenhausvermieter, und das Gericht entschied, daß an das Ehepaar Jahoda eine Entschädigungssumme in Höhe von DM 800,00 zu zahlen sei. Für uns eine Menge Geld damals, für den Vermieter nicht gar so viel; dennoch spuckte er vor mir aus, als er mir am Tag nach dem Gerichtsurteil noch einmal begegnete.

Kurz darauf ergatterte Seconda ein kleines Quartier für uns. In der Klammstraße bei Familie Schwinghammer, nicht weit vom Domizil meiner Mutter entfernt, aber schon in Zentrumnähe von Garmisch. Es war zwar nur ein kleines Zimmer, aber mit einem Balkon zur Südseite, und wir waren für uns allein.

1953 im Frühling hatte ich Urlaub. Neben dem Bahnhofsgebäude hing ein Plakat, das den sizilianischen Frühling pries. »Primavera Siciliana« stand darauf. Wir erkundigten uns nach den Kosten und erfuhren, daß man in Italien preiswert leben und reisen könne. Die Bahn sei spottbillig, teilte uns das Reisebüro mit, und die Strecke von Garmisch über Innsbruck bis an die italienische Grenze sei das kleinste Stück der Fahrt und demnach auch lächerlich im Preis. Wir dachten an die 800.- Mark, die wir inzwischen hatten, überlegten, ob dies nicht ein Grundstock für den heiß ersehnten Motorroller sein könnte, entschieden uns aber letztlich doch für Sizilien. Es war Mitte April, als wir losfuhren und Anfang Mai, als wir pünktlich zurückkamen. Hinter uns lagen einmalige Eindrücke: Rom, Neapel, Pompei, Amalfi, der malerische Fischerort am Golf von Salerno, Messina und schließlich Taormina mit dem traumhaften Blick auf das Meer und die Küstenhäfen bis hin zum schneebedeckten Gipfel des Ätna. Noch den Duft der Orangenblüten in der Nase und die Wärme des sizilianischen Frühlings auf der Haut, schockte uns die Ankunft in Garmisch-Partenkirchen: dichtes Schneetreiben, winterliche Frische und weißgelber Schneematsch in den Straßen. Rückkehr in den Alltag. Das Wetter wie ein erstes Signal?

Theaterinszenierungen schaffen die Vorbereitung auf Kommendes mit Hilfe von Lichteffekten, Filme zaubern Stimmungen mit Musik, und das geschieht meist so deutlich, daß der Zuschauer gar nicht anders kann als zu ahnen, was in Kürze passieren wird. Doch die Dramaturgie des Lebens schert sich nicht um Botschaften. An prächtigen Schönwettertagen sind schon die fürchterlichsten Dinge geschehen. Aus heiterem Himmel, wie die Redewendung sagt. Und ebenso häufig kam mit einem Unwetter eine Wendung zum Guten und in novembertrüben Wochen das Glück, als sei es abonniert.

Zeichen setzt der Mensch immer erst später, wenn überschaubar geworden ist, was und wie alles geschah. Ich will mir Mühe geben, nachträglich gesetzte Zeichen zu vermeiden. Lebenswege folgen selten ausgeschilderten Markierungen.

Das Leben ist wie eine Wippe:
immer steht was auf der Kippe!
Ob Milchmann oder Weinverkoster,
alle fahr'n wir Paternoster!

So geschieht es einem, liebe Söhne, wenn man ein Leben lang in Reimen denkt!

Winternächte können folgenreich sein. Das lehrte mich ein Tag Anfang Juni. Da offenbarte sich Bella Seconda, nachdem mir ihr Äußeres enthüllte, was sie mir bestimmt noch eine Weile hätte vorenthalten wollen. Vor einem knappen Jahr nämlich erst hatte sie mir mitgeteilt, daß sie nicht schwanger werden könne. Der Gynäkologe in Garmisch habe das festgestellt.

Einen Tag vor meinem Geburtstag dann das nächste Ereignis: »In Ostberlin gehen die Arbeiter auf die Straße. In der gesamten sowjetisch besetzten Zone gärt es«, meldet der bayrische Rundfunk. »Auch in den größeren Städten Mitteldeutschlands gibt es Tumulte.«

Tags darauf sah ich die Bilder, die inzwischen längst jeder kennt: Sowjetische Panzer gegen streikende Arbeiter im Zentrum von Berlin. Da erschien mir das Ereignis der mir verschwiegenen Schwangerschaft nicht mehr so dramatisch. Der Zeitpunkt der Rebellion sei schlecht gewählt gewesen, hörte man, und die Opfer deshalb umsonst. Dennoch brachte der Aufstand beiden Seiten einigen Nutzen: dem Volk, das von Stund an besser versorgt wurde, aber Gewinn auch Walter Ulbricht.

Im März war Josef Wissarionowitsch Dshugaschwili, der grausame Zusammenhalter des Sowjetreiches, der sich Stalin nannte, vom Genossen Tod ins Schattenreich delegiert worden. Die neue Kremlführung trug sich mit dem Gedanken, Wilhelm Zaisser und Rudolf Herrnstadt als Repräsentanten der DDR auszuwählen, um mit der Regierung Konrad Adenauers ins Gespräch zu kommen.

Wer die Herren Zaisser und Herrnstadt waren, hätte ich damals in Garmisch nicht gewußt. Ich war ehrlich gesagt froh, von der ganzen Misere weit weg zu sein, und hielt mich für ausreichend informiert, wenn ich sagen konnte, daß in Moskau jetzt Malenkow, Berija und Molotow die Zügel in Händen hielten und in Ostberlin immer noch Walter Ulbricht am Ruder war.

Wilhelm Zaisser und Rudolf Herrnstadt gehörten beide zum Politbüro der Sozialistischen Einheitspartei Deutschlands. Zaisser als sogenanntes Vollmitglied, Herrnstadt als Kandidat. Herrnstadt war Chefredakteur der Parteizeitung »Neues Deutschland«, Zaisser Chef des Sicherheitsdienstes. Aber beide hatten einen Makel: Ihre Herkunft war nicht proletarisch.

Zaisser war Lehrer und dann Berufsoffizier gewesen, Herrnstadt war Journalist und hatte seine Laufbahn beim »Berliner Tageblatt« begonnen. Aus bürgerlichen Kreisen kamen sie beide, Herrnstadt gar aus einer großbürgerlichen wohlhabenden Familie. Vor Hitler nach Moskau geflohen, hatte sich dort der Geheimdienst der Roten Armee ihrer Mitarbeit versichert, und es ist anzunehmen, daß aus dem Kreis um Berija der Gedanke kam, den beiden Herren die Aufgabe einer Gesprächsanbahnung zwischen Deutschland-Ost und Deutschland-West zu übertragen. Umgangssprachlich formuliert: Die neuen Macher im Kreml hatten Ulbricht auf die Abschußliste gesetzt. Eine Aufweichung der Positionsverhärtung zwischen Ost und West lag der neuen Führung kurzzeitig mehr am Herzen als Genosse Walter. Doch zu einer Ablösung kam es bekanntlich nicht. Der 17. Juni 1953 kam dazwischen. Und Walter Ulbricht war wieder obenauf.

Klar, daß sich Ulbricht in dieser neuen Position der Macht schnell all jener entledigte, von denen er sich bedroht fühlte. Der gebildete Rudolf Herrnstadt landete als Archivar in Merseburg, Wilhelm Zaisser wurde in Rente geschickt.

Ihr durft mir glauben, wenn ich sage, daß mein Mißtrauen gegen alles, was jenseits von Werra und Elbe geschah, nach wie vor lebendig war, auch ohne genaues Wissen um die Einzelheiten hinter den Kulissen Pankows.

Das Kapitel Ostdeutschland hatte ich abgehakt. Und wenn mir eine Wahrsagerin aus dem Kaffeesatz oder aus den Karten geweissagt hätte, daß ich in zwölf Monaten wieder in der DDR sein würde, um dort nach kurzer Zeit zu einigem Ansehen zu gelangen, hätte ich sie ausgelacht.

Mia bella Seconda schaukelte stolz ihren Bauch durch die Straßen von Garmisch, während ich zwei Wochen lang jeden Tag zum Eibsee hinauf mußte: Die Post Exchange hatte dort oben eine Filiale. Es war nur eine kleine Zweigstelle, vom Aussehen und Charakter so etwas wie ein »Tante-Emma-Laden«. Aber ich genoß die tägliche Fahrt mit dem US-Military-Bus über Grainau, wo das Anwesen der Rennfahrerfamilie Stuck liegt, und kostete dann jedesmal den atemberaubenden Blick auf den See aus und konnte mich nicht sattsehen am grandiosen Anblick des Zugspitzmassivs, das vom Seeufer steil in den Himmel ragt. Imponiert hatten mir jedesmal die Wasserskifahrer, von denen kein einziger ins Wasser fiel. Entweder waren die Jungs so gut, oder die Angst vor dem eisigen Wasser ließ sie so stabil auf den Brettern stehen.

Ende September kündigte sich die Geburt an, und am ersten Tag des Monats Oktober war es soweit. Zur Entbindung mußte Bella Seconda nur ein paar Schritte weiter die Straße entlang und dann kurz um die Ecke. Dort in dem kleinen Krankenhaus, das es heute an dieser Stelle vielleicht nicht mehr gibt, kam Euer Bruder zur Welt, den wir Peter-Michael nannten. Wie ein Laib Brot trugen wir ihn nach Hause, nur viel behutsamer, und wir hatten ihn lieb.

Was dann um die Weihnachtszeit geschah, schob an, was unser brav bürgerliches Leben im Lauf der nächsten Wochen und Monate radikal auf den Kopf stellte.

»Um geliebt zu werden, sei liebenswert!« Dieser simple Spruch muß dem römischen Dichter Ovid aus dem Gänsekiel geflossen sein, als ihm offenbar gerade nichts Besseres eingefallen war.

Wenn eine Frau einen anderen im Kopf hat, helfen dem werbenden Mann weder Charme noch wirbelnde Drehsprünge der Lust. Und glaubt mir, da braucht der andere gar nicht einmal leibhaftig vorhanden zu sein. Schon die Vorstellung im Kopf einer Frau baut gläserne Wände, gegen die dann jeder hoffnungslos anrennt, der nicht ihrem Idealbild entspricht.

Partnersuchanzeigen beweisen uns täglich die Wünsche von Frauen, aber umgekehrt auch die Traumbilder, die Männer von Frauen haben.

Groß, muskulös, sportlich, zärtlich, kinderlieb und gebildet. Das sind die Mindestansprüche, die Frauen an einen Mann stellen. Umgekehrt ist es nicht anders. Da soll die Frau seiner Träume aussehen wie eine Laufstegprinzessin, aber kochen soll sie können wie Alfred Biolek und putzen wie eine professionelle Raumpflegerin.

Doch nicht immer sind es Partnerbilder, die in unseren Köpfen spuken. Berufswünsche tummeln sich da ebenso wie auch Sehnsüchte nach einem Ortswechsel oder nach irgendeinem Abenteuer, das uns dem Einerlei des Alltags entheben könnte.

Und eine dieser Sehnsüchte muß Bella Seconda gepackt haben. Sie eröffnete mir, in weihnachtlich feierliche Worte verpackt, daß sie vorhabe, wieder in ein Engagement zu gehen. Erstaunlicherweise hatte sie bereits eins. Und Lösungen für alle damit auftauchenden Fragen hatte sie auch. So kam ihre Mutter und holte den Sohn. Damit war ihr Hauptproblem gelöst. Sie war frei, ihre Mutter war glücklich. Nur wie mir zumute war, interessierte keinen.

Ein paar Jahrhunderte zuvor hätten mir Kräuterweiblein noch zu helfen gewußt. Zu Pulver zermahlene Froschknochen, Krebsfüße, Sperlingsleber, Katzenmark und Schwalbenherzen hätten sie mir zu einem Süppchen zusammengekocht, worauf meine Aufgabe nur noch darin bestanden hätte, der mit Händen und Füßen sich wehrenden Frau die zusammengebraute Scheußlichkeit einzuflößen.

Na, das versucht mal bei einer Tänzerin. Auch ohne Suppe traf mich ein Tritt, der mich, kraft ihrer immer noch gut durchtrainierten Waden, von der Kopfkissenseite zum Fußteil unseres Bettes fliegen ließ. Dabei hatte ich ihr nicht einmal zugemutet, von einer anderen Speiseempfehlung zu kosten, die Sterndeuter des Mittelalters priesen: Wenn Jupiter und Venus in Konjunktion treten, soll sich der Mann in die linke Achselhöhle zwei Scheiben Brot schieben, unter die rechte Achsel ein Stück gebratenes Huhn, und die so angewärmten Teile zu einem Sandwich zusammenklappen und der Liebsten zu essen geben.

Glaubt mir, es hätte nichts geholfen. Soll ich Helena, Jesabel oder Kleopatra anführen? Oder gar mit der wackligen Behauptung auftrumpfen, daß fast alle Reiche der Erde durch Weiber zerstört wurden? Ich brauchte lediglich zu fragen, wie vom Weibe ein gerader Charakter zu erwarten sei, wo doch Adams Rippe krumm war, aus der Gott zur Kurzweil Eva schuf.

Tue nichts Gutes, dann widerfährt dir nichts Böses! Auch an dem Spruch ist was dran.

Ich war in meiner Garmischer Zeit alles andere als nichtsnutzig. Ich war treusorgender Vater und Ernährer, schaute keinen Röcken hinterher, und niemals sah mich ein Wirtshaus. Als Bella Seconda schließlich ins Engagement nach Stuttgart reiste und mich im Tal der Loisach zurückließ, blieb ich immer noch der brave Ehemann. Auch diese Phase gab es im Leben Eures Vaters.

Aus Halberstadt kamen Briefe von der Schwiegermutter. Dem kleinen Peter gehe es gut. Auch ein Kollege schrieb mir. Nach meinem Weggang aus Halberstadt hatte er für eine gewisse Zeit am Volkstheater die Rollen gespielt, die ich hätte spielen sollen. Der Brief schilderte mir ein gewandeltes Land. Nach den Tagen im Juni sei alles ganz anders geworden. Die DDR sei im Begriff, ein Künstlerparadies zu werden. Ein Umschwung zum Guten sei erfolgt. Ich schrieb zurück, und er antwortete wieder. Seine Lageberichte wurden von Brief zu Brief schillernder und prächtiger. Bert Brecht und sein Theater am Schiffbauerdamm nannte er mir. Auch den Friedrichstadtpalast führte er an, der nicht minder gefördert werde. Und wenn ab und an noch dies oder jenes nicht erwünscht sei, du meine Güte, so sei so etwas auch im Westen zu finden. Habe nicht erst kürzlich die katholische Kirche die Werke von André Gide auf den Index verbotener Bücher gesetzt?

Der rote Faden war dezent gewirkt, aber nicht zu überlesen. So erreichte auch mich der »frische Atem des neuen Deutschland, der den Künstlern so gut bekomme«.

Wenn ich das heute niederschreibe, denke ich an Manna, das Jahwe herabregnen ließ, als in der Wüste das hungrige Volk der Israeliten zu murren begann. Das »Brot der Engel«, das vom Himmel kam, war als lebensrettende Überbrückung gedacht, bis der Boden Kanaans genügend Feldfrüchte tragen würde. So steht es jedenfalls im Alten Testament. Die »Labung« der Menschen in der DDR nach dem 17. Juni 1953 hingegen, so sie überhaupt für alle stattfand, sollte das System retten.

Ich antwortete freundlich auf die Briefe, unterließ aber jede Stellungnahme. Briefe, die mir Seconda aus Stuttgart schrieb, lasen sich ähnlich optimistisch, bezogen sich aber auf ihre Arbeit. So machte sie mir Hoffnung, daß auch ich in meinem Beruf in Stuttgart Arbeit finden würde, wenn ich nur erst käme und mich umsähe.

Im Frühling 1954 erreichte mich ein Telegramm: »Erwarte Dich Stuttgart Busbahnhof.« Auch Tag und Zeit waren angegeben. Also fuhr ich zum Termin nach Stuttgart. Doch wer mich in Stuttgart nicht erwartete, war meine Frau. Ich nahm ein Zimmer für eine

Nacht, telegrafierte nach Halberstadt an Bella Secondas Mutter, daß ich, wie telegrafisch herbestellt, in Stuttgart sei und daß ich wieder nach Garmisch zurückfahren, aber dort auf eine Erklärung warten werde.

Die Erklärung kam: »Telegramm bestimmt verstümmelt angekommen. Nicht Stuttgart war gemeint, sondern Busbahnhof Stuttgarter Platz in Berlin-Charlottenburg.«

Bella Seconda war also in Berlin. Und sie hatte Arbeit, wie sie schrieb. Auch eine Wohnmöglichkeit hatte sie aufgetrieben. Ein freischaffend arbeitender Aufnahmeleiter, der vorwiegend in den Tempelhofer Ateliers beschäftigt war, hatte ihr ein geräumiges Zimmer seiner Wohnung vermietet. »Hier in Berlin ist Aufbruchstimmung«, schrieb sie mir. »Wer im Westteil der Stadt kein Engagement findet, der kriegt jede Menge im Osten zu tun. Und wer in Westberlin wohnt, aber im Osten arbeitet, bekommt vom Westberliner Senat einen Teil der Ost-Gage 1:1 in Westgeld eingetauscht.«

Wenn ich noch eine Menge weiß, weil ich vieles aufschrieb, mir aber auch wesentliches merkte, so weiß ich doch verdammt wenig über meine Verrücktheit, es noch einmal mit Westberlin zu probieren.

Hatte ich meine Erfahrungen schon vergessen? Ich glaube, daß ich zu sehr meinem bundesdeutschen Paß vertraute, sowie Secondas Schilderungen der gegenwärtigen Lage, aber auch meinem Geldbeutel, der, wenn auch nicht gerade üppig, so doch immerhin gefüllt war.

»In Garmisch will ich nicht versauern«, werde ich gedacht haben. »Seconda in Westberlin allein lassen will ich auch nicht. So soll mir Westberlin noch einen Versuch wert sein.«

Etwas Gescheiteres dazu fällt mir heute nicht ein. In der Post Exchange wollten alle den Grund meines überstürzten Aufbruchs wissen. Was sollte ich antworten? Ich konnte doch niemandem eingestehen, daß ich wieder einmal ohne jede Sicherheit ins Blaue hinein losfahren werde. Meine Mutter hätte mich an den Kopf gegriffen und mich gefragt, ob ich plemplem sei. Aber etwas sagen mußte ich, also sagte ich: »Ich gehe nach Berlin ans Fernsehen!«

Ade, Kramerspitze, Wank und Waxensteine! Lebwohl, Höllental, Eibsee, Kreuzeck, Alp- und Zugspitze! Adieu, Wetterstein-Gebirge! Pfüat di, Werdenfelser Land!

Fehlen wird mir schon einiges, überlegte ich. Und wenn es nur das eine mir bis zum heutigen Tag unbegreiflich Widerspruchsvolle ist, daß in einem gottesfürchtigen Landstrich so gottserbärmlich respektlos geflucht wird. Himmelherrgottsakramentkreuzkruzifixhalleluja!

Berlin hat mich wieder

Von der Fahrt selbst ist mir nichts in Erinnerung. Nur eines weiß ich, daß ich bereits mit der Sicherheit losgefahren war, an der Grenze keine Schwierigkeiten wegen meines Vertragsbruchs in Halberstadt zu bekommen. Die Vokabel »Republikflucht« und den Vorgang als zu bestrafendes Delikt hat es, glaube ich, 1954 noch nicht gegeben. Und falls doch, hätte mich die Anschuldigung nicht getroffen, da ich, laut Papier, als vorletzten Wohnsitz immer noch Berlin-Westend, Soorstraße 87 angeben konnte. Und außerdem – das war die wichtigste Nachricht aus Halberstadt – sei mein Fall im Zuge des Amnestiegesetzes vom Tisch.

Am Bahnhof Zoo kam ich an, Bella Seconda holte mich ab, und der erneute Einzug in die Stadt meiner ewigen Sehnsucht gestaltete sich zwar nicht so ärmlich wie der Abflug im Spätherbst 1951, aber immer noch so, daß mir jede Fotografie heute noch peinlich wäre. Bella Seconda wußte von den zwei schweren Koffern, die ich bei mir hatte, und war mit einem dieser Bretter gekommen, an dessen Unterseite vier winzige Rollen angeschraubt waren. Damit ließen sich Gepäckstücke auf ebenen Flächen recht gut bewegen. Die Bahnhofshalle bewältigten wir somit glänzend und in noch eleganter Haltung. Was allerdings dann folgte, als wir über Gehsteigabsätze hinunter und wieder hinauf mußten und dann auch noch über die damals schon verkehrsreichen Kreuzungen im Schweinsgalopp, das waren bereits Slapsticknummern der Heiterkeitsstufe 3.

Noch konnten wir lachen, aber es verging uns bald. Der Magistrat von Westberlin hatte nichts gegen meine Wiederanmeldung, gab mir aber unmißverständlich zu verstehen, daß mir aufgrund meiner mehrjährigen Abwesenheit keinerlei Vergünstigungen zustünden. Auch nicht der Umtausch 1:1 für den Fall, daß wir für eine Arbeit in Ostberlin nur Ostgeld beziehen würden.

»Ich bin doch aber seit Mitte 1946 in Westberlin gemeldet«, versuchte ich einzuwenden. »Ja, das sehe ich«, sagte der Beamte ungerührt, »aber Sie waren fast drei Jahre in Oberbayern und hier bei uns abgemeldet, und danach müssen wir uns richten.« Na bravo! dachte ich und dachte damit gleichzeitig nicht gerade liebevoll an Bella Seconda, die mich ein zweites Mal falsch informiert hatte.

»Du kannst mir doch nicht erzählen, daß du nicht gewußt hast, wie das hier läuft!« wütete ich.

»Alle Schauspieler kriegen den Umtausch, wenn sie in Westberlin wohnen!« schrie sie zurück. »Die meisten könnten hier nicht existieren, wenn sie ihre Arbeit nicht an einem der Ostberliner Theater hätten oder in den Studios von Babelsberg beim Film oder im Friedrichstadtpalast!«

»Aber du hättest fragen müssen, ob das auch für jene gilt, die drei Jahre in der Bundesrepublik gewohnt haben!«

»Ich denke, du willst ohnehin nicht mehr in den Osten!« trumpfte sie auf.

»Ach, was weiß ich!« sagte ich und schmiß die Tür.

Wir hielten uns einigermaßen über Wasser. Mal da ein kleiner Gesangsauftritt, mal dort eine Verpflichtung als Conférencier. Dann ein Lied im Rundfunk. War es im RIAS oder war es im Sender Freies Berlin, falls dieser Name damals schon aktuell gewesen sein sollte? Ich weiß es nicht mehr. Aber daß ich ein Hundelied sang und daß es eine Radioreihe war, die unbekannte Interpreten vorstellte, das weiß ich noch genau.

Hingegen gut in Erinnerung sind mir die Drehtage in Tempelhof. Unser Zimmervermieter, der Aufnahmeleiter, hatte mir die Möglichkeit verschafft, dort zu hospitieren und gleichzeitig ein paar Mark als Kleindarsteller zu verdienen. In Arbeit waren gerade die Innenaufnahmen zum Film »Schützenliesel« nach der Vorlage des Singspiels von Edmund Eysler/Leo Stein und Carl Lindau. Die Regie führte Rudolf Schündler. Und die Drehbuchseiten für den jeweiligen Drehtag kamen an den Tagen meiner Anwesenheit immer erst unmittelbar vor der Aufnahme in die Hände der Schauspieler.

Da war für mich schon interessant zu beobachten, wie Rudolf Carl und Gunther Philipp die Sache meisterten. Jeder nahm lachend sein Blatt, schaute auf den Text, und mit einem Seufzer gingen beide in eine stille Ecke der Dekoration, wo sie den Dialog mehrmals durchsprachen, sich über selbst hinzugefügte Pointen einig wurden und kurz darauf schon vor der Kamera standen.

Ich saß an der Tagesbar der Kantine des Tempelhofer Filmstudios, trank eine Cola mit Eis und Zitrone, rauchte dazu eine dicke Zigarre, als sich Gunther Philipp neben mich setzte und mit mir zu reden anfing, als sei ich einer seiner prominenten Kollegen. Immerhin wirkten noch die Damen Käthe Haack, Herta Staal und Susi Nicoletti mit. Und neben Rudolf Carl und Paul Hörbiger waren auch noch Joe Stöckel, Helmuth Schneider und Willy Reichert dabei.

Von meiner Schwester in Wien wußte ich, daß Gunther Philipp eigentlich Gunther Placheta hieß und Doktor für Neurologie war, allerdings nicht mehr praktizierend, und daß er als Schwimmsportler österreichische Landesrekorde und Europa-Bestzeiten erschwamm.

Für einen Rekordschwimmer wird er mich wohl kaum halten, dachte ich, und für einen Schauspielerkollegen bestimmt auch nicht. Vielleicht sieht er etwas an mir, das ihn als Neurologen interessiert? Oder ist es die Zigarre, die ich rauche?

Es war eine Havanna, ähnlich jener Sorte und Länge, wie sie seinerzeit Winston Churchill bevorzugte und wie man sie dann später noch in der Hand von Fidel Castro sah, die aber zu meinem Gesicht paßte wie ein Zeppelin zu einer Hundehütte.

Da mir dieses Mißverhältnis bestimmt nicht bewußt war, mußte es einen anderen Grund gegeben haben, Herrn Doktor Gunther Placheta Philipp zu erklären, warum ich diese Riesendinger rauchte.

So erzählte ich, daß ich früher Zigarettenraucher war, mir aber mit Hilfe der Zigarre das Inhalieren abgewöhnen konnte und seitdem nie wieder das Verlangen nach einer Zigarette hatte.

Gunther Philipp nickte und sagte: »Sie sind aus Brünn.«

Das kam mir vor, als sagt einer zum Arzt, daß er Schmerzen im Oberbauch hat, und der Doktor darauf antwortet: »Sie sind Gemüsehändler.« Ich mußte mir das Lachen verbeißen, fragte aber artig: »Woran merken Sie, daß ich aus Brünn bin?«

»No«, begann er, und an diesem »no« hörte ich wiederum, daß da eine gewisse sprachliche Verwandtschaft bestehen mußte, »so wie Sie das Wort ›Zigarre‹ aussprechen, können Sie nur aus Brünn sein.«

»Und wieso haben Sie dieses feine Ohr dafür?« Da schmunzelte Gunther Philipp, wackelte mit beiden Ohren, so wie wir das heute noch an ihm in seinen alten Filmen bewundern können, und erwiderte: »Mein Vater stammt aus Olmütz.«

Und dann erzählte er mir von seinem unwahrscheinlichen Glück in diesem für ihn zweiten Beruf und daß dieser Film bereits sein zwanzigster sei. Was er mir nicht erzählte, was ich aber Jahre später erfuhr, war seine Mitwirkung als Drehbuchautor an vielen Filmen.

»Schützenliesel« heißt der Film, liebe Söhne, Enkel und Urenkel. Und meine Blitzerscheinung als Kellner, falls der Auftritt nicht einer Schnittmeisterentscheidung zum Opfer gefallen war, wird kaum schuld daran gewesen sein, wenn der Film bislang noch nicht im Fernsehen gezeigt wurde. Und Gunther Philipps Mitwirkung erst recht nicht, denn immerhin hatte er nach diesem zwanzigsten Film noch in einhundertundsieben weiteren Filmen mitgewirkt. Und das in einem Zeitraum von 34 Jahren. Er dürfte zu den am häufigsten eingesetzten Filmschauspielern gehören.

Ich gehöre zu den am seltensten eingesetzten. Doch soweit bin ich noch nicht. Ich schreibe immer noch das Jahr 1954. Matjeshering gehörte zu den preiswertesten Speisen. Also aßen wir Matjeshering, Mittag für Mittag, und ebenso regelmäßig die dazugehörigen Pellkartoffeln.

Manchmal gönnte ich mir in der Kneipe, gleich ein paar Häuser weiter, eine Gulaschsuppe mit Brot und trank dazu ein Bier. Ob ich mir noch eine Zigarre leisten konnte, möchte ich bezweifeln. Und wenn, dann bestimmt keine mehr so gewaltig große.

Was sich Bella Seconda leistete, wußte ich wieder einmal nicht. »Typisch Mann!« werden die Frauen denken. Und ich sage weiter nichts dazu, weil es sich um außereheliche Genüsse handelte, von denen ich erst später erfuhr, was wiederum den Vorteil hatte, daß mir ein ruhiges Verweilen bei Gulasch, Bier und Zigarillo vergönnt gewesen war. Beruflich betrachtet, verfluchte ich Westberlin, verfluchte sämtliche Ämter und deren Bürokratie, und ich verfluchte mich am meisten, weil ich mich auf das Frontstadtabenteuer eingelassen hatte, dessen Ausgang ich schon dunkel ahnte.

Es begann damit, daß Bella Seconda aus Halberstadt angereist kam und mir wieder einen dieser Briefe mitbrachte. Der Halberstädter Kollege teilte mir mit, daß er einen guten Tourneevertrag habe, den er an mich abtreten würde, falls ich bereit wäre, seinen Part zu übernehmen.

Einige Tage darauf rief mich der Leiter des Kleinprogramms aus Ostberlin an und bat mich, herüberzukommen. Ich sagte »njet!« Das war ein geflügeltes Wort in jenen Zeiten. Und so kam Herr Braunß nach Westberlin und begann meine Bedenken wegzuräumen wie ein Bulldozer den Trümmerschutt einer Bauruine: »Der Vertragsbruch ist vom Tisch. Ich habe mich erkundigt. Die Amnestie hat ärgere Vergehen getilgt. Auf die Geschichte wird Sie kein Mensch mehr ansprechen. Es weht ein anderer Wind: Stalin ist tot!«

Die Amnestiegeschichte glaubte ich ihm ebenso wie die Schilderung goldener Künstlerzeiten. Aber die zu erwartenden großartigen Veränderungen innerhalb des Systems, die er mir in den rosigsten Farben schmackhaft zu machen versuchte, strich ich sofort aus meinen Erwartungen. Ich sagte, daß ich mir alles noch einmal gründlich überlegen müßte und daß ich ihm innerhalb von zwei Tagen Bescheid geben würde.

Mit diesem für ihn vagen Verhandlungsergebnis fuhr Uli Braunß zurück nach Ostberlin, während ich schon wußte, daß ich dieses Angebot nicht ausschlagen konnte, wollte ich mich nicht allmählich mit dem Gedanken anfreunden, spätestens im nächsten Monat den Kitt aus dem Fenster des Aufnahmeleiters essen zu müssen.

Drei Fakten entschieden meinen künftigen Weg: ein Paragraph, der hohe Wechselkurs und die Not. Dreifache Nötigung in einem freiheitlichen Land! Und ich war nicht in der abartigen Stimmung, dies als lustvoll zu empfinden.

Und so folgte ich im August 1954 dem Ruf und der Notwendigkeit und fuhr an die Ostsee.

In der ehemaligen Goebbels-Villa in Kühlungsborn-West durfte ich Quartier beziehen. Ensembleleiter Uli war bei der Ferienbetreuung gut eingeführt, und das Kleinkunstprogramm, das wir dort boten, fand großen Anklang. Ich hatte meinen Wohnsitz noch in Westberlin, fühlte mich demnach nicht als Verleugner meiner bisherigen politischen Meinung, ahnte allerdings schon, daß ich auf Dauer nicht den Hauptteil meiner Gage für das Zimmer in Westberlin würde opfern können. Rund vier Ostmark waren es damals nur, die für eine Westmark zu entrichten waren. Aber der Umtausch war seitens der DDR illegal und der Wechselkurs nicht stabil, was bedeutete, daß er gelegentlich unverschämt anstieg. Zwar verdiente ich eintausend Mark im Monat, doch das Leben unterwegs, erst entlang der Küste und dann kreuz und quer durch Mecklenburg, verschlang auch damals schon mehr als ein Leben am häuslichen Herd.

Einmal blieb uns der Wagen zwischen Neubrandenburg und Altentreptow hängen. Was genau kaputtgegangen war, weiß ich nicht mehr genau, aber mir ist, als wäre es die Anhängerkupplung gewesen, weil mir von sämtlichen Fahrten meine Ängste in Erinnerung sind, daß sich an dem Wagen etwas lösen könnte. Allerdings habe ich heute noch den rührigen Uli im Verdacht, daß er absichtlich meine Befürchtungen nährte. So hatte er mir während einer Fahrt durch Schlaglöcher genüsslich die Folgen eines Bruchs der Kupplungshalterung geschildert.

Durch das Rückfenster sah ich den mit Requisiten und Bühnenkostümen vollgeladenen Anhänger über Bodenwellen und schlecht gepflasterte Straßenabschnitte tanzen, hörte die Stoßdämpfer ächzen, und mit jedem Schlagloch schossen mir Bilder von sich lockernden Bolzen, Nieten und Schrauben durch den Kopf.

Höhepunkt meiner Schreckensvision: Die Halterung bricht, und die gesamte Vorrichtung schnellt wie ein Wippbrett nach oben, durchschlägt den rostdurchlöcherten Boden, durchbohrt die altersschwache Polsterung der Rückbank, auf der ich sitze, und katapultiert mich durch das Wagendach in das herbstbunte Laub der Alleebäume. »Der Sänger in den Zweigen!« So hätte dann die Schlagzeile lauten können.

An einen mehrtägigen heftigen Regen während dieser Tournee kann ich mich auch noch erinnern. Wir waren nicht mehr weit vom Einsatzort, als die Straße plötzlich endete. Das heißt, genaugenommen ging sie weiter, aber irgendwo unsichtbar unter der Wasserfläche, die sich vor uns ausbreitete.

Wir befragten die Straßenverkehrskarte. »Also bei Drucklegung kann es an dieser Stelle noch keinen See gegeben haben«, meinte

Ulla, die Frau des Ensembleleiters, in ihrer trockenen Art. »Uli, steig ins Wasser und schau wie tief es ist!« Ulla hatte öfter solche Einfälle, die ihr Uli erledigen sollte. Und meist führte er die Anweisungen auch aus, die ihn allerdings selten glücklich machten. Dennoch zog Uli seine Schuhe aus, krempelte die Hosenbeine hoch und begann ins Wasser zu waten.

Ulla fragte: »Wird's tiefer?« Da war Uli allerdings schon bis über die Knie abgesackt und im Begriff, die an dieser Stelle offenbar abschüssige Straße hinunter zu schlittern und vollends im Wasser zu verschwinden.

»Die Pflastersteine sind aus Blaubasalt und rutschig!« rief Ulla. Nur leider zu spät. Daß Ulla daraufhin von ihrem klatschnassen Uli nichtgewürgt wurde, hatte sie den Rufen zu verdanken, die von irgendwoher aus dem Wald kamen. »Seid ihr die Künstlertruppe?« hörten wir.

»Ja!« brüllten wir zurück und fragten: »Kommt ihr mit Booten?«

»Endlich kommen sie mit Booten!« wiederholte Ulla so laut, daß mir die Ohren fast wegflogen.

Diese Wiederholung war nicht nur unnütz, sie verzögerte die Rettungsaktion um eine ganze Stunde, wie wir später vom Bürgermeister erfuhren; denn beim Suchtrupp war Ullas Ruf etwas anders angekommen. »Endlich kommen sie, die Idioten!« hatten die drei Mann verstanden und waren mit ihrem Fuhrwerk beleidigt zurückgefahren.

Das Unternehmen, liebe Söhne, müßt Ihr euch vorstellen, als wären wir allesamt, wie in diesen utopischen Zeitmaschinenfilmen, in einem weit zurückliegenden Jahrhundert gelandet.

Durch die Regenfälle gab es in dem Dorf, wo wir auftreten sollten, keinen Strom. Die Spielstätte war eine Scheune. Und auch sonst deutete nichts auf das zwanzigste Jahrhundert. Ein zweites Fuhrwerk hatte uns durch den überfluteten Straßenabschnitt gebracht. Wir saßen auf dem Bühnengepäck, das sicherheitshalber hoch genug auf gestapelten Strohballen lag, und das Wasser reichte den Pferden bis an den Hals. Hinter einer leichten Erhebung, die wir umfuhren, sahen wir endlich das Straßenpflaster wieder, und nach einer Viertelstunde waren wir glücklich an Ort und Stelle.

Unsere Dekoration bauten wir an der trockensten Stelle der Tenne auf. Das schon seit zwei Stunden auf uns wartende Publikum hatte uns jubelnd begrüßt und beobachtete interessiert jeden unserer Handgriffe, wobei jeder Weg, den wir machten, ob mit Gepäck herein in die Scheune oder ohne Gepäck hinaus aus der Scheune, von begeistertem Applaus begleitet wurde.

Die Ohren der Dorfbewohner, noch auf zarte Geräusche aus Wald und Flur eingestellt, empfanden unsere mikrofonlosen Darbietungen lautstark ausreichend. Wer weiß, was uns die Nachfahren jener Mütter und Väter von einst erzählen würden, müßten wir heute ohne elektroakustische Verstärkung im selben Ort auftreten. Vom flackernden Schein einiger Kerzen gespenstisch beleuchtet, absolvierten wir unser Programm. Lebensnaher wären unsere Darbietungen nicht zu präsentieren gewesen. Ein Glück, daß die Blasebalgtechnik des Akkordeons noch ihren Dienst versah und die Töne so kamen, wie die Tasten betätigt wurden.

Auf Schultern trugen uns die Zuschauer aus der Scheune zurück zum Pferdefuhrwerk. Hätte unser Programm nicht gefallen, wären wir schon eine Stunde früher hinausgetragen worden; allerdings dann nicht bis zum Pferdewagen, sondern nur bis zur nächsten großen Regenpfütze, und solche waren so gut wie überall.

Der Tournee war kein langes Leben beschieden. Jedenfalls nicht mit mir. Ensemblechef Uli, der die stärkste Belastung als Fahrer, Gepäckträger, Reiseleiter, Regisseur, Hauptdarsteller und Ehemann der einzigen Dame im Programm auszuhalten hatte, hätte als erster das Recht gehabt, schlapp zu machen. Doch er hielt durch. Auch Ulla blieb wacker in der Spur aller Vorgaben und Notwendigkeiten, und nicht nur an diesem Pfarrer-Kneipp-Abend, mit Feuchtigkeit von unten und Nässe von oben. Nur ich hing einige Tage nach diesem Wasserabenteuer wie ausgewrungen in meinen Sachen. Kopfschmerz, Fieber, zittrige Knie. Und von Tag zu Tag ging es mir schlechter. Während der Fahrten von Spielstätte zu Spielstätte lag ich entkräftet auf der Rückbank des Tourneewagens, den fiebrigheißen Kopf auf Ullas üppigem Busen gebettet, Uli am Steuer und Hasso auf dem Beifahrersitz. Hasso, den ich ungerechterweise noch nicht erwähnt hatte, war nicht etwa unser vierbeiniges Tourneemaskottchen, sondern unser wichtigster Mann im Programm. Ohne ihn hätten wir unsere Programmmusik auf dem Kamm blasen müssen. Er war uns Mimen ein hervorragender Pianist und Akkordeonspieler und wurde im Lauf der Jahre mit seiner Orgel im Osten landesweit bekannt. Im

Leipziger Lichtspieltheater »Capitol« wiegten eine Zeitlang seine live gespielten Hammond-Orgelklänge die Kinobesucher in die entsprechende Filmstimmung.

Mich jedenfalls vermochten seine Klänge damals nicht mehr zu beleben, so elend ging es mir. Keine Stimme mehr im Hals – nur ein Krächzen allenfalls. Und das überzeugte letztlich. Eine Ärztin in Schwerin attestierte meine sofortige Arbeitsunfähigkeit, und damit war dieser Abschnitt eines Neubeginns auch schon wieder zu Ende.

Bella Seconda war bei ihrer Mutter und unserem Sohn, und so wäre es nicht gerade freundlich gewesen, an Halberstadt vorbei und allein zurück ins Westberliner Domizil zu fahren. Ich überwand mich und stieg aus, wo ich vor drei Jahren heimlich eingestiegen war. Es sollte ein kurzer Aufenthalt werden; es wurden Monate.

Nicht nur aus Langeweile begann ich Bewerbungsschreiben aufzusetzen und schließlich auch abzusenden. An dreizehn Theater schrieb ich, eines davon lud mich sogar ein. Es war Bernburg. Hans Joachim Preil hatte zu dieser Zeit dort das Sagen auf dem Gebiet der Operette. Ich sang, ich tanzte, ich rezitierte. Es nützte nichts. Preil suchte offenbar einen Mimen, der wie Enrico Caruso oder mindestens wie Mario Lanza singen konnte, zusätzlich ausgestattet mit den sprungkräftigen Beinen eines Harald Kreutzberg, dessen Füße wiederum die Lockerheit eines Fred Astaire haben sollten. Bernburg war zu beneiden.

Vom Glück, zur rechten Zeit am rechten Ort zu sein

Dem vierzehnten Theater schrieb ich nicht. Da hatte ich die Kühnheit, selbst hinzufahren. Es war Leipzig.

Von diesem Ort wußte ich nur, daß dort der größte Kopfbahnhof Europas steht, daß in dieser Stadt zweimal im Jahr eine Messe stattfindet und ganzjährig die Versuchung zu einem Lotterleben lauern muß, dem ja bekanntlich Studiosus Johann Wolfgang Goethe einst nicht widerstehen konnte.

Und so fuhr ich in das Klein-Paris, das seine Leute bilden soll. Ohne Voranmeldung fuhr ich hin. In der Reisetasche hatte ich ein paar Noten, im Kopf einige Texte: das übliche Repertoire, um vorzusprechen, vorzusingen und vorzutanzen.

Mit der Straßenbahn mußte ich bis zum Lindenauer Markt fahren, und von dort waren es nur noch ein paar Schritte bis zum Operettentheater.

Erinnert Euch: Leo Wanaus, mein Lehrer und Förderer am Theater der Altmark in Stendal, hatte mich bereits vor fünf Jahren aus dem Kleinstadtmilieu herausholen und mich nach Leipzig mitnehmen wollen. Doch Wanaus war nicht mehr da. Dennoch setzte ich ein wenig auf meine einstige Zusammenarbeit mit ihm, aber auch auf den Kapellmeister Adolf Hofmann, einem Wiener, der seit vielen Jahren an diesem Haus die musikalische Oberleitung hatte und mit Leo Wanaus befreundet gewesen war.

Ich kam zu einem günstigen Zeitpunkt: Das Operettentheater war in Besetzungsschwierigkeiten. »Der Graf von Luxemburg« stand auf dem Spielplan, aber die Tenorpartie konnte nicht besetzt werden. Das Operettenhaus hatte zwar einen Tenor im Ensemble, doch war er nicht verfügbar. Freund Alkohol hatte ihn unter Vertrag. Ich muß dem Kapellmeister Hofmann wie ein Sendbote des Operettenhimmels vorgekommen sein. Selbstverständlich ließ er mich erst vorsingen und vorsprechen. Und natürlich merkte er sofort, daß meine Stimme keine Tenorqualitäten hatte. Aber den Operettenbuffo und jugendlichen Komiker wußte er sofort an mir zu schätzen. Also verfügte er, daß der als Buffo engagierte Gerd Pallesche die Tenorpartie übernahm und ich die Bufforolle, die ursprünglich mit Gerd Pallesche besetzt war.

Inmitten der Spielzeit geschah das, und schneller, als ich denken konnte, war ich Mitglied der Städtischen Theater Leipzig.

Meine Monatsgage betrug 800 Mark. Zu wenig, um damit die Freiheit zu finanzieren. Den monatlichen Umtausch des DDR-Geldes in Westmark für das Westberliner Zimmer hätte ich nicht lang durchhalten können. Also entschloß ich mich, das Zimmer aufzugeben und mich in Leipzig polizeilich anzumelden. So wurde ich DDR-Bürger.

Das Operettenhaus am Lindenauer Markt überließ mir vorübergehend ein Zimmer im Dachgeschoß des Theaters. Auf Schnürbodenhöhe sozusagen und in unmittelbarem Nachbarschaftskontakt mit einer kinderreichen Taubenfamilie. Aber als Bella Seconda und der kleine Peter aus Halberstadt anreisten und wir uns zu dritt die Mansarde teilen mußten, begann ich dann doch über eine Wohnung ohne Tauben nachzudenken.

Ich gebe zu, daß mir das Nachdenken allein nichts genützt hätte. Zuzugsgenehmigung und Wohnungszuweisung hießen die nötigen Vokabel. Zur Überwindung dieser damals schier unübersteigbaren Klippen erwies sich mein Engagement an den Städtischen Theatern wie ein Zauberteppich, der mich über alle Hindernisse hinwegtrug.

In der Ferdinand-Lassalle-Straße erhielt ich zwei große Zimmer zugewiesen, von denen das eine achtundvierzig Quadratmeter groß war, mit einem schönen Blick auf den gepflegten Clara-Zetkin-Park, während der Küchen- und Toilettenfensterblick zum Hof hinausging. In allen Räumen Stuck und Parkett. Im Salon ein Kachelofen aus der Gründerzeit. Barbusige Damen mit Weintrauben in den Händen zierten das wie eine Dreifaltigkeitssäule in die Höhe strebende Denkmal.

»Der Graf von Luxemburg« wurde ein Erfolg. Die Leipziger Zeitungen schrieben wohlwollend auch über meine Mitwirkung. Die nächste Aufgabe war der Gärtnerbursche in der Burkhard-Operette »Feuerwerk«.

Adolf Hofmann, der Kapellmeister, von dem schon Leo Wanaus geschwärmt und mir erzählt hatte, daß sogar der routinierte Johannes Heesters anläßlich eines Gastspiels in Leipzig Hofmanns Interpretations- und Phrasierungsratschläge zu würdigen wußte, machte mir gegenüber mehr als einmal prognostische Bemerkungen, die er allerdings nie präzisierte. Er sagte immer wieder nur: »Ihre Zukunft liegt nicht am Theater.« Ihr werdet jetzt sagen, daß dies doch eine ausreichend eindeutige Bemerkung war. Nun ja, das hätte ich auch so empfunden, wenn er den Satz im Tonfall entsprechend unmißverständlich negativ ausgedrückt hätte.

Aber er sprach den Satz wohlwollend. »Ich sehe Sie woanders«, sagte er. Jedoch wo und wie und als was er mich sah, sollte ich nie erfahren.

Wenn ich das Radio einschaltete, hörte ich auf den Schlagerwellen des Westens die Lieder: »Ich möcht auf deiner Hochzeit tanzen«, »Schenk deiner Frau doch hin und wieder rote Rosen«, »In Hamburg sind die Nächte lang«, »Komm ein bißchen mit nach Italien« und den Song »Aber der Nowak läßt mich nicht verkommen«. Über den Stadtsender hörte ich das Rundfunk-Tanzorchester Leipzig unter der Leitung von Kurt Henkels, das Rundfunk-Blasorchester, dirigiert von Werner Krumbein, sowie

Erich Donnerhack mit seinem Rundfunk-Unterhaltungsorchester. Die ersten Ohrwürmer des Komponisten Gerd Natschinski waren schon dabei. In der Meisterklasse von Hanns Eisler an der Akademie der Künste hatte er sich im Studienfach Komposition den letzten Schliff holen dürfen. Zwei Damen beherrschten die Abteilung Schlagergesang im Leipziger Raum: Irma Baltuttis und Brigitte Rabald. Unter den Schlagersängern waren es damals auch erst zwei: Fred Frohberg und Armin Kämpf. Fred, der Kriegsversehrte, und Armin, der mit der »Holiday-on-Ice«-Revue um die Welt gereiste und in seine Heimatstadt Leipzig zurückgekehrte Musikant und Sänger.

Heinz Quermann machte auch schon von sich reden. Er war auf dem besten Weg zur Spitze, die er bis zum ruhmlosen Ende der DDR halten sollte: erst als Conférencier, später als Redakteur und Programmgestalter im Fernsehen und immer schon als Talentevater, Entdecker und Förderer interessanter und brauchbarer Begabungen auf dem Gebiet der Unterhaltung.

Mich entdeckte er nicht, förderte mich aber auch eines Tages, nachdem er mich in einer Veranstaltung angesagt und das Publikum für den Zeitraum meiner Darbietung zu »Zeugen Jahodas« erklärt hatte.

Mikrofonprobe

Mein Entdecker für den Rundfunk war Erich Donnerhack. In einem durch Bombeneinwirkung ramponierten Haus zwischen Hauptbahnhof und Auerbachs Keller war ein Ausweichstudio für Proben installiert. In dem Haus wäre eher ein Schmuggellager für Zigaretten oder das Hehlernest einer Diebesbande zu vermuten gewesen, aber niemals ein Proben- und Aufnahmestudio. Dorthin wurde ich eines Tages bestellt, nachdem ich mich zu einer der regelmäßig von Erich Donnerhack durchgeführten Mikrofonproben beworben hatte.

In der Aktentasche hatte ich einige Klaviernoten, die der Komponist und Arrangeur Günter Klein – damals noch Pianist bei Erich Donnerhack – prima vista und äußerst gefühlvoll abspielte, so daß ich auch gleich dazu singen konnte. Als erstes sang ich den Ralph-Benatzky-Titel »Ach, Luise«, den Max Hansen im

Jahr 1933 noch interpretiert hatte. 1947 sang das Lied Rudolf Platte, und von ihm hatte ich 1946 eine Fotokopie der Klaviernoten erhalten, als Erich Elstner mehrmals mit ihm in kleinen Veranstaltungen aufgetreten und ich dabei gewesen war. Dann sang ich noch das Lied von den »Powidltatschkerln« sowie den Titel »Der Wiener braucht sein Stammcafé«. Erich Donnerhack bedankte sich für mein Kommen, und ich durfte wieder gehen.

Wochenlang hörte ich nichts und hatte das Thema Rundfunk längst abgehakt, als sich eines Tages der Sender Leipzig bei mir meldete. Ein Livekonzert des Rundfunks in der Kongreßhalle sei geplant, Fred Frohberg werde zu diesem Zeitpunkt leider nicht singen können, und ob ich bereit sei, für ihn einzuspringen. Kühn sagte ich zu. Im Eiltempo wurden zwei Arrangements von den beiden Liedern angefertigt, die ich zur Mikrofonprobe vorgetragen hatte, dann absolvierte ich noch eine Orchesterprobe, um das Arrangement zu hören und mich daran zu gewöhnen – und schon war es soweit: Mein erster Rundfunkauftritt!

Was ich jetzt berichte und was ich ab und an bei Veranstaltungen auch so erzählte, hat sich in meiner Erinnerung derart verdichtet, daß ich inzwischen selbst glaube, daß die Geschichte so und nicht anders ablief:

Es war die Zeit, da Solisten aus Westdeutschland, aus Österreich und der Schweiz noch mit Freude und ohne Gewissensbisse zu Soloauftritten in die DDR kamen. Es waren weder Anfänger noch Aufhörer, es waren prominente Sängerinnen und Sänger, bestens im Geschäft, demzufolge im Westen gut honoriert und mit imponierenden Autos ausgestattet, mit denen sie am Bühneneingang der Kongreßhalle hochherrschaftlich vorfuhren und polizeilich unbeanstandet auf dem breiten Gehsteig parkten.

Ich kam auch vorgefahren, allerdings nur mit meinem alten Fahrrad, das ich mir aus dem Westen als einzige Trophäe mitgebracht hatte, abgesehen von dem bereits erwähnten Radio mit magischem Auge, einem Dufflecoat und einem elektrischen Philipsrasierer, der unmittelbar nach meinem Grenzübertritt in den Osten, geradezu wie aus Protest, seinen Geist aufgegeben hatte.

Meine Ankunft mit dem Rad war nicht das Problem. Ich war rechtzeitig angeradelt gekommen, so daß mich weder die Westkollegen noch das Publikum mit dem Fahrrad gesehen hatten. Doch die Abfahrt war es, die mir Sorgen bereitete.

Ich hatte im Reigen der Westkonkurrenz gut abgeschnitten, wurde am Bühneneingang auch schon bedrängt und durfte meine ersten Autogramme geben. Also alles in bester Ordnung. Ich sah die Westprominenz in ihre Wagen steigen, sah die bewundernden Blicke des Publikums und wäre auch gerne nach Hause gefahren. Doch da war der Drahtesel, den ich beim besten Willen dem Publikum nicht vorführen wollte. Also tat ich, als würde ich noch auf jemanden warten und schlenderte in Richtung Springerstraße, wo auch heute noch das Funkhaus steht, machte nach einer Weile kehrt, und als ich wieder an den Bühneneingang kam, waren die letzten Besucher, die auf die Straßenbahn gewartet hatten, nicht mehr da, der letzte Autogrammjäger war weg – mein Fahrrad allerdings auch.

Nun müßt Ihr wissen, liebe Söhne, daß mit dieser ersten Rundfunkveranstaltung für mich das Tor zum Rundfunksänger noch lange nicht offen stand. So gab es zwar mit Erich Donnerhack und seinem Rundfunkunterhaltungsorchester noch einige Veranstaltungen in Kulturhäusern sowie ein paar Konzerte im Gohliser Schlößchen, doch eine weitere Rundfunkarbeit sollte noch eine ganze Weile auf sich warten lassen.

Allerdings hervorragend war schon der Standort Leipzig. Vom Schauspielhaus holte sich Babelsberg regelmäßig diesen und jenen Kollegen, und auch unser Charakterkomiker Stübler vom Operettentheater war gut im Geschäft.

Ich weiß noch, daß ich mich in dieser Zeit häufiger als sonst im Spiegel besah und überlegte, welchem verstorbenen Filmschauspieler ich eventuell ähneln könnte. Das hatte mit der Schubladenpraktik der Besetzungsbüros zu tun wie auch mit den Überlegungen der Produzenten und Filmregisseure.

So hatte Stübler das Glück, der Erscheinung des allseits bekannten Ufastars Aribert Wäscher entgegenzukommen. Meine Erscheinung kam keinem entgegen, und demzufolge mir auch weder ein Besetzungsbüro noch irgendein Regisseur.

Und so überbrückte ich die Zeit der Ungewißheit mit dem beruhigenden Gefühl, doch immerhin ein festes Engagement an einem renommierten Haus zu haben, sowie eine Wohnung, einen Kindergartenplatz für den Sohn Peter und die Aussicht auf ein paar Möbel aus Bella Secondas Halberstädter Domizil, um die großen Räume in der Ferdinand-Lassalle-Straße zu füllen.

Mit meinem Bericht bin ich immer noch in der Mitte der fünfziger Jahre. Es ist die große Zeit der Maria Callas. Bislang hatten mich nur männliche Opernstimmen begeistern können. Doch zum ersten Mal war es die Gesangskultur und Stimmtechnik einer Frau, die mich faszinierte. Auf dem Gebiet des Schlagers zeigte sich ein ebenso großes Talent: Caterina Valente. Ihr Auftreten verlieh der Schlagerszene neue Dimensionen.

In Amerika war es ein junger Mann, der Furore machte. Seit einem Jahr erst. Aber sein eigenwilliger Gesangsstil sowie die Art, sich zu bewegen, brachte Mädchen und Frauen rund um den Erdball fast um den Verstand. Im Rhythmus der Musik kreiste sein Becken, die einzelnen Akzente unterstrich er zusätzlich mit rhythmischen Stößen seines Unterleibs, was ihm den Beinamen »Elvis – the pelvis« einbrachte: Elvis, das Becken. Seine Stimme war samtig und hatte etwas vom Öl, das in seinen Haaren glänzte. Mit einem der ersten Bandgeräte hatte ich die Stimme konserviert und meiner Zimmervermieterin begeistert vorgespielt.

1956 war für Euren Vater ein gutes Jahr. Sicherheitshalber begab ich mich noch einmal in die Übungsstunden eines Gesangspädagogen. Paul Bresser, ebenfalls Mitglied der Städtischen Theater Leipzig, einst erfolgreicher Opernsänger in Meiningen und Bayreuth, nahm sich meiner an. Das war die Zeit, in der mein Atemvolumen wuchs und mit ihm der Umfang meines Brustkorbs.

Devisenmangel und Textgerangel

Neben der Pflege meiner Stimme galt dem richtigen Repertoire meine nächste Sorge. Unter den populären Melodien des Wiener Filmkomponisten und Liederschreibers Hans Lang fand ich einen Titel, der sich gestalterisch gut ausbauen ließ. »Der Herr Torero« hieß das Werk und handelte von einem Torero aus Tirol, einem »softy«, wie man heute sagen würde, dem es gelingt, den Stier durchs »Jodeln umzumodeln« und zum Bitte-bitte-machen zu bewegen. Eine simple Geschichte, aber geschickt in Reime verpackt. Daß sich dieses Lied eines Tages zu einer Dacapo-Nummer entwickeln sollte, hatte ich zwar im Sinn, ahnte allerdings nicht, daß mich dieses Lied wie der Treibsatz einer Stufenrakete emportragen würde.

Auch 1956 übertrug der Rundfunk in Leipzig seine Musiksendungen noch immer vorwiegend direkt aus dem Sendesaal oder aus irgendwelchen Leipziger Sälen, weshalb sich die verantwortlichen Programmgestalter der Qualität ihrer verpflichteten Interpreten hundertprozentig sicher sein mußten. Entweder überzeugten sie sich in Theatervorstellungen von den Leistungen ihrer Schützlinge oder sie verließen sich auf die Aussagen der Orchesterleiter, die ihre Sängerinnen und Sänger auf weniger wichtigen Podien ausprobiert hatten.

Ich gehörte zu den mehrfach getesteten Kandidaten und durfte schließlich als frei verpflichteter Rundfunksolist ziemlich regelmäßig aus dem Rundfunksaal in der Springerstraße meine Lieder singen; in der ersten Zeit immer begleitet vom Rundfunk-Unterhaltungsorchester Erich Donnerhack.

Eines Tages wollte mich auch Werner Krumbein haben, der Chef des Rundfunk-Blasorchesters; und plötzlich interessierte sich auch Kurt Henkels für mich, der damals noch das Rundfunk-Tanzorchester leitete.

So hätte ich in meinen Terminkalender Veranstaltungen mit allen drei Rundfunkorchestern eintragen können, doch da war ja noch das Theater, dem ich meine Anwesenheit in Leipzig und damit indirekt auch meine Rundfunkverbindung zu verdanken hatte. Ich hielt mich diszipliniert an die Theaterpläne und bat nur dann um Veranstaltungsfreistellung, wenn es der Spielplan erlaubte.

An meine Fersen heftete sich zu dieser Zeit ein Musikverleger aus Westberlin, der mit seiner Firma offenbar in Schwierigkeiten steckte und zu gerne einen Teil seiner Ladenhüter von ostdeutschen Sendern verbreitet haben wollte. Abgesehen von der mangelnden Güte seiner Museumsstücke, die er mir nicht nur wortreich anempfahl, sondern auch noch singend und klavierspielend vorstellte, kam er zu keiner guten Zeit. Die DDR-Sender hatten damals schon die Anweisung, sich nach Möglichkeit allem Unnützen zu enthalten, das dem Staat westliche Devisen kostete. Die Sender begannen sofort dort zu sparen, wo es dem kulturellen Anspruch am wenigsten schadete. Ich reimte dazu: Wenn schon Schlager aus dem Westen, so wirklich nur die allerbesten!

Daß von den allerbesten dennoch einige durch die Roste der Zensur fielen, lag an den Textinhalten, die meist nicht den Auffassungen der kulturpolitisch geforderten Linie entsprachen.

Hans Löhnert, für mich der verantwortliche Mann der Unterhaltungsmusik am Sender Leipzig, brachte mir diese neue Situation schonend bei, und ich bemühte mich, mir den Schock nicht anmerken zu lassen.

Mein Repertoire damals bestand ausschließlich aus Liedern, die entweder von österreichischen oder von westdeutschen Komponisten stammten. Die neue Lage signalisierte mir das Ende einer Tätigkeit, die gerade erst begonnen hatte, wenn ich mir nicht schnellstens etwas einfallen ließe. Und so ließ ich mir etwas einfallen. Ich entsann mich meiner mährischen Heimat und dachte an die schönen Melodien dieser Gegend und überlegte, wer mir etwas annähernd Urwüchsiges schreiben könnte, zu dem ich mir dann nur noch einen passenden Text einfallen lassen müßte.

Der Zufall bescherte mir Addy Kurth, einen Musikanten, der sofort wußte, wie die Komposition klingen mußte, damit ihr nicht die Peinlichkeit anhaftete, an der sich heute ein Teil der Volksmusikszene nicht mehr stört.

So hatte ich mit meinem allerersten eigenen Text Glück, obwohl die Sache beinahe danebengegangen wäre.

Die Refrainzeile, die mir eingefallen war, lautete: »Um halber acht am Sonntag spielt der Smetácek zum Tanz!«

Addy Kurth begann herzhaft zu lachen und meinte, daß ich ja dann auch gleich singen könnte: »Um halber acht am Sonntag spielt der Karajan zum Tanz!«

Ich schaute verdutzt, und Addy klärte mich auf: »Der Dirigent der Prager Philharmonie heißt Smetácek!«

Ich machte aus dem Smetácek schnell einen Novácek und sandte einen bittenden Stoßseufzer nach Prag, mir für die nächsten dreißig Jahre einen Novácek als Leiter der Philharmonie sowie vor allem einen Novácek unter den Genossen der obersten Regierungsebene zu ersparen.

Viel Afrika und wenig Hofbräuhaus

Ich muß in Leipzig beruflich und privat stark eingespannt gewesen sein. Regelmäßige Tagebuchnotizen finden sich aus dieser Zeit kaum noch, zum Beispiel auch keine Erwähnung, wie sich eines Tages erfüllte, was ich in Garmisch großspurig als Grund meiner

Abreise verkündet hatte. Und so frage ich mich: Wer beziehungsweise was hat mich zum Fernsehen gebracht? – War es Charlotte Sommerfeld, die Regisseurin? War es Toni Stubhan, der Wiener aus der Hinterbrühl, der ebenfalls als Regisseur in Adlershof wirkte?

Mir drängt sich der Gedanke auf, daß ich mein erstes Zusammentreffen mit dem Fernsehen in Berlin-Adlershof meinem Operettenkollegen Otto Stübler zu verdanken hatte. Ihr erinnert Euch, er war der DEFA-Aribert-Wäscher-Ersatz.

Nahezu täglich mußte er nach Berlin, wurde von einem Dienstwagen der DEFA abgeholt und am späten Nachmittag wieder zurückgebracht, wenn er abends in Leipzig spielen mußte. Und hin und wieder engagierte ihn auch schon das Fernsehen in Adlershof.

Eines Tages muß er in terminliche Schwierigkeiten gekommen sein, hatte beim Fernsehen zugesagt, obwohl ihn der Film in Babelsberg noch einmal brauchte. Und da schickte er mich als Lückenfüller, was das Fernsehen offenbar akzeptierte. Es kann sich demnach nur um ein locker gefügtes Operettenprogramm gehandelt haben; denn Otto Stüblers imposante Figur in einer Operettenhandlung zu vertreten, wäre mir auch mit zwei Daunenkissen unterm Hemd nicht gelungen. So war es vielleicht doch schon die Soubrette Erika Witzmann (Toni Stubhans Ehefrau), die mir als Duettpartnerin zur Seite stand.

Was ich allerdings noch genau weiß: Unsere Fernsehbeiträge wurden live gesendet. Der Studioraum war im Hauptgebäude, von wo bis zuletzt die Nachrichten der »Aktuellen Kamera« kamen. Dort über und seitlich der »Wanne«, wie das zugige Entree dieser verwinkelten Baulichkeit genannt wurde, waren die ersten Senderäume installiert. Die Kameras sahen aus wie Postmietbehälter, und mit der Lichtfülle in den kleinen Räumen hätte man einen ganzen Weihnachtsmarkt ausleuchten können. Entsprechend war auch die Temperatur, so daß ich aus meinem oberbayrischen Erinnerungswortschatz zitieren konnte: »Viel Afrika und wenig Hofbräuhaus!« Was gesungen und gesprochen wurde, ging sofort hinaus zu den Bildschirmen, von denen es, ebenso wie im Westen zwei Jahre zuvor, nicht viele gab. Und dennoch, zusammen mit meiner gelegentlichen Präsenz im Rundfunk, verschaffte mir die Mitwirkung einen von Mal zu Mal höheren Bekanntheitsgrad.

Wenn Kollegen sagen, daß in der DDR 1956 noch alles mehr oder weniger in Ordnung war, so ist das aus dem Scheuklappenblick damals beruflich Begünstigter betrachtet. In Wirklichkeit war nichts in Ordnung. Der hohe Lebensstandard in der Bundesrepublik lockte immer mehr Menschen aus der DDR in den freien Westen. Herüber kamen wenige, aber hinüber gingen viele. Der Wirtschaftsrhythmus in der DDR kam ins Stottern, weil immer mehr qualifizierte Fachkräfte abwanderten. Die Künste aber blühten. Und dieser »Frühling« lockte. Aus Wien kamen gleich mehrere Schauspieler, die das »Deutsche Theater« in Ostberlin mit offenen Armen empfing. Aus München war 1955 Peter Hacks gekommen, dessen Theaterstücke, Kinderbücher und Gedichte Euch bestimmt über den Schulunterricht nahegebracht wurden. Sollte seine Fahrt von München nach Ostberlin ohne Zweifel und Gewissensbisse stattgefunden haben, dürften ihm spätestens ein Jahr vor dem Mauerbau Bedenken gekommen sein, als ihm parteigesteuerte Kritiken sein »Vergnügen an der Einsicht« schmälerten, indem sie sein Stück »Die Sorgen und die Macht« nach allen Regeln der marxistisch-leninistischen Denkmethode zerpflückten und in den Abfallkorb der falschen Ansichten beförderten.

1956. Chrustschow verkündete auf dem XX. Parteitag der KPdSU freundliche Worte: Die Beziehungen zu den Westmächten müßten verbessert werden. Ebenso die Kontakte zur Bundesrepublik und zu Japan. Auch sei die Sowjetunion dafür, über ein kollektives Sicherheitssystem für Europa und Asien zu sprechen. Nicht »Laßt uns rüsten« dürfe es heißen, sondern »Laßt uns Handel treiben!«

Aber das Spektakulärste an diesem Parteitag war, daß Chrustschow mit einer Legende brach. Mutig enthüllte er am 25. Februar 1956 die Verbrechen Stalins.

Doch schon im Oktober zeigte sich das alte Gesicht der UdSSR: Die Ungarn demonstrierten für mehr Freiheit und für bessere Lebensbedingungen. Die Rote Armee schlug dazwischen.

Noch etwas, das mir 1956 schmeckte, als wäre mir Lebertran, Karlsbader Salz und der Saft einer Gallenblase eingeflößt worden: Deutschland wollte wieder marschieren. Im Bundestag wurde achtzehn Stunden lang über dieses Thema debattiert. »Allgemeine Wehrpflicht« hieß es in Bonn. 269 Stimmen waren dafür.

166 Stimmen waren dagegen. Zwanzig Schwankende enthielten sich ihrer Stimme. In der Volkskammer zu Ostberlin ging es um dieselbe Sache. »Gesetz zur Schaffung einer Volksarmee« hieß es dort. Ergebnis: 99,9 prozentiges Einverständnis der Volkskammerabgeordneten.

Und ich dachte, daß Deutschland für alle Zeiten von Gleichschritt und Kasernenhof genug haben und sich mit einer Polizeitruppe zur Aufrechterhaltung der inneren Ordnung begnügen würde.

In diesem Jahr wurde ich gelb: Eine infektiöse Leberentzündung hatte mich von heute auf morgen zum Chinesen gemacht. Die Gehwegstrecke von der Straßenbahnhaltestelle bis zur Wohnung, die ich ansonsten bequem in fünf Minuten bewältigte, forderte mir fast eine halbe Stunde ab. Wie eine Fliege im Herbst kam ich mir vor. »Hepatitis epidemica« diagnostizierte der Arzt, und schon am nächsten Tag lag ich im Krankenhaus, mit feuchter Wärme auf dem Bauch. In der Quarantänestation war ich untergebracht, bekam ein spezielles Wasser zu trinken, eine besondere Kost zu essen, erhielt Traubenzucker und eine bräunliche Flüssigkeit injiziert, was alles zusammen meine Leber wieder auf Trab bringen sollte.

Nach einem Vierteljahr hatten mich die tüchtigen Ärzte soweit, daß ich als bedingt geheilt entlassen werden konnte. Bedingt deshalb, erklärte mir der Oberarzt, weil erst eine längere Erholungszeit der Leber die alte Widerstandskraft zurückgeben werde. »Also aufpassen!« sagte er noch zum Abschied. »Denn wenn Sie jetzt Alkohol trinken, fett essen und vielleicht auch noch rauchen, können Sie fest damit rechnen, sich spätestens in zwei Jahren nach einem Friedhofsplatz umsehen zu müssen.«

Daß dies nicht nur so hingesprochen war, merkte ich an der Immunschwäche, unter der ich noch Jahre danach litt. Besonders im Herbst und im Frühling, wenn die Menschen an sonnigen Tagen im Clara-Zetkin-Park spazierengingen, schlich ich entkräftet durch die Wohnung, schaute sehnsuchtsvoll in den blauen Himmel und tröstete mich mit dem Satz, den ich irgendwo gelesen haben mußte: »Wozu unterwegs sein? Von einer gewissen Stufe des Traumes aus sieht man alles!«

An einem Tag im Winter brauchte ich nicht einmal zu träumen: Da hatte ich den Krakatau im Wohnzimmer.

Meine Zimmerwirtin hatte es gut gemeint und dem Kachelofen, von dem ich bereits berichtete, fünfundzwanzig Briketts einverleibt. Dazu müßt ihr wissen, daß der Ofen allein zwanzig Briketts brauchte, um den barbusigen Dekorationsdamen an den Kachelkanten die Brustwarzen anzuwärmen.

Offenbar wollte die Wirtin, daß auch noch die Weintrauben an den Ofenkacheln warm würden, weshalb sie noch weitere fünf Briketts auflegte. Und das waren genau fünf zuviel. Ein dumpfes Wumm ging der Katastrophe voraus. Dann sah ich an der obersten Stelle des Ofens die Lehmschicht aufbrechen. Der Vorgang erschien mir, als wäre er in Zeitlupe gedreht: Erst waren es die Lehmbrocken, die aufstiegen, und dann kam die grauschwarze Rauch- und Rußwolke, die sich aus der geborstenen Kachelofenspitze gegen die Zimmerdecke wälzte. Im Nu hing der Plafond voll dunkler Schwaden. Draußen vor den Fenstern strahlender Sonnenschein, im Zimmer drin, als ginge die Welt unter. Ich lag im Bett wie gelähmt und bestimmt einige Sekunden zu lang; denn schon schwebten die ersten Rußflocken herab. Anmutig geradezu. Mir war wie Weihnachten. Nur daß der Schnee schwarz war.

Rosig hingegen zeigten sich nach wie vor die beruflichen Niederschläge. Sie kamen als Vertragsangebote ins Haus geschneit, und so ich gesundheitlich fit war und die Theaterarbeit mir eine Mitwirkung erlaubte, nahm ich diese Gelegenheiten auch wieder dankbar wahr.

Die Ehefrau geht, ein Orchester kommt

Entscheidend für den weiteren Verlauf meines Berufsweges war die Begegnung mit Alo Koll, einem gebürtigen Rheinländer, der einer Frau zuliebe in Leipzig ansässig geworden war, inzwischen aber mit der Sängerin Brigitte Rabald zusammenlebte und mit ihr und seiner Band im Forsthaus Raschwitz die tanzbegeisterte Jugend »aufmischte«.

Seinem Kollegen Kurt Henkels hatte Alo Koll einiges voraus. Er war ein hervorragender Arrangeur und Komponist, spielte ausgezeichnet Klavier, blies sehr gut Klarinette und hat später an der Hochschule für Musik in Weimar als Leiter der Abteilung

Tanzmusik Kompositionslehre unterrichtet. Durch seine Vielseitigkeit, aber auch durch die Cleverness eines gewissen Herrn Basner, der dem Orchester jede Menge Veranstaltungstermine zu verschaffen wußte, gelangte Alo Koll bald zu einer für DDR-Verhältnisse beachtlichen Wohlhabenheit.

Er bewohnte eine schöne Villa, trug erstklassig maßgeschneiderte Anzüge, war parteilos und fuhr einen Sportwagen der Marke BMW.

Ihr seht, Söhne, daß die fünfziger Jahre auch im Osten auf so manchen Bürger Goldflitter herabtaumeln ließen.

Meine erfolgreichen Probeauftritte mit dem Tanzorchester Alo Koll erlaubten mir bald, mich neben die Herren Basner und Koll stellen zu dürfen. Auf diese Weise landeten Goldflitter auch auf meinen Schultern, wobei in der ersten Zeit wohlwollendes Schulterklopfen die Goldflitter ersetzen sollten.

Basner, der von jedem mir verschafften Vertragshonorar seine Prozente kassierte, hätte mich am liebsten täglich von einem Auftrittsort zum nächsten gejagt. Alo Koll meinte, daß ich mich daran gewöhnen müsse und wir Schonung nicht zu erwarten hätten; denn wo andere ein Herz besäßen, habe Basner nur ein Telefon.

Apropos herzlos: Bella Seconda überraschte mich eines Tages mit leergeräumten Zimmern. Ihre Möbel, die sie aus dem Halberstädter Haus nach Leipzig gebracht hatte, waren offenbar wieder auf dem Weg zurück, und sie selbst war es wahrscheinlich auch.

Das »Eins zu Null«, so kurz nach unserer Hochzeit, muß sie sehr gequält haben, weshalb sie bei der erstbesten Gelegenheit für den Ausgleich gesorgt hatte. Das war nach der Geburt eures Bruders Peter gewesen. Ihr Engagement in Stuttgart hatte ihr dazu reichlich Gelegenheit geboten.

In Berlin dann sowie auch in Leipzig verwandelte sie das Eins zu Eins in ein Zwei zu Eins und Drei zu Eins und Vier zu Eins, was ich ihr gönnte, aber mir nicht länger antun ließ. So kühlte sich ab, was schon längst nicht mehr heiß gewesen war.

Ich kam von einer Probe und sah nur noch den grauen Metallschreibtisch mit der grünen Tischplatte und den dazu passenden moosgrünen Lederdrehstuhl davor, womit mir drei Schlafmöglichkeiten für die kommende Nacht verblieben waren: das Parkett in einer der acht Zimmerecken, der Drehstuhl und die Schreibtischplatte. Ich entschied mich für den Schreibtisch. Das machte die Nacht zur längsten meines Lebens.

Ich war inzwischen neunundzwanzig und bislang finanziell noch nicht in der Lage gewesen, mir außer dem Schreibtisch und dem Drehsessel noch weitere Möbel zu kaufen. Aber durch die Nebenbeschäftigungen war mein Konto allmählich gesundet, so daß ich mir am Morgen nach der Folternacht vorerst eine passende Schlafgelegenheit kaufen konnte. Es war eine schöne breite Couch, die mir noch am selben Tag geliefert wurde.

Auf diesem Bett liegend, durchdachte ich meine Berufslage und fragte mich, ob meine geschwächte Kondition die Arbeit am Theater und gleichzeitig die Termine für Funk und Fernsehen auf Dauer verkraften würde; denn immer öfter merkte ich, wenn ich im Operettentheater auf der Bühne stand, wie schwächlich ich noch war. Da traten Müdigkeitsschübe auf, die mir Angst machten.

»Das sind die Nachwehen der Leberentzündung«, klärte mich mein Hausarzt auf und empfahl mir, mich aus allen Situationen herauszuhalten, die mich über Gebühr belasten könnten. Auch Auseinandersetzungen jeglicher Art zu vermeiden legte er mir ans Herz. »Tragen Sie keine schweren Taschen und rennen Sie keiner Straßenbahn hinterher!« lauteten seine Anweisungen.

Die Anordnung, auch keinem Mädchen nachzulaufen, fehlte. Und gerade die Beachtung dieses Punktes wäre für mich so wichtig gewesen.

Bella Terza, die schöne Dritte an meiner Seite

»Zur Linde« hieß die kleine Kneipe, die regelmäßig von Theaterleuten frequentiert wurde, weil sie zwischen der Oper und dem Operettentheater genau auf dem Weg lag, wenn man von einem Haus zum anderen wollte. Auch ich war öfter eingekehrt, ließ mich aber nach meiner Genesung nur noch gelegentlich dort sehen, trank irgendwas Alkoholfreies und war genau so lustig wie die anderen, die zu ihrer Fröhlichkeit Bier, Wodka oder Weinbrand brauchten. Die mich kannten und wußten, daß ich keinen Alkohol mehr trinken durfte, akzeptierten das, und die es nicht wußten, überzeugte meine Ausgelassenheit nach dem zweiten Glas Mineralwasser.

Eines Abends saß am Nebentisch inmitten einer fröhlichen Gesellschaft ein hübsches Mädchen. Das Gesicht zart und anmutig, das Haar mittelblond. Mir gefiel das Profil, das mich an Bibi Johns erinnerte, aber auch der Rest vom Hals an abwärts beeindruckte mich. Ich sah genau hin, als das Mädchen aufstand und hinaus zur Toilette ging.

Es ist das alte Lied: Mann sieht Frau, Frau sieht Mann, Frau schaut weg, Mann bleibt dran!

Ist das jetzt die Stelle, liebe Söhne, die euch nach langweiligen Passagen zu interessieren beginnt? – Dann habt ihr wirklich Pech. Die volle Wahrheit steckt in den vielen Liebesbriefen, die ich nach Dresden schickte. Denn in von mir nachempfundenen Szenen, wie ich sie mir heute aus der Erinnerung zusammenklauben könnte, fände sich nur ein schwacher Abglanz dessen, was einen Verliebten zum kompletten Idioten macht.

Also ich will euch nicht enttäuschen und laß ein bissel was gucken: Nach bewährter Raubtiermanier trennte ich das Opfer meiner Begierde von der Herde. Die Gesellschaft ging; das Mädchen blieb.

Unweit der Oper, schräg gegenüber vom Straßenbahndepot, spielte mein Freund Hammerschmidt ein flottes Piano in der »Angerbar«. Dorthin verführte ich die junge Dame, deren Namen ich inzwischen kannte und außerdem wußte, daß sie an der Hochschule für Körperkultur in Leipzig ein Fernstudium absolvierte und in Dresden bereits unterrichtete.

Ich bestellte einen süffigen Rotwein; gleich eine ganze Flasche, weil ich wußte, daß Hammerschmidt kräftig mit zulangen würde. Für mich bestellte ich etwas Alkoholfreies, und der Ober brachte mir eisgekühlten Tomatensaft.

Es wurde eine anregende, aber auch anstrengende Nacht. Eine Nacht in Rot. Und es blieb nicht bei einer Flasche. Ich trank ein ganzes Tomatenfeld leer, und Hammerschmidt, den ich an diesem späten Abend zum »Mister Kadarka« ernannte, spielte die schönsten amerikanischen Schlager, darunter den gerade brandneuen Titel »Drei Münzen im Brunnen«; aber er sang nicht den deutschen Text, sondern die amerikanische Fassung, und die wiederum verfremdet. »Three coins in a fountain« hätte er singen müssen; er sang aber »Three counts in a fountain«. Da fielen wir fast von den Stühlen vor Lachen. Drei Grafen im Brunnen!

Ich sah den berühmten römischen Trevi-Brunnen vor mir, und im Wasser, klatschnaß·zwischen den Münzen, die drei adligen Herren. Knapp zwei Jahre später ließ Federico Fellini die siebenundzwanzigjährige Anita Ekberg für seinen Film »Das süße Leben« in den Brunnen steigen. Wetten, daß dagegen selbst fünf Grafen chancenlos geblieben wären?

Es war weit nach Mitternacht, als wir die Bar verließen. Der Wind stand günstig: so rochen wir nicht die braune Brühe zwischen Elsterflutbett und Elsterbecken. Und weil es stockdunkel war, störten auch nicht die giftigen Schaumpolster auf dem verseuchten Wasser der Weißen Elster.

»Dort geht's lang«, gackerte meine junge Eroberung und zeigte zu den Straßenlampen jenseits der Zeppelinbrücke in der Jahnallee. »Nein«, sagte ich, hakte sie unter und ging mit ihr rechts in den unbeleuchteten Park hinein.

Ich überlege, was wir uns erzählt haben könnten. Bestimmt waren es irgendwelche Verlegenheitssätze. Ich hab mir grad zwei ausgedacht: Sie: »Wollen wir nicht lieber ins Licht?« Darauf ich: »Warum? Wir sind doch keine Motten!«

Ich erwähnte schon, daß es sehr dunkel war. Doch wo ich sie hinführte, war es noch dunkler. Es war der ehemalige Palmengarten, den wir durchquerten. Wir gingen auf dem Radweg, den ich wie meine Westentasche kannte. Ich war ihn immer entlanggefahren, als ich noch das Fahrrad hatte. Es war der kürzeste Weg von der Operette auf dem Lindenauer Markt bis hin zu meiner Wohnung in der Ferdinand-Lassalle-Straße. Doch in dieser Nacht, da dehnte sich die Strecke. Das fand ich gut.

Am Elsterwehr hörten wir das Wasser rauschen, vergaßen aber nicht das Weitergehen in Richtung Wohnung.

Am frühen Morgen war ich wieder allein und hatte das Gefühl eines Mimen, der am Tag nach der Premiere auf die erste Zeitungskritik wartet.

Es kam keine. Und das ist schlimmer als eine schlechte Besprechung. Das bohrte in mir. Und so fragte ich mich: Ist es Ehrgeiz oder Liebe? Es war beides. Und dahin war's mit der Ruhe!

Wie sagte schon Voltaire, das alte Schlitzohr? – »Dir fehlen Flügel und du möchtest fliegen? – Krieche!«

Also gekrochen war ich nicht. Aber geschrieben hatte ich, weil von Tag zu Tag und von Nacht zu Nacht immer mehr Saiten in mir klangen. Als dann Posaunen hinzukamen, Hörner und Trompeten, und schließlich auch Glockenspiele zu läuten anfingen, übertönt von Trommelwirbeln und Paukenschlägen, stand ich um vier Uhr morgens auf, fuhr mit der Straßenbahn zum Bahnhof, löste eine Fahrkarte und stieg in den Schnellzug nach Dresden.

Dresden-Neustadt stieg ich aus. Die Unruhe meines Herzens wohnte unweit des Bahnhofs. Zur Untermiete. Und sie war mir treu, wie ich sah. Sie kam allein aus dem Haus und muß gedacht haben zu träumen, als sie mich erblickte.

Sie war spät dran. Noch hing an ihr der Duft des Schlafs. Daran erinnere ich mich gut. Ob ich ihr einen Blumenstrauß mitbrachte, weiß ich nicht. Typisch Mann! Aber daß ich ihr später einen Wintermantel und eine Schreibmaschine schenkte, habe ich nicht vergessen.

An jenem Morgen nahm sie mich zu ihrer Arbeit mit, und ich sah zu, wie sie auf einem Sportplatz Kinder unterrichtete.

In dieser Zeit fuhr ich mehrmals nach Dresden. Immer wenn ich spielfrei hatte. Sie nannte mich »Mockele« und »mein Bogenschütze«. Die überlebensgroße Skulptur des Bogenschützen am rechten Elbufer zeigte sie mir. Ich war beeindruckt. Den jungen Bullen, der auf den Namen »Mockele« hörte, brauchte sie mir nicht zu zeigen. Einmal nur in den Spiegel schauen, und ich hätte ihn gesehen. Aber ich schaute nicht in den Spiegel. Selbstbesichtigung, Vernunft und Erkenntnis sind Ausgesperrte im Land der Liebe.

Du wirst dich an Leipzig nur noch schwach erinnern, lieber Axel. Einmal holte ich dich, als ich noch am Lindenauer Markt in der Taubenmansarde über dem Theater wohnte. Du warst nicht sehr glücklich, weil du Heimweh nach der Oma hattest. Als dich aber eines Tages die Sportlehrerin nach Leipzig holte, klappte es schon besser mit uns beiden. Da wußtest du schon, daß ich dein Vater bin und nicht nur Onkel Lutz, der dich in Westberlin in der Wohnung deiner Mutter besuchte, die ein Mann eingerichtet hatte, der mit deiner Mama in dieser Wohnung lebte und zu dem du eine Zeitlang Papa sagtest. So etwas war gewiß nicht leicht zu verkraften, geschweige zu verstehen.

Die Sportstudentin wurde am 4. November 1957 Bella Terza, die schöne Dritte, die unseren Namen trug, nachdem mich ein Scheidungsrichter am 29. August wieder für frei erklärt hatte.

Die angeschlagene Leber machte mir immer noch zu schaffen. Die Kraft, auf der Theaterbühne ohne Mikrofon singen zu müssen, zehrte sehr an mir. Nach jeder Vorstellung war ich geschwächt, als wäre ich acht Stunden unter Tage mit dem Abbau von Steinkohle beschäftigt gewesen. Ich mußte mich entscheiden.

Ich konsultierte Alo Koll, der mich an Basner verwies, und Basner sagte: »Keine Bange, wir sind gut im Geschäft!«

Mich vom Theater zu trennen war mir nicht leicht gefallen. Mehr als einmal war mir das Herz in die Magengrube gerutscht, wenn ich mir vorstellte, meine Entscheidung dem Leipziger Generalintendanten erläutern zu müssen.

Als ich dann endlich im Büro der Generalintendanz saß, war die Angelegenheit einfacher als ich dachte: Ich konnte ein fachärztliches Schreiben vorlegen, das meinen geschwächten Zustand bestätigte und gleichzeitig darum bat, mich aus dem Vertrag zu entlassen, da zur Stabilisierung des Genesungsvorgangs eine Arbeitsentlastung über einen längeren Zeitraum dringlichst angezeigt sei.

Das überzeugte. Die Städtischen Theater Leipzig ließen mich ziehen. Die Last täglicher Theaterproben war von mir genommen, ebenso das kräftezehrende Singen und Tanzen.

Wofür ich jetzt allerdings sorgen mußte, war das notwendige Repertoire, mit dem ich mich auf dem windigen Feld einer freischaffenden Tätigkeit behaupten konnte.

Da war mir über Nacht die Idee zu einem Text gekommen, dem sich gleich eine Melodie hinzugesellt hatte. Ich pfiff sie dem Korrepetitor des Operettentheaters vor, und Herr Lapidoth war so freundlich, mir für den Rundfunk die notwendige Klavierstimme zu schreiben.

Das Lied handelte vom Türkischen Honig, also nannte ich es »Turecky med«, bezahlte Herrn Lapidoth, schrieb auf das Notenblatt »Musik: Josef Brünner, Text: Hans Dampf«, schwor mir aber, mich nie wieder als Pfeifkomponist mit fremden Federn zu schmücken.

Alo Koll tröstete mich mit Israel Baline, der angeblich nur so komponiert hatte und als Irving Berlin dem amerikanischen Tonfilm einige der schönsten Melodien schenkte.

Unter dem Pseudonym Hans Dampf schrieb ich noch ein paar Texte mehr, die allesamt Alo Koll vertonte. »Jeden Sonntag gibt's Krawall« und »Wenn der Toni nicht jodelt, ist er krank« waren unter den ersten Liedern die erfolgreichsten.

Das war die Zeit, da Basner meinte, daß ich nun einen eigenen Wagen brauche.

»Ich habe keine Fahrerlaubnis«, sagte ich. »Dann müssen Sie schnellstens eine machen!« war Basners Antwort, worauf er mich gleich bei der Fahrschule anmeldete, die ihre Geschäfts- und Unterrichtsräume bein Hotel »Astoria« um die Ecke hatte.

Der Chef der Fahrschule, dessen Tochter als Schauspielerin beim Film gerade eine vielversprechende Karriere begann, zeigte sein Herz für die darstellenden Künste, indem er mich ohne Wartezeit in den Unterrichtsplan einbaute.

Die nächste Hürde hieß: »Woher ein Auto nehmen und nicht stehlen?« Für den Mann, der statt eines Herzens ein Telefon hatte, offenbar kein Problem. Er fragte nur, ob ich mich schon für einen bestimmten Typ entschieden hätte.

»Wenn ich Geld hätte, hätte ich schon«, sagte ich und meinte, daß für den Anfang vielleicht ein P 70 das richtige Auto sein könnte.

Basner lachte und fragte, wie lange ich mit so einer Pappkiste unterwegs sein wolle, wenn ich beispielsweise nach Berlin oder Eisenach oder gar nach Ahlbeck müßte. Und so entschied er, daß es ein Wartburg sein werde.

Ich fragte: »Quanto costa?« Und Basner sagte: »Knappe achtzehn!«

Nun hatte ich gerade fünftausend auf dem Konto und keine knappe Mark darüber. Basner meinte, daß dies doch besser sei als gar nichts und er mir das Fehlende vorschießen werde. Also hatte er mich an der Strippe. Doch nur so war für mich der Start möglich gewesen.

Ich erinnere mich an meine erste größere Fahrt mit dem neuen Wagen. Es war ein verdammt kalter Wintertag. Basner hatte aus Kostengründen die Schlagersängerin Helga Brauer und den Schlagersänger Paul Schröder angewiesen, in meinem Auto mitzufahren.

Nun wußten die beiden nichts von meiner kurzen Fahrpraxis. Aber ich wußte, daß mich schon nach wenigen Metern, die der Wagen rollen wird, Schweißattacken heimsuchen würden.

Helga und Paul saßen schon pelzvermummt im Wagen, als ich in der klirrenden Kälte noch vor dem Einsteigen anfing, erst den Mantel, dann das Jacket und schließlich auch noch den Pullover auszuziehen. Beide sahen mich an, und ich wette, daß sie in diesem Augenblick dachten, daß ich verrückt geworden sei.

Ich an ihrer Stelle wäre spätestens jetzt ausgestiegen. Doch Helga und Paul blieben sitzen. Verunsichert und leicht verkrampft, aber tapfer.

Während einer anderen Fahrt, bei der ich nur Paul Schröder im Auto hatte, ließ sich der Wagen plötzlich nicht mehr schalten. Das Kupplungspedal ließ sich ohne Widerstand und demnach auch ohne Wirkung bis zum Bodenbrett durchtreten. Ich fuhr zum Zeitpunkt des Malheurs im zweiten Gang und mußte im zweiten Gang bleiben. Stehenbleiben hätte ich können, aber ein Weiterfahren wäre dann nicht mehr möglich gewesen. So fuhr ich mit heulendem Motor die ganze Strecke in den höchsten Drehzahlen im zweiten Gang. Es war eine Höllenfahrt, und wir staunten, doch noch vor Beginn der Veranstaltung angekommen zu sein. Am meisten verwunderte uns, daß wir nach diesem Teufelsritt noch singen konnten.

Hier gleich noch eine Peinlichkeit aus dem selben Jahr: Für den Nachmittag des 11. April 1956 hatte mich die Konzert- und Gastspieldirektion Leipzig zu einem Auftritt in eine kulturelle Einrichtung am Ende der Ferdinand-Lassalle-Straße verpflichtet. Mit einem Pianisten war ich angerückt und fand lediglich eine kleine Runde vor, in deren Mitte derjenige saß, dem die Feier galt: Wieland Herzfelde.

Ich weiß nicht, wem die Idee gekommen war, ausgerechnet mich zu engagieren. War es jemand aus der Runde, der dem Jubilar eine Erinnerungsfreude bereiten wollte mit einem Mann, der aus dem Land kam, das dem Geburtstagskind Schutz vor Hitler gewährt hatte? Ich war uninformiert. Also wußte ich von nichts. Wußte nicht vom Malik-Verlag, den Herzfelde als junger Bursche in Berlin gegründet hatte, wußte nichts von seinem Bruder John Heartfield, der mit seinen Fotomontagen gegen Hitler Weltberühmtheit erlangte, erfuhr auch nicht, daß Herzfelde von meiner Heimatstadt Brünn aus seinen Malik-Verlag weiterführen konnte und schließlich in New York, am Endpunkt seiner Flucht vor Hitler, gemeinsam mit Heinrich Mann, Bertolt Brecht, Oskar Maria Graf und F.C. Weiskopf den Gemeinschaftsverlag »Aurora« gründete.

Mein Literaturwissen, von dem ich annahm, daß es so gut wie lückenlos sei, hatte mir beschämende Schwachstellen offenbart. Leider zu spät.

So sah mein Auftritt wie folgt aus: Noten ausgepackt, gratuliert, gesungen, verbeugt, Noten eingepackt und gegangen.

Erst Tage danach erfuhr ich, was ich vorher hätte wissen müssen. Meine Gratulationsworte zum sechzigsten Geburtstag Wieland Herzfeldes, Professor für Soziologie der neueren Literatur in Leipzig, wären beziehungsvoller ausgefallen.

Und mit der dritten Peinlichkeit bin ich wieder in der Zeit, die mich motorisiert erlebte. Es war eine Fahrt von Merseburg nach Leipzig. Eine lächerlich kurze Strecke, aber nicht bei dichtem Nebel. Wer die Ecke kennt und zu jener Zeit schon gelebt hat, wird bestätigen, daß der Nebel dort dicker sein konnte als Zuckerwatte, nur leider nicht so gut duftend.

Um einigermaßen voranzukommen, mußte ich so weit links fahren, bis mir wenigstens schemenhaft Bäume und Sträucher anzeigten, daß ich noch der Straße folgte. Das linke Wagenfenster hatte ich bereits ganz hinuntergekurbelt, um meinen Kopf in die feuchtkalte Nebelwatte hinaushalten zu können, weil ich nur so etwas erkennen konnte. Gleichzeitig mußte ich auf den Gegenverkehr lauern, der zum Glück damals spärlich war. So steuerte ich den Wagen sofort nach rechts, wenn sich hinter der Nebelwand Lichtreflexe zeigten, wartete das Auto ab und tastete mich wieder nach links.

Ich weiß nicht, wie lange ich so fuhr, bis endlich Rücklichter vor mir auftauchten. Ich schloß das Fenster, lehnte mich zurück und merkte dann erst, wie verkrampft ich gefahren war. Das Fahrzeug vor mir rollte nicht schnell, aber ich war dankbar für jeden Kilometer und blieb dran an den roten Lampen.

Nach ungefähr einer Viertelstunde bremste mein Lotse und bieb stehen. »Aha«, dachte ich, »wohl schon müde auf den Augen! Aber ich kann warten!«

Doch das brauchte ich nicht lang. Aus der Nebelsuppe löste sich eine Gestalt, kam auf meinen Wagen zu, klopfte ans Fenster und fragte: »Wollen Sie was?«

»Nichts will ich«, sagte ich und drehte die Scheibe runter, »nichts, außer nach Leipzig!«

»Da kommen Sie aber hier nicht hin!«

Darauf ich, meiner Sache sicher: »Wohin denn sonst?«

»In meine Mistgrube!« Dann ging Licht an. Viel mehr sah ich dadurch nicht, aber immerhin doch, daß ich einem Traktor nachgefahren war und auf einem Bauernhof stand. Also tastete ich mich mit schleifender Kupplung im Rückwärtsgang aus dem Gehöft, stand wieder im Irgendwo der nebligen Nacht und schlich bei offenem Wagenfenster im Schrittempo weiter in Richtung Leipzig.

Gegen zwei Uhr früh sah ich endlich die ersten Straßenlaternen. Es waren die von Merseburg.

Gestattet mir, an dieser Stelle einzublenden: So kann auch eines manchen Fahrt durchs Leben enden!

Das Jahr 1958 begann verrückt. Allein von Januar bis Mai verließen 440 Ärzte, 1.236 Lehrer und 107 Wissenschaftler die DDR. Ein Prominenter aus dem Westen nahm die entgegengesetzte Richtung. Es war der Schauspieler Wolfgang Kieling. Er wollte damit gegen die gesellschaftliche Situation in der Bundesrepublik protestieren. Aber er blieb nicht lang im Osten, drehte einen Film für die DEFA, womit er sich keinen Gefallen tat, und kehrte eines Tages wieder in die Bundesrepublik zurück.

Im Mai 1958 wurden endlich auch in der DDR die Lebensmittelkarten abgeschafft. Und im Juli, als die Zeitungen des Westens das Sommerloch mit erfundenen Meldungen stopften, verkündete Walter Ulbricht, daß die DDR bis zum Jahr 1961 den Lebensstandard der Bundesrepublik überflügeln werde.

Im Juli besuchte Nikita Chrustschow die DDR. Mit Walter Ulbricht kam er auch nach Leipzig. Vor die Wahl gestellt, das Opernhaus zu besuchen oder eine Veranstaltung der heiteren Muse in der Leipziger Kongreßhalle, hatte sich Chrustschow für das lustige Programm entschieden, das ohnehin an diesem Abend stattgefunden hätte.

Der Generalintendant der Städtischen Theater soll in Erwartung des hohen Gastes bereits im Foyer auf und ab gegangen sein, als er von der kurzfristig getroffenen Entscheidung erfuhr.

Heinz Quermann erinnert sich: »Ich hatte die Ansage in diesem Programm und wunderte mich, daß so kurz vor Beginn Unruhe ins Haus kam. Herren der Sicherheit waren aufgetaucht und hatten veranlaßt, den Balkon der Kongreßhalle zu räumen. Ich fragte nach dem Grund und erfuhr, daß Nikita und Walter unter den Gästen sein werden. Jetzt wartete ich auf Anweisungen. Aber nichts geschah. Der Programmablauf blieb. Lutz Jahoda hatte für seinen Auftritt das Lied vom ›Stillen Zecher‹ vorgesehen, ein Titel, der den Antialkoholiker Jahoda noch Jahre begleiten sollte wie einen Trinker die geschwollene Leber. Daß Russen gerne trinken, war ja kein Geheimnis. Aber daß Lutz vor dem Chef der Trinkernation ausgerechnet dieses Lied singen sollte, machte mich unsicher. ›Was ist‹, fragte ich mich, ›wenn Nikita Sergejewitsch das Lied als derbe Verspottung seiner Landsleute versteht?‹«

Von diesen Überlegungen Heinz Quermanns wußte ich nichts, und das war gut so. Es war noch hell im Saal, als Walter Ulbricht und sein hoher Staatsgast durch eine Seitentür hereinkamen. Es war, von der Bühne aus gesehen, die rechte Tür, die zur Theke sowie zum Restaurant und zu den Toiletten führte. Das Publikum war aufgestanden und applaudierte artig. Es war kein bestelltes Publikum, wie das später üblich sein sollte. Und so war der Beifall, wie ich fand, etwas mager ausgefallen.

Das Programm lief wie am Schnürchen, und schließlich kam ich, die Weinflasche in der Hand, den schwarzen Hut mit dem breiten dunkelgrünen Band auf dem Kopf, und die Leute im Saal wußten, was sie erwartete und jubelten entsprechend.

Heute kann ich mich nur noch schwer in diese Applauskulisse zurückversetzen. Eine Zeitung schrieb, daß ich »Säle zum Kochen bringe«. Jahre später wurde ich an die Beifallsstürme erinnert, als die Säle bei den Auftritten von Rolf Herricht und Hans-Joachim Preil und später bei Helga Hahnemann kochten.

Doch weiß ich noch sehr genau, was sich in der Kongreßhalle tat, als das Lied mit dem letzten »Hallo« endete. Die Zuschauer applaudierten nicht nur, sie trampelten mit den Füßen. Ich schaute hinauf zum Balkon und sah Nikita Sergejewitsch begeistert klatschen, den Körper vorgebeugt, die Arme weit über die Brüstung gestreckt, während Walter Ulbricht staatsmännisch gemäßigt blieb. Abgesehen davon, daß mich die Leipziger mit diesem Lied mochten, wurde ich das Gefühl nicht los, daß hier aus dem Schutz der Anonymität heraus eine Gelegenheit wahrgenommen wurde, Walter Ulbricht vorzuführen, wie ein Beifall klingen muß, wenn Sympathie im Spiel ist.

1959 grassierte in der Bundesrepublik das Hula-Hoop-Fieber und griff sofort auf den Osten über. Alte und Junge, Dicke und Dünne versuchten sich im Geschick, mit den erforderlichen Beckenbewegungen einen Kunststoffreifen schwungvoll um Taille und Hüften kreisen zu lassen.

Die DDR war damit beschäftigt, sich auf den zehnten Jahrestag der Gründung ihrer Republik vorzubereiten.

An einem Tag im April überraschte ich Helga Brauer am Frühstückstisch des Hotels »Astoria« in Dresden mit einem Text, den ich in der Nacht geschrieben hatte. Helga Brauer war damals noch nicht mit Walter Eichenberg verheiratet, Eichenberg noch nicht der Nachfolger von Kurt Henkels, und Henkels war noch in der DDR, aber Helga schon eine beim Publikum beliebte Schlagersängerin, auf deren Meinung ich etwas gab.

Sie hörte sich den Text an und sagte: »Lutz, das wird nichts!«

Ich verbarg meine Enttäuschung und fragte nur: »Warum nicht?«

»Weil dieses eine Wort zu kompliziert ist. Wie soll das Lied heißen? Die Blasmusik von Kikeriki? Oder wie?«

»Von Kickritzpotschen«, sagte ich und mußte aufpassen, keine beleidigte Miene aufzusetzen.

Helga Brauer schüttelte den Kopf, und ich versuchte, ihr am Beispiel des Powidltatschkerl-Liedes aufzuzeigen, daß selbst ein weitaus schwieriger auszusprechendes Wort den Erfolg dieser Polka nicht hatte bremsen können. Helga blieb skeptisch.

Als ich noch am selben Tag Alo Koll den Text zeigte, hatte er keinerlei Einwände.

In Würselen bei Aachen geboren, pulsierte in seinen Adern die lebenslustige Leichtigkeit deutsch-französischen Gemüts. Sich mit meinen Texten anzufreunden, gelang ihm sofort. Und weil er auch Geschäftsmann war, störte ihn immer weniger, zwischen Glenn-Miller-Melodien und den gerade aktuellen Tanzschlagern die von ihm komponierten stimmungsvollen Lieder einzubauen, vorgetragen von einem Spaßvogel, den die Leute mochten.

Schon einige Tage darauf, kurz vor einer Veranstaltung, setzte sich Alo ans Klavier und spielte mir die Marschmelodie vor.

Ich sagte: »Gut!«

Das erste
Autogrammfoto,
1956

Erste Rundfunkkontakte mit dem Rundfunk-Unterhaltungsorchester Leipzig unter der Leitung von Erich Donnerhack, 1956

Das erste Pressefoto

Das erste Auto … und ich bin dreißig

Meine Söhne … Axel Jahoda, geb. 1949 in Stendal

… Peter Jahoda, geb. 1953 in Garmisch-Partenkirchen

… Sascha Jahoda, geb. 1964 in Berlin

Das erste Notenheft mit meinen Texten

Er dichtet früh,
er dichtet spät,
der Rundfunk- und
TV-Poet!

... mit Undine von Medvey in der Friedrichstadtpalast-Revue »Strandkorb Nr. 13«

... mit einigen Damen des Friedrichstadtpalast-Balletts

Perfekte Choreographie – ungeprobt – mit Vollprofi Fips Fleischer

Der Antialkoholiker als »Stiller Zecher«

Alte Freunde: Mit Peter Wieland im alten Friedrichstadtpalast

Und er erwiderte: »Was heißt, gut! Sehr gut! Den Titel reiche ich ein!« Damit meinte er, das Lied den Entscheidungsgremien von Rundfunk und Schallplatte vorzulegen.

Bereits nach einer Woche rief mich Alo an, um mir mitzuteilen, daß der Titel nicht produziert werden könne.

Unter Ablehnungsbegründungen zu leiden hatten meist die Textautoren. Musik mußte sich schon extrem gebärden oder primitiv sein, um zu mißfallen. Bei den eingereichten Liedertexten hingegen genügte manchmal schon ein einziges Wort.

An der »Blasmusik von Kickritzpotschen« störten folgende Zeilen:

»In Kickritzpotschen ist heut' Jubiläum
und vor dem Museum
hat sich alles aufgebaut.
Drum feiern heute
tiefbewegt die Leute,
weil alle Welt auf Kickritzpotschen schaut!«

Kein Mensch wird heute begreifen, was an diesen einfachen und harmlosen Reimen zu beanstanden war. Nun, ich verstand es damals auch nicht. Erst Alo Koll gab mir die Erklärung: »Die DDR feiert in diesem Jahr ihr zehnjähriges Bestehen. Und der Rundfunk ist der Meinung, daß die fiktive Bezeichnung ›Kickritzpotschen‹ als Synonym für die Deutsche Demokratische Republik aufgefaßt werden könnte.«

»Aber Kickritzpotschen soll doch nur für ein kleinkariertes Nest gelten, das vielleicht irgendwo irgendwann existiert hat«, wagte ich einzuwenden.

»Kleinkariert!« rief Alo und schlug die Hände über dem Kopf zusammen. »Sag nie wieder ›kleinkariert‹! Das macht den vermuteten Vergleich nur noch schlimmer! Aber das ›irgendwo, irgendwann‹ gefällt mir!«

»Was für ein ›Irgendwo und Irgendwann‹?«

»Na, was du eben erst gesagt hast! Daß dieses Kickritzpotschen ein Phantasieprodukt ist, das irgendwann irgendwo irgendwem einmal eingefallen sein muß, wenn schon nicht dir!«

»Na gut«, dachte ich, warf mich aufs Bett, schloß die Augen und bemühte mich, an etwas Schönes zu denken. Das war mein bewährtes Hausrezept in Fällen seelischer Belastung.

Als ich aufwachte, stellte ich fest, daß ich nicht nur zwei Stunden geschlafen, sondern auch einen Einfall hatte. Es waren die beiden Worte, die Alo aus meiner Rede herausgepickt hatte, aus denen sich plötzlich wie von selbst zwei sinnvolle Sätze bauen ließen. Und während ich die drei Zeilen aufschrieb, von denen die zweite Zeile einen unreinen Reim enthielt, auf den ich pfiff, weil mir die Rettung des Liedes wichtiger war als die Gesetze der Verslehre, wußte ich schon, daß jetzt ausgeräumt sein mußte, was den Genossen so heftige Bauchschmerzen verursacht hatte.

»Irgendwo, irgendwann
Soll's so was gegeben ham!
Hör'n Sie sich die G'schichte einmal an!«

Drei simple Zeilen, liebe Söhne! Drei Zeilen, die mir seinerzeit halfen, mir allerdings heute die Möglichkeit nehmen zu behaupten, daß ich mit der Blasmusik von Kickritzpotschen die DDR geißeln wollte.

1959 war die Welt für mich noch in Ordnung. Mit legalen Papieren war das junge Ehepaar Jahoda von der DDR aus nach Wien zu meinen Verwandten gereist. Dort konnte man so herrlich die Gegenwart vergessen. Doch als wir wiederkamen, hatten uns die Probleme wieder.

Am 10. Juli 1959 hatte Kurt Henkels seinen Wagen am S-Bahnhof Friedrichstraße stehen lassen und es den vielen nachgemacht, die sich vom Westen erhofften, was ihnen der Osten nicht geben konnte. Da war mir klar, warum mir Henkels ein Jahr zuvor seinen Wochenendsitz in Machern hatte verkaufen wollen.

Machern gefiel mir. Abseits der tristen Braunkohlenumgebung des Leipziger Umlands lag der Ort entlang eines größeren Teichs wie eine Oase inmitten einer noch intakten Natur. Gern hätte ich dort ein Haus gehabt. Es war ein einstöckiges, solide gebautes Holzhaus, und Henkels hatte es mir für 25.000 Ostmark angeboten. Das waren genau 24.000 Mark mehr als ich ihm hätte zahlen können. So mußte ich leider passen.

Was mochte Kurt Henkels bewegt haben, fortzugehen? fragte ich mich. Er war ein Star, hatte mit seinem Orchester in einem Musikfilm mitgewirkt und in Paris mit dem Rundfunk-Tanzorchester Leipzig Lorbeeren eingeheimst. Im Osten hatte er republikweit seine Fans. Was war der Grund? Ich hätte am wenigsten danach fragen dürfen.

Ich glaube, daß Henkels zu sehr seinem Bekanntheitsgrad vertraut hat, aber in Betracht zu ziehen vergaß, daß sein bisheriger Erfolg das Ergebnis der Tüchtigkeit seiner Musiker war. Walter Eichenberg, Günter Oppenheimer, Henri Passage, Fritz Bogen und Fips Fleischer hießen die Musikanten, denen das Orchester die Arrangements und Kompositionen zu danken hatte. Henkels war der gutaussehende, elegante Aufputz gewesen. Ich weiß nicht, was er sich vorgestellt hatte. Glaubte er, daß ihm seine Leipziger Musikanten folgen würden? Hoffte er auf westdeutsche Musiker und auf das Interesse von Film, Funk, Fernsehen und Schallplatte?

Die Anerkennungen von Paris, Prag und Budapest hatten dem Orchester gegolten. Das strahlende Lächeln des Dirigenten war lediglich als optisch angenehme Beigabe mitgenommen worden. Nun war die Beigabe im Westen, die Hauptsache aber immer noch im Osten. Zeitungen nahmen Kenntnis, und das Ministerium für gesamtdeutsche Fragen schaltete sich hilfreich ein. Geholfen hat das alles nicht viel. Dem Lächeln des Maestros war das Wichtigste abhanden gekommen: das Rundfunk-Tanzorchester Leipzig. Auch wenn sich das Beispiel Kurt Henkels schlecht zu einem Vergleich eignete, so war es doch zu einer Erkenntnis gut: Verlasse niemals dein Publikum, so es dich liebt und zu dem gemacht hat, was du bist! Bleibe deinen Zuhörern und Zuschauern treu; denn sie werden irgendwann ohne dich weiterleben können, aber du nicht ohne sie!

Im Spätsommer 1959 teilte mir Basner mit, daß er für Anfang Oktober meine Mitwirkung in einer wichtigen Veranstaltung in Berlin zugesagt habe. Der genaue Termin werde mir noch mitgeteilt. Es war die hochangebundene Großveranstaltung zum zehnjährigen Bestehen der Deutschen Demokratischen Republik, mit Walter Ulbricht und Otto Grotewohl als Gäste sowie mit allen Politbüromitgliedern und dem gesamten Zentralkomitee im Gefolge. Ich sang kühn die Sauberfassung der »Blasmusik von Kickritzpotschen«, hatte aber die mehrsprachigen Radioansagen im Lied belassen, die im zur Zensur vorgelegten Text nicht enthalten waren, weil ich den Genehmigungsprozeß nicht erneut belasten wollte.

Als ich an die Stelle der deutschen Ansage kam und strahlend ausrief, »Servus, Leitln! Hier spricht der österreichische Rundfunk, und Sie hören eine Originalübertragung aus Kickritzpotschen!«, durchzuckte mich schreckhaft die Erkenntnis, daß ich mit den Worten »Originalübertragung aus Kickritzpotschen« letztlich doch ausgedrückt hatte, was unter allen Umständen, und gar erst bei einer Veranstaltung wie dieser, unbedingt hätte vermieden werden sollen.

Wie ich das Lied beendete, weiß ich nicht mehr. Erst der jubelnde Beifall löste meine innere Erstarrung. Meine Erleichterung war riesengroß. Mit meinem Aufatmen hätte ich sämtliche Kerzen eines Opferstocks ausblasen können.

Zum anschließend verordneten Empfang wurde ich herumgereicht. Frau Grotewohl hakte sich bei mir ein und schlenderte plaudernd mit mir auf und ab. Gerhart Eisler, damals stellvertretender Vorsitzender des Staatlichen Rundfunkkomitees, Bruder des Komponisten Hanns Eisler, kam mit ausgebreiteten Armen auf mich zu und rief, die erste Silbe meines Namens österreichisch dehnend: »Jessas, Jáhoda, Sie wer'n ja immer jünger!« Dabei war ich erst zweiunddreißig.

Vom Glücksgefühl der Einfalt

Ungefähr tausend Stoffe sollen es sein, die unser Gefühlsleben steuern, und hundert Gemütsmoleküle wollen Wissenschaftler im menschlichen Gehirn bereits entdeckt haben. Hundert Billionen Nervenverbindungen, so wird geschätzt, sind auf Dienstleistung geschaltet, um elektrische Botschaften von Zelle zu Zelle zu leiten. Doch sollen es nur einhundertundsechsundzwanzig Informationen sein, die ein Mensch im Höchstfall je Sekunde erfassen kann, wohingegen ins Bewußtsein nur die jeweils notwendigen dringen, die der Mensch braucht, wenn er irgendeine Herausforderung bewältigen will. Physik, Chemie, Mathematik und das große Latinum: damit hätte ich mich befassen sollen! Dann würde ich genau erklären können, wieso es möglich ist, daß mir das Zusammenbauen von Reimen Glücksgefühle verschaffen kann, auch wenn das Ergebnis nur so aussieht:

»Semmelknödel, Sauerkraut
und ein Stück vom Schwein;
und damit man's gut verdaut:
Bier drauf, das muß sein!
Das ist eine Wohltat,
wenn der Mensch nichts weiter vor hat!
Mit dem Essen fängt's meist an:
Wer gut kocht, kriegt auch 'nen Mann!«

Und wenn das Ganze mit der bereits vorhandenen Melodie eine Einheit bildet, wie der Text im vorliegenden Fall mit der einer böhmischen Weise, die heute noch ab und an mit diesen Worten im Radio zu hören ist, dann ist das Glück komplett.

Daß aus einem Beispiel wie diesem auch eine gewisse Einfalt herausgelesen werden kann, ist mir nicht peinlich. Schließlich will der Mensch hin und wieder ein Erfolgserlebnis haben. Also sollte er wissen, was und wieviel er sich zumuten kann, weil nur gemeisterte Aufgaben glücklich machen.

So wird mich in der Öffentlichkeit noch keiner die Blumenarie singen gehört haben. Selbst in der Badewanne und allein in der Wohnung wagte ich das Abenteuer nur in Augenblicken euphorischer Selbstüberschätzung. Und wenn ich weiß, daß mich ein selbstverfertigtes und gelungenes Linsengericht glücklich machen wird, wäre ich doch verrückt, mich an ein »Sauté de Lapin au Vin Blanc« zu machen.

Aber wer sich das »Geschmorte Kaninchen in Weißweinsoße« zutraut, sollte sich das Erlebnis gönnen. Glücksland ist überall. Ebenso wie Lust und Unlust, Ruhe und Unruhe, Sicherheit und Angst.

Meine Wurzeln reichen in eine Zeit, da Großmütter ihren Enkelkindern noch wundersame Geschichten über Lichtgestalten erzählten, die in Augenblicken der Gefahr rettend auftauchen können. Doch seien diese Lichtwesen nicht jedermann sichtbar. Meist nicht einmal jenen, die durch sie beschützt werden. Häufig komme die Hilfe nur in Form einer Botschaft. Nicht zu sehen, nicht zu hören, nicht zu riechen. Wie das Christkind am Heiligen Abend, das bislang auch noch keiner zu sehen bekam.

So behauptet meine Schwester, immer nur dann von unserem verstorbenen Vater geträumt zu haben, wenn kurz darauf ein ungutes Ereignis folgte. Oft der Tod eines nahen Verwandten. Ich hatte unter solchen Träumen nicht zu leiden, hatte auch noch keine Kenntnis von diesen nächtlichen Warngesichten meiner Schwester, als mich eines Tages ein seltsamer Vorgang zu beunruhigen begann.

Es war noch in der Ferdinand-Lassalle-Straße, ich berichtete schon von der Wohnung mit den großen hohen Zimmern. Beeindruckend war bereits der breite und lange Flur, an dessen linker Seite, wenn man die Wohnung betrat, die großen Räume lagen, an der rechten Seite die kleineren Zimmer, offenbar einst für das Dienstpersonal gedacht.

Früher einmal dürften sämtliche Türen an der linken Korridorseite offen gestanden haben. Doch in Untermieterzeiten hielt die Wohnungsinhaberin sämtliche Türen geschlossen, weshalb lediglich durch die schmalen Oberlichtfenster der Türen auf der rechten Flurseite etwas Helligkeit vom Hof in den dunkel getäfelten Korridor drang.

Es war ein trüber Nachmittag. Ich ging durch den dämmerigen Flur und wollte zur Küche, als mich eine seltsame Unruhe ergriff. Es war ein beklemmendes Gefühl, das ich noch nie hatte. Seit Monaten schon war ich täglich durch diesen Korridor gegangen, auch nachts, ohne jemals eine Regung wie diese empfunden zu haben. Ich verharrte und wußte plötzlich, woher die Angst kam. Hinter der Tür zum Toilettenvorraum war etwas, das mich wie ein Eishauch traf. Als stünde ich auf einem Friedhof in der modrigen Kühle einer offenen Gruft, nachts, zwischen Allerheiligen und Allerseelen. Mein Herz raste, und ich starrte auf die geschlossene Tür, als sich mir plötzlich wie durch einen Schleier gefiltert, aber dennoch klar genug, offenbarte, wer mich hinter der Tür erwartete.

Ich sah die zweite Tür, die den eigentlichen Toilettenraum vom Waschraum trennte, und diese Tür stand offen, und auf dem geschlossenen Klosettbecken saß, elegant gekleidet, so wie ich ihn kannte, mein Vater.

Bequem zurückgelehnt, ein Bein übergeschlagen, als würde er auf einem der Thonetstühle in seinem Brünner Stammcafé sitzen, schaute er in meine Richtung.

Ich weiß heute nicht mehr, ob ich sofort den Mut aufbrachte, die Tür aufzumachen und mich zu überzeugen, daß weder im

Waschraum noch auf der Toilette jemand war. Ich weiß nur noch, daß ich über den Zeitraum einer langen Woche jedesmal mit großer Überwindung die beiden Türen öffnete, weil ich regelmäßig diese Erscheinung hatte, daß mein Vater, der zum damaligen Zeitpunkt bereits sechzehn Jahre tot war, mich dort erwartete. Hätte ich meiner Schwester davon erzählt, wäre ihre Antwort gewesen, daß ich mich in der nächsten Zeit vorsehen müsse, da diese Wachtraumerscheinung eine unmißverständliche Warnung sei, der Hinweis auf ein bedrohliches Geschehnis, das mir in Kürze bevorstünde.

Diese Sinnestäuschung jedenfalls, oder was auch immer es gewesen sein mochte, war eines Tages ebenso unvermittelt verschwunden wie sie aufgetaucht war, als kurz darauf an einem Nachmittag die Zimmervermieterin an meine Tür klopfte und meldete, daß mich zwei Herren zu sprechen wünschten.

Ich ging durch den Korridor und sah an der Eingangstür zwei mir fremde Männer. Der eine war groß und etwas füllig und trug einen Ledermantel. Der andere war etwas kleiner und hatte einen Hut auf, der mich sofort an die Hüte erinnerte, die man in den Wochenschauen auf den Köpfen bestimmter Herren sehen konnte, wenn sie zu festlichen Anlässen auf dem Roten Platz von den Tribünen winkten.

»Sie sind Herr Jahoda?« fragte der mit dem Ledermantel.

Und als ich nickte, sagte der andere: »Dann möchten wir gerne mit Ihnen sprechen.«

»Worum geht's denn?« wollte ich wissen.

Da lächelten beide wie Stan Laurel und Oliver Hardy, woraus ich wahrscheinlich entnehmen sollte, daß eine Erläuterung zwischen Tür und Angel nicht möglich sei. Und so bat ich die Herren herein.

Wir gingen bis ans Ende des dunklen Korridors. Ich voraus, die beiden Männer hinter mir her. Ich öffnete die Tür zu dem vierzig Quadratmeter großen Zimmer mit dem schon beschriebenen Kachelofen, wo inzwischen außer dem belgischen Importschreibtisch aus grauem Stahl und dem dazugehörigen Drehsessel noch zwei bequeme Stühle und ein Sofa standen, und kam mir vor wie ein Hotelpage, der den Gästen ihr Zimmer zeigt.

Die Männer traten ein, und ich sah, wie der mit dem Ledermantel auf den Hut des anderen schaute und unmerklich den

Kopf nach oben und zur Seite bewegte, worauf der so Gemaßregelte hinauf zur Hutkrempe blickte, als müsse er sich erst überzeugen, ob der Wink des Kollegen berechtigt war, und erst dann den Hut abnahm.

Ich bat die Herren Platz zu nehmen und fragte im selben Atemzug, womit ich helfen könne.

Diese Formulierung sollte mir noch leid tun; denn der Große im Ledermantel hakte sofort ein und meinte: »Helfen ist gut!«

Das war offenbar das Stichwort für den Hutmann, der ohne Umschweife zur Sache kam: »Ihre Frau hat im Sommer mit Ihnen telefoniert.«

Schon damals mußte ich überlegen, welche Frau er gemeint haben könnte, und weil ich nichts sagte, sprach er sofort weiter: »Ihre Frau in Westberlin. Helga.«

Da wußte ich, daß er deine Mutter meinte, lieber Axel, und fragte mich, was denn um Himmels willen die beiden mit unüberhörbar russischem Akzent sprechenden Herren mit Deiner Mutter zu schaffen hatten und was vor allen Dingen sie von mir wollten.

Die Antwort kam prompt: »Der Mann Ihrer geschiedenen Frau – das heißt, der Mann, mit dem sie lebt –, also besser, ich sage Freund von Helga, er ist wichtiger Mann beim CIA.«

Na bravo! dachte ich und gab mir Mühe, den Schreck nicht zu zeigen, der mich mit einem Schlag ausfüllte, als hätte sich mein Blut in flüssiges Blei verwandelt.

»Durch den Anruf Ihrer ehemaligen Frau sind wir auf Sie gekommen.«

Der erste Gedanke, der mir daraufhin durch den Kopf schoß, galt deiner Mutter und war kein gerade wiederholbarer. Den nächsten Gedanken widmete ich dem Boyfriend Mister CIA, der aus dienstlichen Gründen bestimmt viele Sicherheitspunkte berücksichtigen mußte, aber offensichtlich den einen vergessen hatte: seiner Freundin einzuprägen, keine Telefongespräche in den Osten zu führen.

»Wir brauchen Ihre Hilfe«, sagten dann beide gleichzeitig, und es klang wie ein Duett, das nicht ausreichend geprobt worden war. Die Stille danach war groß, und ich überlegte, daß deiner Mutter wahrscheinlich gar nicht bekannt war, mit welcher Tätigkeit ihr Freund den Tag verbrachte.

Dem Kleineren, dem die deutsche Sprache besser von den Lippen ging als dem Kollegen, war die Pause zu lang. Er holte tief Luft, und schon zwei Minuten später wußte ich, daß die Herren nicht gekommen waren, um mit mir auf die Oktoberrevolution anzustoßen.

»Sie machen in Familie«, sagte schließlich noch der Große im Ledermantel, nahm dabei seinem Kollegen den Hut aus der Hand und legte ihn neben sich auf das Sofa. »Sie machen Einladung, geben kleines Essen in Berliner Hotel.«

»Wir übernehmen selbstverständlich alle Kosten«, fügte der andere hinzu und schielte nach seinem Hut, als bestünde die Gefahr, daß sich wer draufsetzen könnte. »Sie fahren mit Ihrer Freundin – oder schon Frau? – erst nach Westberlin und machen kurzen Besuch. Und dann ergibt sich daraus zwanglos der Gegenbesuch.«

Das Wörtchen »zwanglos« im Sprachschatz des Russen gefiel mir.

»Ich weiß nicht«, sagte ich.

»Was wissen Sie nicht?« fragte der Redegewandtere. »Ob es funktionieren wird oder nicht?«

An dieser Stelle zischte der im Ledermantel ein paar russische Sätze, die ich vielleicht verstanden hätte, wären sie nicht so schnell und undeutlich gesprochen worden. So sah ich nur, daß der Mann, der jetzt schnell nach seinem Hut griff, verlegen dreinschaute und nickte. Dann sagte er nur noch »Carascho« und die nächsten Minuten nichts mehr, während der andere zu reden anfing und sich Mühe gab, mir glaubwürdig zu erklären, daß es sich lediglich um einen Meinungsaustausch handeln würde, um ein Freundschaftstreffen zwischen zwei Beamten unterschiedlicher, aber dennoch ähnlicher Institutionen, und ich das Zusammenkommen in Ostberlin nur als fröhliches Beisammensein zu arrangieren hätte.

Die Sache ist eindeutig und stinkt, dachte ich, fragte aber trotzdem nach der Adresse und schaute auf den Hut, weil ich dachte, daß der Zettel mit Namen und Anschrift möglicherweise hinter dem Schweißband der Hutinnenseite stecken könnte.

Den Blick mußte der Mann falsch gedeutet haben; denn er legte den Hut sofort wieder auf das Sofa.

»Ich diktiere Adresse«, sagte der im Ledermantel, und ich ging zum Schreibtisch und schrieb die Anschrift auf, so wie der Mann sie mir ansagte. Dann nannte er mir noch eine Berliner Telefonnummer, unter der ich eine Nachricht hinterlassen könne, und fragte mich, mit welchem Namen ich mich zu melden gedächte, da es nicht gut wäre, am Apparat den richtigen Namen zu nennen.

Ich überlegte kurz und gab den Vornamen meines Taufpaten an. Daß dies auch der Vorname Stalins war, störte keinen der beiden.

Schließlich wurde ich noch um striktes Stillschweigen gebeten: »Auch Ihrer jetzigen Partnerin sagen Sie bitte nichts!« Der Mann, der die ganze Zeit um seinen Hut gebangt hatte, setzte ihn wieder auf. Der Ledermantelmann bedeutete ihm mit einem Wink, sich von mir zu verabschieden. Und so gab ich den beiden die Hand und geleitete sie zur Wohnungstür.

Als ich durch den dunklen Korridor zurück und zur Toilette ging, hatte ich andere Ängste als mich vor der Erscheinung meines Vaters zu fürchten. Ich dachte an Mata Hari, an Oberst Redl und an Doktor Sorge, dachte an Graham Greene und an die unterschiedliche Bezeichnung dieses Beschäftigungszweiges. Die einen sagten nach wie vor »Spion«, die anderen gaben sich den ehrenvollen Namen »Kundschafter«, aber beide wirkten an der selben Linie, die der Osten »die stille Front« nannte, die aber deshalb nicht weniger schäbig war.

Lange Zeit stand ich am Fenster und schaute hinaus in die Dämmerung. Bella Terza, meine Ehefrau, würde bald nach Hause kommen, und ich überlegte, ob es gut wäre, den Besuch zu verschweigen.

Wenn der Mann tatsächlich das war, wofür ihn die Russen hielten, würde er doch nicht so blöde sein, sich eines läppischen Familienbesuchs wegen in Gefahr zu begeben.

Nebenbei fühlte ich mich selbst beleidigt; denn wie dämlich hätte ich sein müssen, um zu glauben, daß lediglich ein Gedankenaustausch zwischen zwei Geheimdienstvertretern geplant sei. Wofür hielten mich die Herren aus Karlshorst oder wo auch immer sie herkamen? Für phantasiearm, aber ansonsten für derlei schmutziges Handwerk ausreichend begabt und gewissenlos?

Ich kühlte meine heiße Stirn am kalten Fensterglas, schaute hinunter auf meinen frisch gewaschenen Wagen und sah die alte Dame vor dem Haus am schmiedeeisernen Gitter des Vorgartens entlanggehen, wie eine Schildwache, auf und ab, wie ich sie schon seit Monaten so kannte, alle Tage ein paar Stunden vormittags und nachmittags, mit starren Augen und abwesendem Gesichtsausdruck, was mir nach einer gewissen Zeit den Blick aus dem Fenster verleidete, obwohl ich aber an jenem späten Nachmittag froh gewesen wäre, wenn schon nicht in ähnlicher Umnachtung, so doch wenigstens ein anderer zu sein.

Die Episode vom Vortag fiel mir ein: Ich war dabei, den Wagen zu waschen, hatte eine dunkelblaue Arbeitsmontur an, werkelte mit Wassereimer und Schwamm, als ein Fußgänger stehenblieb, mir eine Weile zusah und mich dann fragte, ob dies der Wagen vom Jahoda sei.

»Ja«, sagte ich.

»Wie ist denn der so?«

»Ach«, sagte ich, »ganz nett. Ein Mensch wie alle anderen auch.«

»Sind Sie der Chauffeur?«

Da hatte ich mir das Lachen verbeißen müssen, hatte irgendwas vor mich hingebrummt und genickt und so lange an einem nicht vorhandenen Fleck herumgeputzt, bis ich merkte, daß der Mann weitergegangen war.

Als Terza endlich kam, merkte sie sofort, daß mit mir irgendwas nicht stimmte. Ich mochte vielleicht ein leidlich guter Schauspieler auf der Bühne sein, doch im Leben hatte ich meine Mimik nicht im Griff.

Seit die beiden KGB-Beamten gegangen waren, hatte ich fast eine volle Stunde Zeit gehabt, uber alles nachzudenken. Auch darüber, ob es besser wäre, Terza einzuweihen oder aber den Mund zu halten, so wie es mir die Herren angeordnet hatten.

Mag sein, daß mir die Tugendschwelle zwischen Verschweigen und Lügen nicht in den Sinn kam, weil ich noch zu verliebt war. Auch hatte ich die Erfahrung machen müssen, daß unwahre Äußerungen mit der Zeit ein verwickeltes Knäuel von Lügen nach sich ziehen, das glaubhaft zu entwirren noch keinem Schwindelmeier unbeschadet gelang, weshalb ich fand, daß selbst professionelle Lügner ihre Grenzen kennen sollten.

Um es kurz zu machen, ich tat, womit jeder Geheimdienstwerber rechnen muß: Ich behielt nicht für mich, was mir unter dem Siegel der Verschwiegenheit anvertraut worden war.

Die Diskussion verlief, als wäre sich ein Ehepaar nicht klar darüber, ob die bucklige Verwandtschaft der Schwiegereltern mit zur Familienfeier eingeladen werden müßte oder nicht: »Du mußt wissen, was du willst, du mußt wissen, was du tust! Es sind schließlich deine Leute!« So in der Art.

»Wenn wir den Kontakt nicht aufnehmen«, sagte ich, »werden sie versuchen, andere dafür anzuheuern.«

»Das werden sie schon erwogen haben, wenn nicht sogar ausprobiert«, meinte Terza.

»Die familiäre Schiene ist die natürlichste und unauffälligste.« Das klang, als wäre die ganze Idee von ihr und nicht von den Russen gekommen.

»Du meinst, wir sollten fahren?« – »Es wird uns nichts anderes übrigbleiben, wir sitzen in der Tinte!« – »Ja«, sagte ich, »in roter!«

Als Nullkommanullsieben zwischen KGB und CIA

Ihr dürft mir glauben, Söhne, daß ich zu keiner Zeit so gründlich über Wahrheit und Lüge, Recht und Unrecht und über Falsch und Richtig nachgedacht hatte wie in jenen Tagen danach.

Einerseits suchten immer noch mit täglich steigender Tendenz Menschen aus allen Teilen der DDR über das Nadelöhr Berlin Zuflucht im Westen. Andererseits sympathisierten immer mehr Intellektuelle des Westens mit der marxistischen Philosophie und damit auch mit der Sowjetunion und der DDR.

Wenn ich in Berlin war und mein Mittagessen meist im Restaurant des Hotels »Johannishof« an der Friedrichstraße einnahm, begegnete ich nicht selten prominenten Gästen, die dort auf Kosten der DDR-Regierung wohnten und speisten. Oft waren es auch ostberliner Verlage, die diesen oder jenen Schriftsteller aus der Bundesrepublik eingeladen hatten. So machte ich im Hotel Johannishof flüchtige Bekanntschaft mit dem in Würzburg geborenen und in München lebenden Schriftsteller Leonhard Frank, dessen autobiographisch gefärbten Roman »Die Räuberbande« ich kurz zuvor gelesen hatte. Er muß Mitte siebzig gewesen sein, als ich im Fahrstuhl des Hotels ein paar freundliche Sätze mit ihm wechselte. Er war nach Berlin gekommen, um die Ehrendoktorwürde der Humboldt-Universität entgegenzunehmen. Er trug einen gutgeschneiderten hellgrauen Anzug, wirkte sehr vornehm und machte eine gute Figur an der Seite seiner Frau.

Mein Zusammentreffen mit dem in Lübeck geborenen Schriftsteller Johannes Tralow war ergiebiger. Er war zwar in Gauting bei München wohnhaft, hielt sich aber öfter in Berlin auf und saß dann nicht gerade selten in der Künstlerkantine des Friedrichstadtpalastes oder in der Kantine des Theaters am Schiffbauerdamm. Mehr als einmal sprachen wir dort miteinander, entweder in der einen oder in der anderen Kantine, weil es üblich war, daß die Schauspieler hin und wieder zum Friedrichstadtpalast herüberkamen oder wir vom Haus der 3000 die paar Schritte hinüber zum Berliner Ensemble, und es beleidigte Johannes Tralow nie, wenn ich ihm immer nur mit meinem Mineralwasser zuprostete.

1951, als ich gerade erst den Osten verlassen hatte, war er zum Präsidenten des Deutschen PEN-Zentrums Ost und West gewählt worden, was ihm die Medien in der Bundesrepublik übelnahmen, die seine Arbeiten von Stund an boykottierten. Die DDR druckte seine Bücher, also flossen die Tantiemen in Ostmark.

Die Romane seiner »Osmanischen Tetralogie« standen in meinem Bücherschrank. Schau mal nach, Sascha! Vielleicht wirst Du sie finden! Und so, wie mitunter nur ein Leitmotiv schon genügt hätte, um einen Komponisten im Gedächtnis der Hörer zu verankern, wird es möglicherweise bei Johannes Tralow der Satz sein, »Die Katze nieste«, mit dem sein Roman »Irene von Trapezunt« beginnt.

Es war die Zeit einer relativ guten Versorgung der Bürger im Osten. Besonders in Ostberlin konnte man gut einkaufen, und günstig vor allem dann, wenn man in Westberlin wohnte. Wer im Osten seine preiswerte Wohnung hatte, im Westen irgendeiner Schwarzarbeit nachging und zum günstigen Wechselkurs seinen Arbeitslohn in Ostmark umrubelte, lebte noch besser.

Die Westberliner gewöhnten sich an den Zwiespalt ihrer Gefühle. Sie haßten die Beherrscher der Zone, wußten aber gewisse Annehmlichkeiten zu schätzen. Besonders die preiswerten Theaterbesuche waren vielen zur lieben Gewohnheit geworden. Staatsoper, Komische Oper, das Deutsche Theater und das Berliner Ensemble am Schiffbauerdamm sowie der Friedrichstadtpalast gleich daneben, sie profitierten alle. Auch die Restaurants rund um die Theater hatten Hochkonjunktur. Dorschleber, Kaviar und russischer Sekt waren nicht teuer.

Damals, wohlgemerkt, als es noch keine Delikatläden gab und

keine Intershops und als die Menschen, die im Lande blieben, an die Gleichheit glaubten und an die Verwirklichung der in Aussicht gestellten neuen Lebensform.

Zu den Teufeln, die angetreten waren, diesen Traum ungenießbar zu machen, gehörten insgesamt sechzig CIA-Beamte, die In der Halde 5 in Berlin-Dahlem residierten, hinzugerechnet die Mitarbeiter der zwölf US-Nachrichtendienste, die in der US-Mission ihren Sitz hatten. Adresse: Zehlendorf, Clayallee.

London hatte gleich vier Geheimdienste nach Berlin entsandt, die irgendwo auf dem einstigen Olympiagelände untergebracht waren. Und die Franzosen, mit drei Organisationen vertreten, fühlten sich in der Nähe des Flughafens Tegel wohl.

Daß sich der KGB, wie alle anderen Geheimdienste auch, in der Rolle der guten Engel sah, wird keiner bezweifeln. Wie inzwischen an die Öffentlichkeit gelangt ist, sollen es ungefähr bis zu eintausendfünfhundert Offiziere des sowjetischen Staatssicherheitsdienstes gewesen sein, die das Villenviertel östlich der Treskowallee in Berlin-Karlshorst zu ihrem Standort auserkoren hatten.

In der beschaulichen Stille einer der Nebenstraßen dort, in einem der vielen Quartiere, war am Morgen des 21. Juli 1954 Otto John, der Präsident des Bundesamtes für Verfassungsschutz, aufgewacht.

Mit schwerem Kopf sei er zu sich gekommen, ließ er später verlauten, in einer ihm fremden Wohnung. Auf einem Sofa habe er gelegen und nach einem Blick durch das vergitterte Zimmerfenster in die Schäbigkeit einer Hausfassade gegenüber festgestellt, daß er in Ostberlin sein müsse. Störend an dieser Aussage war nur, daß er sich in der DDR hatte herumreichen lassen, um in Veranstaltungen zu verkünden, daß er freiwillig Westdeutschland den Rücken gekehrt habe, weil er sich mit der Politik Konrad Adenauers nicht einverstanden erklären konnte und nur in der Sowjetunion den Garant des Weltfriedens sehe.

Nach nahezu siebzehn Monaten war John wieder in der Bundesrepublik aufgetaucht, und die Zeitungen waren voll mit seinem Bericht der abenteuerlichen Entführung durch Agenten des sowjetischen Geheimdienstes. Der Bundesgerichtshof zeigte sich nicht geneigt, John zu glauben, befand ihn des Landesverrats schuldig und verurteilte ihn zu vier Jahren Zuchthaus.

Zurück zu mir. Vom Deutschen Demokratischen Rundfunk in der Nalepastraße war es nicht weit zu den Häusern des KGB, unweit der Karlshorster Trabrennbahn. Die Rummelsburger Landstraße hinunter, dann an der Kreuzung die Hermann-Duncker-Straße links hinauf, die heute Treskowallee heißt, vorbei an Kasernenmauern, vorüber am Haupttor der Trabrennbahn, unter der S-Bahnbrücke des Bahnhofs Karlshorst hindurch und dann rechts einen Haken geschlagen und hinein in die Höhle des Löwen.

Meiner Fahrt dorthin war ein Telefongespräch vorausgegangen. Von einer Telefonzelle aus hatte ich die mir angegebene Nummer gewählt, nachdem mich zuvor in Leipzig ein Mann kontaktiert hatte, den ich Boris nennen möchte, obwohl er sich mit einem anderen Namen vorgestellt hatte, der ein russischer Familienname war, aber bestimmt nicht sein eigener.

Eine Männerstimme meldete sich mit einem knappen »Ja«, dem kein »bitte« folgte, wie auch der Lautmelodie keinerlei Freundlichkeit anzuhören war. Zwei Sekunden lang ritt mich der Teufel, mich mit »Iossif Wissarionowitsch Dschugaschwili« zu melden. Den »Josef« hatte ich stimmlich bereits so angelegt. Aber dann sagte ich doch nur: »Hier ist Josef. Ich möchte mit Boris sprechen.«

Knacken in der Leitung, dann vier bis fünf Sekunden Stille, und dann die Stimme, die ich kannte. Es war Boris.

»Sind Sie in Berlin?« fragte er.

»Nein«, sagte ich.

»Wann können Sie kommen?«

»In zwei Tagen«, antwortete ich.

»Gut. Wenn Sie in Berlin sind, rufen Sie mich wieder an.«

Knacken im Hörer und wieder Stille. Boris hatte aufgelegt.

Natürlich hätte ich schon »njet« sagen können, als mich die beiden Männer in der Ferdinand-Lassalle-Straße besuchten. Auch wäre es möglich gewesen, nein zu sagen, als sich plötzlich nicht mehr die beiden meldeten, sondern ein dritter bei mir anrief. Doch ich war zu neugierig.

In der Nacht vor meinem Rundfunktermin in Berlin hatte ich einen seltsamen Traum. Ich sah meinen Vater durch den dunklen Korridor kommen, im leicht wiegenden, eleganten Schritt, den du, Sascha, von ihm geerbt hast. Er kam aus dem Waschraum und ging durch die Türen, ohne sie zu öffnen. Da war meine Phobie wieder da, die ich überwunden glaubte. Ich hörte ein Rauschen und hatte ein Gefühl, als würde sich etwas Zentnerschweres auf meinen Brustkorb legen. Der Wunsch in mir, sofort aufzuwachen, war groß. Aber die Lust, das Rauschen und den Druck zu genießen, war größer. Ich sah ein schwelendes Brikett, mein Vater zeigte darauf und schüttelte den Kopf.

Als ich aufwachte, roch es nach Rauch und Schwefel. Ich schoß hoch, machte Licht und schaute nach der Zudecke am Fußende des Bettes. Kein Brandfleck! Dann lief ich zum Kachelofen und öffnete die Feuerklappe, obschon ich wußte, daß seit geraumer Zeit nicht mehr geheizt worden war.

Schließlich kam mir die Idee, die Fenster zu kontrollieren. Ein Flügel im großen Zimmer stand offen. Ich beugte mich hinaus und stellte fest, daß es auch im Freien höllisch nach Schwefel stank.

»Was geisterst du herum?« hörte ich Terza fragen. »Es ist zwei Uhr morgens! Was ist los?«

»Ach, nichts«, rief ich, »ein Fenster war auf, und es stinkt!«

»Daran mußt du dich in Leipzig gewöhnen! Der Wind hat sich gedreht! Espenhain läßt grüßen!«

»Danke für den Trost!« sagte ich, löschte das Licht im großen Zimmer, ging zurück ins Schlafzimmer und legte mich wieder hin.

Nach wenigen Minuten hörte ich Terzas regelmäßigen Atem und wußte, daß sie wieder eingeschlafen war. Ich hingegen lag noch lange wach in jener Nacht.

Als mich Terza weckte, war ich wie zerschlagen. »Du mußt heute noch zum Funk nach Berlin!« erinnerte sie mich.

Ja, und dort war ich dann und haderte noch einmal mit mir: »Anrufen oder nicht anrufen?« – Ich rief an.

Als Treffpunkt hatte ich mit Boris den Zeitungskiosk am S-Bahnhof Karlshorst vereinbart. Schon beim Einbiegen in die Stolzenfelsstraße sah ich ihn stehen. Ich fuhr an ihm vorbei, fand eine Stelle, wo Parken erlaubt war, schloß den Wagen ab und schlenderte zurück.

»No, wie geht es?« fragte Boris. »Gesundheit gut?«

»Na ja«, sagte ich und setzte eine Leidensmiene auf, die mir nicht schwer fiel nach der kurzen Nacht, der Autofahrt und der zweistündigen Arbeit im Funk. »Meine Leber ist nicht ganz in

Ordnung. Ich muß viel liegen, mit feuchter Wärme auf dem Bauch.«

Diese Bemerkung hatte ich absichtlich gleich an den Beginn des Gesprächs gesetzt, um eine Möglichkeit zu haben, die Krankheit gegebenenfalls als Absagegrund zu nutzen.

»No, das ist alles kein Problem!« meinte Boris. »Wir haben erstklassige Kurorte! Im Kaukasus und auf der Krim! Sie brauchen nur zu sagen, und wir arrangieren!«

Na prima, dachte ich.

Wir waren inzwischen zu Fuß durch die Andernacher Straße in die Königswinterstraße gelangt und bogen zuletzt in die Fritz-Schmenkel-Straße ein. Dort, nach einigen Schritten, betraten wir ein Haus und im Haus eine Wohnung, die kein Namensschild unter der Klingel hatte.

»Guten Tag«, sagte ein schlanker, leicht angegrauter, gutaussehender Herr in einem der Zimmer. Er war hinter seinem Schreibtisch vorgekommen und reichte mir die Hand.

»Mein Chef«, sagte Boris.

Die Wohnung war kalt und ungemütlich und offensichtlich seit Jahren nicht bewohnt. Es war, wie ich als Leser von Krimis und Agententhrillern sofort erkannte, eines dieser sparsam möblierten Quartiere, die Geheimdienste für ihre gelegentlichen Agententreffs bereitzustehen haben.

»Unser Problem kennen Sie?« fragte der Chef und deutete auf zwei alte Ledersessel.

Ich setzte mich und sagte, »na ja«, was bedeuten konnte, »ja, ich weiß Bescheid«, was aber auch hätte heißen können, »na ja, dann erzählen Sie mal«.

Der Grauhaarige nahm das Letztere an. Ich saß da und hörte, lauschte aber gleichzeitig in mich hinein, weil ich Hunger hatte. Es war still im Zimmer, der Chef sprach leise, und ich fürchtete, daß es mir ergehen könnte wie im Funkhaus. Da hatte der Tonmeister die Aufnahme unterbrochen und gesagt: »Ich höre einen Magen!«

Was ich erfuhr, war nicht viel mehr als das, was ich schon wußte. Auch an den Wünschen hatte sich nichts geändert, so daß ich mir sicher war, daß mich der sogenannte Chef nur hatte sehen wollen.

Mitgenommen von dieser Begegnung hatte ich allerdings eines: die Erkenntnis, wie erschreckend gut einige der Berliner Beamten des CIA bereits ausgekundschaftet waren. Allein am Fall des Freundes meiner ersten Exfrau war das abzulesen.

Ebensowenig wie ich den Decknamen des russischen Mitarbeiters preisgebe, der auserwählt worden war, mich zu »betreuen«, wird jemand erfahren, wie der Mann hieß, an dem der KGB so sehr interessiert war.

Bestimmt wird auch er mit einem falschen Namen operiert haben, und es ist heute auch nicht mehr wichtig zu erfahren, unter welchen Angaben zu Beruf und Familie er sich Bella Prima genähert hatte.

Du, lieber Axel, warst längst wieder in Magdeburg in Obhut Deiner Oma. Aber so lange war es noch nicht her, daß ich als dein »Onkel« nach Westberlin zu deiner Mutter gefahren war, um dich zu sehen.

So würde es nicht auffallen, überlegte ich, an einem Vormittag aus Westberlin bei Bella Prima anzurufen, zu sagen, daß ich mit Terza in Berlin sei und vorhabe, kurz vorbeizuschauen.

Eines Tages war es soweit. Von einer Telefonzelle in der Steglitzer Schloßstraße rief ich an. Doch mit einem Termin gleich am Nachmittag, wie ich es geplant hatte, klappte es nicht. Da sagte ich, daß ich am kommenden Vormittag auch noch in Berlin zu tun hätte und demnach auch am morgigen Nachmittag vorbeischauen könnte, wenn es recht sei. Bella Prima war es recht.

Der Mann an der Seite deiner Mutter, lieber Axel, war das, was man in Amerika mit »a nice guy« bezeichnet. Ein netter Bursche, aber nicht identisch mit dem Mann, der eine kurze Zeitlang als dein Vater auftrat und an den du dich vielleicht noch schwach erinnern wirst. Nennen wir ihn Bill, den Neuen an der Seite deiner Mutter. Bill und Boris. Wie beziehungsvoll! Und dazwischen ich als »Josef«: Moskaus 007 im Krümelformat.

Als Terza und ich ankamen, war Bill noch nicht da. Doch als er endlich hereinschneite, war es so, als würden wir uns schon lange kennen. Obwohl deutschstämmig, hatte er die angenehme amerikanische Art des Umgangs: offen, ungezwungen, herzlich. Viele Jahre später, als ich mich sieben Wochen lang in der Sowjetunion aufhielt, sollte mir auffallen, wie sehr sich doch gerade in dieser Hinsicht Amerikaner und Russen ähneln.

Bill war natürlich clever und dachte nicht im Traum daran, mich hinsichtlich des Ostens zu befragen. Vielleicht war er auch nur anständig. Oder möglich, daß er auf eine Frage von mir gewartet hat. Doch den Gefallen tat ich ihm nicht.

Wir sprachen über Gott und die Welt, Terza auch ein wenig über ihr Studium an der DHfK. Bill stellte sich unwissend und ließ sich die Abkürzung erklären. »Deutsche Hochschule für Körperkultur«, sagte Terza, worauf Bill wissen wollte, was an so einer Hochschule außer Sport noch alles gelehrt werde. Terza zählte einige Fächer auf. Und als die Sprache auf Psychologie und auf Psychoanalyse kam, richtete Bill an Terza die Frage, was sie von Sigmund Freud halte.

»Der unterrichtet nicht bei uns«, antwortete sie.

Da wurde ich in meinem Sessel um einen ganzen Kopf kleiner.

»Sie hätten nach Petrowski, Platonow oder Sintschenko fragen müssen«, sagte ich. »Aber die werden Sie wiederum nicht kennen!«

»Ich kenne Mitschurin und die Wurst am Stengel«, meinte Bill, und wir alle lachten.

Es wurde noch ein lustiger Abend. Ich trank Mineralwasser, während Terza den »Cheers« von Bill nicht nachstehen wollte. Mit Bourbon stießen sie immer wieder an. Auch deine Mama hielt wacker mit. Sie war Whisky on the rocks und auch Whisky pur gewöhnt. Terza hingegen, als angehende Sportlehrerin und durch meine vorgelebte Abstinenz jeglichem Alkohol entwöhnt, bekam Schwierigkeiten. Zum Glück erst in der zur späten Stunde fast leeren S-Bahn. Ich erinnere mich, daß es mir rechtzeitig gelang, ein Fenster herunterzuschieben.

Nahezu die gesamte Fahrt verbrachte Terza am offenen Fenster und dekorierte so die Strecke zwischen Zehlendorf und Westkreuz sowie die Bahnsteige Innsbrucker Platz und Schöneberg. Ich glaube nicht, daß KGB-Agenten jemals deutlichere Spuren hinterließen.

Boris erzählte ich natürlich nichts davon. Was ich ihm mitteilte, war die Order, die alle in Westberlin bediensteten Amerikaner hatten: niemals einen S-Bahnzug zu besteigen. Man könnte einschlafen im Zug, oder der Zug könnte aus irgendwelchen technischen Mängeln ohne anzuhalten in den sowjetischen Sektor fahren. Bill hatte das erwähnt, als ich ihn fragte, ob er schon einmal Ostberlin besuchen konnte. »Für uns Amerikaner zu gefährlich«, war seine Meinung dazu.

So war es nicht geschwindelt, als ich Boris mitteilte, daß Bill sich niemals, aus welchen Gründen auch immer, überreden lassen würde, den westlichen Teil Berlins zu verlassen.

Boris hörte sich das an, und nichts in seinem Gesicht deutete darauf, daß er über die Möglichkeit spekulierte, an die ich denken mußte. So hätte ich mich ja Bill gegenüber offenbaren können. Es wäre der Beginn des bekannten Doppelspiels gewesen, das jede gute Agentenstory braucht, wenn sie richtig spannend sein soll. Aber Spannung auf meine Kosten war nicht gerade das, was ich brauchte. Mein Trachten war, so schnell wie möglich aus der Sache wieder herauszukommen, in die mich der Anruf deiner Mutter hineingeritten hatte, der vielleicht – auch das bedachte ich – gar nicht unüberlegt und zufällig gewesen war.

Ob die Herren aus Karlshorst auch das erwogen hatten?

Wenn Bill tatsächlich auf diese Weise zu überprüfen versucht hat, wie die östliche Abhörpraxis und die eventuellen Reaktionen darauf funktionieren, so war der KGB dem CIA voll aufgesessen.

Es sollte gar nicht lange dauern, bis sich Boris erneut meldete. Ich hatte schon geglaubt, die Sache sei ausgestanden – aber Pustekuchen, nitschewo! Als Treffpunkt war diesmal eine Stelle am Müggelseeufer vorgesehen, auf der Seite des Strandbades, aber weit genug vom Strandbad entfernt in Richtung Friedrichshagen, wo an einer wilden Badestelle damals noch Autos zwischen den Kiefern parken durften.

Ein Termin war wegen meiner vielen Veranstaltungen nicht leicht zu finden gewesen. Ehrlich gesagt, ich hatte ein paar Verpflichtungen hinzugeschwindelt. Auch einige Unpäßlichkeiten waren darunter, als mich noch ein zweiter und dritter Anruf regelrecht nötigte.

So gab ich nach und fuhr zum vereinbarten Treff an einem Tag, den ich selbst bestimmt hatte.

Basner hatte in Neu-Venedig für mich ein kleines Haus entdeckt. Wieder einmal waren es 25.000 Mark, die mir genannt wurden. Aber auch diesmal hatte ich soviel nicht auf dem Konto. Genau 20.000 Mark fehlten. Da erklärte Alo Koll sich bereit, mir das Geld zu leihen, falls ich mich zu einem Kauf entschließen sollte.

Und dieses Haus mir anzuschauen, war ich eigens von Leipzig nach Berlin gefahren. Den Treff mit Boris hatte ich zwischen elf und elf Uhr dreißig festgelegt, den Termin zur Hausbesichtigung auf 14 Uhr. Es war erst zehn Uhr, und ich wollte das Haus wenigstens von außen schon gesehen haben, bevor es mir offiziell gezeigt wurde.

Ich besaß eine grobe Skizze der gesamten Anlage. Irgendwann in den dreißiger Jahren war dem zwischen der Müggelspree und der Fürstenwalder Allee gelegenen Sumpfgebiet Land abgerungen worden. Bautrupps hatten Kanäle angelegt und Erdreich zwischen die einzelnen Wasseradern aufgeschüttet. So war ein neues Viertel entstanden, das sich von der Rahnsdorfer Ortsgrenze bis zu den ersten Häusern von Hessenwinkel erstreckt. Ein Gebiet mit Wochenendparzellen, Lauben und kleinen Blockhäusern an den einzelnen schmalen Wasserläufen. Die befestigten Wege dazwischen mit Vogelnamen bezeichnet: Lerchenweg, Kuckuckssteig, Bachstelzenweg, Finken- und Elsterweg. Sämtliche Wasserstraßen münden in den Hauptarm, der unter der Rialtobrücke hinweg Verbindung mit der Müggelspree hat. Ein Paradies für Paddler, Kanufahrer und Freunde des Rudersports.

Den Grenzweg, den ich suchte, fand ich parallel zum Rialtoring verlaufend und hielt mit dem Wagen unmittelbar am Gartenzaun des kleinen Grundstücks mit der richtigen Nummer am Torpfosten. Ich lugte über die Hecke und sah ein kleines Haus mit Fensterläden und einer Mansarde. Das Haus aus Holz, der Sockel gemauert. Zwei gepflasterte Fahrspuren, die zum Hauseingang und noch ein Stück weiter zu einem kleinen Bootshafen führen. Unmittelbar am Fuß der Haustürtreppe eine Wasserpumpe mit Handbedienung. Und am Rand einer gepflegten Rasenfläche, ebenso wie die Fahrspuren aus Naturstein, der Weg von der Gartenpforte zum Haus.

Ich stieg wieder ins Auto, wendete, fuhr zurück und rechts in den Plutoweg hinein und gleich wieder rechts den Rialtoring hinunter und rollte so weit, bis ich von dieser Seite aus, über den Kanal hinweg, die Wasserseite des Grenzweggrundstücks sehen konnte.

Und dieser Blick überzeugte mich vollends: Das war das Haus, das ich in Berlin haben wollte. Es war klein, aber anmutig. Die Grazie ging vom Dachschwung aus, der mich an die Dachform chinesischer Teehäuschen erinnerte. Auch eine Terrasse war vorhanden sowie eine Rasenfläche bis ans Wasser. Die Uferfront mit

Bohlen befestigt, die rechteckige Einbuchtung, als kleiner Bootshafen gedacht, ebenso stabil verschalt. Sogar eine Badeleiter gab es. Und schließlich war da noch eine schön gewachsene Trauerweide, die den Zauber dieses Grundstücks vervollständigte.

Schon nach einigen Minuten war ich am Strandbad Müggelsee vorbei und bog von der Hauptstraße halblinks in den Müggelseedamm. An der vereinbarten Stelle fuhr ich langsamer, spähte links hinüber zum See und sah, daß zwischen den hohen Kieferstämmen noch kein Auto parkte.

Lediglich ein Mann mit seinem Hund lief durch den Sand. Es war ein guter Ort, fand ich, solange das Wasser noch kalt war. Zur Badesaison allerdings würde auch dieser Platz bevölkert sein, und nachts, so überlegte ich, von Liebespaaren im Auto ohnehin, unabhängig von Wetter und Jahreszeit.

Ich fuhr langsam weiter in Richtung Friedrichshagen und war noch nicht am Wasserwerk, als mir ein schwarzes Auto entgegenkam, in dem nur Männer saßen. Mit dem Fahrer waren es fünf, und ich konnte die beiden vorn und die drei im Fond deshalb so deutlich sehen, weil ihr Wagen ebenso gemächlich dahinrollte wie meiner. Während ich ungeniert hinüberschaute, starrten alle fünf geradeaus, als wären sie aus Wachs. Boris war nicht darunter.

Weil ich immer noch Zeit hatte, hielt ich in Friedrichshagen an. Gegenüber der Bölschestraße war ein Restaurant mit einem kleinen Vorgarten, der entgegen damals üblicher Gastronomiepraxis bewirtschaftet wurde. Die Sonne war herausgekommen, und unweit von mir saßen drei sportlich gekleidete Herren, deren Gesichtern anzusehen war, daß sie schon seit einigen Tagen die Frühjahrssonne auf dem Wasser genossen hatten. Segeln war ihr Gesprächsthema.

Ich blieb nicht lang. Die Bedienung war schnell und freundlich, das halbe Brathähnchen knusprig und schmackhaft, und ich dachte, daß dies ein Platz sei, an dem öfter anzuhalten sich lohnen würde.

Fünfzehn Minuten nach elf war ich am verabredeten Ort. Mein Auto hatte ich zwischen den Kiefern abgestellt, war ausgestiegen und zur Uferböschung geschlendert. Der Müggelsee lag sonnenüberstrahlt in seiner ganzen Pracht und Größe vor mir, und ich erinnerte mich wieder einmal an meine Kindheit in Brünn und an die dicken Jahrgangsbände der »Berliner Illustrirten«. Da war in einem der Hefte ein zwölfmotoriges Flugboot abgebildet gewesen, das auf dem Müggelsee gelandet war. Do X nannte sich der Flugriese. Ich stellte mir gerade vor, was das für einen Rummel gegeben haben mußte und überlegte, von welcher Seite, je nach der Windrichtung damals, das Flugboot eingeschwebt sein mochte, als mich eine Hand an der Schulter berührte.

Es war Boris. Freundlich wie immer. Als er mir die Hand reichte, sah ich das Auto von vorhin in entgegengesetzter Richtung fahren. Weit draußen auf dem Wasser versuchte ein Segelboot zu wenden, und von der Müggelspree her kam ein Ausflugsdampfer.

»Was gibt es Neues?« fragte Boris.

»Nichts«, sagte ich.

»Das ist nicht viel.«

»Ich habe viele Termine.«

»Das ist gut. Waren Sie noch einmal drüben?«

Ich sagte, nein, obwohl ich lieber geantwortet hätte, daß diese Frage unnötig sei, da doch bestimmt die Wohnung in Zehlendorf unter Beobachtung stehe.

»Schade«, sagte Boris. »Es wäre gut, wenn Sie noch einmal hinüberfahren könnten.«

»Es hat wenig Zweck«, sagte ich und fügte hinzu, daß der Anruf meiner geschiedenen Frau nach Leipzig möglicherweise bereits eine geplante Aktion des CIA gewesen sein könnte, um zu überprüfen, welche Bewegungen sich daraus ergäben.

Boris machte weder große Augen noch lächelte er, und eine Entgegnung erhielt ich auch nicht. Sein Gesicht hatte die Ausdruckskraft eines Bretterzauns.

Boris stieg den Sandhügel hinunter, suchte flache Steine und ließ sie über die leicht gekräuselte Wasserfläche springen. Ich versuchte auch ein paar Würfe, zeigte aber weniger Geschick.

»Es muß alles stimmen«, sagte Boris, »das Material, die Technik, der richtige Winkel, das Tempo und die Bedingungen.«

Ich nickte und wollte den Hügel wieder hinaufsteigen, doch Boris ergriff meinen Arm und schlenderte mit mir unmittelbar am Wasser entlang und erneuerte das mir bereits gemachte Angebot, für mich einen Sanatoriumsaufenthalt im Kaukasus zu arrangieren, sobald ich dies nur wünschte.

Ich dankte, wiederholte aber gleichzeitig, daß meine Arbeit

keinen Kuraufenthalt erlaube, womit von beiden Seiten alles gesagt war und ich mich jetzt nur noch fragte, was das ganze Treffen für einen Sinn haben konnte, wenn nicht als einzigen nur diesen: zu überprüfen, inwieweit vielleicht doch in diesem Fall von Dahlem aus die Fäden gezogen wurden und die Karlshorster Regisseure ein Stück zu inszenieren versuchten, das eigentlich schon längst lief.

Boris begleitete mich zum Wagen und fragte, ob ich ihn in die Stadt mitnehmen könne. Ich sagte, daß ich noch nach Wilhelmshagen müsse, und er meinte, daß ihm das auch recht sei.

Als ich wieder auf der Straße war, sah ich noch einmal das Auto mit den fünf Männern. Es fuhr hinter uns her, und ich merkte, daß Boris über den Seitenspiegel den Wagen auch im Blickfeld hatte, aber keinerlei Beunruhigung zeigte. Damit war klar, daß es seine Leute sein mußten, die eingesetzt waren, das Terrain nach möglichen Beobachtern auszuforschen, die mir schon seit Leipzig hätten auf den Fersen sein können.

Aber ich war sauber. Selbst wenn ich in Etappen von unterschiedlichen Fahrzeugen verfolgt worden wäre, hätte ich spätestens bei meinem Abstecher nach Neu-Venedig etwas merken müssen. Nachdem wir das Strandbad Müggelsee passiert hatten, blinkte der Wagen hinter uns und bog links in die Straße ab, die zum S-Bahnhof Rahnsdorf führt.

Ich brachte Boris bis an den Wilhelmshagener S-Bahnhof und fuhr die kurze Strecke zurück nach Neu-Venedig, wo ich die Zeit bis zum vereinbarten Besichtigungstermin mit dem Grundstücksvermittler vertrödelte, der im Plutoweg wohnte.

Der Mann, der das Grundstück schnell verkaufen wollte, weil er nach Westberlin zu übersiedeln gedachte, hielt sich im Rahmen der genannten Forderungen. Auch der Vermittler war kein Halsabschneider. Es gab eine korrekte Grundbucheintragung. Die Bezahlung erfolgte in bar. Ich hatte zwar jetzt Schulden, sah aber aufgrund bereits vorhandener Veranstaltungsverträge, daß ich innerhalb eines Jahres wieder schuldenfrei sein würde. Axel, du wirst dich gewiß noch an das Grundstück erinnern. Vor allem, wenn die Sonne schien, war es einfach paradiesisch. Mit dem Kanu warst du oft allein unterwegs. Du warst schon als Junge ein guter Schwimmer, weshalb ich keine Angst zu haben brauchte.

Das Haus war zwei Sommer lang Familientreffpunkt und Ort

geselligen Beisammenseins mit Freunden und Kollegen. Meine Mutter und meine Schwester aus Wien reisten an, Tante Milli und Tochter Inge aus der Soorstraße in Westend kamen zu Besuch. Das Sängerpaar Ilse und Werner Hass aus Westberlin kam, Brigitte Rabald und Alo Koll besuchten uns sowie Hans-Joachim Hüttenrauch, Mitarbeiter des Bereichs Unterhaltung beim Deutschen Fernsehfunk in Adlershof, in Begleitung seiner Mutter.

Inzwischen hatten Terza und ich in Leipzig eine eigene Wohnung im Hochparterre des Eckhauses Käthe-Kollwitz-Straße/Marschnerstraße zugewiesen bekommen, Möbel gekauft und uns gemütlich eingerichtet. Es war eine schöne Wohnung mit zwei Eingängen: einem herrschaftlichen und einem zweiten von der Marschnerstraße aus, der über eine schmale Innentreppe direkt zu den Küchentüren der einzelnen Wohnungen führte. Ich mochte diese Relikte einer Zeit, da Dienstboten noch ihren separaten Eingang hatten. Alo Koll meinte dazu, daß auch er durchaus zwanzig Jahre in einem Haus leben könnte, ohne jemals das Bedürfnis zu haben, herauszufinden, wo die Küche sei, geschweige diese Räumlichkeit betreten zu wollen. Ich war da anders. Ich betrat nur über diesen Nebeneingang die Wohnung, weil ich unmittelbar an dieser schmalen Seitentür unser Auto parken konnte.

Die Konzert- und Gastspieldirektion Leipzig war mein treuester Kontrahent. Ruth Oelschlegel, die Chefin der Agentur, pries mich als bestangezogenen Künstler der Unterhaltungsbranche. Sie mochte mich, aber bestimmt doch nicht so sehr, daß sie mir ihre Tochter Vera als Gespielin überlassen hätte. Vera, das dickbusige Mädchen, damals noch im Backfischalter, erregte meine Aufmerksamkeit. Auch das aparte Gesicht bemerkte ich und registrierte ebenso die restlichen körperlichen Vorzüge, allerdings auch das Gefühl einer Ahnung, daß die Mutter dem Kind höhere Weihen angedeihen lassen wollte.

Daß Vera eines Tages tatsächlich Karriere machte, wissen wir. Sie zeigte sich bemerkenswert geschickt in der durchdachten Auswahl ihrer Männer, bewies aber auch künstlerisches Talent, das ihr allein allerdings wenig geholfen hätte, wäre nicht auf der vorletzten Sprosse ihrer Ehrgeizleiter Konrad Naumann gestanden, der außer mit seiner Männlichkeit auch noch, kraft seiner Parteimacht in Berlin, mit dem »Theater im Palast« winken konnte. Erste Lady im DDR-Staat zu werden, war ihr nicht mehr vergönnt gewesen. Der Gang der Geschichte hatte ihr die letzte Sprosse weggehauen.

In der Nikolaistraße begegnete ich Mutter und Tochter, nahm das Kompliment bezüglich meiner Bühnenkleidung dankend entgegen, sagte aber auch, daß ich die Anerkennung gleich an die Firma Dalleske weitergeben würde, bei der ich schneidern ließ, und dort an den eigentlichen Anzugzauberer, den Zuschneider Zarembovicz, weil er es war, dem ich die erstklassig sitzenden Maßanzüge verdankte.

An einem Vormittag – ich kam gerade aus dem Dalleske-Haus am Dittrichring und wollte noch um die Ecke zur Post – bemerkte ich, daß jemand, ebenso zügig wie ich, neben mir herging. Ich schaute auf und erkannte Boris.

»Ah ja«, sagte ich, als würde ich mich vage eines Gläubigers erinnern, dem zu entrinnen sich als aussichtslos herausgestellt hat.

»Guten Tag«, sagte Boris und lief tatsächlich neben mir her wie einer, der beauftragt war, eine Taschenpfändung an mir vorzunehmen.

»Guten Tag«, erwiderte ich.

»Wo können wir sprechen?«

Ich blieb stehen, weil das unauffälliger war als das Nebeneinanderhergerenne, und fragte: »Worum geht es denn noch?«

Jemand grüßte mich im Vorübergehen, und eine Frau, die aus der Post kam, rief mir zu, daß die Rundfunkübertragung aus dem Zoo wieder mal schön gewesen sei.

Ich nickte und lächelte, konnte aber das Lächeln nicht schnell genug abstellen, so daß Boris einen Abglanz meiner Freundlichkeit noch abbekam.

»Es handelt sich um einen kleinen Gefallen, und es ist nicht die alte Sache. Wann werden Sie wieder in Berlin sein?«

»Ich kann das ohne Terminkalender nicht sagen«, erwiderte ich. »Aber selbst wenn ich demnächst in Berlin sein sollte, weiß ich jetzt schon, daß mir keine freie Zeit bleiben wird.«

An dieser Stelle wartete ich darauf, daß er mich fragen würde, um welche Summe es sich handele, falls ich zwei oder drei Verpflichtungen ausfallen ließe. Doch die Frage kam nicht. Das war offensichtlich ein Gedankengang, den die Ökonomie des KGB für ihr Rekrutierungsprogramm gar nicht erst vorgesehen hatte, weshalb es auch im Repertoire des Towarisch Boris fehlte.

Zwar fragte ich mich, was es wohl sein mochte, das den Herren so auf dem Herzen lag, daß sie einen Laienbruder damit beauftragen wollten; doch war mir mein Seelenfriede wichtiger.

»Werden Sie anrufen?« fragte Boris. »Es ist die alte Nummer.«

»Mal sehen«, sagte ich, wünschte guten Tag und guten Weg und ging in die Postfiliale, um mir ein paar Briefmarken zu holen.

Noch Tage darauf lief ich durch Leipzig wie ein Leithirsch, der weder der Dämmerung noch der Nacht vertraut und erst nach längerem Zögern aus dem Dickicht auf die Lichtung tritt.

Ich weiß nicht, ob Karlshorst von meinem neuen Domizil in Neu-Venedig wußte. Jedenfalls fühlte ich mich dort so, als wüßten die Herren nichts davon. Vom Mansardenfenster aus hatte ich einen guten Blick über den gesamten Grenzweg und das weite Wiesengelände gegenüber. Heute ist die Wiese, von der mehrmals im Jahr ein köstlicher Heuduft ausging, mit Wochenendbungalows und Sommerlauben zugebaut. Doch damals atmete dort noch die unverbrauchte Natur, und die vielen Kanäle verschafften mir den naiven Glauben an die Möglichkeit, rechtzeitig über den Wasserweg verschwinden zu können, falls dies irgendwann einmal notwendig sein sollte.

Der Fall trat niemals ein. Jedenfalls nicht auf dem Wasserweg. Und als ich eines Tages dann doch das Haus verließ und nicht mehr wiederkam, war der Grund ein anderer.

Der Friedrichstadtpalast und meine sittliche Gefährdung

Der Friedrichstadtpalast war schuld. Das Haus an der Weidendammer Brücke war nicht der Ort, der meiner sittlichen Gefährdung hätte entgegenwirken können. Als ich eines Tages unter den Tänzerinnen meine große Halberstädter Liebe entdeckte, aber außerdem noch ein Mädel, dessen Körpermaße auf mich wie ein Naturereignis wirkten, war jede Veranstaltung für mich zu einem Fest geworden. Eigentlich hätte ich für die zwei Monate im Jahr 1960 kein Geld nehmen dürfen.

Walter Ulbricht hatte im Februar den Vorsitz des Nationalen Verteidigungsrates übernommen. Rocco Granata sang seit einem Jahr »Marina, Marina, Marina« und bekam vier Goldene Schallplatten dafür. Spätestens zu diesem Zeitpunkt wußte ich, daß meine Texte zu kompliziert waren. Heidi Brühl sang »Wir wollen niemals auseinander gehn«, und dieser Meinung waren zu diesem Zeitpunkt auch noch Terza und ich.

Begonnen hatte alles am 21. März 1960. Es war ein Montag, und auf dem Flughafen Berlin-Schönefeld standen Gottfried Herrmann, Karl Stäcker und ich. Herrmann sah aus wie der jüngere Bruder von Willi Forst und war Direktor des Friedrichstadtpalastes, Stäcker war musikalischer Oberleiter des Hauses und auch kein Kostverächter. Seelenverwandt waren wir demnach alle drei und uns schon allein deshalb auf Anhieb sympathisch.

Wir warteten auf die Maschine aus Budapest, in der die beiden Hauptdarstellerinnen saßen: Marta Rafael und Anna Zentay. Beide waren in ihrer Heimat durch Funk und Fernsehen bekannt. Anna, als meine Partnerin verpflichtet, war damals die beliebteste Soubrette des Staatlichen Operettentheaters in Budapest.

Der Flughafen Schönefeld war noch nicht die »Festung« der Mauerjahre, also durften wir unmittelbar an den Rand des Rollfeldes, wo die ankommenden und abfliegenden Linienmaschinen parkten. Mitgekommen waren einige Pressefotografen sowie Reporter von Funk und Fernsehen. Der Primas der Zigeunerkapelle aus dem Restaurant »Budapest« war mit seinen Musikern da. Wir hatten Blumensträuße dabei, und die Damen, die pünktlich landeten, hatten Barack Pálinka, den berühmten ungarischen Aprikosenschnaps im Gepäck.

Der feuchtfröhliche Empfang änderte nichts an den trocken-biederen Dialogen, die uns der ungarische Autor Ivan Szenes mit seinem Buch hatte zukommen lassen. Aber Musik, Artistik und Ballett schafften schon damals, was dem Haus heute noch gelingt.

Mein Partner war der gutaussehende Harald Sawade, der fünf Jahre lang mit Heinz Rühmann auf der Bühne stand und an der Komischen Oper in der berühmt gewordenen Felsenstein-Inszenierung von Jaques Offenbachs »Pariser Leben« mitwirkte. Tagsüber drehte er in Hamburg, abends stand er mit mir im Friedrichstadt-Palast auf der Bühne.

»Budapester Melodie« war der Titel der Revue, und die Handlung war so gebaut, daß der operettenseligen Tokayer-, Paprika- und Gulaschromantik, das wahre und angeblich schönere Ungarn gegenüberstehen sollte. Wie üblich bei solchen Versuchen, gefielen den Zuschauern die altvertrauten Klischeebilder besser.

Sawade und ich hatten zwei westdeutsche Filmleute zu spielen, die im Auftrag einer Münchner Filmfirma nach Budapest reisen, um dort einen Film nach bewährtem Muster zu drehen. Vom Gegenwartsbild Ungarns beeindruckt und vom Charme der Damen Marta und Anna unterstützt, lassen sie aber den Plan fallen und versprechen, mit frischen Gedanken für eine Neufassung des Drehbuchs bald wiederzukommen.

Die Revue wurde trotzdem ein Erfolg. Die Vorstellungen waren täglich ausverkauft. Besucher aus Westberlin strömten ebenso herbei wie Besucher aus dem Umland, weshalb Gottfried Herrmann in der zweiten Aprilhälfte entschied, die Revue auch noch im Monat Mai zu spielen.

1960 erhielt ich die meiste Post. Körbeweise stapelten sich die Karten und Briefe in Leipzig und in Neu-Venedig. Alles Fanpost, die an den Rundfunk in Leipzig und Berlin sowie ans Fernsehen nach Berlin-Adlershof geschickt worden war und dann paketweise an mich weitergeleitet wurde. Ich erinnere mich, mehrere Vormittage in der Woche nur mit dem Schreiben von Autogrammgrüßen verbracht zu haben.

Viel Spaß in dieser Zeit hatte ich mit den unterschiedlichen Schreibweisen meines Namens.

Die erwähnenswerteste Abart war jene, die mich zum Mädchen machte: »Lucia Hoda« stand auf dem Umschlag, »Fernsehstar, Berlin«. Der Brief war angekommen. In Leipzig bedurfte es nicht einmal meines Namens. »An den stillen Zecher in Leibzsch«, las ich. Und auf einem anderen Kouvert war »Lutzja Roda« zu lesen. Alle diese Zuschriften erreichten mich. Gute alte deutsche Post!

Zu meinen jungen Verehrerinnen gehörten auch die Töchter von Heinz Quermann. Es soll eine nervlich aufreibende, aber zum Glück der Eltern nur kurze Zeit der Verehrung gewesen sein. Es gab von mir damals erst vier oder sechs Schallplattenaufnahmen. Singles waren es. Diese kleinen 45er Schallplatten. Und auf einer dieser Platten gefielen den Mädels im Lied vom Toni, der nicht jodelte, weil er krank war, besonders diese drei Zeilen:

»Ja, was ist denn passiert,
hat man ihm ein paar g'schmiert,
oder hat ihn der Franz mit dem Stuhlbein frisiert?«

Eigentlich seltsam, daß dieses Lied von den übereifrigen Textkontrolleuren nicht als Aufruf zur bewaffneten Gewalt mißverstanden wurde.

1960 neu von mir war der Liedtext »Alle hundertfünf Minuten«, der die Geschichte der Straßenbahnfahrerin der Linie 4 erzählt, die mit ihrer Bahn alle hundertfünf Minuten an meiner Wohnung vorbeikommt und mir mit ihrem Klingeln versichert, mir ewig treu zu bleiben.

Nicht Alo Koll, sondern Wolfgang Gerhardt, Pianist in der Alo-Koll-Band und freischaffender Arrangeur des Harth-Musikverlags, hatte diesmal die Musik geschrieben. In der von Heinz Quermann als Redakteur und Sprecher betreuten Fernsehreihe »Amiga-Cocktail« sang ich das Lied zum ersten Mal. Mir deshalb unvergeßlich, weil ich mit einer echten Straßenbahnklingel auf die Bühne mußte. Es war das Monstrum einer Apparatur, ausgebaut aus einer alten Straßenbahn, ungemein schwer, aber mit einem enorm lauten Glockenklang.

Ursprünglich hatte ich an zwei Glockenzeichen gedacht, die ich jeweils in die hierfür vorgesehenen Gesangspausen einbauen wollte. Das war gut gemeint, aber nicht zu schaffen, weil an dem Gerät keine Vorrichtung war, die es mir erlaubt hätte, wie im Führerstand eines Triebwagens einfach auf eine Pedale zu treten. So mußte ich das Riesending anheben und auf den Bühnenboden zurückfallen lassen, um dem Glockenmechanismus den notwendigen Glockenschlag zu entlocken.

Ich schleppte dieses Ungetüm, das aussah wie ein mit Preßluft betriebener Kiesbettstampfer, nur daß mir keine Preßluft half. Zu allem Übel war der jeweilige Glockenschlag, den ich gerade noch so in die eine Taktpause einbringen konnte, derart laut, daß ich die nächsten vier bis sechs Takte nahezu gehörlos war.

Glaubt mir, Söhne, es war die reinste Schwerstarbeit! Aber dem Publikum gefiel das. Künstler körperlich schaffen zu sehen, stimmt auch heute noch die Menschen froh.

Das Fernsehen ließ sich von diesem Lied inspirieren und gab ein Drehbuch in Auftrag. »Der Doppelsänger« hieß das Werk. Eine Doppelrolle für mich. Und eine Teilstrecke dieses Films drehte sich auch um eine Straßenbahnfahrerin, die einem der beiden Sänger den Kopf verdreht. Die Aufnahmen fanden in Berlin-Niederschönhausen Nordend auf einem Abzweiggleis statt. Die

Schauspielerin fuhr den Wagen selbst, ich stand daneben, hatte mir aber sicherheitshalber vorher vom Einweiser zeigen lassen, wo die Bremse ist und wie man sie bedient.

Im Sommer des Jahres 1960 gab es dann dieses Riesenspektakel in Leipzig. Meine Aufgabe war, im vollbesetzten Leipziger »Stadion der Hunderttausend« mit Gustav-Adolf Schur um die Wette zu radeln. Bis heute weiß ich sogar noch Einzelheiten. Nur der Anlaß ist mir aus dem Gedächtnis gerutscht.

Heinz Quermann wird es noch wissen, sagte ich mir. Markus Wolf sicherlich auch. Mit seinem Bruder Konrad saß er in einem Raum des Stadions, der von einigen, die mitmachten, als Garderoben- und Aufenthaltsraum genutzt wurde.

Für mich war Markus Wolf damals nur der Bruder von Konrad, und ich machte mir keine Gedanken um den Grund seiner Anwesenheit. Auch wäre mir nicht in den Sinn gekommen, ihn dort nach seiner Profession zu fragen.

Das Ereignis läßt mir keine Ruhe. Also rufe ich Heinz Quermann an. Er ist nicht zu Hause. So spreche ich meine Frage auf seinen Anrufbeantworter.

Schon am nächsten Tag ruft Heinz zurück und klärt mich auf: »Es war der Empfang der Olympiateilnehmer im Sommer 1960!«

Damit ist die Erinnerung bei mir wieder da: Olympiade in Rom! Richtig! Das war es gewesen!

Heinz hilft mir mit weiteren Einzelheiten auf die Sprünge: »Erst gab es zwei Fußballspiele. Schauspieler gegen Presse war das eine Spiel. Und dann spielte noch das Tanzorchester des Berliner Rundfunks mit Günter Gollasch an der Spitze gegen Walter Eichenberg und dessen Musiker vom Rundfunk-Tanzorchester Leipzig. Das hielt die Zuschauer bei Laune. Und dann war es soweit: Einzug der DDR-Olympiamannschaft und schließlich das besondere Bonbon für die Zuschauer: Die Einfahrt des Rennradvierers: Täve Schur und seine drei Teamkameraden. Eine Silbermedaille hatten sie mitgebracht. Und dich hatten sie als Verfolger.«

Mein Gott, ja, so war es gewesen! Ich hatte noch nie auf einem Rennrad gesessen und sollte der Vierergruppe hinterherfahren. Ich hatte ein Trikot an, das dem Renndress von Gustav-Adolf Schur glich; nur die Hose hatte eine spezielle Gesäßtasche, weil in ihr die schlanke Weinflasche Platz finden mußte.

Nein, Söhne, Ihr habt Euch nicht verlesen! Auch im Sommer

1960 war der »Stille Zecher« immer noch ein Hit. Erst 1961 war der Westen dahintergekommen, ließ den Titel aber mit Gus Backus aufnehmen. Da war das Lied in der DDR längst ein alter Hut.

1960 allerdings, da hatte ich ihn noch einmal erfolgreich auf. Fest aufgebrummt hatte ich ihn mir, bevor ich auf das Rad stieg. Es war ein riskantes Unternehmen. Ich hatte Angst, während des Endspurts die Flasche zu verlieren. Den Hut zu verlieren, wäre nicht so schlimm gewesen: Über Filz und Ripsband läßt es sich eher fahren als über Glasscherben.

Die Inszenierung war so angelegt, daß ich der Gruppe hinterherjagen und auf der Zielgerade Täve Schur überholen sollte.

Ein Betreuer der Radrennmannschaft übergab mir das Rad. Es war leicht wie eine Feder. Der Mittelfinger einer Hand reichte aus, um das Rennrad anzuheben. Ich sah die schmalen Reifen und dachte an die Sandbahn. Ich sah die Spangen an den Pedalen und wußte, daß da meine Füße drinstecken würden und ich sie bei einem Sturz so schnell nicht herausbekäme. Dann fehlte mir die Rücktrittbremse. Es war die Hölle!

»Nein«, sagte Heinz Quermann am Telefon, »es war himmlisch! Einmalig, wie ihr durch die Einfahrt ins Stadion geschossen kamt! Täves krummer Buckel auf der Zielgeraden! Schur trat in die Pedalen wie verrückt, als wäre er an der Spitze der Tour de France und hätte den Profiweltmeister neben sich!«

Und dieser »Profi« war ich! Nur vierhundert Meter waren es, die ich zu bewältigen hatte. Ich hörte den Jubel der hunderttausend Stadionbesucher und dachte nur: »Halte dich wacker, Junge, und fall nicht auf die Schnauze!«

Die Weinflasche drückte, und ich betete: »Heiliger Christophorus, Schutzpatron aller Fahrenden, laß mich heil ankommen!«

Noch hatte ich den Hut auf dem Kopf und die Flasche hinten in meiner Hose. Die letzten hundert Meter waren die schwierigsten. Auch wenn Täve nur so tat, als gäbe er sein Äußerstes, war er doch noch verdammt schnell. Ich wußte gar nicht, wie sehr ein Rennrad pendeln kann, wenn man so gewaltig in die Pedalen steigt.

Auch ich war jetzt vom Sattel weg, sah Täve neben mir, sah mein Vorderrad und die erschreckend dünnen Reifen. Nur noch einige Meter!

Nein, Söhne, es passierte nicht das, worauf ihr vielleicht wartet! Ich verhedderte mich weder in den Pedalen von Täves Rad noch flog mir der Hut vom Kopf und Täve genau vors Gesicht! Nichts Spektakuläres geschah, außer daß ich anderthalb Radlängen vor Gustav-Adolf Schur über die Ziellinie schoß.

Heinz erinnerte mich noch, daß bei dieser Veranstaltung auch er einen Wettkampf zu bestehen hatte. Mit Gisela Birkemeyer ging es über 110 Meter Hürden. Gisela hatte die wettkampfgerechten Hürden, und für Quermann waren nur 15 Zentimeter hohe Spezialanfertigungen aufgestellt gewesen. Auch das war ein Spaß, den die hunderttausend Stadionbesucher jubelnd genossen.

Mit dem Hürdenlauf, fand ich, war Heinz noch gut bedient. Was wäre gewesen, wenn Manfred Ewald, damals Vizepräsident des Deutschen Turn- und Sportbundes, von ihm verlangt hätte, mit der siebzehnjährigen Ingrid Krämer, Olympiasiegerin im Kunst- und Turmsprung, vom Zehnmeterturm um die Wette zu springen?

Die Frage fiel mir leider erst ein, nachdem Heinz aufgelegt hatte. Aber wie ich ihn kenne, hätte er geantwortet, daß dann nur zwei Sprünge möglich gewesen wären: der von Ingrid Krämer und der seine, weil nach seinem Sprung im Becken kein Wasser mehr gewesen wäre. An die Anwesenheit der Brüder Konrad und Markus Wolf konnte sich Heinz nicht erinnern. Wahrscheinlich hatte er eine Sologarderobe.

Wie ich heute weiß, war Markus Wolf damals bereits Stellvertreter des Ministers für Staatssicherheit und schon acht Jahre lang mit dem Aufbau und der Leitung der Hauptverwaltung Aufklärung beschäftigt. Und Konrad wird ins Stadion gekommen sein, weil sein Bruder Markus dort zu tun hatte. Warum Konrad in Leipzig war, wußten die Kollegen alle. Der Grund war Christel Bodenstein, die er liebte und zum Film brachte.

Auch ich mochte Christel Bodenstein. Heinz Quermann würde jetzt dazwischenrufen: »Welches Mädchen eigentlich nicht?« Und ich muß sofort klarstellen, daß Christel Bodenstein von dieser Zuneigung nie etwas erfahren hat. Sie war mir bereits als Tanzelevin aufgefallen, als ich noch am Operettenhaus engagiert war. Während einer Probe sah ich sie zum ersten Mal. Sie saß im Zuschauerraum, sah wirklich süß aus, und ich bedauerte, nicht Filmregisseur zu sein, weil ich dann einen Grund gehabt hätte, sie anzusprechen und zu Probeaufnahmen einzuladen. Geschockt von so viel Liebreiz, war mir kein anderer Anlaß zu einer Anrede eingefallen, und so blieb es bei dieser stillen Verehrung.

Warum die Sprache damals auf Christel kam, weiß ich heute nicht mehr. Was ich allerdings weiß, daß ich mich zu der Äußerung hinreißen ließ, Christel Bodenstein vor Jahren schon als gut zu fotografierendes Filmgesicht erkannt zu haben.

Das war aus Konrad Wolfs Sicht keine gute Bemerkung. »Ja, ja«, meinte er, »hinterher wissen es dann plötzlich alle!«

Bleibt noch anzumerken, daß dieser kurze Kontakt mit den Söhnen des Dramatikers und Schriftstellers Friedrich Wolf für mich alles andere als erquicklich war. Es ging um das übliche Einstimmen der Orchesterinstrumente unmittelbar vor Beginn einer Theateraufführung und um die Spannung der Künstler hinter dem Vorhang, die zu diesem Zeitpunkt ihren Höhepunkt erreicht. Ich hatte das Wort »einmalig« verwendet und gemeint, daß der Vorgang des Einstimmens auf mich jedesmal einmalig wirke. Auf diese »Einmaligkeit« stürzten sich die Herren Markus und Konrad und lachten herzhaft auf meine Kosten und vergaßen dabei nicht, mir zu erläutern, daß das Klangbild des Einstimmens schon immer so gewesen sei, indem die Oboe den Kammerton »a« angebe und das »einmalige Tongemälde« daraufhin mehr oder weniger immer das gleiche bliebe.

Ich war inzwischen dreiunddreißig und stand seit meinem neunzehnten Lebensjahr auf der Bühne. Ich wußte, wie eingestimmt wird. Sogar über die Schwingungszahl des Kammertons »a« hätte ich Auskunft geben können: 440 Hertz. Was sollte ich da sagen? – Ich sagte nichts, genoß die Belehrung und gönnte den beiden das Vergnügen, das sie an diesem Tag mit dem nach ihrer Meinung einmaligen Schlageridioten hatten.

Die Kunst der Verhandlung

Ein Journalist fragte mich einmal, wie ich Erfolg definieren würde, und ich antwortete: »Erfolg ist wie ein Nachtflug ohne Instrumente durch dichte Wolken. Du weißt nicht, ob du noch steigst oder ob der Steigwinkel bereits überzogen ist.«

1960 war ich noch Mode. Mein Manager informierte mich, daß nun auch der Kinofilm an mir interessiert sei. Frau von Zieten würde mich gern in Berlin aufsuchen wollen, sagte mir Basner am Telefon, und wir vereinbarten einen Termin.

Im Haus in Neu-Venedig fand die Zusammenkunft statt. Basner war eigens aus Leipzig angereist. Frau von Zieten kam im Auftrag der DEFA aus Babelsberg. In der Hand hatte sie das Drehbuch und auf den Lippen ein Lächeln. Auf das Drehbuch war ich neugierig, auf das Lächeln weniger. So ähnlich lächelte immer Ruth Oelschlegel, die Chefin der Konzert- und Gastspieldirektion Leipzig, wenn sie mir eine Gage nannte, die in keinem Verhältnis zur Nachfrage stand, der ich mich damals erfreuen durfte.

Meine Befürchtungen waren berechtigt. Eigentlich hätte Basner reden und das bestmögliche Honorar für mich heraushandeln müssen. Doch Basner sagte nichts. Er senkte nur seinen Blick, als ich ihn anschaute, und ich folgte der Richtung seiner Augen und sah, wie er mit dem Finger eine Eins und drei Nullen auf die Tischplatte malte. Zum Glück hatte Terza vorher Staub gewischt. Trotzdem war ich froh, daß Frau von Zieten auch später nicht auf Basners Hand schaute, die immer noch auf dem Tisch lag. Ein Fingernagel nämlich, unter ansonsten drei gepflegten Fingern und einem Daumen, war aus mir unerfindlichen Gründen offensichtlich schon seit Monaten nicht mehr geschnitten worden. Mit diesem gewaltigen Nagelspaten, dachte ich, müßten sich nicht nur Schrauben ein- und ausdrehen, sondern auch Konservendosen öffnen und Radkappen abhebeln lassen.

Frau von Zieten umriß die Handlung des Films, nannte mir die Darsteller, die sie für dieses Projekt bereits unter Vertrag hatte, und ich sah mir ihre drahtige Figur und ihr Gesicht an und überlegte, ob mit ebensolch straffem Rücken ihr Vorfahr, der preußische Reitergeneral, zu Pferde saß, als er 1760 bei Torgau gegen die Österreicher focht und die fast schon verlorene Schlacht letztlich doch noch für Friedrich den Großen entschied.

Ich sprach von tausend Mark pro Drehtag, während Frau von Zieten mir zu erklären versuchte, daß eigentlich jeder, der bei der DEFA zu drehen beginne, pro Drehtag zweihundertfünfzig Mark bekomme und sich dieses Tageshonorar dann je nach Leistung und Erfolg steigern ließe, aber sie mir als Produktionsleiterin jetzt schon zusichern könne, mir eine Drehtagsumme von fünfhundert Mark zuzugestehen.

Euer Vater blieb hart. Frau von Zieten zeigte etwas von der Beweglichkeit ihres Urahns. »Herr Jahoda«, sagte sie, »tausend Mark pro Drehtag zahlen wir nur ganz wenigen Schauspielern. Das sind dann wirklich Spitzenkräfte der größten Theater und obendrein Darsteller, die sich schon in mehreren Filmen bewährt haben.«

Ich wollte keine Namen wissen, nickte verständnisvoll, blieb aber dennoch unnachgiebig. Nach der dritten Tasse Kaffee, die ich Frau von Zieten aufgenötigt hatte, sah ich an ihren geröteten Wangen und ihrer Unruhe, daß sie sich in Kürze entscheiden würde.

Basners Mimik signalisierte mir Zuversicht. In mir hingegen begann sich Unsicherheit einzunisten, der ich aber nicht gestattete, bis ins Gesicht aufzusteigen.

»Achthundert Mark«, sagte Frau von Zieten schließlich, und mir war, als hätte ich einer Reiterattacke des Generals widerstanden. »Allerdings muß ich diese Summe erst absegnen lassen«, fügte sie hinzu.

»Aber ja«, sagte ich und atmete meine ganze Anspannung aus. Hätte ein Fliegenfänger über dem Tisch gehangen, er hätte sich bewegt.

»Noch ist nichts entschieden«, sagte Frau von Zieten. Dennoch fühlte ich mich besser, als sich der österreichische Feldherr Leopold Graf Daun gefühlt haben mußte, als er verwundet nach Torgau ritt, um sich verbinden zu lassen.

»Das Manuskript lasse ich Ihnen hier, und in spätestens zwei Tagen hören Sie von mir.« Frau von Zieten stand auf und reichte mir die Hand. »Ich rufe Sie an.«

Schon am nächsten Tag kam die Bestätigung. Zwar weiß ich bis heute nicht, ob tausend Mark damals tatsächlich das Spitzenhonorar unter den Tagesgagen der DEFA war, doch würde ich heute selbst das herzhafteste Lachen all jener verkraften, die weitaus mehr kassierten; denn immerhin hatte ich als junger Filmeinsteiger dem in dieser Branche üblichen Verhandlungsdruck tapfer widerstanden.

Daß Gagenabsprachen auch anders verlaufen können, zeigte ich in einem Gedicht, das ich mir zehn Jahre später für mein Buch »Mit Lust und Liebe« einfallen ließ. »Möglichkeit einer Gagenverhandlung« nannte ich das zweiundzwanzigzeilige Werk. Ihr werdet es nicht kennen, Söhne. Also schreibe ich es auf:

»Mein Name ist Eduard Witzel.
Ich war Grand Utilité in Bregenmützel
am Stadttheater.

Das heißt, eigentlich bin ich Heldenvater.
Aber Sie kennen doch die Intendanzen,
sagen, sie hätten keine Vakanzen,
und nur um billig einzukaufen,
lassen sie die größten Talente laufen.
Also, ich hatte seinerzeit vorgesprochen
und offenbar großen Eindruck gemacht;
nicht umsonst hat mich der Intendant unterbrochen
und gefragt: ›Was hatten Sie sich so an Gage gedacht?‹
Ich sagte selbstsicher, deutlich und stark:
›Achthundert Mark!‹
Der Intendant lachte
und sprach: ›Sachte, sachte,
mein lieber Freund, achthundert Mark
bekommt bei mir nicht einmal die Jeanne d'Arc!
Bestenfalls möglich wär'n vierhundertacht!‹
Ich rief: ›Herr Intendant, abgemacht!‹
Worauf ich dann den Vertrag unterschrieb
und einundzwanzig Jahre blieb.«

Die Zahl 13

Das Jahr 1961 stand unter keinem guten Stern, obwohl es für mich zufriedenstellend begann. Der Friedrichstadtpalast hatte mich wieder für zwei Monate unter Vertrag genommen. »Strandkorb Nr. 13« hieß die Revue, die bereits im Jahr zuvor mit großem Erfolg gelaufen war und im Sommer 1961 mit einer neuen Handlung ins Programm aufgenommen wurde.

Die Werbefläche an der Giebelseite des Bühnenhauses war so groß, daß die Namen der Hauptdarsteller schon vom S-Bahnhof Friedrichstraße aus zu erkennen waren. Undine von Medvey, reizendes Multitalent aus Westberlin, Sängerin, Pianistin, Tänzerin, war meine Partnerin. Im Zuschauerraum mußten wieder einige Sitzreihen dem großen Wasserbecken geopfert werden. 70.000 Liter Wasser benötigte das ein Meter tiefe Bassin, das von zehn Unterwasserscheinwerfern erhellt wurde. 10.000 Watt allein unter Wasser. Und Undine und ich in einem Schlauchboot über Wasser, singend und schmusend.

Für Undine übrigens eine traurige Zeit. Ihr Freund Gottfried Herrmann, der mir so überaus zugetane Direktor des Hauses, war am 31. Mai an den Folgen eines tückischen Krebsleidens gestorben.

An einem der letzten Vorstellungstage im Mai 1960 war es gewesen, daß ich zu ihm ins Büro wollte. Im Sekretariat war keiner mehr, und die Tür zum Direktionszimmer stand offen. Also ging ich unbekümmert am leeren Arbeitsplatz der Sekretärin vorbei und stand schon in der Türfüllung, als ich sah, daß Gottfried Herrmann bitterlich weinte. Er saß an seinem Schreibtisch, mit dem Rücken zu mir, das Gesicht zum Fenster. Ich hörte sein Schluchzen und sah das Zucken seiner Schultern. Auf Zehenspitzen zog ich mich zurück.

Vierzehn Monate später verzeichnete das Programmheft der Neuauflage von »Strandkorb Nr. 13« gleich zwei Namen, hinter denen ein Kreuz zu sehen war. Außer Gottfried Herrmann war auch noch der Choreograph Robby Gay nicht mehr am Leben. Beide starben im besten Mannesalter. Gottfried Herrmann im fünfundvierzigsten Lebensjahr. Drei Jahre zuvor war ihm noch der Goethe-Preis des Magistrats von Groß-Berlin für seine Verdienste um die Unterhaltungskunst verliehen worden.

Den Monat Juni 1961 hat Gottfried Herrmann nicht mehr erlebt. Der Showbetrieb ging weiter, aber für mich war der Friedrichstadtpalast nicht mehr das, was er einmal war. Auch das Wetter schien zu trauern. Es stürmte und regnete. Die »BZ am Abend« vermerkte in einer Besprechung: »... wenn man auf echte Badefreuden verzichten muß, freut's einen, wenn der Sommer, wie im Friedrichstadtpalast, wenigstens im Saal stattfinden kann.« Die Zeitungskritiken waren gut. Die Besucher strömten. »Eines der bezauberndsten Programme überhaupt«, lobte die »Märkische Union«. Auch ich kam gut weg. Nur im »Eulenspiegel« schrieb Rudi Strahl, daß er sich freue, endlich zu erleben, wie Lutz Jahoda baden gehe.

Den Gefallen tat ich ihm. Allerdings nur so, wie es das Manuskript vorschrieb. Abend für Abend. Das Wasser war angenehm temperiert. Ich fand auch immer den Stöpsel am Schlauchbootwulst hinter meinem Rücken, so daß stets zum festgelegten Zeitpunkt die Luft entweichen und Undine von Medvey mit mir in die Fluten tauchen und ans »Ufer« schwimmen konnte. Singend natürlich.

Farbig angestrahlte Fontänen sprühten, Badenixen schwammen nach Esther-Williams-Art die schönsten Wasserballettfiguren, die Tänzerinnen entzückten die Zuschauer mit einer polynesischen Tanzeinlage, die ihre Wirkung nicht nur aus der Choreografie bezog, sondern vor allem aus den im ultravioletten Licht fluoreszierenden Leuchtfarben, mit denen die Bikinis, Kopfbedeckungen und Schuhe präpariert waren. Auf der nachtschwarzen Bühne sah man dann nur die Slips der Mädchen und die sparsam drapierten Brusttücher leuchten. Der Kopfschmuck glitzerte, und an den Hüften und Knöcheln zitterten bunte Vogelfedern im Rhythmus der wild tanzenden Körper. Artistische Darbietungen überboten sich mit ihren Einfällen. Da fehlte nichts. Den dreifachen Salto gab es; dann Balancen auf einem nur auf zwei Beinen schräg gestellten Stuhl auf schwingendem Trapez; Pudeldressuren waren zu sehen, und Slapsticknummern waren auch dabei. Kurzum, es quirlte nur so in diesem Programm.

Und schließlich war da noch das Modehaus Bormann mit seinen Mannequins. Die Damen zeigten extravagante Sommerkleider und schicke Bademodelle. Und ich steckte mittendrin in diesem Aufgebot an Schönheit und Verlockung. Das reinste Gift für Euren Vater!

Die eine junge Dame ist euch schon bekannt. Halberstadt! Die süße Tänzerin, die ich liebend gern geheiratet hätte, wenn ich nicht gerade erst vom Standesamt gekommen wäre. Zehn Jahre waren inzwischen ins Land gegangen, und sie hatte mir verziehen. Bobby Bolke, mein Halberstädter Kollege damals, hatte sich der von mir so schnöde Verlassenen liebevoll angenommen und sie geheiratet. Doch als wir uns 1960 im Palast wiedertrafen, waren Bobby und Hannelore nicht mehr beisammen. Sie hatten sich im Guten getrennt, und Hannelore, meine Sommerliebe des Jahres 1951, war inzwischen mit Eduard van Dooren verheiratet.

Eduard und Hannelore wohnten in Westberlin. Er war als Komponist und Arrangeur für den Friedrichstadtpalast tätig, sie als Tänzerin fest engagiert. Während sie jeden Tag zum Training und zur Vorstellung im Haus sein mußte, brauchte er nur an den Tagen der Orchesterproben sowie der Haupt- und Generalprobe und der Premiere anwesend zu sein. Das war nicht gut. Allabendlich hätte er da sein müssen. Mit Handschellen. Und gleich nach dem letzten Auftritt seiner Frau im Finale hätte er sie an sich ketten und mit ihr unverzüglich nach Hause fahren müssen. Doch er kam nur gelegentlich. Das war ein Fehler.

Auch Bella Terza war als Wachhund nicht geeignet. Sie hätte mir auf Schritt und Tritt folgen und mir auf die Hacken treten müssen. Genau so, wie Peter Alexanders Hilde bis zum heutigen Tag ihrem Goldjungen auf den Fersen ist.

Aber so war es halt nicht. Und so platzte eines Abends die Bombe. Das heißt, es war schon früher Morgen, als ich den Wagen in die Einfahrt des Neu-Venediger Grundstücks lenkte. Ich hatte schon während der Fahrt sämtliche Fenster heruntergekurbelt, doch der Atem der Liebe hing immer noch in den Polstern der Sitze. So ließ ich die Fenster auf

Das hätte ich mir sparen können. Terza kam aus dem Haus und nahm sofort Witterung auf. Polizeihund Rex hätte das nicht besser gekonnt. Da dachte ich, daß es klüger gewesen wäre, die Wagenfenster geschlossen zu lassen.

Zu spät! Odore amore wallte durch den Garten, als müßte jeder Tautropfen Kenntnis erhalten von meinem nächtlichen Glück.

Damit hing der Haussegen schief, doch er sollte noch schiefer hängen; denn da war noch der zweite Stern, den ich umkreiste. Chris war ihr Name. Ich erwähnte sie bereits. Und auch sie hatte Tänzerinnenbeine, aufregend lang, wie sie sein mußten in der Gardereihe der gutgewachsenen Schönen – nur daß sie ein wenig stabiler und weiblicher waren als die Beine der anderen, die mich umtanzten.

Es gibt ein Pressefoto, das mich in einer Szene mit sechs Damen des Balletts zeigt, und ausgerechnet links und rechts von mir die beiden, die ich begehrte: Hannelore zu meiner Linken, Chris zu meiner Rechten.

Hannelore, die eine Erneuerung der vor zehn Jahren verlorengegangenen Sommerliebe im Herzen trug; Chris, der es ernst war mit mir. Den Liebreiz ihres Gesichts und das Blau ihrer wunderschönen Augen nahm ich Nacht für Nacht in meine Träume.

Oft waren Chris und ich nicht beisammen. Und festzuhalten ist, daß sie meinen Balzritualen tapfer widerstand. So etwas steigert das Begehren im Manne, und der Frau gibt es ein gutes Gefühl.

»Chris, etwas Besseres konnte dir nicht widerfahren!« würde ich ausrufen, träfe ich sie zufällig wieder. »Denn der Wahrscheinlichkeitsrechnung nach, so wie sich die Beziehungen mit mir als Ehemann bislang erwiesen, war es ein Segen für dich, mich so schnell wie möglich loszuwerden!«

Hilfreich dabei war die Position meines Auftritts aus einer engen Kulissengasse, aus der ein Teil der Mannequins des Hauses Bormann aufzutreten hatte. Daß der Zufall ausgerechnet dort deine Mutter hinstellte, lieber Sascha, war somit auch der Anfang deines Weges.

Da stand ich also, eingezwängt zwischen den Mannequins, dicht vor deiner Mama, als Gott Amor in Aktion trat. Also, der kleine Kerl mit Pfeil und Bogen, wie wir ihn aus den Witzblättern kennen, kann es nicht gewesen sein. Da muß mir Aphrodite einen Kerl wie Johnny Weissmüller geschickt haben. Arnold Schwarzenegger gab es ja damals noch nicht. Also wer auch immer zugeschlagen hat, es muß einer mit zwei Sandsäcken gewesen sein.

Der Name Karl Dall sagte auch noch keinem was, aber dessen Blick, den hatte ich schon, als ein Auge die Schönheit des Gesichts wahrnahm, während sich das andere Auge dem tiefen Kleidausschnitt widmete. Denn was sich heute viele junge Damen mit Hilfe eines Chirurgen unter die Bluse implantieren lassen, hatte deine Mutter von Natur aus. Daß an ihr auch alles andere weiblich schön war, brauche ich Dir nicht zu erklären. Ihr Aussehen, ihr Charme und ihre Fröhlichkeit überwältigten mich.

Chris schrieb mir einen Brief, der mir das Herz zerriß. Ein Teil meines Herzens war noch bei ihr, ein Stück meines Herzens war schon bei deiner Mutter, und obendrein zerrte noch Bella Terza an sämtlichen Gewissenssträngen.

»Viele Stränge werden es nicht gewesen sein!« höre ich im Einklang den Chor der von mir Enttäuschten rufen.

Na gut, meine Zerknirschung wird nicht laut genug geknirscht haben. Jede Kaffeemühle knirschte damals lauter. Dennoch bitte ich, mir zu glauben, daß ich wieder einmal in starken Empfindungsturbulenzen steckte. Als ich dazu neigte, mich für Chris zu entscheiden, schluckte deine Mutter Schlaftabletten und folgte damit der Suizidveranlagung ihres Vaters, der sich am Wühlischplatz an einem Parkbaumast erhängt hatte. Den Baum konnte mir deine Mutter noch zeigen, den Ast nicht mehr: das Gartenbauamt oder wer auch immer dafür zuständig war, hatte ihn absägen lassen, weil dein Großvater nicht der einzige war, der ihn praktisch fand.

1961 im Sommer liefen die Dreharbeiten zum Film »Das verhexte Fischerdorf« auf Hochtouren. Das war die Produktion, zu deren Mitwirkung ich mich in Neu-Venedig verpflichtet hatte. Bei den Dreharbeiten an der Ostsee konnte man keine Rücksicht darauf nehmen, daß ich Abend für Abend – außer Montag – in Berlin auf der Bühne zu stehen hatte. Also mußte ich zeitig in der Früh nach Ahrenshoop transportiert und rechtzeitig wieder nach Berlin zurückgebracht werden. Geschah das mit dem Auto, konnte deine Mutter mitfahren. Erlaubte das Wetter einen Flug, mußte Mama zu Hause bleiben. Den Transport erledigte dann eine einmotorige Maschine der Abteilung Wirtschaftsflug in Schönefeld. Es war ein Flugzeug, das mich entfernt an den Fieseler Storch erinnerte. Außer dem Pilotensitz gab es nur einen Platz daneben und einen Notsitz hinter den vorderen beiden Sitzplätzen. Doch der Hauptgrund, weshalb deine Mama nicht mitfliegen durfte, war versicherungsrechtlicher Natur. Frau von Zieten war wachsam.

Beim ersten Flug war Gerlind Ahnert dabei. Ansagerin beim Fernsehen, aber an sich Schauspielerin und in diesem Film eine meiner Partnerinnen. Sie stieg gleich auf den hinteren Sitz, unter dem im Agrareinsatz ein Teil des Streugutes lagerte.

Ich saß neben dem Piloten, der sich mir als Flugkapitän Z. aus Lommatzsch vorstellte. Als er den Motor startete, flogen mir fast die Ohren weg. Und als wir nach etwas mehr als hundert Metern keine Bodenhaftung mehr hatten und schon nach wenigen Minuten der Steigflug beendet war, dachte ich, daß sich aber jetzt bald die Fluggeschwindigkeit erhöhen müßte; denn unter uns auf der Autobahn zwischen Erkner und Vogelsdorf fuhren einige Autos schneller, als wir flogen.

»Wie schnell sind wir denn?!« schrie ich.

»120 Stundenkilometer!« schrie der Flugkapitän zurück.

»Da hätten wir doch auch mit dem Auto fahren können!«

»Nein, nein«, lachte der Käpt'n, »wir fliegen ja querfeldein, da geht es schon schneller!«

»Was meinst du dazu, Gerlind?« brüllte ich und drehte mich nach ihr um. Gerlind meinte gar nichts: sie schlief tief und fest. Mir bei dem Motorenlärm bis heute unbegreiflich. Als wir Finow passierten, machte mich unser Pilot auf zwei sowjetische Jagdflugzeuge aufmerksam, die ihren Militärflugplatz anflogen. Die

Maschinen waren in Sichtweite, und Z. wackelte zweimal den in Fliegerkreisen üblichen Tragflächengruß. Als die Russen nicht reagierten, winkte er ab und schrie: »Sture Böcke!«

Wir flogen nach einer einfachen Straßenverkehrskarte und mit Bodensichtorientierung. Z. schob mir die Karte zu und fragte mich nach dem Kurs. Wir hatten gerade die Richtungshilfe der Autobahn unter uns verlassen. Ich schaute hinunter auf einen länglichen See, entdeckte zum Glück halbrechts eine mir von den Türmen her nicht unbekannte Stadt und schrie: »Prenzlau!«

»Gut! Und wohin jetzt?« – »Halblinks!« brüllte ich zurück.

Ich glaube, daß er es präziser haben wollte, weil er mir die Karte wegnahm. Ich erkannte dennoch die einzelnen Orte, über die wir hinwegschaukelten, auch wenn ich sie von oben zum ersten Mal sah.

Rechterhand Strasburg, danach Friedland, gleich darauf linkerseits Altentreptow. Eigentlich hätte es jetzt quer über Wiesen, Wälder und Äcker Richtung Grimmen gehen müssen. Doch so kursgenau wollte es unser Flugkapitän auch wieder nicht haben. Er vertraute lieber der Fernverkehrsstraße 96. Zwischen Jarmen und Greifswald behielt er sie immer schön rechts in Sichtweite. Erst nachdem sich am Horizont Greifswald zeigte, wurde er kühn und schwenkte halblinks ab, in der Hoffnung, rechterhand bald Stralsund wenigstens aus der Ferne zu sehen. Als wir die Straße 105 zwischen Kummerow und Karnin überquerten, schwenkte Z. Richtung West, dann über dem Saaler Bodden Richtung Nord. Ich sah den Darß und die Mühle bei Born und hörte Gerlind Ahnert von hinten rufen: »Sind wir schon gestartet?« Z. hätte um ein Haar den Steuerknüppel durch das Bodenblech gestoßen, so mußte er lachen. Daß wir daraufhin gleich ein paar Meter an Höhe verloren, war nicht schlimm. Wir waren an Ort und Stelle.

Ich sah den Aufnahmeleiter mit Bettlaken das Landekreuz markieren. Die Stelle lag auf halbem Weg zwischen Born und Ahrenshoop auf einer einigermaßen ebenen Wiese. Ein zweiter Mann hielt eine Stange mit einem Wimpel in die Höhe. Das Fähnchen flatterte in östliche Richtung. Also drehten wir eine Runde über dem Fischland und schwebten schließlich gegen den Wind ein. Die Wiese empfing uns holprig, der Aufnahmeleiter freudig, und ein Dienstwagen der DEFA fuhr uns zum Auftrittsort.

Umwerfend warm war es nicht, aber die Sonne schien, und die

Mitwirkenden in Badeanzügen und Badehosen am Strand spielten so, als hätte es hochsommerliche Hitzegrade.

Die Tage waren angefüllt mit dieser zweigeteilten Arbeit. Und meist ließ das schlechte Wetter einen Flug nicht zu. Also holte mich dann unmittelbar nach der Vorstellung ein Wagen der DEFA ab und fuhr mich durch die Nacht hinauf nach Ahrenshoop oder zu einem der Drehorte unter freiem Himmel. Für Schlaf blieb dann nicht viel Zeit. Besonders, wenn ich deine Mutter mitnahm. Sonnabend und Sonntag waren die härtesten Tage, weil wir jeweils zwei Vorstellungen hatten. Die erste um 15 Uhr, die zweite um 19 Uhr.

Am Samstag, dem 12. August, waren beide Vorstellungen ausverkauft. Nichts war anders als an den Tagen vorher. Heiterkeit und Applaus im Saal wie immer. Spielfreude und Spaß auf der Bühne und im Wasserbecken. Alles verlief wie gewohnt. Nur als die Zuschauer gegen 22 Uhr das Haus verließen, sollte Berlin von Mitternacht an nicht mehr das sein, was es gewesen war.

Das Publikum war noch nicht aus dem Foyer, da saß ich, nur flüchtig abgeschminkt, schon wieder im Wagen Richtung Ostsee. Die Meldung von der Abriegelung der Sektorengrenze hörte ich zwar schon ganz zeitig in der Früh am Drehort, doch der Schock erreichte mich so richtig erst, als ich am frühen Sonntagnachmittag bereits wieder in Berlin war.

Axel, du warst zwölf und hast von diesem Tag an deinen Sommerferienfreund aus Westberlin nie mehr gesehen. Sascha, du warst noch nicht auf der Welt, aber du kennst die Wochenschau- und Fernsehbilder. Im Juli hatten noch 30.000 Menschen über Westberlin die DDR verlassen. Am 13. August waren es nur noch wenige, die in den Westteil der Stadt gelangten. Entlang der Sektorengrenze quer durch Berlin war das Pflaster aufgerissen, und bewachte Stacheldrahtsperren machten das Passieren der Grenzlinie so gut wie unmöglich.

Die Zahl der kleinen und großen Tragödien wurde Legion. Eine Freundin deiner Mama, lieber Sascha, verlor ihren Verlobten. Er war Schornsteinfeger in Westberlin, sie war als Mannequin in der Palastrevue dabei und wohnte in der Florastraße in Pankow. Beide liebten sich sehr. Der Schwarze Sonntag im August 1961 nahm darauf keine Rücksicht. Die Politik kannte kein Erbarmen.

Meine Liebe zu Berlin habe ich schon mehrfach erwähnt. Sie galt der ungeteilten Stadt. Demnach war ich nicht in der Lage, diese Mauer zu bejubeln, die aus ostdeutscher Sicht die letzte Rettung war, um das sich abzeichnende Siechtum der DDR zu stoppen.

Mich lehrte dieser Sonntag im August zweierlei: Erstens, daß es eines Freitags nicht bedarf, um von der Dreizehn Unheil ausgehen zu lassen. Und zweitens, daß auch Kommunisten Humor haben.

Auf mich warf die Dreizehn gleich zweimal ihren Schatten: einmal vom »Strandkorb Nummer 13« im Revuetitel und noch einmal vom Datum der Einmauerung aus.

Es begann mit der Frage der Pressereferentin des Friedrichstadtpalastes an mich, wann ich bereit sei, eine Stellungnahme zum Bau des Berliner Schutzwalls abzugeben. Zwei Herren der Presse hätten bereits mehrmals um einen Termin gebeten. Ich sagte, daß es mir leid tue, ich aber gegenwärtig wirklich keine Zeit habe.

Das wiederholte sich dreimal. Dann war es der Pressereferentin zu viel. Ihr Ton wurde schärfer, als sie mich fragte, ob ich denn überhaupt wisse, worum es ginge. Worauf ich, auch nicht mehr freundlich, antwortete, daß ich das selbstverständlich wisse, jedoch darum bitte, mich endlich mit dieser Scheißpolitik in Ruhe zu lassen.

Diese Äußerung war nicht gerade geschickt. Es war damit zu rechnen, daß noch vor Sonnenuntergang desselben Tages dem Kulturministerium eine entsprechende Mitteilung zugeleitet wurde. Unter den Genossen im Palast dürfte sich meine Unbotmäßigkeit auch schnell herumgesprochen haben. Das veränderte Klima mir gegenüber war deutlich fühlbar. Eines Tages, ohne Voranmeldung, erschienen zwei Herren von der Presse in meiner Garderobe. Es war während einer Pause. Die Garderobe war schmal, die Herren waren breit. Es gab kein Entrinnen. Außer in Ohnmacht zu fallen, wäre mir nichts eingefallen, um den beiden zu entgehen. Die Herren waren höflich, und ich war es auch. Sie sagten, daß sie lediglich gekommen seien, um ein wenig mit mir zu plaudern. Und so waren auch keine direkten Fragen dabei. Es war eine locker geführte Unterhaltung, die nicht länger als zehn Minuten dauerte. Am Schluß bat einer der Herren um ein Autogramm. Und während ich schrieb und danach die Hand mit dem Kugelschreiber hob, um zu sagen, daß es jetzt höchste Zeit sei, mich für den nächsten Auftritt umzuziehen, blitzte es mehrmals.

Ich bin nun mal nicht der Typ, der Bildreportern die Kamera aus den Händen schlägt und Zeitungsleuten prophylaktisch das Nasenbein poliert. In jenem Fall hätte ich es tun sollen; denn ohne mich zu unterrichten, ohne mich um Zustimmung für den unter meinem Namen veröffentlichten Text zu bitten, brachten die Journalisten zwei üble Machwerke auf den Markt. Das eine war ein Foto, auf dessen Rückseite ich zu meinem Erstaunen für die Kandidaten der Nationalen Front warb. Die Wortwahl war degoutant und wäre von mir niemals so zu Papier gebracht worden. Mir wurde heiß und kalt, als ich las, was mir in den Mund gelegt worden war. Es war, gelinde ausgedrückt, eine Frechheit! Der Gedanke, daß diese Bildkarte in jeden Haushalt gelangt war, bringt mich heute noch in Rage. Und um das Maß voll zu machen, kursierte schließlich noch ein Artikel durch den sozialistischen Blätterwald, der so verfaßt war, als hätte ich ihn selbst geschrieben. Auch hier war die Wortwahl schlimm und somit entlarvend. Der Text hätte mir die Plakette in Gold für das beste Funktionärdeutsch einbringen müssen, hätte es eine solche Ausschreibung gegeben.

Eins zu Null für die Presse damals. Die Aktion war ihr geglückt. Meine mehr leichtsinnig als mutig geäußerte Absage zur öffentlichen Huldigung des 13. August 1961 war mit diesem Artikel gelöscht. Bis heute weiß ich nicht, wer diesen Artikel schrieb und ihn frech mit dem Faksimile einer meiner Autogrammunterschriften versah. Heute frage ich mich, ob es nicht gerade diese mir untergeschobene Stellungnahme war, die mir Ärger ersparte. Als mich Flugkapitän Z. zum letzten Mal nach Ahrenshoop und wieder zurück nach Berlin schaukelte, saß ich mit ihm allein in der Maschine. Auf dem Rückflug, unweit vom Flughafen Schönefeld, ritt mich der Übermut. Ich rief: »Was würden Sie tun, Käpt'n, wenn ich Ihnen jetzt eine Pistole unter die Nase halten und verlangen würde, statt in Schönefeld in Tempelhof zu landen?« Flugkapitän Z. lachte und schrie: »Na, was wohl? In Tempelhof landen!«

Auf der Rückseite einer Werbeschrift des Friedrichstadtpalastes stand: »Wegen des großen Erfolges wird das Augustprogramm noch bis zum 24. September verlängert.« Eine Unrichtigkeit in zweierlei Hinsicht: Erstens war das Programm von Anfang an für zwei Monate vorgesehen gewesen, und zweitens konnte nach dem 13. August von einem großen Publikumszuspruch keine Rede mehr sein. Es war erschreckend, die vielen leeren Reihen zu sehen. Die Gäste aus dem westlichen Teil der Stadt fehlten, und den Menschen im Osten war bis auf weiteres der Sinn nach Spaß und Lustbarkeit abhanden gekommen.

Darsteller aus Westberlin waren nicht mehr dabei. Auch meine Partnerin Undine von Medvey war ich los. Hannelore und ihr Mann, der Arrangeur, durften ebenfalls nicht mehr in den Ostteil der Stadt. Lediglich der Starbühnenbildner des Hauses, Wolf Leder, zuständig für die Gesamtausstattungen fast sämtlicher Inszenierungen, hatte eine Ausnahmegenehmigung. Von der »Komischen Oper« hieß es, daß Felsenstein es geschafft habe, den DDR-Verantwortlichen sogar für seine in Westberlin wohnenden Garderoben- und Toilettenfrauen eine Sondererlaubnis aus den Rippen zu leiern.

Umbesetzungsproben im Palast brachten den Zeitplan der Filmaufnahmen durcheinander. Doch die Proben mußten sein. Die Rolle Undine von Medveys übernahm Renate Tschenett, die attraktive Solotänzerin des Hauses. Für den Westberliner Manuskriptschreiber und Komiker Enno Neumann sprang Kurt Rackelmann ein, und die Rolle von Ruth Peter spielte Hannelore Fabry.

Zu den Filmaufnahmen wurde ich nicht mehr geflogen. So ging der Transport nur noch per Auto. Die Zeiten waren sehr knapp kalkuliert, und die Wagen, die mich fuhren, waren nicht die besten. Ich erwartete bei jeder Fahrt ein Malheur. Und eines Tages traf es ein: Auf der Rückfahrt wollte das Auto nicht mehr. Irgendwo auf der Strecke zwischen Neubrandenburg und Fürstenberg fanden wir eine Reparaturwerkstatt. Was wir nicht fanden, war ein Ersatzauto, das uns sofort nach Berlin hätte weiterfahren können. Also warteten wir. Das Publikum im Friedrichstadtpalast wartete auch, weit mehr als tausend Menschen.

Ich weiß nicht, wer die Zuschauer vertröstet hat und wie die Zeit überbrückt worden war. Die Gäste im Saal saßen länger als eine halbe Stunde. Als der reparierte Wagen am Bühneneingang vorfuhr, standen nahezu alle Mitarbeiter des Friedrichstadtpalastes vorm Haus. Nicht gerade erquicklich dieser Empfang, weil ich nicht allein aus dem Wagen stieg, sondern deine Mutter auch, lieber Sascha, und die Angelegenheit auf den ersten Blick weniger nach einem Drehtermin aussah als vielmehr nach dem verunglückten Zeitplan eines Liebesausflugs.

Wie ein Kugelblitz jagte ich ins Haus, die Treppen hinauf und hinein in den schmalen Garderobengang. Wo deine Mutter hinwirbelte, weiß ich nicht. Wahrscheinlich zur Toilette. Vor meiner Garderobe stand schon der Garderobier Maslok in Sprungstellung und bereit, mir Jackett, Hemd und Hose vom Leib zu reißen. Und so geschah es auch. Der Vorgang des Aus- und Anziehens muß wie ein im Zeitraffer wiedergegebener Ringkampf ausgesehen haben. Sekundenschnell ging dieser Umzug. Nur ein Boxenstop bei der Formel I ist kürzer. Alles in mir wehrte sich, an die Zuschauer zu denken. Es gelang mir nicht. Auf dem Weg zur Bühne stieß ich mit dem Inspizienten zusammen, der gekommen war, um zu fragen, ob ich bereit sei. »Ja«, rief ich, »fangt an!«

Als ich die Einleitungstakte des Orchesters hörte und in der ersten Gasse auf meinen Auftritt wartete, fürchtete ich, mit einem Pfeifkonzert empfangen zu werden. Doch nichts geschah. Die Zuschauer reagierten wie gewohnt. Ich glaube, daß es für die Berliner nach dem 13. August nichts mehr gab, was sie hätte aufregen können.

Die Dreharbeiten zum »Verhexten Fischerdorf« zogen sich immer mehr zum Herbst hin und gestalteten sich dadurch von Tag zu Tag schwieriger. Bald reichten die künstlichen Lichtquellen nicht mehr, um für die Außenaufnahmen die notwendige Sommerhelligkeit herbeizuzaubern. Außerdem hatten die Bäume besonders früh damit begonnen, ihre Blätter zu verlieren, weshalb der Requisiteur vor jeder Aufnahme darauf zu achten hatte, daß die Äste, die im Bildausschnitt zu sehen sein würden, sommerlich belaubt waren. Fanden sich kahle Stellen, die zu den im Hochsommer bereits fertiggestellten Aufnahmen einen Bruch bedeutet hätten, mußte der Requisiteur für eine Neubelaubung sorgen. Dann mußten Blätter von noch belaubten Ästen abgenommen und in mühevoller Kleinarbeit an die kahlen Zweige geknüpft werden. Zum Glück wurde der Film in Schwarz-Weiß gedreht, so daß die zum Teil schon herbstlich gefärbten Blätter nicht auffielen.

Horst Drinda war mein Gegenspieler. Er verkörperte einen arbeitsbesessenen Typen, einen »Workaholic«, wie man heute sagen würde. Ich spielte einen leicht vertrottelten, aber offenbar doch liebenswerten Burschen. Brigitte Krause und die schon erwähnte Gerlind Ahnert waren meine Partnerinnen. Siegfried Hartmann, der Regisseur, hatte sich einer Reihe erstklassiger Schauspieler versichert: Mathilde Danegger, die Schwester des aus alten Filmen bekannten Schauspielers Theodor Danegger, Agnes Kraus, Erika Dunkelmann, Elsa Grube-Deister, Gustav Müller, Gerd E. Schäfer, Werner Lierck, Horst Kube und Kurt Rackelmann. Obwohl es kein Musikfilm war, hatten drei hübsche Melodien einen wesentlichen Anteil an der Gefälligkeit dieses Streifens. Die flotten Noten dazu waren dem Musikwissenschaftler und Komponisten Karl Schinsky eingefallen. Zwei Texte hatte ich unter dem Pseudonym Franz Felder beigesteuert. Und zu einem der Lieder hatte der Drehbuchautor Hans Peter den Text geschrieben. Übrigens, Sascha, ist deine Mutter in diesem Film zu sehen. Innerhalb einer kurzen Szene steht sie in der Rolle einer Kindergärtnerin neben mir. Ziemlich am Anfang des Films.

Ich sah den inzwischen fünfunddreißig Jahre alten Streifen vor kurzem erst wieder und suchte in meinem Gesicht nach den Spuren der Turbulenzen, die mich damals ziemlich durchgeschüttelt hatten. Ich konnte nichts entdecken. War ich der Mann ohne Gewissen? Terza litt in Neu-Venedig, Deine Mutter litt in der Finowstraße, und ich litt mit beiden und obendrein noch an der täglichen Geißelung, wenn ich an Chris dachte, die ich zusätzlich tief enttäuscht hatte. War das mein Beitrag zur unheilbaren Verdorbenheit des Menschenherzens?

Nur noch gelegentlich wohnte ich in Leipzig. Die schöne Wohnung in der Käthe-Kollwitz-Straße war mir fremd geworden. Wie weggewischt waren die Tage des Glücks, die ich mit Terza in diesen Räumen verbracht hatte. Doch nachts suchte mich die Erinnerung heim. Da hätte ich eine religiöse Bruderschaft gründen können: die »Fraternität blutender Herzen«.

Schatten der Vergangenheit verdüsterten mir Leipzig, Schatten von Gestern verleideten mir auch Berlin. Boris war wieder da. Er stand in der Weserstraße und wartete darauf, daß ich irgendwann das Haus verlassen würde. Da übernachtete ich gelegentlich bereits in der Wohnung deiner Großmama. Die Wohnung der Oma lag im ersten Stock, und die Fenster gingen teils auf die Finowstraße und teils auf die Weserstraße hinaus. Als ich mit deiner Mutter das Haus verließ, sprach er mich an. Weiß der Teufel, was er sich dabei dachte! Wahrscheinlich nichts. Für ihn wird es die einzige Möglichkeit gewesen sein, noch einmal an mich heranzukommen.

»Wer war denn das?« fragte mich deine Mutter erstaunt.

»Ach«, sagte ich, »ein alter Bekannter aus Leipzig.«

»Ein Russe?«

»Ja«, sagte ich, und die Frage »Ist da was besonderes dran?« schwang in diesem »Ja« unausgesprochen mit. Doch weil das ein wenig gereizt klang, fügte ich sofort hinzu, daß ich vor Jahren mit einem Programm in einer Russenkaserne aufgetreten sei und den Mann seit dieser Zeit kenne.

Einige Tage darauf – ohne deiner Mutter etwas gesagt zu haben – meldete ich mich unter der Nummer, die immer noch aktuell war, und nannte als Treffpunkt die Ecke Edisonstraße/An der Wuhlheide. Dort, wo heute eine Betonspannbrücke die Kreuzung entlastet, war 1962 noch kein starker Verkehr.

Als ich ankam, stand der Wagen mit Boris unweit der Einmündung zur Hermann-Duncker-Straße. Es war eine westliche Automarke, und der Mann, der am Steuer saß, hatte die Hemdsärmel hochgekrempelt, und ich sah den tätowierten linken Unterarm im geöffneten Wagenfenster. Es war ein warmer Frühlingstag. Boris kam zu mir herübergeschlendert, und ein paar Minuten später wußte ich schon, daß die Herren aus Karlshorst gut recherchiert hatten. Sie setzten richtig auf den Frühling, aber falsch auf mich. So gut sie nachgeforscht hatten, war ihnen doch eine wesentliche Masche in meinem einfach gestrickten Seelenpullover entgangen: Ich war kein Kreuzundquerschnacksler.

Boris war mit zwei Nachrichten gekommen: einer guten und einer schlechten. Die gute Nachricht war die, die er nicht erwähnte, weil sie für ihn und seine Auftraggeber gar nicht gut war, doch um so besser für mich. Die fehlende Bemerkung zur »Angelegenheit Bill« sagte mir, daß Karlshorst den Weg über die familiäre Schiene als gescheitert betrachtete. Ob und wie die Herren umdisponiert hatten, wäre interessant gewesen zu erfahren. Ich erfuhr es nie und konnte nur hoffen, daß dem freundlichen Amerikaner nicht anderweitig eine Laus in den Pelz gesetzt worden war.

Die schlechte Nachricht für mich war für Boris wiederum die gute. Er strahlte, als er sie mir offenbarte. Ich hörte ihm zu und dachte: »Wofür hältst du mich, Boris? Für Graf Cagliostro, Casanova oder Rasputin?«

Boris kann James Bond noch nicht gekannt haben. Der erste Film der Serie war gerade erst fertiggestellt worden. Dennoch setzte er auf Qualitäten in mir, die ich erst viele Jahre später in Bild und Ton präsentiert bekam, als ich in Baden bei Wien den ersten 007-Film sah.

So sollte ich mich mit einer Verkäuferin anfreunden, die eine Liebesbeziehung zu einem CIA-Beamten hatte. Als ob es für mich nicht schon genug Probleme mit der holden Weiblichkeit gab! Es sei ein nobler Laden für Herrenoberbekleidung auf dem Kurfürstendamm, erklärte mir Boris, und die junge Dame, um die es gehe, sehe recht ansehnlich aus. Ich hatte keinen Bedarf. Es war das falsche Raster, in das mich die Herren gesetzt hatten. Und so sagte ich Boris an jenem sonnigen Tag an der Wuhlheide, daß ich für die auszuführenden Aufgaben einfach schon zu bekannt sei. Ich erwartete, daß er da einhaken und sagen würde, daß doch gerade der Bekanntheitsgrad das Zustandekommen eines Gesprächs erleichtern könnte und meine Prominenz für die junge Dame sogar ein Anreiz für ein näheres und intimeres Kennenlernen sein dürfte. Doch Boris sagte nichts. Er hatte keine Einwände.

Ich schaute zu seinem Wagen hinüber, und wieder störte mich das Mißverhältnis zwischen der Eleganz des Autos und dem Aussehen des Mannes am Steuer.

»Darf ich Ihnen einen Tip geben?« fragte ich.

Boris nickte.

»Dann empfehle ich Ihnen, sich entweder einen anderen Chauffeur zu besorgen oder dem Mann zu sagen, daß er seine Tätowierung nicht so offen zeigen soll. Leute, die im Westen so einen Wagen fahren, sind nicht tätowiert und außerdem besser angezogen.« Und weil Boris nichts dazu sagte, fügte ich noch hinzu: »Außer, Sie möchten als das erkannt werden, was Sie sind. Dann natürlich können Sie alles so belassen.«

Das letzte, was ich von Boris hörte, war seine Frage nach Walter Ulbricht – wie die Meinung über ihn in der Öffentlichkeit sei.

Ich sagte sie ihm.

Das ist jetzt achtunddreißig Jahre her, und es wäre mir angenehm, wenn sich im Archivnachlaß der KGB-Zentrale in Moskau ein Reißwolf meiner schmalen Akte angenommen hätte, sofern es die Karlshorster überhaupt für wert befunden haben, eine solche anzufertigen. Die Ergebnisse meiner Mitarbeit waren nicht gerade vorzeigbar; von meinen Empfehlungen ganz zu schweigen. Jetzt kann ich nur noch hoffen, daß die Presse mein investigatives Interesse für die russische Tschekistenfirma nicht zur Beratertätigkeit hochschaukelt und meine in die Jahre gekommenen Fans mit der fettgedruckten Frage erschreckt: »Hatte Fernsehliebling L. J. ein eigenes Büro in der Lubjanka?«

Euer Vater war kein Held, wie ihr schon bemerkt habt, und er ist es auch heute nicht. Würde ich sonst, was ich schon zu DDR-Zeiten tat, von jeglichen Chinarestaurantbesuchen die Rechnungen und Eßstäbchen aufbewahren? Wer wußte schon so genau, wer morgen an die Türen klopft?

So habe ich sicherheitshalber auch schon den Koran unter meinen Büchern, was hoffentlich nicht Anlaß für meine Exfrauen sein wird, wieder bei mir einziehen zu wollen.

Mit dem Herzen denken ist Glückssache

Ich träumte von ewiger Liebe,
Treue bis in den Tod.
Aber das war nicht Udos Welt …
(Exfrau Panja über Udo Jürgens)

Vierzig Jahre verheiratet,
nie an Scheidung gedacht –
nur an Mord!
(Wolfgang Völz, Schauspieler)

Warum ich den damaligen Staranwalt Friedrich Karl Kaul mit der Scheidung von Bella Terza beauftragte, weiß ich nicht. Möglicherweise geschah das in einem Anflug von Größenwahn. So leer, wie ich aus dem Haus ging, hätte das jeder andere Anwalt auch erledigen können. Aber es mußte Kaul sein. Er war der Mann, dessen Arbeitsbewältigung ich bewunderte. Er war Justitiar des Rundfunks, hatte seine Anwaltspraxis, absolvierte regelmäßig seine Sendereihen und schrieb nebenbei noch Kriminalromane. Seine Bekanntschaft zu machen, war mir das Honorar wert. Als ich zum vereinbarten Termin einige Minuten zu spät in sein Berliner Büro kam und mich entschuldigte, es aus Leipzig mit dem Wagen nicht schneller geschafft zu haben, fragte er mich nach der Marke meines Autos.

»Ein ›Wartburg‹«, sagte ich stolz, »es ist der Sportwagen mit der langen Kühlerhaube, dem abnehmbaren Hardtop und den zwei Vergasern!«

Darauf Kaul: »Warum kaufen Sie sich kein richtiges Auto?«

Der 4. Juni 1962 war ein heißer Tag, wie ich mich noch gut erinnern kann. Es war der Tag meiner dritten Scheidung. Das Kammergericht Leipzig Mitte hatte geladen. Ich war leger gekleidet, hatte eine lange Fahrt hinter mir, kam aus der Eisenacher Ecke und wollte noch weiter nach Berlin. Der einzige Anzug, den ich bei mir hatte, lag im Kofferraum des Wagens, wohlverwahrt im Kleidersack. Es war der Bühnenanzug, mit dem ich mich selbst an kühlen Tagen niemals ins Auto gesetzt hätte. In die Leipziger Wohnung hätte ich fahren können, doch war ich mir nicht sicher, dort noch einen dem Geschmack des Richters entsprechenden Anzug hängen zu haben, weil ich den größten Teil meiner Sachen bereits in Berlin hatte. Außerdem wäre ich dann zu spät gekommen. Eine Umleitung hatte mich in Zeitbedrängnis gebracht. Das alles sagte ich dem Richter und fügte noch hinzu, daß ich, wenn er es unbedingt wünsche, hinunter zum Auto gehen könne, um mich auf der Straße umzuziehen, er sich aber dann bitte über den Bußgeldbescheid wegen Erregung öffentlichen Ärgernisses nicht wundern dürfe, den ich ihm der Ordnung halber zuschicken müßte.

Der Richter kochte, und ich nicht weniger. Es war, wie gesagt, ein heißer Tag.

Kaul hatte einen seiner Mitarbeiter geschickt. Das war zwar nicht vereinbart gewesen, störte mich aber nicht sonderlich, obschon ich gern erlebt haben wollte, wie Kaul mit nur wenigen Worten dem Herrn Richter die Luft aus den Sprechblasen gelassen hätte.

Diese Verhandlung war eine der unangenehmsten Erfahrungen, die ich je machen mußte. Für mich war es, wie gesagt, die dritte Übung, aber die bislang scheußlichste. Obwohl die Ehe kinderlos geblieben war, es demzufolge kein Problem zu verhandeln gab, außer dem einer bereits von mir gebilligten Güterteilung, stocherte der Richter, unablässig salbadernd, in meiner Privatsphäre herum, wobei mich am meisten störte, daß der Mann ohne jeglichen Humor war. Wäre er locker und freundlich gewesen, hätte ich ihm schon zu erklären versucht, wie die Engel der Treue in mir gegen die Kobolde der Lust und Liebe stritten.

Ich überlegte, was es sein mochte, das den Mann so sehr gegen mich aufbrachte.

Widerworte hatte ich ausreichend parat und dachte gleichzeitig an vieles. Auch zwei Zeilen eines Erich-Kästner-Gedichts fielen mir ein: »Die Liebe kam ihnen abhanden, wie andern Leuten ein Stock oder Hut.«

Mir kam etwas mehr abhanden: 50.000 Mark an Sachwerten waren futsch. Das war verdammt viel damals. Terza wollte das Haus in Berlin, und sie wollte das benzinfressende Sportgeschoß, das der Dresdner Rennfahrer Melkus für die Firma »Wartburg« entwickelt hatte. Beides bekam sie. Ich behielt die Möbel, die in der Leipziger Wohnung standen, sowie das Konto bei der Sparkasse in der Schillerstraße. Und weil auf dem Konto noch was drauf war, trennte ich mich zusätzlich von der Summe, die damals eine Schiffsreise nach Kuba kostete.

Daß nicht ich nach Kuba fuhr, werde ich an dieser Stelle nicht extra betonen müssen.

Zu erwähnen ist noch die geteilte Meinung der Kolleginnen und Kollegen über mich: Einige nannten mich »Wohltäter«; aber der größte Teil war der Auffassung, daß ich, schlicht gesagt, nur ein Trottel sei.

Wie zum Beweis dieser Meinung heiratete ich gleich wieder.

Als deine Mama und ich, lieber Sascha, am 9. August 1962 vom Standesamt kamen, war Marilyn Monroe, Mamas heimlicher Schwarm, gerade erst vier Tage tot. An einer Überdosis Schlaftabletten sei sie gestorben, hieß es. Keine gute Nachricht für deine Mutter, die mit dem Tod liebäugelte wie eine Katze mit dem Sahnetopf.

»Heirate in Eile und bereue in Muße!« Britischer Humor vom Feinsten; wie maßgeschneidert für mich! Die Ehe währte sieben Jahre, und mindestens sieben langer Kapitel bedürfte es, um all das aufzuschreiben, was uns auf der Achterbahn des Alltags auf und ab sausen ließ und durcheinanderrüttelte.

Wahr ist, lieber Sascha, daß ich deiner Mama nahezu sieben Jahre lang treu war, obschon ich auch in dieser Zeit viel unterwegs sein mußte.

Besser wäre es gewesen, auf Heimarbeit umzusteigen: Spielzeugindianer anzumalen, Tüten zu kleben oder für Komponisten und Arrangeure Noten aus Partituren herauszuschreiben. Ob allerdings dadurch die Ehe zu retten gewesen wäre, möchte ich bezweifeln. Mamas Eifersucht war gewaltig. Jeder gemeinsame Gang in die Öffentlichkeit wurde uns zur Qual. Jedes weibliche Wesen, das uns begegnete, signalisierte ihr Gefahr. So setzte ich mich im Restaurant grundsätzlich mit dem Gesicht zur Wand, um gegen weibliche Blicke gefeit zu sein und damit auch sicher vor Beschuldigungen deiner Mutter.

In einer launigen Minute gestand sie mir einmal, daß sie die Art liebe, wie ich meine Brieftasche zu halten pflege, wenn ich den Fächern Geldscheine entnehme. Spätestens da wußte ich, daß Gunter Sachs an ihrer Seite der bessere Partner wäre. Nur hätte er zusätzlich zum Geld noch mit der Mildherzigkeit und Opferbereitschaft einer Mutter Theresa ausgestattet sein müssen.

Also mildherzig und opferbereit war ich ja. Aber reich, ohne dafür etwas tun zu müssen, war ich nicht. So mußte ich immer wieder auf Tour gehen. Es war ein ungesunder Kreislauf. Gelegentlich war Deine Mama e einige Tourneetage mit mir unterwegs. Ich dachte, daß die Abwechslung gut für sie wäre. Doch gut tat es keinem von uns beiden. Entertainment privat, Entertainment auf der Bühne – für mich zu viel der Lustbarkeit.

Hatte Mama eine trockene Kehle, nahm sie das Glas erst vom Mund, wenn es halbleer war. Doch war es leider nicht immer der Durst, der sie zum Trinken veranlaßte. Oft war es nur Übermut, dann wieder Niedergeschlagenheit – und es war schwer festzustellen, ob die seelische Beklemmung sich in Ausgelassenheit auflöste oder die Wildheit ihre Depression überdecken sollte. Egal, was auch immer am Ende stand, die überdrehte gute Laune oder die zur Schau getragene Seelenqual, stets kippte die Stimmung in Angriffslust um. Wenn ich Glück hatte, richtete sich die Attacke gegen andere oder äußerte sich nur in hemmungsloser Motorik auf dem Tanzparkett. Hatte ich Pech, mußte ich die heftigen Bewegungskräfte abfangen und war dann so etwas wie heute das Kiesbett entlang kritischer Kurven einer Formel-1-Rennstrecke.

Laßt mich die Sache zu Ende bringen. Es ist schon ein verrückter Beruf, den sich Euer Vater ausgesucht hat. Da braucht man keine närrische Betriebsamkeit nebenbei. In einem stillen Winkel meines gutgläubigen Herzens hatte ich mir ein wenig schöpferische Ruhe an der Seite meiner vierten Frau erhofft. Nun, was soll's! Mit dem Herzen denken ist Glückssache!

Es war kurz vor Weihnachten, und ich war damit befaßt, Glückwunschkarten zum Fest und zum Jahreswechsel 1968/69 zu schreiben. Deine Mutter wollte, daß ich ihr beim Baumschmükken helfe. Ich sagte, daß der Baum noch Zeit habe, wohingegen die Weihnachtspost schnellstens auf den Weg gebracht werden müsse. Wegen dieser Nichtigkeit entzündete sich blitzartig eine Auseinandersetzung. Sascha, du warst viereinhalb Jahre alt und wirst dich vielleicht noch erinnern. Eine explodierende Tankstelle in unmittelbarer Nachbarschaft hätte nicht mehr Schaden anrichten können. Die Gewalt deiner wütenden Mutter ließ alles zersplittern, was aus Glas und Porzellan war. Stühle flogen durch das Zimmer, Bücher aus dem Raumteiler, und sogar der Nierentisch kippte krachend um. Als wäre es gestern erst gewesen, sehe ich dich mit großen ängstlichen Augen in dem Chaos stehen und höre dich fragen: »Papa, warum macht die Mama das?«

Meine Duldsamkeit war am Ende. Der Krug war voll. Mehr Ungemach zu ertragen war ich nicht gewillt. Mit nur einem Koffer verließ ich die Wohnung und betrat sie niemals wieder.

Als ich nach sechs Jahren zum fünften Mal heiratete, brachte das keinen mehr ins Grübeln. Inzwischen rätselt auch keiner mehr, warum Irrtümer und Sünden mehr Zuspruch finden als neue Gewißheiten und Gebote.

Der Lumpenhund im Mann ist das Gen SRY, das auf dem männlichen Geschlechtschromosom Y sitzt. Dank also allen Neurobiologen, Hormonforschern und Genetikern, die das herausgefunden haben und behaupten, daß nicht der Mann, der ewig Geprügelte, an den Pranger gehört, sondern das bereits erwähnte Weichensteller-Gen SRY, das die Produktion des körpereigenen Wirkstoffs Testosteron in Gang setzt. Je mehr Testosteron im Blut, desto verrückter der Kerl. Gebt etwas davon dem Weibe, so wird es rennen wie ein Gepard, springen wie ein Tiger und schwimmen wie ein Delphin; allerdings auch einen Bart bekommen wie Fidel Castro.

Warum auch die Frau gelegentlich dem Seitensprung verfällt, wissen die Verhaltensforscher inzwischen auch. »Eine Welt ohne Ehebruch«, so behaupten sie, »hätte die Menschheit bis zum heutigen Tag nicht überlebt.«

Also bitte! Seid stolz auf euren Vater! Denn so betrachtet, gehört er zu den Rettern dieser Welt!

Gerhart Eislers Einfall und die Folgen

»Laufe, ringe,
turne, springe,
boxe, fechte oder hechte,
tritt Pedale oder Ball;
aber tritt auf keinen Fall,
selbst wenn dir sehr danach sei,
die Partei!«

Ich glaube, daß sich der DDR-Sport seinem staatlichen Sponsor gegenüber jederzeit vorbildlich verhielt. Wie undankbar hingegen zeigten sich die Künste.

Am 26. März 1962 sah sich Albert Norden veranlaßt, folgenden Brief an den Genossen Gerhart Eisler zu richten: »Das Auftreten von Eberhard Cohrs in ›Da lacht der Bar‹ können wir uns in der Form, wie es am letzten Mittwoch geschah, nicht noch einmal leisten. Du weißt, daß ich den Versuchen entgegengetreten bin, ihn auszuschalten. Sein jetziges Auftreten kann man nur als Revanche für die Angriffe betrachten, denen er ausgesetzt war. Aber so kann das nicht weitergehen. Wenn er nur unpolitischen Humor bringen will (wie die gelungene Sache mit seiner Autofahrerei) – bitte sehr! Aber wenn er politische Witze losschießt und sie ausschließlich gegen die DDR richtet, dann ist das unmöglich. Andererseits sollten wir alles tun, um diesen so außerordentlich beliebten Komiker zu erhalten. Mein Vorschlag: Es wäre großartig, wenn Du Dir eine halbe Stunde Zeit nehmen würdest, um ihm zu helfen, über seine Nasenspitze hinaus den Verlauf der Dinge in ganz Deutschland und der Welt zu erkennen. Jedenfalls muß in den nächsten Tagen bzw. Wochen jemand mit ihm sprechen, den er als Autorität anerkennt und dessen Ratschläge er beherzigt, wobei zweckmäßigerweise (wegen des Eindrucks auf Cohrs) kein Parteifunktionär in Erscheinung treten müßte. Geschieht das nicht, dann bleibt er bei seiner Auffassung und gestaltet demgemäß sein künftiges Auftreten, und es wird dann unvermeidlich zum Skandal kommen, der sich gegen Rundfunk und Fernsehen entladen wird. Darum bitte ich, daß so schnell wie möglich eine Aussprache mit Cohrs arrangiert wird, um noch vor dem nächsten ›Lachenden Bären‹ diese Frage zu klären. Mit sozialistischem Gruß, Albert Norden.«

Darunter noch der Vermerk: »Genossen Sindermann zur Kenntnis.«

Albert Norden, zu dieser Zeit Politbüromitglied des Zentralkomitees der Sozialistischen Einheitspartei Deutschlands, Gerhart Eisler, Vorsitzender des Staatlichen Rundfunkkomitees, Horst Sindermann, Kandidat des ZK und Leiter der Abteilung Agitation und Propaganda, und alle drei befaßt mit dem kleinen Sachsen aus Dresden! Da soll noch einer behaupten, Partei und Staat hätten es an Fürsorge mangeln lassen!

Volkstümlich waren ja einige in der DDR, aber so beliebt wie Eberhard Cohrs war damals kaum einer. Traute sich doch der kleine Mann zu sagen, was sonst keiner öffentlich zu sagen wagte.

Bezirkshäuptlinge und eifrige Überwacher der Kulturhausprogramme kamen da schnell in Bedrängnis. Und weil Volkszorn das letzte war, was die DDR brauchen konnte, mußten voreilig ausgesprochene Auftrittsverbote häufig rückgängig gemacht werden. Nicht umsonst war dem Genossen Sindermann eine Kopie des Schreibens zugestellt worden. Seine Aufgabe war es, weisungsgemäß diejenigen zurückzupfeifen, die in ihren Presseartikeln allzu forsch gegen Publikumslieblinge vorgeprescht waren.

In den Redaktionsstuben machte damals folgender Witz die Runde: »Was ist der Unterschied zwischen einem DDR-Journalisten und einer Kompaßnadel? – Es gibt keinen! Beide richten sich zitternd nach Norden!«

Das Befolgen von Anweisungen gehörte zum Alltag in der DDR. Allerdings hatten die Anweiser ein anderes Wort dafür. »Empfehlungen« nannten sie ihre Kommandos.

Ein Kommando – pardon – eine Empfehlung, gegeben vom Ministerium für Kultur, hatte sich an die Komponisten und Textautoren gerichtet, so schnell wie möglich eine eigenständige DDR-

Tanzmusik zu schaffen. Sofort bemühten sich einige Schöpferteams darum, und das bekannteste Ergebnis war der »Lipsi«. Eine zweite Tanzform hieß »Orion«. Beide Erfindungen habe ich als verquast in Erinnerung, wie auch immer das Wort verstanden wird: verworren waren die Schrittfolgen, vergeudet war die Zeit, die man brauchte, um sich den Ablauf einzuprägen.

Gerhart Eisler muß das ähnlich gesehen haben. Er pfiff auf die Experimente und damit auf die Eigenständigkeit der Tanzmusik in der DDR, weil er ein ganz anderes Problem hatte: Die Hörer drohten ihm abhanden zu kommen. Und so hatte er eine Idee, sozusagen auch eine Empfehlung, die er aber der Dringlichkeit halber sofort und unverschleiert in eine Order umgoß: »Die Musik, die in Zukunft von unseren Sendern zu kommen hat, darf nicht mehr so klingen, als käme sie von unseren Sendern!«

Das war eindeutig und nicht zu mißverstehen. Und so passierte es. Von heute auf morgen. Ich schaltete den Berliner Rundfunk ein und dachte, in einer Musiksendung des RIAS oder beim SFB gelandet zu sein. Eislers Konzept war aufgegangen: Dem Hörer, der entlang seiner Radioskala nach Musik suchte, war die Gewißheit abhanden gekommen, schon nach den ersten Takten zu merken, einen DDR-Sender erwischt zu haben. Ein voller Erfolg! Für die Vertreter der DDR-Schlagermusik allerdings ein Desaster. Was so glorreich ausgetiftelt und blitzschnell umgesetzt worden war, muß die Befürworter der Eigenständigkeit im Kulturministerium wie ein Blitz getroffen haben. Der Bereich Unterhaltungskunst beim Ministerium reagierte paralytisch: also gar nicht. Wie gelähmt waren auch die armen Kerle, die mit ihren DDR-Programmen unterwegs waren und ausgepfiffen wurden.

Dabei wäre die Sache so einfach gewesen: Zwischen dem Wunsch Gerhart Eislers und der Durchführung hätte eine Spanne von drei Monaten genügt, um allen Klangkörpern, Gesangsgruppen und Solisten die Chance zu geben, sich auf den neuen Trend einzustellen. Für die Macher eine der leichtesten Übungen. Die Profis der Musikszene waren bewegliche Burschen und in der Lage, jeden nur erdenklichen Spitzensound nachzuempfinden. Doch da war immer noch die Gegenströmung, die zäh an der Verwirklichung einer eigenständigen und konkurrenzfähigen DDR-Tanzmusik festhielt.

Diesem Dilemma in der Unterhaltungskunst des Ostens war

im Westen etwas vorausgegangen, das kaum einer beachtet hatte, außer einigen Tanzlustigen im Hamburger Nachtklub »Indra« auf St. Pauli. Junge Musikanten aus England spielten dort auf und machten zwei Jahre später bereits Furore, nachdem sich ein gewisser Brian Epstein der Jungs angenommen hatte, sie proper einkleidete und dafür sorgte, daß sie mit einer gepflegten Frisur auftraten, die sich aber dennoch abheben sollte. So war der Pilzkopf-Look entstanden, den bald alle Musiker rund um den Erdball trugen, so sie sich wesenseins mit den »Beatles« fühlten.

Nichts Neues für Euch, ich weiß! Aber ich mußte es erwähnen, weil dieser aufregend neue Klang aus England sowie die unterschiedlichen Reaktionen darauf schuld an dem Wirbel waren, der die gesamte Tanzmusikszene und damit das Kulturprogramm der DDR gehörig durcheinander brachte. Via Ätherwellen schwappte der lebendige Gitarrensound und der frische Gesang der Beatles in die Haushalte und Autoradios zwischen Kap Arkona und Suhl und zwischen Werra und Oder: Freibrief für radikale Beatles-Fans, ab sofort alle Musiker mit leeren Bierflaschen zu bewerfen, die nicht den Klang und Rhythmus der neuen Zeit trafen. Darunter litten auch so hervorragende Klangkörper wie das Tanzorchester des Berliner Rundfunks unter Günter Gollasch.

Junge Musikanten hingegen machten das Rennen. Sie brachten es auf vielfältigste Weise fertig, an das notwendige Equipment heranzukommen. Großmütter oder Tanten, die in Westberlin oder in der Bundesrepublik wohnten, durften sich über die plötzliche Zuwendung ihrer Enkel und Neffen freuen oder auch nur wundern, bis sie erfuhren, daß es einen handfesten Grund für die brieflich geäußerte Zuneigung gab.

Fragt mich jetzt bitte nicht, auf welchen Wegen über Nacht so viele Elektrogitarren, Verstärker und Lautsprecher über die Grenze in die DDR gelangten, oder wer die Geräte in der DDR so schnell nachbaute. Die Ausrüstungen waren plötzlich da, und die sie nutzten, waren vorerst in den seltensten Fällen ausgebildete Musiker. Es waren zweifellos Talente, die es trotz mangelnder Notenkenntnisse verstanden, die gängigen Schlager nach Gehör einigermaßen wirkungsvoll nachzuspielen. Grifftechnische Mängel wurden zuverlässig von der Lautstärke vertuscht. Und von einem Tag zum andern waren diese Autodidakten gefragt und bestens im Geschäft. Die studierten Musiker staunten, doch war an der Situation nichts mehr zu ändern. Die Elektrizitätswerke auf den Bühnen dröhnten ein neues Zeitalter herbei: die Epoche der Schwerhörigkeit.

Die Wellen schlugen hoch im Meinungsgewitter um die neuen Klänge. In den Zeitungen wurde sicherheitshalber erst mal gegen die Beatles gewettert. Das konnte nicht verkehrt sein, sagten sich die Presseleute, die Walter Ulbrichts Einstellung zur Musik kannten. Die Freie Deutsche Jugend dachte anders. Den Blauhemden gefiel der Sound aus England. Das schuf Kopfzerbrechen. Hilfe kam aus der Ecke der Musikwissenschaftler. Sie attestierten den Klängen der Beatles einen gewissen Bezug zum Gregorianischen Kirchengesang und betonten damit den hohen Anspruch der Gruppe. Unterstützt wurde die Aufwertung noch durch die Feststellung, daß die jungen Musiker in einer Arbeitergegend zu Hause seien und ihre Musik demnach an die Seite der Arbeiterklasse gehöre.

Walter Ulbricht gefiel diese Argumentation ganz und gar nicht. Er fand die Haartracht der jungen Briten scheußlich, die Musik insgesamt zu laut und den ganzen Rummel von schlechtem Einfluß auf die Entwicklung der Jugend in der DDR. Sein Musikverständnis lag diametral zu dem, was die einzelnen jungen Gruppen, stimuliert von den Beatles, überall in den Kulturhäusern und Tanzsälen zu spielen begannen. Er liebte die Berge rund um Suhl und liebte demzufolge auch die schlichten Heimatmelodien Herbert Roths. Als Weimarer Studenten gegen die Musik des Suhler Barden zu Felde zogen, empfand Walter Ulbricht diese Revolte wie einen Angriff gegen die eigene Person. Und damit lag er gar nicht so falsch. Aufgestauter Groll gegen das DDR-Regime suchte ständig nach einem Ventil. Doch waren Proteste nicht ungefährlich. Vierzig Mädchen und Jungs sollen es gewesen sein, die damals durch die Straßen Leipzigs zogen und lautstark gegen die DDR-Tanzmusik protestierten. Fünfzehn Jugendliche waren zu Haftstrafen zwischen sechs Monaten und viereinhalb Jahren verurteilt worden. Urteilsbegründung: Landfriedensbruch.

Die Menschen wurden vorsichtig, ergriffen aber dennoch immer wieder jede nur erdenkliche Möglichkeit, ihren aufgestauten Frust loszuwerden, was auf vielerlei Art getarnt möglich war.

Eine Geschichte war die, von der ich Euch schon erzählte: Ulbricht und Chrustschow in Leipzig, und der Applaus für mich zehnmal stärker als der Begrüßungsbeifall für die hohen Gäste. Die zweite Geschichte passierte auch wieder in der Kongreßhalle. Doch diesmal war ich der Leidtragende.

Die Konzert- und Gastspieldirektion Leipzig hatte eine Veranstaltung arrangiert, bei der das Tanzorchester Alo Koll musizieren sollte und ich mit noch einigen anderen landeseigenen Interpreten eingebaut war. Aus Westberlin war die Sängerin Manuela engagiert. Sie war mit einer kleinen, aber elektronisch effektstarken Band angereist und hatte ihre populären Titel dabei, die jeder vom Rundfunk und vom Fernsehen her kannte: »Schuld war nur der Bossa Nova« und »Küsse unterm Regenbogen« und noch ein paar andere Schlager, die als Ohrwürmer begeistern mußten.

Die bereits von mir erwähnte Ruth Oelschlegel, Direktorin des VEB Konzert- und Gastspieldirektion Leipzig, hatte das Programm zusammengestellt und den Gästen den Schlußteil der Veranstaltung eingeräumt. Während der Probe merkte ich, wie lang dieser Schlußteil war und wie aussichtslos die Position der Ostkünstler. Auch ich hatte zeitbedingt nur einen kurzen Auftritt, und so war mir klar, daß der Abend für meine Kollegen und mich nicht gut ausgehen würde, wenn alles so bliebe. Das sagte ich Frau Oelschlegel und bat um Korrektur. Leider zeigte sich die mir ansonsten wohlgesonnene Ruth uneinsichtig. So empfahl ich, wenigstens das Finale mit den Ostkünstlern entfallen zu lassen. Ruth Oelschlegel ließ nicht mit sich reden. Das kann doch noch kein Altersstarrsinn sein, dachte ich, als ich es während des Auftritts von Manuela noch einmal versuchte. In dem tosenden Beifall schrie ich Frau Oelschlegel ins Ohr, daß es kulturpolitisch falsch wäre, uns Ostleute noch einmal hinauszuschicken. Sie schrie zurück: »Was kulturpolitisch richtig oder falsch ist, bestimmen nicht Sie, Herr Jahoda!«

Das Unheil rückte näher und näher. Mit jedem neuen Beifallssturm, den die Manuela-Truppe erntete, wurde klarer, daß ich recht hatte: Im Saal saß ein Publikum, das nur wegen Manuela gekommen war und dankbar die Gelegenheit genoß, ungefährdet demonstrieren zu können, welcher Seite ihre Sympathie galt.

Ich betete, daß Ruth Oelschlegel vielleicht doch noch in letzter Sekunde den Westberlinern das Finale überlassen würde. Aber nein! Ruth wußte es besser! Und das Desaster traf ein, genau so, wie ich es vorausgesehen hatte: Wir kamen auf die Bühne und wurden mit Buhrufen und gellenden Pfiffen empfangen. Wie geprügelte Hunde standen wir neben Manuela und ihren Musikern. Die Leute im Saal riefen nach Zugaben. Die Westberliner ließen sich nicht lang bitten und legten erneut los. Wir, die Gastgeber aus dem Osten, kamen uns mehr als überflüssig vor und trotteten von der Bühne.

Hinter den Kulissen sah ich mich nach Ruth Oelschlegel um. Sie war nicht mehr da. Ich lief hinauf zu den Garderoben und rief nach ihr. Ein Mitarbeiter der Konzert- und Gastspieldirektion kam gerade den Gang entlang und fragte mich, was ich von Frau Direktor Oelschlegel wolle. »Ich will sie würgen!« sagte ich.

Mein mißglücktes Librettistendebüt und das 11. Plenum

Wenn sich Erfolgsziele auf eingefahrenen Spuren nicht mehr erreichen lassen, drängt es den Ehrgeizigen auf fremde Pisten.

1963 war für mich das Jahr notwendiger Bemühungen, mit neuen Titeln wieder ins Gespräch zu kommen, aber auch das Jahr meines Verlangens, es doch einmal auf der gehobeneren Ebene des »Großen Rechts« zu versuchen. Ein Bühnenautor sitzt zu Hause am Schreibtisch oder räkelt sich in der Badewanne, während andere damit befaßt sind, sein Stück erfolgreich aufzuführen. Vom Preis einer jeden verkauften Eintrittskarte wird ihm ein gewisser Prozentsatz gutgeschrieben, so daß er sich vierteljährlich freuen kann, seinen Kontostand wachsen zu sehen. Das gefiel mir.

Nun ist das Schreiben von Liedertexten eine Sache, doch das Verfertigen einer dramaturgisch stimmigen Handlung eine ganz andere. Und so glaube ich nicht zu übertreiben, wenn ich behaupte, daß es eine ebensolche Unverschämtheit gewesen wäre, mich ohne jegliche Vorübung mit einem Klumpen Ton an eine Töpferscheibe zu setzen und zu versichern, in fünf Minuten einen formschönen Krug zu drehen.

Es war die Zeit, in der sich meine Treuefixierung auf nur einen Komponisten nachteilig auszuwirken begann. Alo Koll, der für die meisten meiner Erfolgstexte die Melodien geschrieben hatte, war an der Generationshürde gescheitert, die ich gern mit neuen

Kompositionen von ihm übersprungen hätte, wäre er nur in der Lage gewesen, sie mir zu liefern. Mein inneres Ohr hörte Rhythmen und Melodien, die ich nicht umsetzen konnte. Leider gelang es mir nicht, Alo Koll meine Vorstellungen plausibel zu machen. Karl Schinsky, Walter Eichenberg und Gerhard Siebholz halfen mir mit musikalisch moderneren Titeln. Doch behaupten konnte sich nur Karl Schinskys »Knickebein-Shake«. Es war mein letzter großer Texterfolg.

Um es verständlicher auszudrücken: Das sich Wiedererkennen in den handelnden Personen hatte ich einzuarbeiten vergessen. Der Zuschauer will sich mit der Heldin oder dem Helden identifizieren können, er will um das Wohl und Wehe der handelnden Personen bangen, will sich mit ihnen freuen und möchte mit ihnen leiden können, den Bösewicht hingegen aus tiefstem Herzen hassen. Pointierte Dialoge allein helfen nicht, wenn sie nicht die Handlung spannungsreich und zwischendurch mit überraschender Situationskomik vorantreiben. Ich sage es knapp und rücksichtslos: Das für eine gelungene Dramaturgie Notwendige in mein Libretto zu gießen, hatte ich nicht gemeistert. Und ein weiterer Fehler war gewesen, mich auf die gesungenen Texte zu verlassen.

Zu der ganzen Geschichte kann ich heute nur mit Roda-Roda abgewandelt fragen: »Wer hat's mir g'schafft?« Möglich, daß ich dachte, Arthur Miller zu sein. Oder hielt ich mich für Alan Jay Lerner oder für Oscar Hammerstein II? Vielleicht strebte ich als Epigone Bertolt Brechts nach dessen Krone? Weiß der Teufel, was in meinem Kopf vorgegangen war. Und weiß der Kuckuck, was den zuständigen Dramaturgen des Henschelverlags bewog, an das abgelieferte Werk zu glauben. Regisseur Fischer, der später an der Berliner Staatsoper Unter den Linden inszenierte, war allerdings auch auf das Buch hereingefallen. Und nicht nur auf das Buch. Ich will euch sagen, Söhne, was Alo und mir am besten gelungen war: Das Werk zu verkaufen. Ich spielte die witzigsten Szenen vor, Alo spielte am Klavier die schönsten Melodien, und ich sang die Texte, von denen ich wußte, daß sie besser waren als die mir bislang aus den Operettenwerken bekannten Gesangsworte. So schlug die Präsentation auch ein, weshalb sich keiner nach dem bekannten Theatersatz richtete: »Was gestrichen ist, kann nicht durchfallen!« Heute kann ich gelassen zugeben, daß ich im Libretto der »Tarantella Siciliana« eigentlich alles hätte streichen müssen, mit Ausnahme der Liedtexte vielleicht.

Da aber alles mehr oder weniger so blieb, wie ich glaubte, daß es zu realisieren sein müßte, endete die Premiere so, wie sie enden mußte. Ich will euch sagen, wie das war an jenem Abend Anfang März im Jahr 1964: Es war furchtbar! Den Schlußapplaus als Achtungsapplaus zu werten, wäre bereits faustdick aufgetragen. Ich kann euch die Beifallskulisse wiedergeben: Klatsch, klatsch, klatsch – klatsch! Dann Stille. Die Zuschauer erhoben sich und verließen schweigend das Theater. Alo Koll tat mir leid. Auch er war im Zuschauerraum. In unmittelbarer Nähe saß der Komponist Gerd Natschinski, der mit dem Librettistenduo Bez/ Degenhardt die bessere Wahl getroffen hatte als Alo mit mir.

Meine Schandtat verbarg sich für Außenstehende unter dem Pseudonym Franz Felder, so daß ich noch erhobenen Hauptes durch die Stadt gehen konnte. Lediglich ein Mann namens Franz Felder schrieb mir und beschimpfte mich, weil er seinen Namen durch mich beschmutzt sah. Da war Alo Koll schlimmer dran. Ihn beutelten einige Kritiker, obzwar ihn einige Zeitungen auch lobten. Aber auch ich bekam mein Fett weg: »Die Schwächen des Buches waren nicht zu übersehen.« Das war allerdings schon alles an Kritik. Ansonsten herrschte unter den Fachleuten Einigkeit, mein miserables Libretto wohlwollend milde zu begutachten.

So war das damals. Paßte ein Text mit seiner kritischen Aussage in die Landschaft, lähmte das sofort die Kritik an der Form. Mochte hingegen an einem anderen Werk die Form noch so großartig sein, der Inhalt jedoch nicht im Sinn der herrschenden Ideologie, so hatte dieser Autor zwar auch seine Presse, nur eben keine gute. Daß unser Werk nach der Leipziger Premiere immerhin bis Ende September 1964 auch noch am »Kleist-Theater« in Frankfurt/Oder und am »Gerhart-Hauptmann-Theater« in Görlitz gespielt wurde, wundert mich heute noch.

Die Aufführungstantiemen hatten uns nicht reich werden lassen. Frankfurt an der Oder spielte »Tarantella Siciliana« am häufigsten. Allein im Monat Mai neunmal, Görlitz sechsmal. An Leipzigs Aufführungen hingegen wären wir verhungert. Die Premierenfeier, die ungeachtet unseres Mißerfolgs unmittelbar nach der Uraufführung stattfand, war ein zusätzlicher Alptraum. Nicht zu übersehen war unter den Mitwirkenden das Aufatmen nach erledigter Pflicht an einer nicht geschätzten Arbeit, und nicht zu überhören war die Hinwendung zu Dingen, die angenehmer waren als das, was unser Stück hergab.

Leonard Bernsteins Musik zur »Westside Story« war gerade aktuell. Speziell der Titel »I like to be in America« hatte es den Tänzerinnen und Tänzern des Operettenhauses angetan. War es eine Platte? Oder kam die Musik vom Band? – Ich weiß es nicht. Jedenfalls war in den Restaurationsräumen des Schauspielhauses der Teufel los, wenn dieser Titel, wie zum Vergleich, stets aufs Neue erklang. Der stampfende Schwung erfaßte immer wieder die Tanzenden. Auch mich packte der eigenwillige Rhythmus, der so ganz anders war als der Charakter der Melodien, nach denen das Ballett vor anderthalb Stunden noch in unserem Stück getanzt hatte.

Alo Koll verließ die Premierenfeier ziemlich früh. Er muß sehr gelitten haben. Auch ich war erledigt, blieb aber dennoch länger und stürzte mich schließlich unter die heißblütig tanzenden Mädchen.

Davon besser wurde mir nicht. Ich empfand Spott und Hohn. Und obwohl ich lächelte und mich bewegte, fühlte ich mich wie festgebunden und geohrfeigt.

Das war kein Traum, aus dem der Mensch aufwachen kann. Also kein Seufzer der Erleichterung am Morgen. Die Niederlage blieb in mir, tagelang, wochenlang, zumal mich zu allem Überfluß auch noch der Rundfunk daran erinnerte. Als gäbe es nichts anderes zu spielen, sendeten die Radiomacher aus der Leipziger Springerstraße immer wieder den »Tarantella-Siciliana«-Melodienreigen, den wir bereits am 4. Februar 1964 – also noch vor der Uraufführung – produziert hatten. Das Große Rundfunkorchester und das Rundfunk-Tanzorchester Leipzig musizierten, der Radio-DDR-Studiochor sang, Marta Rafael wirkte mit, Martin Ritzmann vom Metropoltheater Berlin sang die Tenorpartie, Peter Wieland die Baritonrolle; die Tenorbuffopartie hatte Gerd Pallesche vom Operettenhaus Leipzig übernommen, und ich war auch noch dabei. Günter Joseck, der spätere Musikchef am Metropoltheater in Berlin, dirigierte, und Alo Koll begnügte sich damit, die Produktion zu überwachen.

Ein wenig trostbringend war, daß wir uns des musikalischen Querschnitts nicht zu schämen brauchten. Allerdings hätte es dieser Aufnahme nicht bedurft, um mir noch einen weiteren Fehler im Reigen meiner Librettosünden aufzuzeigen: Ich hatte handlungstreibende Texte in Gesangsteile gepackt und außer Acht gelassen, daß Bühnengesang kein Mikrofongesang ist. Die Ausgewogenheit zwischen Gesang und Orchesterbegleitung, die sich im Studio technisch hervorragend regulieren läßt, kann in einem Theater gelegentlich verloren gehen. Nicht umsonst liefern Opernprogramme dem Zuschauer zum Verstehen der Handlung detaillierte Inhaltsangaben. Und so überlegte ich damals, ob es nützlich gewesen wäre, die gesamte Operette für den Rundfunk aufzunehmen. Viel genützt hätte es nicht. Aber ein bißchen mehr Spaß wäre beim Publikum angekommen.

Im Jahr darauf erhielt Alo Koll den Auftrag, für das »Haus der heiteren Muse« in Leipzig die Musik zu einer Messerevue zu schreiben. Daß ich wiederum der Textautor war, muß ihn sehr erschreckt haben. Doch glaube ich, daß ich seinen Schock mildern konnte, als ich ihm sagte, daß ich das Buch unter einem neuen Pseudonym schreiben werde. 1965 feierte die Stadt ihren achthundertsten Geburtstag. »Hallo, hier Messestadt« nannte ich das Werk und zeichnete mit dem Namen Axel Colberg. Als Stargast aus der Bundesrepublik war Trude Herr engagiert worden. Doch alle anderen kamen aus unseren Reihen: Helga Hahnemann, Edgar Külow und Manfred Uhlig, drei aus der Spitzenklasse unserer Kabarettisten; aus der Abteilung Schlagergesang waren Rica Déus und Fred Frohberg vertreten; die »Perdidos« brillierten im Satzgesang und »Die Vinetas«, drei Mundharmonikasolisten der Spitzenklasse, begeisterten ebenso wie Hans Hick und sein »Piepenbrink«-Partner Werner Zimmermann. Hans Hick, der Klavierhumorist und Violinkomödiant, bereicherte die Show außerdem noch mit einem musikalischen Spaßblock, der zu einem der Höhepunkte der Revue wurde. Musikalisch der amerikanischen Spike-Jones-Vorlage entlehnt, zauberte Hick eine umwerfend komische Orchesterschau auf die Bühne, der er als Dirigent alle nur erdenklich verrückten Glanzlichter aufsetzte. Was ich später im Fernsehen an Danny Kaye als Dirigent eines Sinfonieorchesters anläßlich einer Wohltätigkeitsveranstaltung in New York bewunderte und Jahre darauf von Loriot nachempfunden sah, hatte Hans Hick, wenn auch in kleinem Maßstab, 1965 in Leipzig vorweggenommen. Mir selbst hatte ich die Rolle eines Notenwarts ins Manuskript geschrieben und mußte obendrein noch, laut Vertrag, meine Kollegen mit meiner Regie behelligen. Gisela Walther vom Friedrichstadt Palast Berlin war für die Choreografie verpflichtet worden. Und Alo Koll dirigierte noch einmal sein Tanzorchester, wie in alten Zeiten. Die Revue war ein großer Erfolg.

Für die DDR-Führung war 1965 kein lustiges Jahr. In Leipzig beunruhigte eine Beatdemonstration die Gemüter der Kulturfunktionäre. Das SED-Parteiorgan »Neues Deutschland« mußte bezüglich der Klaus-Renft-Combo eine Kehrtwendung machen. Gerade erst voll des Lobes für die Fortschrittlichkeit dieser Musikgruppe, hatte das Blatt nun die Aufgabe, genau das Gegenteil zu behaupten.

Auch den »Sputniks« wurde der Hahn zugedreht. »Beim Hully Gully bin ich König« sangen sie, und das war nicht gerade der Text, den sich die Partei von den jungen Leuten erhofft hatte. Die Führung der Nationalen Volksarmee half. Sie rief die jungen Musikanten zur Fahne und machte damit der Formation auf elegante Weise den Garaus. Doch waren das Kleinigkeiten gegen die anderen Ärgernisse, die nicht nur Ulbricht belasteten.

Das gesamte Politbüro stand Kopf. Da hatte doch der aus München in die DDR übergesiedelte Dramatiker Peter Hacks ein Theaterstück geschrieben, in dem gezeigt wird, wie das höchste aller Ideale, der Traum vom Kommunismus, an der Wirklichkeit scheitern kann. »Moritz Tassow« nannte Hacks das Stück, das am 5. Oktober 1965 an der Volksbühne uraufgeführt, aber bald darauf abgesetzt wurde.

Mißmut bereitete auch einer, den die Parteispitze einst voll an ihrer Seite wähnte: Wolf Biermann. Sein Gedichtband »Die Drahtharfe« soll bei einigen führenden Genossen heftiges Sodbrennen ausgelöst haben. Radikale Selbsthilfe der Herren: Auftritts- und Ausreiseverbot für Biermann. Genützt hatte das wenig: Biermann lag der Partei weiter schwer im Magen. Es war die Zeit der Wackersteine. Und nicht nur Künstler waren schuld an der allgemeinen Verstimmung im Politbüro. Der Wind aus Moskau war wieder einmal schärfer geworden. Da brauchte man nicht auch noch den Gegenwind im eigenen Land.

Seit einem Jahr hatte Walter Ulbricht einen neuen Kußpartner. Der Oberste Sowjet hatte im Herbst des Vorjahres Nikita Sergejewitsch Chrustschow entmachtet. Begründung: die schiefgelaufene Stationierung sowjetischer Raketen auf Kuba, der Ärger mit China, die wirtschaftlichen Mißerfolge. Neuer Parteichef in Moskau und Erster Sekretär des ZK war Leonid Breschnew. Landesvater Walter mußte auf der Hut sein. Und ausgerechnet da passierte diese scheußliche Geschichte.

Im Protokoll für den 3. Dezember 1965 stand die Unterzeichnung des Handelsabkommens zwischen der Sowjetunion und der DDR fest eingetragen. Erich Apel, seit 1964 Dirigent eines neuen ökonomischen Systems der Planung und Leitung der Volkswirtschaft und außerhalb der Partei als Vater einer neuen Wirtschaftsfreiheit hoffnungsfroh im Gespräch, hatte an mehreren Punkten dieses Vorhabens einiges auszusetzen gehabt. So schmeckte ihm ganz und gar nicht, daß sich mit Vertragsabschluß die DDR-Wirtschaft den Vorgaben der UdSSR-Wirtschaft würde unterordnen müssen. Er meldete Bedenken an. Massiv, wie später bekannt wurde. Verantwortungsbewußt, wie er war, glaubte er, so und nicht anders handeln zu müssen. Immerhin war er nicht nur Mitglied des Zentralkomitees und Kandidat des Politbüros, sondern vor allem Vorsitzender der Staatlichen Plankommission. Aber wie so vieles auf Schein aufgebaut war, mußte Apel erfahren, daß auch er nur die Position einer Pappfigur ausfüllte. Er hatte sich das Recht nehmen dürfen, das Abkommen heftig zu kritisieren, hatte auch noch seinen Anspruch wahrgenommen, die Ablehnung seiner Einwände zur Kenntnis zu nehmen. Doch eine Stunde vor dem festgelegten Unterzeichnungstermin entschied er sich für die Freiheit, die ihm weder Walter Ulbricht noch Leonid Breschnew streitig machen konnten: Er griff zur Pistole und setzte seinem Leben ein Ende. – Das war nun doch zu viel an Verdrießlichkeit für Walter. Da brauchte er nicht auch noch die Unbotmäßigkeit der Filmleute in Babelsberg, die dabei waren, ihm aus dem Geschirr zu laufen. Da mußten einige etwas falsch verstanden haben, als Chruschtschow gestattet hatte, ein paar Enthüllungszipfel zu lüpfen. Und wer gar das Bimmeln eines Freiheitsglöckchens gehört zu haben glaubte, war ein Fall für den Ohrenarzt. Es war an der Zeit, zu rügen und einiges klärend geradezurücken; auch bei den Schriftstellern und – das war neu im Katalog der Wachsamkeit – ebenso bei den Spaßmachern und Musikanten der Unterhaltungskunst.

Und so geschah es, daß zu einer von Walter Ulbricht einberufenen Vollversammlung auch ich geladen war. Es waren die Tage vom 15. bis zum 18. Dezember 1965. Knecht Ruprechts Rute kam einige Tage zu früh. Als elftes Plenum ist dieses Ereignis in die Geschichte der DDR eingegangen.

Bereits eine halbe Stunde vor Beginn hatten die Versammlungsteilnehmer anwesend zu sein. Im Saal Platz nehmen mußte man fünfzehn Minuten vor Anfang. So hieß die Anweisung. Die Sitzordnung war festgelegt und folgte offensichtlich einer strengen Rangvorschrift. Ich war parteilos und hatte meinen Platz in einer der hintersten Reihen. Bärbel Wachholz als Kunstpreisträgerin saß zwei Reihen vor mir. Weiter davor jede Menge Künstlerprominenz: Dichter, Schriftsteller, Filmautoren, Regisseure und Theaterleiter. Schließlich noch die leitenden Genossen aus allen Zweigen der Wirtschaft, des wissenschaftlichen und kulturellen Lebens, wie es in den Zeitungen am Tag darauf zu lesen war, Funktionäre der Partei und des Staates.

Endlich kam das Präsidium aus den Bühnengassen herausspaziert: Vertreter der obersten Führung von Partei, Staat und Gewerkschaft. Ich erkannte Erich Honecker, Alexander Abusch und Kurt Hager. Von den Damen kannte ich nur Margot Honecker. Die Inszenierung war wirkungsvoll. Erst als das Präsidium Platz genommen hatte und die wichtig und würdevoll dreinschauenden Parteigesichter in den Saal starrten und das Fußvolk aus dem Saal hinauf zur Bühne, betrat er, auf die Minute pünktlich, die Szene: Walter Ulbricht, gefürchteter Übervater der Ostnation. Gleich nach der Begrüßung würdigte er die Verdienste des aus dem Leben geschiedenen Mitglieds des Zentralkomitees Erich Apel und bat anschließend Erich Honecker, den Bericht des Politbüros zu verlesen. Das alles dauerte. Besonders anstrengend war die Rede Walter Ulbrichts. Es war eine Marathonrede, die der inzwischen Zweiundsiebzigjährige erstaunlich frisch bewältigte. Ich war erst achtunddreißig Jahre alt, war aber schon in der ersten Hälfte seines Vortrags zweimal kurz eingenickt. Für mich interessant wurde es erst, als Ulbricht auf die Kultur zu sprechen kam und dabei auch die Unterhaltung erwähnte:

»Wir sind der Meinung, daß der schöpferischen Tätigkeit unserer Schriftsteller, Publizisten und Künstler auf dem Gebiet der Unterhaltung und der heiteren Muse keine Grenzen gesetzt sind.

Aber wie es scheint, herrscht immer noch die Tendenz vor, vom Westen zu kopieren, statt eigene schöpferische Initiative zu entfalten. Vom Westen etwas abzuschreiben und dafür hohe Honorare einzustecken, das erheitert nicht.«

Ich weiß nicht, wer alles im Saal an dieser Stelle in seinem Sessel zusammenrutschte. Ich war nicht darunter. In meinem Fall war die Sache genau umgekehrt: Ich hatte Ideenskizzen in meinem Schreibtisch, aber auch Schlagertexte, die in der DDR nicht zu verwirklichen waren und die ich zerriß, als ähnliche Lieder auf dem westlichen Schlagermarkt auftauchten und Erfolg hatten.

Walter Ulbricht fuhr fort: »Liebe Freunde! Sind wir denn wirklich nur angewiesen auf die monotonen westlichen Schlager und Tänze? Haben wir in den sozialistischen Ländern nicht genügend herrliche und temperamentvolle Tänze, die vollständig ausreichen, daß sich die Jugend dabei genügend austoben könnte? Wir haben interessante und künstlerisch wertvolle Tänze.«

Leider ließ uns Walter Ulbricht keine Zeit zum Nachdenken. So wußte keiner im Saal, welche Tänze er meinte.

Nun wandte er sich jenen zu, die er nicht einbezogen haben konnte, als er »liebe Freunde« sagte: »Aber stattdessen blicken einige Kunstschaffende nur nach dem Westen und sind der Meinung, daß die Deutsche Demokratische Republik in kultureller Beziehung vor allem von Texas lernen kann. Die ewige Monotonie des ›yeah, yeah, yeah‹ ist doch geisttötend und lächerlich.«

Das alles verkraftete ich noch ganz gut. Schlimm wurde es erst, als sich die Attacken gegen namentlich Benannte richteten und konkret gegen Schriftsteller, Drehbuchautoren und Regisseure gewettert wurde. In Ulbrichts Rede war das noch ziemlich allgemein gehalten. Doch war klar, was gemeint war. So hätte er nicht zu wiederholen brauchen, was schon Honecker im Bericht des Politbüros verkündet hatte: »die große Selbsterziehung und Erziehung der Schriftsteller und Künstler«. Denn kurz darauf hatte er noch einmal »die große schöpferische Freiheit« im Manuskript, »die in unserer Gesellschaftsordnung für die Schriftsteller und Künstler besteht«.

Ich versichere, daß im Saal keiner lachte. Damit auch später keinem nach Lachen zumute sein sollte, ergänzte Ulbricht, daß diese Freiheit nicht so verstanden werden dürfe, »daß die Organe der Gesellschaft auf jede Leitungstätigkeit verzichten und

Freiheit für Nihilismus, Halbanarchismus, Pornographie oder andere Methoden der amerikanischen Lebensweise gewähren«.

Walter Ulbricht war jetzt in Fahrt. »Es gibt Leute«, fuhr er fort, »die eine ›freie Marktwirtschaft‹ auf dem Gebiete der Literatur, des Films, der Kunst haben möchten. Sie stellen sich die Sache so vor, daß der Staat, das heißt das Volk, zahlt, und jeder kann mit diesen Mitteln umgehen, wie er will. Leider wurde diesen Tendenzen weitgehende Konzessionen gemacht, zum Beispiel ein Schriftsteller verpflichtet sich, ein Fernsehspiel zu schreiben. Ohne daß er eine Zeile Manuskript vorlegen kann, bekommt er 40.000 Mark. In der Industrie muß der Projektant sein Projekt vor einem höheren Organ begründen und verteidigen. Wenn es angenommen wird, erhält er die vereinbarte Bezahlung. Bei großen wissenschaftlichen Leistungen kann diese Bezahlung sehr hoch sein. Ich spreche also nicht über die Höhe der Bezahlung, sondern darüber, daß nur nach Leistung bezahlt wird. Es ist Sache des Ministerrates, auf dem Gebiet der Kultur, soweit es die staatlichen Geldmittel betrifft, die notwendigen Ordnungsmaßnahmen zu veranlassen.«

Ordnungsmaßnahmen! Das war das Vokabular jener Zeit und verschreckte nicht nur Künstler. Da vergaß man doch glatt, daß ein Unternehmer im kapitalistischen Ausland auch kein Geld für etwas herausrücken würde, das er noch nicht kannte. Das Politbüro war sich einig, worum es ging, und Walter Ulbricht sagte es: »Mir scheint, die bisherige Methode der Einzelentscheidungen im Filmwesen, in der bildenden Kunst und in den Verlagen hat sich nicht bewährt.«

Das Halali war nicht zu überhören. Die Jagd war eröffnet. Mehrere Redner schossen sich ein und trafen die zum Abschuß freigegebenen. Günter Witt, stellvertretender Kulturminister und Leiter der Hauptverwaltung Film, diplomierter Gesellschaftswissenschaftler, der gerade erst mit einer wissenschaftlichen Abhandlung über Beziehungen zwischen Kunst und Sport an der Fakultät der Karl-Marx-Universität Leipzig den Titel eines Dr. phil. erlangt hatte, stand in der Prangerordnung der Tagung ganz vorn. Mit im Zentrum der Anklagen: Filmregisseur Kurt Maetzig und sein jüngster Film »Das Kaninchen bin ich«, sowie der Schriftsteller Werner Bräunig und dessen im Vorabdruck erschienene Leseprobe eines begonnenen Romans. Aber auch Wolf

Biermann war Mode. Horst Sindermann, Kandidat des Politbüros und Erster Sekretär der Bezirksleitung Halle, rügte die im Schriftstellerverband in Halle geäußerte halbherzige Stellungnahme zum Fall Biermann. Da hatten doch die Genossen Schriftsteller die Veröffentlichungen Biermanns als der geistigen Haltung eines Schriftstellers der DDR für unwürdig befunden, aber gleichzeitig den Ton der Auseinandersetzung mit Biermann verurteilt, der einer persönlichen Verunglimpfung gleichkomme. Da kam Sindermann in Rage. »Was aber ist an Biermann zu verunglimpfen«, rief er in den Saal, »was er nicht selbst schon längst verunglimpft hätte? Angeblich haben wir seine Seele, die er als die Seele Francois Villons deklariert, auf der Mauer um Westberlin erschossen.«

Hier machte Sindermann eine Pause, genau so, wie das Komiker vor einer Pointe machen, und sagte dann: »Was legt er seine Seele zwischen Sozialismus und Kapitalismus!« – »Heiterkeit« vermerkte das Protokoll an dieser Stelle.

Die meisten der öffentlich Gerügten zeigten sich einsichtig und gelobten Besserung. Obwohl mich das alles nicht betraf, traf es mich tief. Und das sollte es wohl auch. Warum sonst wären wir eingeladen worden? Es war bedrückend, zusehen und anhören zu müssen, wie gestandene Künstler vor der Macht kuschten. Die Schriftstellerin Christa Wolf, Genossin und Kandidat des Zentralkomitees, schlingerte zwischen Parteidisziplin und schriftstellerischer Verantwortung. Es war Seelenakrobatik. Kunstturnen zwischen Kotau und aufrechter Meinungshaltung. So verteidigte sie das Recht der Kunst auf Subjektivität, betonte, daß nicht darauf verzichtet werden könne, die Handschrift, die Sprache, die Gedankenwelt eines Schriftstellers zu respektieren.

Christa Wolf wurde gegen Ende ihrer Rede mehrmals durch Zwischenrufe unterbrochen. Eine Dame tat das besonders eifrig. Ich mußte mir sagen lassen, wer das ist und wurde aufgeklärt: »Inge Lange, Leiterin der Abteilung Frauen beim Zentralkomitee der SED und Vorsitzende der Frauenkommission des Politbüros. Eine besonders scharfe.« Ich bitte zu beachten, daß das Prädikat »scharf« damals nicht sexuell verstanden wurde. Christa Wolf warnte vor dem Begriff des Typischen in der Kunst, »den wir schon mal hatten und der dazu geführt hat, daß die Kunst überhaupt nur noch Typen schafft.«

An dieser Stelle rief Margot Honecker dazwischen: »Dagegen sind wir doch auch!«

»Das weiß ich«, antwortete Christa Wolf. »Ich weiß aber auch ganz genau, Genossin Honecker, daß diese Gefahr nicht überwunden ist. Wir sind aufgefordert worden, solche Sachen zu sagen, und ich sage es.«

»Das hört sich bald an wie eine Verteidigungsrede«, rief irgendwer aus einer der ersten Reihen im Saal.

»Ich verteidige nicht alles. Ich verteidige zum Beispiel nicht irgendwelche Sachen, die Leute gegen uns geschrieben haben und die gegen uns ausgenutzt werden können.«

»Und diese beiden Filme?« rief wieder eine Stimme dazwischen.

»Ich habe nur ›Denkt nicht, ich heule‹ gesehen, den ich schlecht finde, und der ist tatsächlich schlecht. Ich habe das ›Kaninchen‹ noch nicht gesehen und kann mich dazu nicht äußern.«

Inge Lange: »Wie kommt es, daß solche Filme gemacht werden? Was geht in den Köpfen der Künstler vor?«

»Das hat Genosse Witt in einigen Andeutungen richtig gesagt, wie das zustande kommt.«

Inge Lange: »Wer drängt ihn, so etwas zu tun?«

»Niemand drängt ihn.«

»Die Sucht, interessant sein zu wollen!« rief der Generalintendant der Städtischen Theater Leipzig, Genosse Kaiser.

Christa Wolf versuchte stark zu bleiben: »Nein, Genossen, ich bin nicht der Ansicht. Ich vertrete solche Sachen nicht. Ich möchte, daß ihr das wirklich glaubt. Ich möchte nur hinweisen auf bestimmte Kompliziertheiten, die es hier in diesem Prozeß gibt.«

Darauf noch so ein hohler Zuruf: »Christa, hilf doch, die Ursachen zu finden!«

Die Ursachen lagen klar. Klarer ging es nicht. Nur keiner traute sich zu sagen, was er dachte. Es waren finstere Tage. Auch Stefan Heym, der sich schon 1956 während des IV. Schriftstellerkongresses mit Walter Ulbricht angelegt hatte, bekam wieder Ärger: Erich Honecker erledigte das diesmal und geißelte das Manuskript »Fünf Tage im Juni«.

Paul Fröhlich, Erster Sekretär der SED-Bezirksleitung Leipzig und Mitglied des Politbüros, beschuldigte den Direktor der Leipziger Theaterhochschule, Genossen Kuckhoff, sowie die Parteileitung der Schule, die politisch-ideologische Erziehungsarbeit grob vernachlässigt zu haben. Unter Mißbrauch und Verletzung der marxistisch-leninistischen Lehre und ihrer Prinzipien sei den Studenten der Skeptizismus als eine Grundauffassung gelehrt und anerzogen worden, daß ein junger Künstler und Schauspieler immer skeptisch an die Fragen des sozialistischen Lebens herangehen müsse, weil er erst dann in der Lage wäre, künstlerisch schöpferisch tätig zu sein. Das sei auch der verfehlte Standpunkt der Parteileitung dort gewesen. Auch gegen die Immatrikulationspraxis des Literaturinstituts »Johannes R. Becher« in Leipzig zog Paul Fröhlich zu Felde: »Unsere Untersuchungen haben ergeben, daß in letzter Zeit einzig und allein davon ausgegangen wurde, ob die Bewerber Talent und Veranlagung besitzen. Ob sie auf den Positionen der Arbeiter- und Bauernmacht stehen, ist vollständig Nebensache geworden.«

Bei solchen Sätzen drehte sich mir der Magen um. Bis zu jenen Tagen im Dezember 1965 glaubte ich zu wissen, was Schelte ist. Aber während der Diskussionen war mir klar, daß ich mir ein neues Wort einfallen lassen mußte. »Seelenprügel« schien mir geeignet.

Das war kein Plenum. Das war ein Tribunal. Das Strickmuster war eindeutiger Sowjetimport und so, als wäre Stalin auferstanden. Ein Strafgericht.

Der über die Gemaßregelten ausgekippte Tadel erfaßte alle im Saal. Nur wenige fanden mutige Widerworte. Stephan Hermlin war einer davon. Seine Haltung imponierte mir.

Lange suchte ich nach den richtigen Worten, um zu beschreiben, wie ich mich nach diesem Plenum über Wochen hinweg fühlte. Bei Edgar Allan Poe fand ich, wonach ich suchte. In seiner Erzählung »Der Untergang des Hauses Usher« steht folgender Satz: »Dieses Ermatten, Erstarren und Erkranken des Herzens, diese quälende Verdüsterung des Geistes ließen sich durch kein Spiel der Phantasie in ein Gefühl des Erhabenen umwandeln.« Das genau war mein seelischer Zustand als Folge des Erlebten.

Mit dem 11. Plenum hatte sich das Politbüro keinen guten Dienst erwiesen. Zwar lief fortan nahezu alles ganz nach Walter Ulbrichts Wunsch; doch die Rechnung ließ nicht lange auf sich warten. Viele der Gedemütigten überraschten mit den unterschiedlichsten Gegenleistungen. Die Vergeltungseinfälle waren schillernd und belebten die Nachrichten der Westsender. Havemann, Biermann und Heym waren die Namen, die immer öfter in den Medien der Bundesrepublik auftauchten. Ich selbst – und das gereicht mir keinesfalls zur Ehre – war unter den Eingeschüchterten.

Visite im Ministerium des Innern

Auf der Suche nach sich selbst zu sein ist anstrengend. Es ist wie der Weg durch die Zerrspiegelgänge eines Lachkabinetts, nur nicht so lustig. Denn wer sieht sich schon gern als Opportunist? Als Schlawiner vielleicht noch eher. Aber nicht einmal der war ich so richtig.

Im Bereich der Unterhaltungskunst hatte ich mich ziemlich stark engagiert und die Meinung vertreten, daß auf diesem Gebiet ähnlich große Erfolge zu erreichen sein müßten, wie sie die Sportler der DDR bereits seit Jahren vorzuweisen hatten, und dachte dabei an eine ähnlich umfassende Unterstützung.

Ich machte mir eine Menge Gedanken um die Qualität der Unterhaltungsprogramme, schrieb einige Artikel, aber den Journalisten im Gedächtnis geblieben war offenbar nur der eine Satz, den ich ans Ende eines Beitrags gesetzt hatte: »Soll die heitere Muse ernster genommen werden, müssen wir ernster bemüht sein, sie heiterer zu machen.« Das war eine abdruckreife Aussage. Im Kopf hatte ich allerdings noch die in perfektem Funktionärsdeutsch formulierte Ergänzung: »Wobei eingeschätzt werden muß, daß unter den Volksgefängnissen dieser Erde die Bewahranstalt DDR die fidelste ist!«

Fotografien belegen das. Eberhard Cohrs zeigte mir ein halbes Jahr vor seinem Tod herzhaft lachende Menschen auf zwei Bildern, die ein Reporter noch zu DDR-Zeiten während eines Cohrs-Auftritts gemacht hatte, und meinte dazu: »So unglücklich können die Leute nicht gewesen sein!« Und ich dachte: »Aber eines Tages offensichtlich unglücklich genug!«

Bald sechs Jahre waren es inzwischen, die wir allesamt einsaßen. Fast alle. Gefängnis, dachte ich zu jener Zeit nicht mehr. Laboratorium, sagte ich und war dabei, Gitter, Mauer und Stacheldraht zu verdrängen und innerlich gegen Türen einzutauschen, die keine Klinken haben.

Die Versuchsreihe lief, Testpersonen waren wir alle. Wir waren ausersehen, an uns die Verwirklichung einer Vision vollziehen zu lassen. Wenn man das Negative ausklammert, kann man sagen, daß das Jahr 1967 für die DDR nicht schlecht verlaufen war. Trotz einiger Mißlichkeiten im Labor war es den Beschließern gelungen, uns Probanden das Gefühl zu geben, im besseren Deutschland zu leben. Denn was jenseits der Mauer vor sich ging, war ja auch nicht gerade das Gelbe vom Ei. In Westberlin wurde während einer Demonstration gegen den Schah von Persien der Student Benno Ohnesorg erschossen. Aus Notwehr, wie es hieß. Daß der Student ausgerechnet mit dem Rücken zum Polizisten gestanden hatte, machte allerdings der Justiz die Beweisführung schwierig.

Ich begegnete dem Trauerzug auf der Autobahn. Eine Autokarawane gab dem toten Studenten das Geleit von Westberlin hinüber in die Bundesrepublik. Ich war auf dem Weg nach Halle und passierte langsam den von Polizei begleiteten Konvoi auf der Höhe der Autobahneinmündung Drewitz, Richtung Michendorf.

In den USA demonstrierten die Bürger gegen den Vietnamkrieg. Martin Luther King sprach auf einer Massenkundgebung. Die friedliebende Welt protestierte mit. Und ein Teil der fortschrittlichen Intelligenz Frankreichs, Italiens, Österreichs, der Schweiz und der Bundesrepublik Deutschland registrierte mit Genugtuung die Position der DDR-Regierung, desertierten US-Soldaten Asyl zu gewähren. Auf diese Weise waren übrigens Dean Reed und James W. Pulley in die DDR gekommen. Da meinte ich, daß sechs Jahre Verwahrung genug seien und wollte besuchsweise endlich wieder einmal dorthin, wo ich hergekommen war: nach Wien.

»Warum wollen Sie nach Österreich?« fragte mich der uniformierte Beamte im Ministerium des Inneren.

»Weil ich dort meine Verwandten habe«, antwortete ich. »Meine Mutter, meine Schwester, mein Schwager und meine Tanten wohnen dort, und ich habe Sehnsucht nach diesem Zuhause.«

»Ihre Heimatstadt ist doch aber ...« Hier zögerte der Mann und quälte sich den tschechischen Namen Brno ab.

Ich ignorierte das und sagte, daß in Brünn nur noch mein Vater sei, aber leider nicht mehr zu sprechen.

»Und warum nicht?« fragte der Mann.

»Weil er tot ist«, sagte ich, »und das seit dreiundzwanzig Jahren. Ich würde in Brünn gern sein Grab besuchen, aber dann noch das kurze Stück nach Wien weiterfahren wollen.«

»Das kurze Stück könnten doch Ihre Verwandten auch nach Brno kommen.«

»Meine Mutter ist bereits einundsiebzig, und ich möchte sie endlich in der Umgebung sehen, in der sie jetzt lebt.«

»Sie müssen das politisch sehen«, sagte der Beamte.

»Gern«, sagte ich, »wenn mir das hilft, mich reisen zu lassen.«

»Das geht eben nicht so einfach.«

Ich hätte was darum gegeben, einmal wenigstens das Wort »leider« zu hören. Es kam leider nicht vor. Ich blieb dennoch freundlich und fragte, wo in meinem Fall die Schwierigkeiten lägen. »Sie liegen einfach und allein darin, daß unsere Bürger im kapitalistischen Ausland keinen Schutz genießen. Mit einer allseits anerkannten DDR-Staatsbürgerschaft wäre das sofort anders.«

»Ich will jetzt nicht mit einzelnen Namen aufwarten, aber ich weiß, daß gewisse Leute, ohne Verwandte in Österreich oder in der Bundesrepublik zu haben, reisen dürfen. Wer schützt die?«

»Das sind Geschäftsreisen, Reisen dienstlicher Natur. Da garantieren die Partner im jeweiligen Ausland.«

»Ich garantiere für mich selbst. Außerdem genieße ich den Schutz meiner Familie.«

»Ihre Familie dürfte wenig nützen, wenn man Sie beispielsweise entführen wollte.«

»Mein Gott, wer sollte ein Interesse haben, mich zu entführen!« Den lieben Gott ins Gespräch gebracht zu haben, verwirrte den Mann. Vielleicht war er irgendwann einmal gläubig gewesen und soeben erinnert worden, daß es unter den Geboten eins gibt, das da lautet: »Du sollst gegen deinen Nächsten nicht aussagen als Zeuge der Lüge.«

»Ich kann Ihnen gegenwärtig nichts anderes sagen als das, was ich Ihnen schon sagte: Wir als Staat sind für die Sicherheit unserer Bürger verantwortlich!«

Ich versuchte, das Gespräch von neuem aufzurollen und sagte: »Schauen Sie, ich bin vor zwölf Jahren freiwillig in dieses Land gekommen ...« Hier stockte ich etwas, weil auch ich jetzt nicht ganz ehrlich war; denn so freiwillig und von ganzem Herzen gern war ich ja nicht gekommen: Die Verhältnisse und die Behörden in Westberlin waren es gewesen, die mich genötigt hatten. Aber tapfer fuhr ich fort: »Und wer freiwillig kommt, möchte begreiflicherweise auch freiwillig wieder gehen, wobei ich ausdrücklich darauf aufmerksam machen möchte, daß ich das Land ja nur für lächerliche zehn oder vierzehn Tage verlassen möchte.«

Der Mann zuckte die Schultern und fragte nach dem Besucherschein. Deutlicher hätte er mir nicht anzeigen können, daß er die Audienz für beendet hielt. Ich schob ihm den Zettel über den Tisch, er unterschrieb, reichte mir den Schein zurück und sagte nur noch: »Ich kann Ihnen nicht helfen!«

An dieser Stelle verlor ich die Beherrschung. »Das darf doch nicht wahr sein!« sagte ich in einer Lautstärke, als hätte ich eben erst bemerkt, einen Schwerhörigen vor mir zu haben. »Da darf irgendein Genosse fahren, nur weil ein österreichischer Betrieb ihn eingeladen hat, und ich, als Angehöriger einer österreichischen Familie, darf nicht zu meinen Leuten!«

Auch das ließ den Mann kalt. Seine Sturheit war Programm, und ich stieg voll darauf ein. »Nehmen Sie es mir bitte nicht übel«, sagte ich, »aber wenn das so ist, dürfen Sie sich nicht wundern, wenn ich feststellen muß, in diesem Land wie in einem Gefängnis eingesperrt zu sein!«

Bum, Radetzky! Das war ein Satz! Obschon ich ihm damit kaum etwas Neues verkündet haben dürfte, zeigte er Regung. Endlich! Als hätte ich ihm durch eine seiner Stiefelvorderkappen einen Schmiedenagel gehauen, haarscharf am großen Zeh vorbei, so hob es ihn vom Stuhl. Aber anstatt aufzubrüllen, sagte er nur: »Den letzten Satz möchte ich überhört haben!« Ich stand auf, er machte einen kurzen Vermerk in eine Akte, ich grüßte, er nickte, und das war's gewesen.

An diesem Tag war ich ziemlich verzweifelt. Daß ich die Ablehnung eines Freigangs außerhalb der Mauer mit der Mehrheit meines Publikums teilen durfte, war ein schwacher Trost.

Kurz darauf war ich in Leipzig und traf in der Springerstraße den Komponisten und Arrangeur Gerhard Kneifel. Ich kam vom Funkhaus, und er wollte gerade dorthin. »Was machst du heute abend?« fragte er mich. »Nichts«, sagte ich. »Ich hab erst morgen wieder zu tun. Ich verhandle mit der Konzertdirektion wegen eines Tourneeprogramms mit Rica Déus, Hans Hick und der verkleinerten Alo-Koll-Band.« – »Dann komm doch vorbei.« – »Okay«, sagte ich, »und wann?« – »Wann du willst. Ich bin zu Hause. Ich hab im Funkhaus nur kurz zu tun.« – »Dann gegen 19 Uhr, wenn es dir recht ist?« – »Na klar!« – »Immer noch die Wohnung in der Manetstraße?« fragte ich. – »Immer noch dort!« – »Na, dann weiß ich Bescheid!«

Es wurde ein geselliger Abend. Wir saßen in bequemen Clubsesseln vor einem niedrigen Tisch, zwischen uns eine Batterie von Bierflaschen, Kneifel in seinem Element und glücklich, endlich einmal einen Gesprächspartner gefunden zu haben, der ihm den Bierbestand nicht dezimierte, und wir redeten über Gott und die Welt und die ganze Misere diesseits und jenseits der Mauer und schließlich auch über etwas, worüber unter Kollegen nicht gesprochen wurde: über die Zugehörigkeit zur Partei.

Wenn »Partei« gesagt wurde, war immer die SED gemeint. Und wenn einer »Scheiße, das alles!« sagte, wußte auch jeder, wer gemeint war. Und so war es unüblich, darüber zu reden. Die Genossen untereinander brauchten sich nicht zu befragen, und wer parteilos war, fragte auch nicht, schon allein aus Takt.

Kneifel sprach darüber, und er redete so, als müsse er sein Gewissen erleichtern. Ich sagte: »Gerhard, mir ist das so was von wurscht, ob einer in der Partei ist oder nicht. Ist er ein anständiger Kerl, mag ich ihn. Ist einer ein Arschloch, wird ihn in meinen Augen auch die Parteilosigkeit nicht retten.« Kneifel nahm einen großen Schluck gleich aus der Flasche, ich hielt ihm mein Glas mit Mineralwasser entgegen und sagte »Prost!«

»Ich will dir trotzdem sagen, warum ich in der Partei bin«, begann er von neuem, »weil ich nur so und nicht anders Einfluß nehmen kann auf den vielen Mist, der rund um die Uhr passiert.«

»Du meinst, du kannst den Mist verhindern?«

»Nein, das nicht, aber ich weiß dann, wer ihn verzapft hat!«

»Für mich keine schwere Preisfrage.«

»Du denkst an die Oberverzapfer in Berlin. Na gut. Aber so fehlerhaft kann keine Entscheidung sein, um ihr nicht doch noch kurz vor Ort die Brisanz der großen Schädlichkeit zu nehmen.«

»Verstehe. Du fängst den Mist elegant auf, damit er nicht so hart auf die unterste Ebene klatscht.«

... mit Rica Déus und Hans Hick in der Show »Panoptikum mit Musik«. Eines meiner vielen Tourneeprogramme als Textautor, Regisseur und Mitwirkender

Das Orchester Alo Koll im Saal des alten Rathauses zu Leipzig

Brigitte Rabald und Alo Koll

Warten: eine der wichtigsten Übungen! Warten aufs Publikum, auf besseres Wetter, auf ein gutes Engagement und auf die Gage. Mit dem Klavierhumoristen und geigenden Entertainer Hans Hick am Ostseestrand bei Ahlbeck

... mit Heinz Quermann im musikalischen Münchhausen-Reigen

Simulierter Flug per Bluebox-Trick

»Mit Lutz & Liebe« und TV-Papagei Amadeus

... 5 Kostproben aus dem 100-Masken-Angebot der TV-Reihe »Mit Lutz und Liebe« ... als Heinrich der Achte mit Dagmar Frederic

... Theo Lingen – oder was?

... als Jazz-Opa

... Lutz als Adam und Susan Baker als Eva

... und hier als Rocker

... mit Susan Baker und Emöke Pöszteny

... mit Wilfried Scheibe und seiner Tip-Top-Combo, meinem langjährigen Tournee-Orchester

... mit Hans-Joachim Preil, Musikalisches Theaterbild aus »Mit Lutz und Liebe«

... in der Rolle des Intendanzhauptmanns Wrbata in »Abschied vom Frieden«

»Ja, im Ernst, man kann an der Basis eine Menge elegant abfedern.«

Ich wartete auf die Andeutung einer Anwerbung, doch nichts dergleichen kam. Kneifel hatte sich nur die Zweifel von der Seele geredet. Ob ihm die eigenen Argumente dabei geholfen hatten, weiß ich nicht. Wir berührten das Thema nicht mehr und hielten es nur noch mit der Musik. Ich sprach von der Welt der Töne, Kneifel wischte diese Eingrenzung weg und sprach vom Universum. »In den zwölf Tönen der chromatischen Tonleiter sind Galaxien enthalten«, schwärmte er, »Vielfalt in Unendlichkeit, melodisch, harmonisch, rhythmisch. Und aus diesen Galaxien gehen weitere Galaxien hervor: die der Empfindungen. Musik ist ideologisch nicht zu fassen. Außer, du gibst der Komposition einen Titel: »Auf zu den lichten Höhen der Kultur« beispielsweise und führst die Melodie über dissonante Dreiklänge in den Keller. Das wird man dir sofort verübeln. Aber ohne Überschrift kann dir keiner ans Notenpult pinkeln. Komponisten in der DDR sind Glückspilze.

Arm dran sind die Dichter. Irgendwann kamen wir auf die Sinnlichkeit von Klängen zu sprechen und auf deren Wirkung auf das weibliche Geschlecht. »Paganini war doch ein wahrhaft häßlicher Vogel. Geradezu abstoßend, wie Zeitgenossen berichten. Schmälerte das etwa die Wirkung seines Violinspiels? Oder nimm die Wirkung der Nebenluft.« Kneifel griff nach einer leeren Flasche. »Dieses sinnliche ›Fafafafafa‹, das neben dem sanft geblasenen Ton eines Saxophons zu hören ist. Einfach erotisch!« Und er setzte die Flaschenöffnung an die Lippen und blies die ersten Takte von »Everybody Loves Somebody Sometimes«.

Noch in der Nacht hatte ich mir das Gespräch notiert, ich könnte es sonst nicht so genau wiedergeben, und bald darauf hatte ich Grund, mich an das Thema Parteibeitritt zu erinnern.

Roland Weise, graue Eminenz des Organisationsgeschehens auf dem Gebiet der Unterhaltungskunst, Leiter des Sekretariats der Kommission für das Veranstaltungswesen beim Ministerium für Kultur, privat vielen Künstlern, auch mir, freundschaftlich zugetan, argumentierte ähnlich wie Gerhard Kneifel.

Im Hotel »Bayrischer Hof« saßen wir beisammen, er erzählte mir von seiner Odyssee als Kind, der Flucht vor dem Hitlerregime in die Sowjetunion und von seiner Liebe zu allen zirzensischen

Künsten. Ich griff das Stichwort »Zirkus« auf und berichtete von meinem Besuch im Ministerium des Innern und vom Argumentenflickflack des uniformierten Abwimmlers vom Dienst.

Roland schüttelte den Kopf und sagte: »Warum rennst du auch dorthin, ohne vorher mit mir darüber zu reden? So etwas funktioniert nicht im Alleingang und auch nicht auf diesem Direktweg. In deinem Fall geht so etwas nur über das Ministerium für Kultur. Der arme Genosse, mit dem du es zu tun hattest, war überfordert. Du warst an der falschen Stelle. Was glaubst du, was gegenwärtig schon alles geht, wenn du nur zur richtigen Lobby gehörst.«

»Meinst du die SED?« fragte ich.

Mit einem kurzen »ach was« wischte Roland diesen Gedanken weg. »Die SED ist nicht deine Partei. Die NDPD wäre die richtige Interessengemeinschaft für dich. Die Nationalen Demokraten. Soll ich meine Fühler für dich ausstrecken?«

Ich machte eine vage Kopfbewegung: Unschlüssigkeit im Großformat. Ein Computer in mir hätte in diesem Augenblick allerhand Gedankenmüll ausgespuckt: »NDPD, NPD, NSDAP, OFFIZIERSKASTE, STAUFFENBERG, PAULUS, NATIONALKOMITEE FREIES DEUTSCHLAND, BLOCKPARTEI, BLOCKFLÖTE.

Roland war ein ausgezeichneter Werber. Ihn im Jahre 1777 an die Seite von General Friedrich Wilhelm von Steuben gestellt, und das nordamerikanische Heer hätte den Unabhängigkeitskrieg gegen Großbritannien ein paar Monate früher gewonnen. Was die NDPD an mir gewann, als ich ihr 1967 beitrat, war herzlich wenig. Ich hingegen gewann einiges. Ich war nämlich schon nah einem Zustand, den Karl Dall viele Jahre später einmal treffend mit »Tournee-Idiotie« bezeichnet hatte. »Gruppengeschädigt« nannte er sich, nachdem er dreizehn Jahre mit einem Ensemble unterwegs war. Und genau so fühlte ich mich. Und so mußte ich raus aus dem Trott des Ewiggleichen. Da waren die Mitgliederversammlungen genau das Richtige. Dort hörte ich erstmalig von den Problemen, mit denen sich andere Berufszweige herumschlagen mußten und erkannte, wie nichtig die Übel waren, mit denen wir es zu tun hatten. Ich bekam Kontakt mit Schriftstellern, Dichtern, Theaterleitern, Handwerkern und Geschäftsführern, mit Journalisten, Ingenieuren und Erfindern. Das war schon recht erfrischend.

Daß mich ein SED-Genosse mit der Bemerkung geißeln wollte, ich sei ja nun Parteifreund ehemaliger Nazis geworden, konnte mich nicht treffen, weil ich inzwischen wußte, daß sich einstige Absolventen der nationalsozialistischen Kaderschmiede NAPOLA gar nicht erst mit den Halbheiten einer Blockpartei abgegeben hatten. Sie entdeckte ich in der »richtigen« Partei und beruflich in nicht gerade unmaßgeblichen Positionen. Damit mußten die Altkommunisten in der DDR ebenso fertig werden wie die Demokraten in der Bundesrepublik mit Globke und ehemaligen Nazirichtern in Amt und Würden, was ungleich schlimmer war.

Die NDPD in der DDR war schon in Ordnung. Die ehemaligen Offiziere der Hitlerwehrmacht hatten Erfahrung im Umgang mit Befehlen und ihrer Verweigerung. Und den gelegentlich auftretenden Übereifer des Chefideologen im Hauptausschuß konnte ich locker verkraften.

Mein Anliegen war in dieser Zeit, dem Publikum in entlegenen Orten gediegene Unterhaltung zu verschaffen. Schon lange war ich die üblichen »Bunten Abende« leid und der Meinung, daß den Menschen auf dem Land mehr geboten werden müßte.

Wer sich schon früher darum bemüht hatte, war die Ensemblegruppe um Bärbel Wachholz. Armin Kämpf, Bärbels Mann, der mit »Holiday on Ice« um die Welt gereiste, aber in der zweiten Hälfte der fünfziger Jahre bereits wieder nach Leipzig zurückgekehrte Experte für Musik, Tanz und Spaß, hatte sich mit guten Leuten umgeben und die erste Show auf die Beine gestellt, die im Tourneebetrieb der DDR diesen Namen verdiente. Der Klavierhumorist Hans Hick war dabei, das »Vineta«-Mundharmonika-Trio, das zeitgemäß swingend und rockend spielende Tanzorchester »Melodia« und der Conférencier Horst Feuerstein, berühmt geworden als Partner von Eberhard Cohrs.

Tragik am Rande: Feuerstein wollte als Partner von Cohrs eine höhere Gage, wollte als nervös intelligenter Stichwortgeber finanziell stärker teilhaben am großen Erfolg der gemeinsamen Auftritte, und wurde deshalb nach Magdeburg vor die Kommission zitiert. Er kam allein, der starke Partner fehlte. Ergebnis: Feuerstein wurde nicht um eine Leistungsstufe hinaufgesetzt, wie er sich das erhofft hatte, sondern gleich um einen ganzen Treppenabsatz herunter.

Der Spaß am Spaß begann zu bröckeln. »Klarheit der politisch-ideologischen Aussage« hieß der Gradmesser aller Bewertungen. Jegliche künstlerische Leistung auf dem Gebiet der heiteren Muse wurde primär durch ihren ideologischen Gehalt qualifiziert. So wurde der Unterhaltungskunst in der DDR eine »Immunisierung des Publikums gegen die feindlichen Einflüsse des imperialistischen Weltbildes« abverlangt. Klarer ausgedrückt: Die heitere Muse in der DDR hatte den Parteiauftrag, der westlichen Vergnügungsindustrie im Land des Sozialismus den Nährboden zu entziehen. So lautete ein Absatz, der sich gegen die Bundesrepublik Deutschland richtete: »Es ist unannehmbar für unsere sozialistische Gesellschaft, in der Unterhaltungskunst der DDR weiterhin ideologische Positionen eines Regimes zu dulden, das erklärterweise die blutige Aggression der USA in Vietnam unterstützt, nach Atomwaffen greift, die Diktatur im eigenen Land vorbereitet, die Revision der europäischen Grenzen anstrebt und die von Sex und Unmoral getriebene Vergnügungswelle als Narkotikum für die Volksmassen steuert.«

Starker Tobak! Für ein Programm, wie es sich Armin Kämpf vorstellte, der am »American way of life« geschulte Showmann, war es das eindeutige Aus. Bärbel Wachholz war mit ihm an der Willkür der Forderungen gescheitert. Vielleicht war auch ein wenig der steile Aufstieg schuld, gekoppelt mit der täglichen Erkenntnis, daß Leipzig nicht Las Vegas und Amiga nicht Polydor ist. Dann machte den beiden auch noch Neid zu schaffen; denn sie fuhren nicht gerade kleine Autos. Erst war es ein amerikanischer Wagen, dessen Benzinanzeige sich der Null schneller zubewegte als der Zeiger des Geschwindigkeitsmessers der Marke Hundertzehn. Dann war es ein großer »Tatra«, eine tschechische Limousine, mit der nur ranghohe Genossen unterwegs waren. Und zuletzt sollen, so ging das Gerücht, Armin und Bärbel einen Wagen der Marke »Tschaika« gefordert haben. Das war schon die größte Staatskarosse, wie Ihr wissen werdet, in die nur die höchsten Parteifunktionäre ohne Hemmungen und Gewissensbisse einstiegen. In dieser Zeit war auch der Schlagersänger Günter Geißler mit einem »Tatra« unterwegs, und ich prophezeite, daß nun bald Böses über die Schlagerbranche kommen werde. Das passierte dann auch. Mit Honorarbegrenzungen ging es los, bald folgten Eingriffe in die Gestaltung der einzelnen Programme.

Um die Überwachung zu legitimieren, wurde mit folgenden Erscheinungen argumentiert, als hätten sie bislang zum Alltag der Unterhaltungskunst gehört: »Nach alter bürgerlicher Praxis mittels Ablenkung und Betäubung schöpferische Initiative zu lähmen; Verbrechen, Unmoral und Triebhaftigkeit zu kultivieren. Die Würde des Menschen zu verletzen und die Frau zum Lust- und Schauobjekt zu degradieren. Angesichts undialektischer Pseudovergleiche die Anstrengungen und Erfolge von Millionen Werktätigen zu negieren und zu verunglimpfen.«

Harald Schmidt in der DDR hätte sich aufgehängt. Allerdings nur mit einem Papierstrick aus dem VEB »Roter Oktober«, wohin ihn die Bezirksleitung als Werkhallenausfeger zur Läuterung seiner Conférencen delegiert hätte.

Ich hatte Glück und nichts zu fürchten. Das glaubte ich jedenfalls. Mit meinem Programm »Panoptikum mit Musik« entsprach ich dem Empfehlungspunkt »Heitere Verabschiedung von Vergangenem« und wähnte mich in guter Position. Mit dem »Steintor-Varieté« in Halle hatte das Ensemble einen hervorragenden Helfer. Ich hatte das Buch geliefert und führte Regie. Rica Déus steuerte gesanglich und äußerlich ihren elegant kühlen Nordseecharme bei, Hans Hick und Werner Zimmermann glänzten mit ihrer »Piepenbrink«-Nummer, Hick als vorzüglich spielender Geigenvirtuose, Zimmermann mit Mundharmonika, staunenden blauen Augen und trockenem Humor. Dann zelebrierte Hans Hick mit den Musikanten der verkleinerten Alo-Koll-Truppe noch einmal die bereits 1965 gezeigte »Spike-Jones«-Persiflage. Noch besser, noch lustiger, noch perfekter. Das Fernsehen stellte mir einen Ausschnitt zur Verfügung, der mich als Torero im Kampf gegen einen Zeichentrickstier zeigt, musikalischer Bestandteil des Films »Tele-Taxi-Melodien«, den Ulrich Rulf nach einem Buch und nach Liedertexten von mir gedreht hatte und der 1964 zum Internationalen Fernsehfestival in Prag gezeigt und von einigen kapitalistischen Ländern angekauft worden war. Dieses Teilstück, das wir heute als Videoclip bezeichnen würden, fügte ich in die Handlung ein.

Nun, liebe Söhne, mit dem Erfolg im »Steintor« hätte ich mich hier nicht gebrüstet, würde ich die gute Einschätzung nicht noch dringend brauchen. Das Tourneeprogramm »Panoptikum mit Musik« war mit Geldern des VEB Konzert- und Gastspieldirektion Leipzig vorfinanziert worden: Maßgeschneiderte Anzüge für die Musikanten, Requisiten und Kostüme für die einzelnen Spielszenen, Werbefotos und Plakate, die Proben honoriert. Alles sehr kulant. Nichts daran auszusetzen. Daß zu den Proben im Januar noch einige Wünsche geäußert wurden, fand ich in Ordnung. Wir waren einsichtig und korrigierten. Wer Geld gibt, darf bestimmen. Da waren die Genossen nicht anders als die Konzernherren in der freien Marktwirtschaft. Allerdings, wenn die etwas in Ordnung fanden und sich entschieden hatten, blieb es so. Zumindest so lang der Profit stimmte. Die Kultur in der DDR sah die Wirtschaftlichkeit anders. Dagegen wäre fast nichts zu sagen gewesen. Immerhin ging es um hochgesteckte Ziele: Herausbildung einer gebildeten Nation und einer gesunden Volksintelligenz. So etwas kostet. Der Staat gab es gern, doch er wollte was dafür: Subordination und die Anerkennung der Pflegschaft. Die Künstler dankten und gaben sich Mühe, die Bevormundung nicht als solche zu empfinden. So erfanden sie eine Umschreibung: »In Obhut genommen.« – Das klingt anders als »gegängelt«.

Die Richtung hieß: »Wir singen schon heute die Lieder von morgen!« Der Jugend galt das Vertrauen von Partei und Regierung. So gab es inzwischen den Sender »DT 64« und den »Oktoberklub« in Berlin. Wir von der »alten Garde« hingegen taugten offenbar nur noch zur »Basisbespielung«: also »raus aufs Land«. Doch war ich damit nicht zu demütigen. Ich fühlte mich wohl inmitten der Menschen, die weitab der Städte ihrer schweren Feldarbeit nachgingen. Ich fühlte mich auch wohl unter den Arbeitern in den Fabriken und unter den Familien der Braunkohlekumpel und ertrug es, andere auf dem Bildschirm zu sehen. »Schlager einer kleinen Stadt« hieß zu jener Zeit eine beliebte Sendereihe. Am 22. April 1967 wurde bereits die siebente Folge gesendet. Heinz Florian Oertel, unter den Sportreportern in der DDR der bekannteste und beliebteste, führte durch diese Reihe.

Unser aller Glücksgefühl nach dem gelungenen Gastspiel im »Steintor-Varieté« Halle wurde auch von Frau Ruth Oelschlegel geteilt. Auch Dr. Gunter Hempel, der Leiter der Programmabteilung, äußerte sich zufrieden. In einem Brief an mich ist die Zufriedenheit mit dem Programm »Panoptikum mit Musik« festgeschrieben. Der Brief liegt noch in einer meiner Korrespondenzmappen und ist voll des Lobes. Doch keine Bange, Söhne, lange brauchte ich mich über die Zeilen nicht zu freuen. In einem Vorgang der kleinen Schritte wurde mir mitgeteilt, daß die Show, wie sie in Halle gezeigt worden war, zur Leipziger Messe nicht gezeigt werden könne. Sie entspreche nicht den Ansprüchen unserer sozialistischen Kulturpolitik.

»Verstehst du das?« fragte ich Alo Koll. »Sind das noch die beiden, die uns den ersten Brief schrieben, oder träume ich?«

Alo blieb bemerkenswert ruhig und antwortete: »Wie kannst du von leitenden Genossen erwarten, nach einem Parteitag dieselben zu sein, die sie vor dem Parteitag waren?«

Ich las weiter: »Insgesamt sind die Proportionen des Programms, dem Titel entsprechend, zu sehr auf bestimmte Absonderlichkeiten gerichtet.« Alo Koll lachte: »Das klingt ja, als würden wir Außerirdische mit zwei Köpfen und Jack the Rippers Rippen in Aspik zeigen! Lies weiter!«

Und ich las: »Dadurch verliert das Programm seinen Bezug zur realen Gegenwart hier bei uns in der DDR. Man muß den Begriff des Panoptikums weiter fassen und darunter nicht nur den Gedanken des Skurrilen verstehen.«

»Wie ist das wohl gemeint?« fragte Alo.

»Na ganz einfach«, sagte ich, »den Begriff des Panoptikums weiter fassen. Das Hier und Heute mit einbeziehen.«

Alo schmunzelte: »Die DDR als Panoptikum.«

Es ging um eine humorvolle Schottennummer, um einen Soho-Block, sowie um eine Graf-Bobby-Parodie. Diese drei Musikblöcke waren Teile eines einheitlichen Ganzen, waren in sich geschlossen durcharrangiert, in vielen Veranstaltungen ausprobiert und damit im Ablauf locker und flüssig geworden. Und weil in dieser Präsentation das gesamte Ensemble eingebunden war, hätte ein Wegfall dieser drei Showelemente das Gefüge des Programms gehörig ins Wackeln gebracht. Also kämpfte ich um den Erhalt der Einheitlichkeit. Die Mühe war vergebens. Die »heitere Verabschiedung«, vor Monaten noch empfohlen, störte. »Soho und Kriminalität sind nicht unser Thema«, hieß es, »mit der Graf-Bobby-Geschichte könnten sich unsere österreichischen Messegäste verletzt fühlen, und mit der Schottennummer brüskieren Sie die Messebesucher aus Schottland. Mit Ihren Versen, Herr Jahoda, verunglimpfen Sie ein ganzes Volk!«

»Meinen Sie nicht, daß die Schotten Humor haben?« entgegnete ich und zitierte zur Erinnerung einen der harmlos freundlichen Verse. »Außerdem könnte an den Schluß des Schottenblocks ein entschärfender Satz eingebaut werden. Ich wüßte auch schon welchen. Eine seriöse Sprecherstimme könnte folgendes verkünden: Wie wir soeben aus zuständigen Kreisen erfahren, handelt es sich bei der sprichwörtlichen Sparsamkeit der Schotten lediglich um ein vom schottischen Fremdenverkehrsbüro ausgestreutes Gerücht, um das Touristeninteresse unbegrenzt aufrechtzuerhalten.«

Keine Chance. Frau Oelschlegel und Dr. Hempel blieben stur. Die gesanglich, tänzerisch und musikalisch zündende Dudelsackszene mußte raus aus dem Programm. Leider wußte ich damals noch nichts von Gabrovo, der Stadt in Bulgarien, deren Bewohner stolz waren auf ihren Ruf, noch sparsamer zu sein als die Schotten. Das Argument hätte mir gut getan. Geholfen hätte es nicht. Ein paar Jahre darauf widmete der »Eulenspiegel«, die Zeitschrift für Humor und Satire, der Stadt Gabrovo eine Doppelseite. Zu spät, dachte ich, aber gut zu wissen, daß es in der DDR auch an exponierten Stellen noch Leute mit Grips und Sinn für die heiteren Seiten unseres Lebens gibt! Meine Lage, so kurz vor der Messe, war katastrophal. Wenn Alo Koll auf dem Kopf Haare gehabt hätte, er hätte sie sich gerauft und ausgerissen. Da hatten wir ein vorzeigbares Programm und durften es so, wie wir es erfolgreich in Halle vorgeführt hatten, in Leipzig nicht zeigen. Also stellten wir den üblichen Schlagerreigen zusammen. Als ich erfuhr, daß auch der kleine Leinwandspaß mit dem Zeichentrickstier und mir im »Haus der heiteren Muse« aus technischen Gründen nicht verwirklicht werden konnte, war ich völlig erledigt.

Für Alo Koll war dieser Ärger Anlaß, sich dem Kasperletheater Konzert- und Gastspieldirektion zu entziehen und einem Angebot zu folgen, das ihm die Hochschule für Musik in Weimar machte. Ich konnte leider nicht abspringen. Alo Koll hatte meinem Ensemblegedanken die Resttruppe seines einst so erfolgreichen Tanzorchesters anvertraut. Hans Hick, der sich von den »Perdidos« getrennt und dem »Vineta-Mundharmonika-Trio« den lustigen Werner Zimmermann ausgespannt hatte, hätte mit seiner starken »Spike-Jones«-Nummer ebenfalls in der Luft gehangen. Ebenso Rica Déus, die Sängerin aus Hamburg. Und so blieb ich in dem Dilemma, mit dem mehr oder weniger alle fertig werden mußten: Das von der Partei Geforderte mißfiel dem Publikum; das vom Publikum Gewünschte widersprach den Richtlinien der Partei; und zwischen diesen Mühlsteinen steckten wir, die hilflosen Macher. Wie sagte nach der Wende der Baumeister der Stalinallee, Hermann Henselmann, einst Professor und Direktor des Instituts für Theorie und Geschichte der Baukunst an der Deutschen Bauakademie in Ostberlin: »Ich baute so gut wie ich durfte und so schlecht wie ich mußte!« Genau so schrieb ich meine Programme.

Mein Walzer mit Lotte Ulbricht

Daß das Jahr 1968 für mich turbulent beginnen würde, zeichnete sich schon am 5. Dezember 1967 ab. Für mich kam – wie der Schreck in der Abendstunde, wenn hinter dem Rücken des Nikolaus plötzlich der Krampus vorspringt – die Mitteilung, daß ich am 6. Januar 1968 zum Neujahrsball in den Amtssitz des Staatsrates der Deutschen Demokratischen Republik geladen sei.

Ich wurde zum Protokollchef bestellt und erfuhr, was das Protokoll bereits festgelegt hatte. Ich hörte mir das an und dachte: Da stimmt doch was nicht! Sind das Wahngebilde, die dich foppen, trügerische Worte, die du hörst? Hat dich der Spaltirrsinn nun doch und vielleicht endgültig gepackt? Wäre ich nicht bereits im Bereich des Staatsratsgebäudes gewesen, hätte ich auch glauben können, daß sich da irgendwer einen Scherz mit mir erlauben will. Aber es war kein Scherz. Meine vorgesehene Aufgabe war, an den Tisch Walter Ulbrichts zu gehen, eine artige Verbeugung zu machen und zu sagen: »Gestatten Sie, verehrter Herr Staatsratsvorsitzender, daß ich mit Ihrer werten Frau Gemahlin den Neujahrsball eröffne?« Dann werde das Orchester zu spielen beginnen, und die ersten Walzerrunden seien damit Lotte Ulbricht und mir vorbehalten.

Der Abend kam, ich hatte mich fein herausgeputzt. Nicht zu fein. Also kein Smoking. Aber anthrazitgrau war der Anzug schon, und das Hemd war blütenweiß. Wie die Krawatte aussah, könnten uns die Filmbilder verraten, die es in den Archiven West und Ost noch geben wird.

Der Teppich war rot, über den ich gehen durfte. Auch die Treppen zum Ballsaal waren teppichbelegt. Der Protokollchef zeigte mir den Tisch, an dem Walter Ulbricht und Ehefrau Lotte sitzen würden. Danach war ich vorerst entlassen, bekam einen kleinen Imbiß serviert und mußte warten, wie alle anderen auch, die engagiert waren, den Unterhaltungsteil des Abends zu bestreiten. Warten gehört nun mal zu diesem Job. Egal wo und für wen man auftreten muß. Herumsitzen, lesen, reden oder auf und ab spazieren und zwischendurch auf die Toilette gehen. Mehr ist nicht drin. Besonders nervend allerdings war das Warten an jenem Abend. Der Bewegungsradius war klein. Überall standen diese ordentlich gekleideten Herren herum. Vor jeder Tür und auf jedem der Gänge.

Vor den Toiletten standen gleich zwei. Einer vor der Damentoilette und einer vor der Herrentoilette. Die guckten besonders ernst. Da wußte man nicht mehr, ob man schon war oder noch mußte. Zu viel Sicherheit verunsichert.

Inzwischen waren alle Gäste eingetroffen, und auch die hohen Herrschaften waren jetzt im Saal. Der offizielle Teil hatte begonnen. Ansprachen und Trinksprüche wechselten sich ab. Das Servierpersonal mit Champagner von der Krim im Sturmschritt unterwegs über die Tanzfläche zu den einzelnen Tischen. An den Zugängen zum Küchentrakt lauerten die für den Ablauf Verantwortlichen und peilten die Lage durch die Türschlitze der ein wenig geöffneten Türen. Das »Kommando Festessen« stand bereit und wurde dirigiert wie ein militärischer Überraschungsangriff. Alle Bediensteten wie im Fieber. Dann die drei Befehle. »Achtung!« hieß der erste. Das Personal ging in Starthaltung. Und schließlich der Einsatzruf: »Vooor-speißeee – marsch!« Und auf ging's! Das Ballett der Köche und Kellner in vollendeter Choreographie nahm seinen Lauf!

Auch das mußte abgewartet werden. Das Orchester lieferte dezente Tischmusik. Alles vom Feinsten. Ich ging noch einmal zur Toilette. An den Türen standen jetzt andere. Wahrscheinlich war die Ablösungsspanne auf diesem Posten eine kürzere. Als ich wieder im Gang stand, lächelten die Herren. Das baute mich auf. Am liebsten hätte ich ihnen die Hände gezeigt und gesagt: Sie dürfen kontrollieren, ich hab sie mir gewaschen! Ja, und dann war es soweit. Auch ich bekam mein Zeichen. Und so schritt ich los, quer über das Parkett und hin zum Tisch des Ersten Sekretärs des Zentralkomitees der Sozialistischen Einheitspartei Deutschlands und Vorsitzenden des Staatsrats der Deutschen Demokratischen Republik.

Ich weiß nicht, ob Ulbricht vom Protokoll vorinformiert war. Falls ja, war offenbar vergessen worden, ihm zu sagen, daß er sitzenbleiben dürfe und auf meine Frage nur noch huldvoll zu nikken brauche.

Walter Ulbricht hatte Manieren. Ich war noch nicht am Tisch angekommen, da sprang er auf, vehement wie ein Junger, und stieß dabei den Stuhl um, auf dem er gesessen hatte. Im Saal war es mucksmäuschenstill. Umso lauter war das Poltern des Stuhls. Zwei Herren von der Sicherheit, schnell und geschmeidig, waren sofort zur Stelle und stellten den Stuhl unauffällig wieder hin. Walter Ulbricht reichte mir die Hand. Sie war weich und fleischig. Ich sagte meinen Satz und hatte dabei noch Zeit, Ulbrichts Bart zu bewundern, der blütenweiß war wie die Wäsche auf den Leinen der Fernsehwerbung West.

Falls die Fernsehleute der »Aktuellen Kamera« auch diese Szene festgehalten haben, wird man vielleicht hören können, was Ulbricht genau zu mir sagte, als ich protokollgerecht fragte, ob er mir gestatte, mit seiner Frau den Neujahrsball zu eröffnen. Soweit ich mich erinnern kann, sagte er nur: »Aber bitte!«

Und so machte ich meine artige Verbeugung – es war bereits die zweite an diesem Tisch – und führte Lotte zur Mitte der Tanzfläche. Der Orchesterwalzer rauschte auf. Es war keiner von Hanns Eisler. Es war ein Walzer von Johann Strauß. Schani an der Himmelstür wird gelächelt haben. Wer nicht schon alles hatte sich seiner Walzer bedient!

First Lady Lotte tanzte hervorragend. Wie eine Feder schwebte sie in meinen Armen. Wir drehten uns. Die Gäste klatschten im Takt. Der Raum wirbelte vor meinen Augen. Wie ihr wißt, Söhne, vertrage ich keine Drehungen, aber ich hielt mich wacker, vierzig Sekunden etwa. Für Zeitspannen, die einem Publikum, das tanzen will, zuzumuten sind, hatte ich ein berufsbedingt verläßliches Gefühl. Es war also keine ganze Minute, die wir allein tanzten. Dann hielt ich inne und rief den umstehenden Gästen laut zu: »Der Neujahrsball ist hiermit eröffnet!« Die Musik hatte nicht aufgehört zu spielen, und so kamen jetzt alle Paare auf die Tanzfläche und drehten sich mit uns. Lotte und ich hatten kein Thema. Also lächelten wir nur. Kronprinz Erich tanzte mit seiner Margot und hatte offenbar auch kein Thema. Im Vorbeitanzen nickte er mir freundlich zu. Lotte sah weg. Ob sie ahnte, daß er der Undankbare sein wird, der den Meister vom Thron stößt?

In meiner Korrespondenzmappe des Jahres 1968 liegt ein Briefbogen mit Goldprägung. Es ist ein Schreiben des Staatsrates vom 12. Januar, unterzeichnet von Otto Gotsche, Sekretär des Staatsrates, Euch bestimmt von der Schule her bekannt als Schriftsteller der Romane »Die Fahne von Kriwoj Rog« und »Unser kleiner Trompeter«. Auf dem elfenbeinfarbenen dicken Papier lese ich einen Text, den bestimmt einige Kollegen von mir nach anderen Anlässen auch schon erhalten hatten.

Der Ball hatte übrigens für mich noch ein Nachspiel. Die »Aktuelle Kamera« zeigte am 7. Januar 1968 Aufnahmen des Ball-Ereignisses und mich mit Lotte Ulbricht im Walzerschwung unter den tanzenden Paaren von Partei und Regierung. Der Westen, der routinemäßig alle Folgen der »Aktuellen Kamera« aufzeichnete, hat auch diese Bildausschnitte im Archiv. Ein Regisseur, der die Mauer- und Grenzproblematik zum Inhalt seines Fernsehfilms gemacht hatte, bediente sich als Kontrast zu Stacheldraht und Schießbefehl ausgerechnet jener Sequenz, die mich in der Mitte der fröhlich tanzenden Partei- und Staatsführung zeigt. Der Fernsehfilm, dessen Titel ich leider nicht mehr weiß, lief im Westfernsehen in mehreren Wiederholungen, und ich sah zwei davon, als ich schon längst nicht mehr an diesen Abend dachte.

Eingeschneit und abgewatscht

Der Winter 1968/69 war sehr schneereich. Als ich von unterwegs zurückkam, fand ich zwar mein Holzhaus, brauchte aber mehr als einen halben Tag, um die Zufahrt freizuschaufeln.

Die Hütte am See war jetzt mein einziges Domizil; in die Stadtwohnung zu Deiner Mama hätten mich keine zehn Pferde mehr gebracht; also mußte ich schaufeln. Dreißig Meter waren es mindestens, und der Schnee ging mir fast bis an die Hüften.

Das Heizen veränderte an der Innentemperatur vorerst gar nichts. Lediglich der Durchblick litt. Von den durchfrorenen Fußböden und Wänden – das Haus war wegen des hohen Grundwasserspiegels nicht unterkellert – begann sich ein Dunst auszubreiten, der sich schließlich zu einem Nebel verdichtete, der London zur Ehre gereicht hätte.

Doch ich ließ mich nicht einschüchtern. Ich heizte und schaufelte, schaufelte und heizte, und es war schon dunkel, als ich endlich mit dem Wagen unter das Schleppdach am Haus rollen konnte. Obwohl ich die nächsten Stunden immer noch wie ein Schiffsheizer feuerte, als gelte es das »Blaue Band« zu gewinnen, hatte ich kurz vor Mitternacht immer noch das Gefühl, unter der Westminster Bridge an der Themse zu sitzen.

Als ich mich kurz vor ein Uhr früh dann doch entschloß, ins Bett zu gehen, tat ich dies vollständig angezogen. Obendrein dekkte ich mich mit zwei Wintermänteln zu. Dennoch war ich nach einer Weile der Meinung, daß ich mich auch nackt zwischen Laken und Bettdecke hätte legen können: der Eindruck, in einem feuchtkalten Prießnitzumschlag zu liegen, wäre derselbe gewesen.

So dachte ich nicht nur in dieser Nacht an die überheizte Wohnung in der Hosemannstraße und an die ebenso warme Wohnung in der Frankfurter Allee, in der deine Großmutter lebte. Dort, wie in den meisten Wohnungen der DDR-Neubauten, mußten in der kalten Jahreszeit Tag und Nacht die Fenster aufgerissen werden, weil sich die Heizkörper in den Zimmern nicht regulieren ließen. Das war Verschwendung, aber die einzige Möglichkeit, nicht an Hitzschlag zu sterben.

Alo Koll, inzwischen Professor an der Musikhochschule »Franz Liszt« in Weimar hatte mich als Gastdozenten in die Stadt Goethes geholt. Und so widmete ich mich dem Lehrauftrag »Ausdrucks- und Bewegungslehre« innerhalb der Abteilung Tanz- und Unterhaltungsmusik. Alo Koll war der Leiter dieses neugegründeten Teilbereichs und gleichzeitig für das Fach Kompositionslehre zuständig. Und ich stürzte mich für das umwerfend aufregende Honorar von 15 Mark je Unterrichtsstunde in dieses neue Abenteuer. Zu diesem Zweck und auch zur eigenen Orientierung hatte ich eine Schrift verfaßt, die ich »Überlegungen zum Thema Qualifikation unserer Gesangsinterpreten auf dem Gebiet der Unterhaltungskunst« nannte, und hatte außerdem noch eine Darlegung meiner Vorstellungen erarbeitet, wie das Thema »Fachbezogene Ausdrucks- und Bewegungslehre für Gesangs- und Instrumentalsolisten innerhalb des Genres Tanz- und Unterhaltungsmusik« verwirklicht werden könnte.

Mit jeder Zeile, die ich schrieb, kam mir der alte Herr Geheimrat von Goethe in den Sinn, über dessen »Anweisungen für Schauspieler« nicht nur in Fachkreisen schon viel gelacht worden war. Warum ich mir das alles antat, weiß ich nicht. Vielleicht aus Frust über meine Rolle, die ich indirekt gespielt hatte, als die Kulturdirigenten auf die Idee kamen, Staatliche Unterhaltungsensembles zu gründen. In meinen Gedanken um die Qualität der Unterhaltungsprogramme stand stets das Ensemble im Vordergrund, und die Perfektion eines in sich stimmigen Programms. Dabei war mir das künstlerisch bessere Ergebnis wichtig gewesen, sowie die bessere Betreuung durch die Konzert- und Gastspieldirektionen der einzelnen Bezirke. Dieser Wunsch war inzwischen in Erfüllung gegangen. Aber um welchen Preis! Die ersten Auswirkungen zeigten sich als schallende Ohrfeigen, die mir als Dankeschön für meine Anregungen verabreicht wurden. Die erste Watsche war der Euch bereits geschilderte Eingriff in mein Programm »Panoptikum mit Musik«. Die nächsten Abfuhren waren dann schon die Ergebnisse einer neu gegründeten Gesamtleitung zur einheitlichen Lenkung der Entwicklungsprozesse. Ein perfekter Knebelungsapparat war entstanden, der zu allem Übel auch noch neue Honorareinstufungen über die Unterhaltungskünstler auskippte.

Am besten dran waren die Artisten. An einer erstklassigen Jonglerie war ebensowenig herumzumäkeln wie an einer Rad-Äquilibristik oder einer Perche-Nummer. Aber nichts zu lachen hatten die Clowns: Auf ihren großkarierten bunten Schultern mußten sie die ideologische Aussage eines ganzen Zirkusprogramms tragen und sich Bewertungen gefallen lassen, die auf Grund analytischer Untersuchungen auf dem Gebiet der Clownerie aus marxistisch-leninistischer Sicht getroffen wurden.

Zu meinem Glück war ich kein Clown, aber letztlich doch so was ähnliches gewesen. So schickte ich den unverbesserlichen Idealisten in mir in Pension; denn zum Narren fühlte ich mich nicht berufen. Etwas über ein Jahr lang schleppte ich mich mit den Mißlichkeiten des Ersten Staatlichen Unterhaltungsensembles herum, dessen Patronat die Konzert- und Gastspieldirektion Leipzig übernommen hatte. Doch als ich merkte, daß nur noch die ideologische Überwachung funktionierte und so gut wie gar nichts mehr von dem, was eine niveauvolle Veranstaltung ausmacht, schied ich aus der staatlichen Obhut und begab mich wieder auf das windige Feld eines Freischaffenden.

High and hip in Thüringen

Allein und doch nicht allein. So wie der Herr Geheime Rat sich seine Christiane von Vulpius an die Seite holte, ergriff auch ich die Chance. Thüringen schien mir hierfür eine gute Gegend zu sein.

Ich tanzte wieder einmal über die Wiese der Versuchung und vergaß das Gesetz der Serie. Ich war »high and hip«, wie man heutzutage sagt, so daß ich nicht einmal merkte, wann das Fangeisen zugeschlagen hatte. Es hatte weder peng noch schnapp gemacht. Und einen Schmerz gab es auch nicht. Darin ähneln sich offenbar Schock und Euphorie. Dabei wollte ich so vorsichtig sein. Merkt euch, Söhne: Eine Wachablösung mit all ihren komplizierten Bewegungsfolgen ist ein Klacks gegen den Ablösungsvorgang in der Liebe. Frauen reagieren schlimmer als der pingeligste Unteroffizier und spielen gleichzeitig drei Rollen mit größter Vehemenz: vertiefen sich leidend in die eigene Partie, memorieren die Rolle des Mannes und steigern sich schließlich noch in die Figur der Nachfolgerin und hassen sich damit selbst. Die Neue versetzt sich in die Rolle der Scheidenden, leidet mit ihr, hofft aber gleichzeitig, sie schnellstens vergessen zu können. Das klappt aber nicht, weil sie ständig an sie erinnert wird. Entweder durch die Verwandtschaft, die sich nichts dabei denkt, oder durch Freunde oder Bekannte. Manchmal ist es die Nachbarin, die mit ihren unbedachten Bemerkungen längst Vergangenes erneut aufwärmt, am Zaun lehnt und mit unschuldiger Miene sagt: »Gemütlich, so im Schatten unterm Apfelbaum zu liegen, gelle! Sie sind die neue Freundin, oder? So lag Frau J. auch immer da. Allerdings mit viel weniger an. Sie hatte ja eine makellose Figur. Da ist nichts gegen zu sagen! Wenn sie mit ihrem Minibikini über die Straße ging und so hinein ins Wirtshaus, um sich ein Bier zu holen, na, ich weiß ja nicht, wie da den Männern die Augen fast in die Schnapsgläser fielen. Eine schmucke Frau! Na und der kleine Sascha! Ein süßer Junge! Er war hier immer so glücklich.« Jeder Satz wie ein Stich in ein Wespennest. Katastrophal, was dann im Kopf der Neuen aufsummt an Gedanken und Vorstellungen. Da dauert es nicht lange, daß sich die Abneigung gegen die Vorgängerin auch auf das Kind auszuweiten beginnt.

Mit diesen unguten Vorgaben war Quinta in mein Leben getreten: die Fünfte, mit der ich zu leben versuchte und die es immerhin neunzehn Jahre lang an meiner Seite aushalten sollte.

Die Jahre 1969 und 1970 waren für mich die ruhigsten Jahre. Von Tourneen blieb ich verschont, ebenso von Rundfunksendungen, und auch der Bildschirm blieb mir versagt. Aus dem Tourneegeschehen, wie bereits berichtet, hatte ich mich selbst hinauskatapultiert. Hilfreich dabei war eine Gürtelrose gewesen, mit der mein Immunsystem auf den Streß beim Staatlichen Ensemble reagiert hatte.

Aus meiner Hochschultätigkeit war ich ebenfalls ausgestiegen. Zwei Gründe gab es dafür: Erstens eine Doppelung im Unterricht, indem sich zwei Lehrkräfte des Nationaltheaters Weimar innerhalb des Bereichs Operngesang ebenfalls dem Fach Ausdruck und Bewegung widmeten, weshalb ich anriet, die Studiengruppe Schlagergesang dort teilnehmen zu lassen. Und zweitens störte mich die weite Anreise von Berlin nach Weimar, mit den anfallenden Kosten, die in keinem Vergleich zum Verdienst standen.

Leid tat es mir um die produktive Arbeitsfreundschaft, die mich mit Manfred Schmitz verband, der in Weimar als Dozent für das Fach Klavier zuständig war. Zwei Texten von mir gab er eine zauberhafte Musik. Einen Titel sang Dagmar Frederic allein, den anderen sang sie im Duett mit Siegfried Uhlenbrock. »Der Winter ist da« hieß der Solotitel, und »Hörst du den Wind an den Scheiben« war der Titel des Duetts. Beide Lieder waren auf Schallplatte erschienen und wurden auch im Rundfunk gespielt. Eine dritte Komposition, ebenso melodisch reizvoll, hatte die Schallplatte abgelehnt. Auch dort war ich als Solist ins Abseits geraten. Die letzten Titel, die mir Alo Koll geschrieben hatte, entsprachen nicht mehr dem Rhythmus der Zeit. Und ich war damit für die einzige Schallplattenfirma im Land nicht der Partner, dem so etwas verziehen wurde. Ich gehörte in die Sparte der Erfolgreichen, mit denen die geschäftlichen Mißerfolge anderer Produktionen zu finanzieren waren. Wolfgang Kähne, der mir wohlgesonnene Produktionschef bei AMIGA, befand sich in der unangenehmen Situation, mir das mitteilen zu müssen. Er machte das wunderbar. Ein Friedhofsredner hätte das nicht besser gekonnt. Er kam ganz nah an mein Ohr und sagte in überzeugendem Kondolenzton: »Es tut mir leid, aber Ihre Platten gehen nicht mehr.« Somit war ich in diesen beiden Jahren ziemlich blank an Aufträgen, weshalb ich genügend Zeit und Muße hatte, ein Buch über die Unterhaltungskunst zu schreiben.

Ein Balanceakt. Um die erforderliche Kritik an gewissen Zuständen unterzubringen, mußte ich andererseits Zugeständnisse an Aussagen machen, die mir zuwider waren.

Ich darf nicht vergessen zu erwähnen, daß mit einer neuen Anordnung über die Ausstellung von Berufsausweisen für das Veranstaltungswesen eine Kommission gebildet worden war, deren Mitglieder und Fachberater der zuständige Stellvertreter des Ministeriums für Kultur in Übereinstimmung mit dem Zentralvorstand der Gewerkschaft berief oder abberief.

Ich wurde berufen. Unfaßbar! Der unsichere Kantonist in einer Kommission des Kulturministeriums! Ins Leitungskollektiv war ich nicht geraten. Fred Frohberg war als Kunstpreisträger der Repräsentativere, wurde somit Stellvertreter des Vorsitzenden der Kommission und stand der Arbeitsgruppe »Gesang und Musik« vor.

Es war ein undankbarer Auftrag für die, die entscheiden mußten. Und für diejenigen, die sich der Bewertung zu stellen hatten, weil sie in ihrem Heimatbezirk nicht bekannt waren, wurde die Präsentation ihrer Darbietung zur Zitterpartie.

Zweimal im Jahr fand dieser Prüfungsmarathon statt, immer vier Tage lang und immer im Magdeburger Varieté »Kristall-Palast«. Öffentlichkeit war nicht zugelassen. Eine Katastrophe für einen Komiker oder für einen Conférencier! Die armen Kerle trugen ihre Späße in die schwarze Kälte eines leeren Saales vor. Da kam für den Vortragenden nichts zurück. Das Echo der eigenen Stimme allenfalls. Ein Solo von acht bis zehn Minuten war gefordert. Für einen Spaßmacher waren das zwei Ewigkeiten! Schon nach zwanzig Sekunden war die Vorstellungskraft verbraucht, im Saal eine fröhliche Hochzeitsgesellschaft sitzen zu sehen. Was kann einem Humoristen dann noch einfallen, um sich bei Laune zu halten? Vielleicht der Gedanke, Opfer einer Fehlinformation zu sein und vor einer Trauergemeinde zu stehen? So viel Lustigkeit hält kein Prüfling aus. »Stell dir die Jury nackt vor«, war eine beliebte Empfehlung. Sehr gefährlich, sage ich euch. Ein Lachkrampf auf der Bühne ist furchtbar. Besonders unangenehm, wenn die Juroren den Grund der Heiterkeit nicht kennen.

Die Prüfungen in Magdeburg waren für alle aufreibend. Besonders anstrengend war die Prozedur für das Orchester. Alfons Wonneberg und seine Musikanten hatten sich dafür bereiterklärt. Alfons meinte dazu: »Besser, die Anstrengung der Proben und die Begleitung der Sängerinnen, Sänger und Artisten auf sich zu nehmen, als in der Jury zu sitzen und Gericht zu halten.« Folgende drei Möglichkeiten der Beurteilung hatten wir: »Bestanden«, »Nicht bestanden« oder »Auftrittserlaubnis für nur sechs Monate«.

Innerhalb des Fachgebietes Schlagergesang wurden von jedem Berufsausweisbewerber vier Gesangstitel verlangt: zwei »melodische«, was auch immer darunter verstanden wurde, und zwei »rhythmisch betonte«.

Beurteilt wurden folgende Merkmale: Idee und Inhalt, Schwierigkeitsgrad, Ausführung, Ausstattung, Musikauswahl, Sprechtechnik, Gesangstechnik, Stimmführung. Das war der Abschnitt der Bühnenpräsentation. Und schließlich war noch ein theoretischer Qualifikationsnachweis zu erbringen.

Ich kann mich noch gut an den Auftritt von Regina Thoss erinnern. Die Qualität und Eigenheit ihrer Stimme war nicht zu überhören. Da war etwas Besonderes unter der Einheitssoße manch anderer Gesangsdarbietungen. Dennoch fiel Regina durch. Ob damit vielleicht Heinz Quermann geärgert werden sollte, der sie für seine Reihe »Herzklopfen kostenlos« entdeckt hatte?

Auch Dagmar Frederic hatte Anlaufschwierigkeiten. Und ich weiß wirklich nicht, was bei ihrem Auftritt der Grund gewesen sein soll, ihr den Berufsausweis nicht gleich zuzuerkennen.

Wer auch immer bei den beiden gebremst haben mag, sie werden es mit dem Argument zu verteidigen wissen, daß es sich doch gelohnt habe: Der Ehrgeiz der Sängerinnen sei angestachelt worden, und deutliche Leistungssteigerungen hätten doch schließlich die Richtigkeit des Vorgehens bewiesen. Na gut, sehen wir es so. Doch letztlich entscheidend waren Leute wie der Texter Wolfgang Brandenstein und der Komponist Gerhard Siebholz, die für Regina Thoss das Lied »Die erste Nacht am Meer« schrieben. Mit diesem Titel gewann sie schon 1966 beim »Schlagerfestival der Ostseeländer« in Rostock den 1. Preis. Damit war der Weg frei für eine lange und erfolgreiche Karriere. Dagmar Frederic kam erst 1967 in den Genuß eines Berufsausweises. Fünf Jahre Gültigkeit hatten diese mit einem Lichtbild versehenen Legitimationen, die nur auf dem Gebiet der DDR galten und nicht dazu berechtigten, selbst Veranstaltungen zu organisieren bzw. durchzuführen oder Künstler zu vermitteln.

»1966 steigen gleich zwei Melodien raketengleich in den westdeutschen Schlagerhimmel und strahlen weit herein in den Osten: ›Ganz in Weiß‹ mit Roy Black und ›Merci Chérie‹, komponiert und gesungen von Udo Jürgens.«

So steht es in meinen Aufzeichnungen von einst, ergänzt durch folgenden Text, den ich, brav in Selbstkritik, gar nicht erst in mein damaliges Buchmanuskript aufgenommen hatte:

Ich stelle mir vor, daß Udo Jürgens in der DDR aufgewachsen ist und sich um einen Berufsausweis bemühen muß, weil er gerne als Interpret seiner Lieder auftreten möchte. Er singt das Lied »Siebzehn Jahr, blondes Haar« und »Merci Chérie« und begleitet sich selbst am Flügel. Die Kommission sieht sich vor erhebliche Entscheidungsschwierigkeiten gestellt. Die beratenden Mitglieder der Arbeitsgruppe »Gesang und Musik« sind sich größtenteils einig, daß dieser Udo Jürgen Bockelmann, der gerne als Udo Jürgens auftreten möchte, zweifellos ein großes Talent ist und daß ihm der Berufsausweis der Stufe eins zugesprochen werden sollte. Das Leitungskollektiv äußert Bedenken, und es kommt zu folgender Diskussion, an der sich außer dem Leitungskollektiv auch noch einige Fachberater beteiligen:

»Wir kommen jetzt zu diesem Sänger, der sich selbst am Klavier begleitet hat.«

»Bockelmann.«

»Richtig. Was ist zu seinem Klavierspiel zu sagen?«

»Sehr gut. Er spielt sehr gut.«

»Etwas hart im Anschlag, oder?«

»Ein Klavier muß das aushalten.«

»Wie ist die Einschätzung zum Gesang dieses Interpreten?«

»Er preßt zu sehr.«
»Ja, besonders in den Höhen. Und er lispelt.«
»Er lispelt in den Höhen?«
»Nein, in den Höhen preßt er.«
»Und wann hat er das mit dem Lispeln?«
»Immer.«
»Also mir ist das nicht aufgefallen.«
»Er hat Probleme mit der Zunge.«
»Und er ist zu groß.«
»Nicht, wenn er sitzt.«
»Das ist eine Sache der Zahnstellung.«
»Genossen, bitte! Eins nach dem andern! Kommen wir zu den Liedern.«
»Ja. Also fachlich gesehen ist an den Liedern nichts auszusetzen. Sie sind interessant im Aufbau ...«
»Und sind leider so nicht zu akzeptieren.«
»Versteh ich nicht.«
»Ich finde sie auch gut.«
»Genossen, bitte! Wir können nicht diskutieren, als hätte es das Elfte Plenum nicht gegeben! Aus dieser Sicht müssen wir einschätzen!«
»Ich meinte das ja nur formal, wenn ich sagte ...«
»Ja, das ist zu unterschreiben.«
»In zehn Minuten macht die Kantine auf! Könnten wir nicht zügiger ...«
»Du kannst doch schon runtergehen.«
»Ja, natürlich, Helmut. Zirkus ist doch erst am Abend dran. Also machen wir weiter und laßt uns doch bitte zum Wesentlichen kommen. Was nützen uns schöne Melodien, wenn die Texte nicht stimmen?«
»Was soll an diesen Texten verkehrt sein?«
»Siebzehn Jahr, blondes Haar. Fangen wir damit an.«
»Daß da jeweils ein ›e‹ fehlt, würde mich nicht stören. So etwas kann doch mit dem Austausch von zwei Noten behoben werden. Da macht man aus zwei ganzen Noten jeweils zwei halbe und singt ›Siebzehn Jahre, blonde Haare‹ ...«
(Gelächter aus der Ecke der Musikexperten)
»... oder aus zwei Halben eben zwei Viertel. Das werdet ihr besser beurteilen.«

»Es geht doch hier nicht um Achtel oder Sechzehntel. Bleiben wir bei der Siebzehn. Das Mädchen ist noch nicht volljährig.«

»Das kann doch das Problem nicht sein. Singt er eben ›Neunzehn Jahr, blondes Haar‹.«

»Gut. Das wäre geklärt. Was ist mit dem zweiten Titel, diesem ›Merci‹? Ich finde, daß es in der deutschen Sprache so viele Möglichkeiten gibt, sich zu bedanken. Warum macht er das französisch?«

(Unterdrücktes Gelächter)

»Wir sollten mit dem Genossen Pökelmann reden.«

»Bockelmann, und nicht Genosse.«

»Also mit dem Herrn Bockmann sollten wir reden …«

»Das müssen wir ohnehin. Gibt es Vorschläge zu einer Textänderung?«

»Das kann nur gehen, wenn der Text genau auf die vorhandene Melodie paßt. Die ist nämlich gut.«

»Da bin ich mir eben noch nicht so sicher. Die Atemlosigkeit gleich zu Beginn des Refrains, zwischen diesen beiden französischen Worten, unterstützt von der musikalischen Anlage der Gesamtkomposition, assoziiert zu sehr den intimen Akt zwischen Mann und Frau.«

»Es geht doch hier nicht um die Einschätzung von Melodien. Wir sollen doch den Interpreten beurteilen.«

»Er ist ein Magentyp.«

»Wie kommst du darauf, Christiane?«

»So etwas sieht man.«

»Sagtest du nicht erst vorhin zu mir, daß seine Lieder aus dem Bauch kommen?«

»Genossen, bitte. Das hier ist kein medizinisches Symposium.«

»Mich hat gestört, daß er beim zweiten Titel schon so sehr geschwitzt hat.«

»Vielleicht doch der Magen.«

»Ich hätte einen Textvorschlag, der genau auf die Melodie passen würde.«

»Sing vor!«

»Hab Dank, mein Schatz, hab Dank, hab Dank, es war schön, so schön …«

»Das war die Melodie vom Fehrbelliner Reitermarsch.«

(Starkes Gelächter)

Der Sekretär der Kommission flüstert mit dem Vorsitzenden. Im Hintergrund reden zwei Fachberater über die Auflösung eines Dominantseptakkordes: »Die Terz strebt als Leitton in die Oktave der Tonika, und die kleine Sept drängt abwärts in die Terz des Zielakkords.«

Der Vorsitzende räuspert sich und sagt: »Kinder, bleibt beim Thema. Roland hat mich eben auf etwas hingewiesen, das wir berücksichtigen sollten. Charles de Gaulle hat erst im Februar der Nato mit dem Austritt Frankreichs gedroht. So etwas bringt uns Frankreich natürlich näher. Ganz abgesehen davon, daß immer ein paar Genossen von uns zum Pressefest der ›L'Humanité‹ nach Paris fahren.«

Jemand reißt die Tür auf und ruft: »Die Kantine ist auf!« Das schafft Unruhe. Der Vorsitzende schlägt mit der flachen Hand auf die Tischplatte und ruft: »Laßt uns zur Entscheidung kommen! Ich hab' auch Hunger! Ich schlage vor, dem Herrn Bockelmann den Berufsausweis zu geben. Die Punktzahl der Fachberater spricht ohnehin dafür. Allerdings empfehle ich, ihn vorerst in die Leistungsgruppe 3 einzuordnen. Jemand dagegen? – Keine Gegenstimme, stelle ich fest. Übrigens, im Gespräch mit dem Kollegen Bockelmann sollten wir anregen, sich einen anderen Künstlernamen zuzulegen. Es gibt schon einen Jürgens. Den Filmschauspieler. Um 14 Uhr geht's weiter. Mahlzeit!«

Statt dieses Textes hätte ich mir lieber ein paar neue Schlagerzeilen schreiben sollen. Seit dem »Knickebein-Shake« war ich republikweit nicht mehr auffällig geworden. Da kam ich mir vor wie ein Schuster, der für andere die schönsten Schuhe macht, aber selbst mit schiefgelaufenen Absätzen und löchrigen Sohlen herumläuft. Für Ellen Tiedtke hatte ich den Text »Du bist kein feiner Mann« geschrieben, für Günther Geißler die Worte zum Schlager »Ich hab' die gute Laune im Gepäck«. Hartmut Eichler sang meinen Text »Ich gehe auf der Straße des Glücks entlang«. Leider verschwand dieses Lied bereits nach ein paar Ausstrahlungen im Rundfunkarchiv und wurde nie wieder gesendet. Beckmesser im Entscheidungskollektiv des Rundfunks hatten sich an der Aussage gerieben. – »In der DDR gehen alle auf der Straße des Glücks entlang, auf der Seite, wo die Sonne scheint«, soll die Begründung gelautet haben. Die Zeile, daß ein Mädchen im Schatten daherkommt und gerade geweint hat, war demnach nicht zu akzeptieren.

Meine Gratulation und Anerkennung den Aufpassern von einst, die einen harmlosen Text wie diesen wie ausgelegte Zündschnüre in einer Pulverfabrik empfanden.

Mit Alo Koll bei Karl-Eduard

Ist es hinterhältig von mir, ausgerechnet an dieser Stelle Karl-Eduard von Schnitzler zu erwähnen, zumal ich privat nichts Schlechtes über ihn sagen kann? Immerhin hat er gegenwärtig, zehn Jahre nach der Wende, bei vielen Menschen der einstigen DDR einen besseren Stellenwert als seinerzeit im Dienst von Ulbricht und Honecker. In seinem Buch »Der rote Kanal« ist unter dem Kapitel »Worte zum Sonntag oder wann immer Zeit ist zum Nachdenken und Streiten« auch folgendes zu lesen: »In der ›maroden DDR-Mißwirtschaft‹ mußten die Menschen nach Bananen anstehen. In der ›sozialen Marktwirtschaft‹ stehen sie nach Arbeit, Wohnung und Soziahilfe an.« So etwas bringt im Osten Punkte. Ich glaube nicht, daß mich Karl-Eduard seinerzeit eingeladen hätte, wenn nicht Márta Rafael an seiner Seite gewesen wäre. Für Márta war ich, wie ich euch schon erzählte, eine der ersten Bezugspersonen gewesen, als sie, aus Budapest kommend, auf dem Flughafen Berlin-Schönefeld aus dem Flugzeug stieg. Vielleicht war es der mir damals noch anhaftende Resthauch österreich-ungarischer Lebensart, der ihr die Fremdheit der Stadt fürs erste milderte.

Wo Márta und Karl-Eduard einander begegneten und wann und wie schnell und warum überhaupt sie dem Charme Karl-Eduards erlag, vermag ich nicht zu sagen. Außerdem, wer so wenig wie ich über die eigenen Beweggründe für Anlehnung, Zuneigung und Liebe weiß, sollte sich in diesen Punkten tunlichst zurückhalten.

Spötter meinten, Márta sei ein Opfer der in der altungarischen Volksseele verankerten Adelsverehrung geworden, während Karl-Eduard vom »Piroschka«-Fieber erfaßt gewesen sein muß. Beide wohnten bereits in der Zeuthener Villa, nahe der Ortsgrenze zu Schmöckwitz, und ich kam mit Alo Koll, der ebenfalls eingeladen war. Márta hatte eine eigenwillige Art, den Namen Lutz auszusprechen. Der Buchstabe »u« geriet ihr stets ein wenig zu lang, und das »a« von »Alo« bekam durch den ungarischen Akzent eine Färbung zum »o«.

Karl-Eduard, ganz anders als er sich im Fernsehen zu geben pflegte, empfing uns herzlich und mit einer Reihe von Bonmots, wie wir sie in dieser Art von ihm im Fernsehen lieber vernommen hätten anstatt der strengen, haßgeschwängerten Kommentare. Er präsentierte sich uns als blendender Unterhalter und Hobbykoch, und es hätte ein ungetrübt geselliger Abend werden können, wäre nicht in Alo der Drang gewesen, den im Fernsehen sich so selbstsicher gebenden Mann in Verlegenheit zu bringen. Alo Koll, der alte Sprachen studiert hatte, bevor er sich dem Musikstudium verschrieb, war ein dem Intellekt Schnitzlers angemessener Meinungsverfechter. Schnitzler verteidigte damals noch, was er inzwischen als Fehler erkannt und selbstkritisch eingestanden hat. So mochten Wörter wie »Erstarrung, Verkrustung, Stagnation und Destabilisierung, sowie Arroganz und Dummheit an führenden Stellen« im Hinterstübchen seiner Gedanken vorgekommen sein; doch um nichts in der Welt hätte er das zugegeben. Alo Koll ärgerte das maßlos.

Auf dem Heimweg sagte ich: »Wie konntest du annehmen, daß er dir gegenüber eine andere Meinung vertreten wird als die, die wir übers Fernsehen von ihm kennen?« Alo Koll schüttelte den Kopf und meinte, daß er niemals begreifen werde, wie ein intelligenter Mann diese Holzhammerberichterstattung der gleichgeschalteten Medien nicht nur ertragen, sondern auch noch vertreten könne. – »Parteidisziplin«, sagte ich. – »Die Menschen um uns herum sind doch nicht dämlich!« ereiferte sich Alo. »Ihre Belastbarkeit hinsichtlich schöngefärbter Erfolgsmeldungen ist längst überschritten. War es also falsch, wenn ich sagte, daß Schwierigkeiten und Probleme auf den Tisch der Öffentlichkeit gehören? Was wird den Menschen noch alles zugemutet werden? Noch opfervoller und gutwilliger zu sein? Noch gläubiger ranzuklotzen beim Aufbau und zu erleben, daß es dennoch nicht vorangeht? Warum sagt die Parteiführung den Menschen nicht: Paßt auf, so und so steht es mit uns, wir haben die und die Schwierigkeiten, die sich nur überwinden lassen, wenn wir auf dieses und jenes verzichten und deshalb für eine gewisse Zeit den Gürtel enger schnallen? Ich möchte wetten, daß ein Großteil der Bevölkerung diese Aufrichtigkeit zu schätzen wüßte. Stattdessen werden die Menschen verarscht! Und obendrein noch plump!«

Ich hatte Mühe, meinen Freund aus der Heftigkeit seiner Rede herauszuholen und in die heitere Laune zurückzuführen, die seinem rheinländischen Naturell näher war als Unmut und Zorn. Es gelang mir schließlich, als ich ihn an Márta Rafaels lustige Schilderung ihres neuen Verwandtschaftsverhältnisses erinnerte: Mártas ehemaliger Mann, ein bekannter Dirigent in Budapest, hatte sich in Karl-Eduards jüngste Tochter verliebt, wodurch er zum Schwiegersohnanwärter gedieh und sich damit anzufreunden hatte, zu seiner einstigen Ehefrau Mama sagen zu müssen.

Ein Dialog und seine Folgen

1970 erinnerte sich der Friedrichstadtpalast noch einmal an mich, und die DEFA meldete sich ebenfalls. Nanu, dachte ich. Frank Schöbel etwa krank?

Mit ihm, dem Sunnyboy der DDR, und Chris Doerk bemühte sich Babelsberg um einen neuen Anlauf auf dem Sektor Musikfilm. Über Jahre hinweg hatte sich auf diesem Gebiet nichts getan.

Mit mir hatte die Musikfilmabteilung der DEFA noch nie etwas im Sinn gehabt. Abgesehen von einem handlungslosen kurzen Musikstreifen, den der Regisseur Hubert Hölzke rund um meine Person für das Vorprogramm der Lichtspieltheater gedreht hatte. Der einzige Kinofilm mit mir war das schon erwähnte »Verhexte Fischerdorf« gewesen, dieser heitere Streifen mit ein wenig Musik und Gesang; doch ein richtiger Musikfilm war einfach nicht drin. Es hätte ja nicht gleich eine beschwingt-romantische Tanzdichtung nach amerikanischem Muster sein müssen. Aber etwas zwischen »Ein Amerikaner in Paris« »Meine Frau macht Musik« wäre schon gut gewesen.

In dieser Zeit habe ich mich öfter gefragt, warum ich eigentlich singen und tanzen konnte. Inzwischen war ich dreiundvierzig, konnte immer noch singen und tanzen, war aber mit zeitgemäßen Titeln aus dem Rennen und darum nicht mehr interessant. Hätte ich mich also wundern sollen, daß es kein Musikfilm war, für den mich Babelsberg gewinnen wollte?

Söhne, ich war inzwischen so weit, daß ich mich über nichts mehr wunderte. Und so wunderte ich mich auch nicht über die »Wurzen«, die mir angeboten wurden.

Eine »Wurzen« ist – das muß ich Euch erklären, weil es kein Duden und kein Wahrig und kein Brockhaus erklärt – eine in Schauspielerkreisen geläufige Bezeichnung für eine Rolle, die so klein ist, daß sie jederzeit, ohne Gefahr für die Handlung, aus einem Theaterstück gestrichen oder aus einem Film herausgeschnitten werden kann.

Die mir angebotene Rolle war allerdings so klein, daß ich sie als Drehbuchautor gar nicht erst ins Buch aufgenommen hätte. Es gab sie aber. Also mußte sie jemand spielen.

Ich spielte sie. An der Tagesgage hatte sich nichts geändert. Warum hätte ich mich also ärgern oder nach einer größeren Aufgabe sehnen sollen?

»Husaren in Berlin« hieß das Projekt. Den Film habe ich, bis auf wenige Ausschnitte, nie als Fertigprodukt gesehen. Aber worum es ging, kann ich Euch in wenigen Sätzen sagen: Im zweiten Jahr des Siebenjährigen Krieges, als Friedrich der Große den Heeren seiner Widersacher weit nach Osten und Westen gefolgt war, hatte sich zwischen den Kampfschauplätzen ein breites Niemandsland aufgetan, so daß durch diesen freien Raum der Husarenmarschall Hadik, gespielt von Manfred Krug, am 16. Oktober 1757 nach Berlin gelangen konnte. Ohne an irgendeiner Stelle auf preußisches Militär zu stoßen, besetzte er die preußische Hauptstadt einen ganzen Sonntag lang. Eine tolle Geschichte! Ob es ein toller Film wurde, weiß ich nicht. Mir war die Rolle des Dragoners Dolfi zugeteilt worden. Und als der Regisseur Zeit fand, sich auch mit mir zu beschäftigen, entspann sich folgender Kurzdialog, der mit der Frage des Regisseurs begann:

»Können Sie reiten?«

»Nein.«

»Sind Sie schon mal geritten?«

»Nein.«

»Möchten Sie reiten?«

»Nein.«

Und so marschierte ich in diesem Film nur. Text hatte ich, wie bereits erwähnt, so gut wie keinen. Ein paar Stellen hätten sich angeboten. Da wären mir lustige Sätze eingefallen. Doch der Regisseur fragte nicht. Wahrscheinlich dachte er: Wer nicht reiten will, wird auch nicht reden wollen! So behielt ich die Sätze für mich.

Doch wurde ich später zur Synchronisation geholt, um die Texte eines ungarischen Darstellers auf deutsch mit ungarischem Akzent zu sprechen.

Diese Arbeit war mir nicht neu. Am Synchronpult gestanden hatte ich schon zuvor, um den Vorspanntext zum Manfred-Krug-Film »Florian von der Mühle« zu sprechen und zusätzlich die Rolle des Fürstkanzlers Metternich zu synchronisieren. Den Namen des Schauspielers, der diese Rolle spielte, hatte ich nie zuvor gehört, und ich weiß bis heute nicht, weshalb dessen Stimme nicht zu verwenden war.

Wäre ich gleich mit der Aufgabe betraut worden, hätte mir die Aufwertung damals sehr geholfen. Aber auch schon das halbe Vertrauen der Filmleute hat mir gutgetan.

Das ungeteilte Vertrauen der internationalen Filmbranche genoß damals gerade Raquel Welch. Für ihre Mitwirkung in einem Film erhielt sie eine Million Dollar. Eine für das Jahr 1970 stolze Summe, an der übrigens auch Manfred Krug arbeitete, doch zu seinem Verdruß noch in der falschen Währung.

In einer Drehpause lagerten wir auf der Wiese vor dem Schloß in Ludwigslust. Es gibt ein Bild davon, das ich einem Journalisten zur Verwertung leihweise überlassen habe, aber leider nicht zurückbekam: Manfred Krug und ich in Uniform mit umgeschnalltem Säbel, jedoch der Hitze wegen ohne Jacke, im Hintergrund die Pappkulisse einer Häuserfront, die dem Berlin von 1757 nachempfunden war. Wir sprachen unter anderem über unseren Beruf. »Du mußt Punkte sammeln!« empfahl er mir. Ich nickte dankbar und dachte, daß ich als Dragoner Dolfi gegenwärtig höchstens Pferdeäpfel sammeln könnte. Als sich die Mittagspause ihrem Ende näherte, teilte mir Manfred Krug noch eine weitere Erkenntnis seiner Lebenserfahrung mit. Er schaute mir ernst in die Augen und sagte: »Glaub mir, Lutz, die erste Million ist die schwerste!«

»Für Raquel Welsh wird sie auch nicht gerade leicht gewesen sein«, sagte ich darauf.

»Du könntest recht haben«, meinte Krug, »das Körpergewicht eines Filmproduzenten liegt selten unter neunzig Kilo.«

Ich weiß nicht, ob Manfred Krug die Körpermaße von Raquel Welsh kannte. Ich kannte sie: 93-59-89.

»Wofür würdest du dich entscheiden?« fragte ich. »Für das Weib mit diesen Maßen oder für die sechs Nullen mit der Eins davor?«

»Für beides natürlich!« lachte Rolf Herricht, der in der Nähe saß und unser Gespräch mit angehört hatte. Krug schüttelte den Kopf, lächelte und sagte: »Ich bin genügsam und nähm' nur die Million!«

»Gut entschieden«, sagte ich zu Rolf, »dafür kriegt er Mädels gleich im Dutzend und darf sich die Maße sogar noch aussuchen!«

Mädchenherzen gleich schockweise flogen damals Frank Schöbel zu. Uneinholbar an die Spitze der Schlagerinterpreten gelangt war er durch den Titel »Wie ein Stern«.

Im Westen hatte sich Peter Alexander längst zum Fernsehliebling emporgesungen und emporgespielt. Roy Black ließ Mädchenherzen zwischen siebzehn und siebzig höherschlagen. Howard Carpendale wurde in die Kerntruppe der westdeutschen Schlagersänger aufgenommen, und Katja Ebstein belegte mit dem Lied »Wunder gibt es immer wieder« beim »Grand Prix d'Eurovision« 1970 einen achtbaren dritten Platz.

Ich belegte in dieser Zeit nur mein Frühstücksbrot. Mit Margarine, falls das interessiert. Aber nicht, weil Walter Ulbricht das einmal aus Gesundheitsgründen all seinen Bürgern empfohlen hatte, als im Land die Butter knapp war: Bei mir war das Geld knapp! Ulbricht war inzwischen siebenundsiebzig und bekam allmählich Schwierigkeiten beim Ablesen der für ihn geschriebenen Texte. Seine Sprache klang verwaschen, und einige Worte mißrieten ihm ganz. Für Erich Honecker war es das Startsignal, nach Moskau zu reisen, um sich der Gunst Leonid Breschnews zu versichern und abzusprechen, was schließlich am 3. Mai 1971 passierte: Ulbricht trat aus Altersgründen zurück, und Kronprinz Erich wurde Erster Sekretär.

Daß der DDR-Ministerrat die Preise für Textilien und Elektroartikel senkte und zugleich die Mindestrente erhöhte, wurde bereits der neuen Führung zugute gehalten. Daß es dem Dollar in dieser Zeit nicht gut ging, gab der DDR-Agitation Auftrieb und bestärkte die Parteischulungsprediger, wohlgemut wiederzukauen, was ohnehin täglich die Spalten der Landespresse füllte. Für eine Reihe prominenter Leute war das Jahr 1971 kein gutes Jahr: In Moskau starb Nikita Sergejewitsch Chrustschow. Er war Walter Ulbrichts Jahrgang. Im Hotel »Ritz« in Paris, also in weit eleganterem Ambiente, starb Coco Chanel, Frankreichs Modekönigin, im Alter von siebenundachtzig Jahren.

Zwischen 1949 und 1950 war der Duft ihrer Parfümschöpfung »Chanel Nr. 5« immer dann an mir gewesen, wenn ich den Pullover trug, den mir meine Schwester aus Wien geschickt hatte. Ich bin Coco Chanel heute noch dankbar, daß sie lange Hosen für Frauen salonfähig gemacht hat, weil sonst der »Military Look« nicht möglich gewesen wäre, den ich, ohne Modeschöpfer zu sein, für wohlgewachsene junge Damen immer schon im Kopf hatte.

Mit achtundachtzig starb der russisch-amerikanische Komponist Igor Strawinski. Mit dem erst siebenundsechzig Jahre alten französischen Schauspieler Fernandel holte sich der Himmel den Priester Don Camillo an die Seite der Engel. Als Gegenspieler des kommunistischen Bürgermeisters Peppone hatte sich der italienische Schriftsteller Giovanni Guareschi diese Figur einfallen lassen, mit dessen Verkörperung im Film sich Fernandel ein Denkmal auf Erden setzte. Die deutsch-österreichische Schauspielerin Tilla Durieux starb mit neunzig. Zuletzt hatte ich sie im Fernsehen in dem Einpersonenstück »Die Languste« gesehen.

Auch Louis Armstrong starb 1971. An einem heißen Tag im Juli, kurz nach seinem einundsiebzigsten Geburtstag, wurde er Opfer einer Herzattacke. Mein Kollege und Freund Hans Hick hatte ihn noch im Konzert in Leipzig erleben dürfen. Ich leider nicht. Dafür darf ich mich rühmen, einen Finger im Mund gehabt zu haben, den schon Mister »Satchmo« im Mund hatte: Sanitätsrat Dr. Schob, Louis Armstrongs Notfallzahnarzt in Leipzig, war jahrelang auch mein Zahnarzt gewesen.

Ein Jahrgang mit Louis Armstrong war übrigens Helene Weigel. Am 6. Mai folgte sie ihrem schon 1956 verstorbenen Mann Bertolt Brecht, über dessen Werk sie noch knappe fünfzehn Jahre wachen durfte. Ich hatte sie als »Mutter Courage« und als »Frau Flinz« gesehen und gestaunt, wieviel Pointierkunst altösterreichischer Operettenschule sie in sich trug.

Was mich betraf, brachte mir das Jahr 1971 nichts Böses. Im Gegenteil. Der Rundfunk in Leipzig meldete sich wieder, der Kulturpalast in Dresden zeigte Interesse. Die Besetzungsabteilung des

DEFA-Studios für Spielfilme in Potsdam-Babelsberg verlangte neues Bildmaterial von mir. Aus Berlin kam ein Telegramm: »Erbitte beim nächsten Berlinaufenthalt Ihren Besuch. Grüße, Wolfgang E. Struck, Friedrichstadtpalast.« Und der Zentralvorstand der Gewerkschaft Kunst schrieb mir: »In Übereinstimmung mit dem Deutschen Fernsehfunk, Bereich Unterhaltung, möchten wir Sie erinnern bzw. informieren, daß die nächste Zusammenkunft mit Mitarbeitern des Fernsehens am 13. April 1971 in der ›Möwe‹ stattfindet. Da Sie zum Kreis der Kollegen gehören, die ihre Mitarbeit an bestimmten Sendevorhaben – als Autor oder Interpret – zugesagt haben, laden wir Sie zu einer Arbeitsberatung herzlich ein.« Von einer Zusage wußte ich zwar nichts, aber es war ein Hinweis auf gewisse Aktivitäten in Adlershof. Zu wenig Spaß auf dem Bildschirm, klagten die Zuschauer seit einiger Zeit bereits, und Fernsehchef Heinz Adameck dürfte dem Bereich Unterhaltung dringend ein paar Tropfen Öl empfohlen haben, um das Räderwerk der Protestmühlen nicht noch lauter knirschen zu lassen. Das war die Zeit, in der sich mein Kontostand bedenklich jener Marke genähert hatte, die der Volksmund »Ebbe in der Kasse« nennt. Und weil in Eurem Vater etwas von einem Vorfahr steckt, der als Abt einem Kloster in Böhmen vorstand, schicke ich noch den Herrgottsspruch hinterher: Jedem Haserl sein Graserl!

Und so war es. Kurz vor der totalen Trockenheit auf meinem Konto fing es allmählich wieder an zu tröpfeln, als hätte ein eigens für mein Sparkassenguthaben eingesetzter Kontrolleur zum drängendsten Zeitpunkt ein Signal gegeben. Da machte ich mir zum ersten Mal Gedanken um die Sicherheit des Bankgeheimnisses in der DDR.

Alfons Wonnberg und sein Angebot

In diese Zeit eines sich für mich anbahnenden Comebacks gehört Alfons Wonneberg. Er ist mein Jahrgang und nur knapp zwei Monate älter als ich. Zwei Sätze von ihm möchte ich an den Anfang stellen. Den ersten sprach er 1970: »In einer Zeit selbstsüchtiger Gruppenpräsenz muß man auch eine Gruppe bilden und dann ebenso eigennützig nach allen Seiten treten und küssen.« Den zweiten Satz hörte ich 1987 von ihm. Während eines Freilichtkonzerts am Müggelsee sagte er in einer Auftrittspause zu mir: »Ich gebe der DDR noch höchstens zwei Jahre!«

Söhne, ihr werdet zugeben, daß eine Prognose mit einer so genauen Zeitangabe im Jahr 1987 Seltenheitswert hatte.

Alfons Wonneberg, Kunstpreisträger des Jahres 1959, Vollblutmusikant, Komponist, Arrangeur, aber auch Entertainer und Spaßmacher vor und hinter den Kulissen, hätte mich nicht unbedingt gebraucht, war aber offenbar doch recht zufrieden, in mir einen Kontrahenten gefunden zu haben, der nicht nur neue Projekte kraftvoll anzuschieben bereit war, sondern auch in der Lage, neben dem Humor auf der Bühne auch noch privat mit Heiterkeitsreserven aufzuwarten. Wer Wonnebergs Partner sein wollte, mußte stark im Nehmen sein. Er liebte die Gelegenheiten, aus denen sich ein witziger Schlagabtausch entwickeln ließ. Er brauchte Clowns um sich und war in meinem Fall der Meinung, daß ich immer nur den Weißclown spielen wolle, ihm hingegen nur die Rolle des Dummen August zuweise.

Luciano Pavarotti war damals noch keinem ein Begriff. Bud Spencer schon eher. Eine Mischung aus beiden war Alfons. Rein äußerlich. Alfons hatte Bud Spencers Vollbart und Pavarottis Bauch. Und obschon er weit davon entfernt war, wenigstens annähernd so strahlend schön und kräftig wie Pavarotti zu singen, tat er es ihm in einem gleich: im Wegschieben eines Konzertflügels, ohne Zuhilfenahme der Hände, unter alleiniger Beteiligung des Zwerchfells und des Bauches. Inwieweit sich Alfons Bud Spencer verwandt fühlte, ist nur zu erahnen. Bud Spencers Freude am gelegentlichen Zuschlagen entsprach nämlich völlig Alfons' Ansicht einer deutlich gemachten Meinungsvermittlung. Daß das eine lediglich drehbuchbedingt geschah, Alfons' Maulschelle hingegen wahres Leben bedeutete, konnte nur denjenigen stören, der die Ohrfeige bekam. Das war in einem Fall der hervorragende Arrangeur, Komponist und Pianist Joachim Dannenberg, der Jahre später für die TV-Reihe »Mit Lutz und Liebe« die so köstlich nachempfundenen Orchesterbearbeitungen im Stil der zwanziger Jahre für »Onkel Stanislaus und seine Jazzopas« schrieb. Ich hatte die Züchtigung nicht miterlebt und kann deshalb nicht beschreiben, ob der schmächtige Dannenberg gleich vom Drehschemel fiel oder vorher noch um die eigene Achse wirbelte.

Als ich zum Wonneberg-Ensemble stieß, war Dannenberg nicht mehr dabei. Er hatte sich für die ungefährliche Heimtätigkeit eines freischaffenden Komponisten und Stararrangeurs entschieden. Ohne Zügel, ohne Prügel, frei von Angst beim Spiel am Flügel.

Alfons war ein Schnellschreiber, und nur erstklassige Kopisten waren seiner Notenschrift gewachsen. Doch meist schrieb er selbst die Stimmen aus seiner Partitur heraus, was allerdings wiederum hervorragende Notenleser unter den Musikern voraussetzte. Seine Spezialstrecke waren Jahreshöhepunkte und kurzfristig angesetzte Auslandsgastspiele. Ob Bagdad rief, Damaskus oder Aden: Alfons schrieb für jeden Laden!

1971/72 schrieb Alfons für unser gemeinsames Programm, und ehe ich mich versah, war ich wieder in einen Ablauf eingebunden, von dem ich mich schon für immer erlöst geglaubt hatte. Alfons hatte für unsere Show eine junge Dame engagiert und mich gebeten, sie mit meinem Wagen zu den jeweiligen Veranstaltungsorten mitzubringen. Er nannte mir den Namen Catharina Hagen und erwähnte, daß sie die Tochter der Schauspielerin Eva-Maria Hagen sei, die wegen ihrer Kontakte zu Wolf Biermann nach Annaberg verbannt worden war.

Als Treffpunkt mit Catharina war die leicht ansteigende Veteranenstraße am Weinbergpark verabredet. Ich kam vom Rosenthaler Platz, bog von der Brunnenstraße rechts ab und sah das Kind schon da stehen. Es war damals bereits ein recht stabiles Kind, das in der prächtigsten Blüte seiner Jungmädchenreife stand und nicht zu übersehen war.

Catharina, die sich damals noch nicht Nina nannte, stand auf halber Höhe des Berges, unmittelbar am Bordstein, und sah aus wie Rotkäppchen, das auf die Großmutter wartet. Daß ich in ihren Augen mehr der Großvater war, gab sie mir schon nach einigen Kilometern zu verstehen, indem sie mir ungefragt kundtat, daß sie sich aus älteren Männern nichts mache.

Als Paradiesvogel gab sie sich gleich am ersten Tag zu erkennen, und es wäre gelogen, würde ich heute behaupten, nicht geschockt gewesen zu sein. Sie war geschminkt wie Kinder sich schminken, wenn sie zum Kinderkarneval gehen oder wenn Mutti nicht zu Hause ist und der Schminkkoffer unverschlossen im Bad vergessen wurde: die Wangen kreisrund rot, wie Japans aufgehende Sonne, die Lippen von ebensolcher Röte, aber weit über die Konturen gemalt, und die ohnehin von langen Wimpern überschatteten großen dunklen Augen mit zusätzlichen Strichen betont. Es war ein rührendes Gemälde, aber, wie ich fand, mehr etwas für die Geisterbahn. Wir waren noch nicht am Zielort angekommen, da wußte ich bereits, daß sie eine zweite Liza Minelli werden wollte. Als ich sie dann auf der Bühne singen hörte, glaubte ich, daß sie das erreichen könnte, mußte es allerdings zur nächsten Veranstaltung bereits wieder bezweifeln. Ihr Leistungsgefälle zwischen gut und schlecht wechselte wie das Wetter im April. Und so sagte ich zu ihr: »Mädel, aprilfrisch darfst du sein, aber aufpassen mußt du! Auch wenn einige Buchstaben übereinstimmen, so ist doch zwischen Schönwetter und Scheißwetter ein beträchtlicher Unterschied!«

Das war die Sprache, mit der sie etwas anfangen konnte. Und so hatten wir viel Spaß miteinander. Ich wüßte keine Fahrt, die nicht kurzweilig gewesen wäre. Von den Liedern, die wir im Auto gemeinsam sangen, ist mir das Duett »Schenkt man sich Rosen in Tirol« noch in bester Erinnerung. Beide haben wir es öffentlich nie gesungen, hatten es aber abrufbereit im Kopf. Sie aus der Annaberger Theaterzeit ihrer Mutter, ich aus meinen Operettenengagements.

Nina hatte viel Sinn und Begabung für jegliche Art von Situationskomik und lieferte mir einen unvergeßlichen Beweis ihres Einfallsreichtums mit der folgenden Szene, die sie sich eigens für mich ausgedacht hatte:

Es war vor einer Veranstaltung. Die Musiker waren noch in Thekennähe, aber Nina und eine junge Gesangskollegin befanden sich bereits in der Garderobe. Es gab nur diesen einen Raum, in dem sich alle Mitwirkenden umziehen mußten, und ich stand vor der Tür und klopfte.

»Seid ihr schon angezogen?« fragte ich.

»Ja!« schallte es fröhlich zurück.

»Darf ich reinkommen?«

Ich hörte Nina tuscheln. Dann kicherten beide.

»Darf ich?« fragte ich sicherheitshalber noch einmal.

»Ja-ha!« sang es mir glockenhell entgegen. Und so trat ich arglos ein. Schade, daß diese Szene keiner fotografierte! Ninas Inszenierung war perfekt und mein Gesichtsausdruck bestimmt eine Augenweide für die Mädchen. Beide standen in vollendeter

Striptease-Pose vor mir: das T-Shirt hochgezogen bis ans Kinn und die üppigen Brüste vorgestreckt.

Der Anblick war beeindruckend, und ich genoß ihn. Daß ich dennoch wie eine alte Jungfer aufschrie, tat ich nur anstandshalber. Da hatten die beiden ihre Nacktheit leider schon wieder bedeckt. Nur Nina ließ noch ihren Busen provokativ unter dem dünnen Stoff weiterschaukeln und reimte prustend: »Er sah noch, wie die Möpse sprangen; doch keine Zeit, um zuzulangen!«

Es war lustig zu erleben, wie doch einiges von Wolf Biermanns Dichtkunst an der Stieftochter hängengeblieben war.

Neues Spiel, neues Glück

Gegen Ende des Jahres 1971 sang mir ein Vögelchen aus Adlershof, daß es fernsehmäßig mit mir wieder aufwärts gehen könnte. Ich weiß nicht, wer meinen Namen ins Spiel gebracht hatte. War es Heinz Quermann, der diesem Projekt vorstand? War es eine andere Persönlichkeit in Adlershof?

Wenn es nicht Quermann war, so dürfte er zumindest nicht dagegen gewesen sein. Als Grundpfeiler hatte Heinz zwei Ideen: Die eine war, mit Hilfe von Kostüm und Maske und den entsprechenden musikalischen Arrangements die Herren des Rundfunk-Tanzorchesters Berlin als Jazz-Opas der zwanziger Jahre auftreten zu lassen und Günter Gollasch, den Leiter des Tanzorchester, als dirigierenden und singenden Onkel Stanislaus. Und Quermanns Idee Nummer zwei war ein Papagei als Dialogpartner für mich. Was noch passieren sollte, muß zu jenem Zeitpunkt unklar gewesen sein; es wäre mir sonst mitgeteilt worden.

Das Fenster, aus dem ich nun bald hinausschauen sollte, würde kein normales sein, sondern nunmehr ein Fernsehfenster in Farbe. Und auch die Bezeichnung meiner Tätigkeit war der neuen Zeit angepaßt: Moderator würde ich sein und diese neue Show, für die es noch keinen Namen gab, moderieren.

Da hatte ich was zum Nachdenken. Mich moderat zu verhalten war mir von Kindheit an vertraut und anerzogen, und auch das moderato in der Musik, das für mäßig bewegt steht, war mir nicht fremd; doch was ein Moderator im Fernsehen bedeuten sollte, wußte damals auch noch kein Fremdwörterlexikon zu erklären. Da man mich wohl kaum als »Bremssubstanz zur Geschwindigkeitsverringerung atomspaltender Neutronen« verwenden wollte, mußte unter dem Begriff Moderator noch ein anderer Sinn stecken.

Da meinte Quinta, die an meiner Seite lebende »Fünfte«, aber mir noch nicht Angetraute, daß ich doch im Lateinwörterbuch unter »modero« oder »moderari« nachschauen sollte. Also schaute ich und entdeckte das Wörtchen »lenken«. »Na bitte«, sagte ich, »damit läßt sich doch etwas anfangen!«

Es dauerte noch eine ganze Weile, bis ich – ein wenig zumindest – lenkend eingreifen durfte. Ein Wunder, daß dies überhaupt möglich war in einem Land, wo selbst die Staatslenker nur Gelenkte waren.

Ich war in keiner beneidenswerten Lage. Jeder Pförtner vom Dienst am Haupteingang der Rudower Chaussee Nr. 3 hatte innerhalb seines Bereichs eine festere Position als ich armes Würstchen mit dieser Show, die immerhin meinen Vornamen im Programmtitel hatte.

Ich will es nicht beschwören, aber ich glaube, daß dies der erste eigennützige Gedanke war, dessen ich mich nicht zu schämen brauchte, als ich Heinz Quermann vorschlug, die neue Reihe »Mit Lutz und Liebe« zu nennen. Heinz war damit sofort einverstanden, was mich, ehrlich gesagt, wunderte, weil er sich damit die Möglichkeit nahm, mich aus der Show schmeißen zu können und gegen einen anderen Moderator auszuwechseln.

Am 4. März 1972 hatte die Sendereihe »Mit Lutz und Liebe« Premiere. »Alte Hüte neu aufpoliert« hieß der Untertitel, und er prägte das Bild, das sich die Öffentlichkeit im Lauf der Zeit von mir gemacht hatte. Jürgen Brill, der Regisseur, sah nicht gerade glücklich drein, und auch ich war der Meinung, daß der Reihe kein langes Leben beschieden sein würde, falls alles so simpel gestrickt bliebe.

Es war nach der zweiten Sendung, als mich Heinz Adameck, Mitglied des Zentralkomitees der Sozialistischen Einheitspartei Deutschlands, Mitglied des Präsidiums des Verbandes der Film- und Fernsehschaffenden und Vorsitzender des Staatlichen Komitees für Fernsehen, zu sich ins Büro bestellte.

Die FF DABEI, einzige Fernsehzeitschrift in der DDR, hatte im vierten Maiheft 1972 die zweite Folge mit freundlichen Sätzen angekündigt und auch eine positive Zuschauerzuschrift abgedruckt; doch Adameck war anderer Meinung. Was er mir mit sanften Worten an den Kopf warf, war genau das, womit mich Jürgen Brill, der Regisseur, schon vor der Premiere gelöchert hatte. Ziemlich geklatscht saß ich in dem großen Raum mit dem großen Tisch und den vielen Stühlen und hörte mir artig an, was ich so ähnlich auch selbst gesagt haben könnte. Heinrich Adameck, Jahrgang 1921, geboren im thüringischen Silberhausen, wo einst entfernte Verwandte der Sieben Zwerge das edle Metall aus den Bergen holten, hatte nichts metallisches an sich, im Gegenteil, sein Blick hatte die Wärme eines Rehs, und was seine Körpergröße anbetraf, ordnete ich ihn ein in die Reihe der erfolgreichen Kleinen: Napoleon, Charlie Chaplin, Humphrey Bogart.

Dustin Hoffman und Danny de Vito habe ich nicht vergessen. Die kannte nur damals noch keiner.

Heute fühle ich mich ertappt, wenn ich in meinem Tagebuch lese: »Adameck steht und ich sitze, aber trotzdem schauen wir uns auf gleicher Höhe in die Augen.«

Darauf reiten nur Leute herum, die selbst nicht viel größer sind, aber ungemein stolz auf die eigenen paar Zentimeter mehr. Einigen wir uns also auf eine abgemilderte Fassung: »Adamecks Körpergröße stand in einem reizvollen Kontrast zur Weite seines Büros, zur Höhe des Konferenztisches und zur Länge seiner Titel.«

Adameck war anzusehen, daß er noch andere Probleme im Kopf wälzte als nur die eine Sache, derentwegen er mich zu sich bestellt hatte. Und weil ich nun endlich auch etwas sagen mußte, zumal ich sah, daß er darauf wartete, sagte ich, daß ich bislang ausführte, was der Redakteur mit seinem Manuskript der Sendung vorgegeben hatte.

»Moment«, sagte Adameck und leitete damit ein Frage- und Antwortspiel ein, das in seiner Kürze den Blitzdialog übertraf, den ich mit dem Filmregisseur um die Möglichkeit des Reitens geführt hatte.

»Wie heißt Ihre Sendung?«

»Mit Lutz und Liebe.«

»Aha. Und wer hält den Kopf raus?«

»Na ich!«

»Aha! Und wer sollte dann dafür was tun?«

»Auch ich?«

»Sie begreifen schnell. Dann tun Sie was!«

Ende der Durchsage! Da hatte er mir auch schon die Hand gegeben und mich bis zur Tür begleitet. Dort sagte er nur noch: »Wenn es Probleme gibt, rufen Sie mich an!«

Auf dem Korridor, wieder mit mir allein, richtete ich den Blick himmelwärts und dachte: Lieber Gott, solltest du mich jemals wieder auf diese Erde schicken, dann nie wieder mit einem Job wie diesem! Mit der Position eines Fernsehintendanten würde ich ja noch zurechtkommen. Wie ich allerdings mit Heinz Quermann klarkommen soll, wirst du mir sicher nicht sagen können!

Quermann war einer der emsigsten Produzenten auf dem Gebiet der Fernsehunterhaltung. Vom Gesamtangebot publikumswirksamer Sendungen kam der überwiegende Teil aus seiner Redaktion. Er hatte ein Gespür für das Einfache, das ohne Ecken und Kanten in den Kopf und von dort zu Herzen oder zum Zwerchfell ging. Seine Erfolge als Redakteur und Erfinder von neuen Sendungen hatten seine Triumphe als Conférencier längst eingeholt und ihm eine kaum noch zu erschütternde Position verschafft. An seinem Sessel als Arbeitsgruppenleiter zu sägen, waren bestimmt einige bemüht. Wer auch immer sich daran versucht haben sollte, wird wissen, wovon ich rede. Der Kraftaufwand war vergebens.

Geschickt wußte er sich zwischen dem Möglichen und Unmöglichen zu bewegen, stets zugunsten zufriedener Fernsehzuschauer, weshalb er schwer zu treffen war. Hatte er Zweifel, schlug er sich auf die Seite des gesunden Menschenverstandes und gewann damit auch gegen politisch hart auftretende Widersacher. Quermann war längst zu einer Institution geworden, in die ich, gemäß Rückenstärkung durch den Vorsitzenden Adameck, mit Verbesserungsvorschlägen einbrechen sollte.

Einbrechen war das richtige Wort; denn einbrechen konnte ich leicht und schnell, egal für welche Seite ich auch streiten würde. Jürgen Brill versprach sich viel von der hohen Unterstützung, übersah dabei nur, daß der Allerhöchste im Haus die Angelegenheit an den Allerniedrigsten delegiert hatte. Und so dachte ich: ›Junge, du wirst diplomatisch vorgehen müssen: behutsam und feinfühlig!‹ In mein Tagebuch schrieb ich: »Mist, verdammter! Das wird schwer! Mach ich was falsch, legt Heinz sich quer! »

Ein viereinhalb Seiten langer Brief an Heinz Quermann vom

3. Juli 1972 belegt meine Behutsamkeit. In sieben Punkte aufgeschlüsselt führte ich auf, was mir mißfiel und was verbessert werden müßte. So störte mich als erstes die langweilige Titelfolge voll ausgespielter Schlager, weshalb ich empfahl, die alten Schlagerhüte mit neuen Textinhalten zu versehen und sie damit zu handlungstreibenden Bestandteilen musikalischer Bilder zu machen. Wir müssen uns die Zeit nehmen, schrieb ich, eine Sendung bereits von der Grundkonzeption her mit Einfällen und Gags anzureichern und erst dann mit den dazu passenden Schlagern zu versehen.

»Deine Zuversichtlichkeit, lieber Heinz, ist zwar von bestechender Überzeugungskraft«, heißt es in dem Brief wörtlich, »aber regelmäßig durchgeführte Ideenkonferenzen wären mir lieber und ließen mich ruhiger schlafen.«

Ich erwähnte die Bühnenbildner Lässig, Heidolph und Schnecke. Alle drei waren für das am Stadtrand von Karl-Marx-Stadt gelegene Studio in Siegmar tätig und brannten darauf, ihre Phantasie und Schöpferlust ausleben zu können. »Dazu sollten wir ihnen Gelegenheit geben«, schrieb ich.

Die Gelegenheit bekamen sie. Doch zu den Ideenkonferenzen kam es nicht. Es gab lediglich Auswertungen nach jeder fertiggestellten Produktion und eine Grobabsprache für die Arbeitsverteilung an der Vorarbeit zur nächsten Folge.

Ich glaube nicht, daß es Quermann leichtgefallen war, einen Teil des Handlungsmanuskripts an mich abzutreten. Entscheidend war, daß er es tat. So entstanden an meinem Schreibtisch Musikbilder, die jeweils einem bestimmten Thema zugeordnet waren. Besonders die Märchenvorlagen der Gebrüder Grimm und Wilhelm Buschs Max-und-Moritzstreiche waren für die Bühnenbildner und Grafiker ein dankbares Feld.

Die neue Form war gewöhnungsbedürftig. Einige Zuschauer vermochten sich nicht mit der verfremdeten Präsentation ihrer Lieblingsschlager abzufinden und verlangten nach den ihnen vertrauten Originaltexten. Das gab Quermanns alter Verfahrensweise recht, und es gehört zur Korrektheit dieses Berichts, diesen Umstand nicht unerwähnt zu lassen. Dennoch blieb es bei der Ideenteilung, weil die unterschiedliche Handschrift den einzelnen Folgen gut bekam. Heinz betreute die Onkel-Stanislaus-Jazz-Opa-Ecke, lieferte für Fernsehpapagei Amadeus die frechen

Sprüche, die zur Belustigung der gesamten Produktionsmannschaft immer gegen mich gerichtet waren, während ich weiterhin die musikalischen Bilder entwarf und Wert darauf legte, möglichst viel vom Originaltext der alten Schlager zu belassen, was natürlich nur möglich war, wenn die jeweiligen Szenen dazu paßten.

So etwas ließ sich nicht in einem Tag zusammenschustern. Ich brauchte meist ein bis zwei Wochen, um, musikdramaturgisch stimmig, zu den einzelnen Handlungen die richtigen Lieder für ein bis zwei Musikbilder zu finden. Heinz dauerte das offenbar zu lang. Denn eines Tages, als ich mit meinem Manuskript in sein Büro kam, überraschte er mich mit der Botschaft, die nächste Folge bereits fertig zu haben. So sehr ich Heinz diesen privaten Spaß gönnte und mich freute, daß er nun auch an den wirksamen Farbtupfern Gefallen fand, bedrückte mich das fertige Ergebnis, zumal ich mir danach auch noch von Jürgen und den Bühnenbildnern anhören mußte, doch in Zukunft bitte schneller als Heinz zu sein.

Daß wir uns aber immer zusammenrauften – Heinz mit seiner Auffassung, Jürgen Brill mit der seinen, die auch nicht immer die meine war –, dürfte letztlich das Erfolgsrezept gewesen sein, weshalb sich die Reihe zehn Jahre lang im Sendeprogramm behaupten konnte. Unvergeßlich für Quermann und mich und gewiß auch für Jürgen Brill wird die folgende Szene bleiben, die sich im Speisesaal des Hotels »Chemnitzer Hof« abspielte.

Heinz, Jürgen und ich hatten uns zum Abendbrot eingefunden. Ich hatte mein Manuskript dabei. Es waren die Seiten zu einer musikalischen Bilderfolge, die Heinz bereits gelesen hatte. Gepflegte Atmosphäre ringsum. Die Kellner eilten dezent und beflissen zwischen den besetzten Tischen hin und her, sächsisch in der Sprache, aber nahezu angelsächsisch in ihrer Butler-Eleganz. Alles in gedämpfter Lautstärke, auch die Gespräche der Gäste.

Ich war gerade dabei, die Zeit zwischen Suppe und Hauptgericht zu nutzen, um Heinz Quermann bezüglich einiger Stellen des von mir neu geschriebenen Musikbildes zu befragen. Wichtig zu erwähnen, daß ich die Zusammenstellung der Lieder und die zugehörige szenische Auflösung für originell und witzig gelungen hielt und entsprechend stolz darauf war. Die Manuskriptblätter hatte ich schon in der Hand, als Heinz mich gar nicht erst zu Wort kommen ließ und zu mir sagte: »Kann es sein, daß du das Fernsehen mit der ›Komischen Oper‹ verwechselst? Wie lange sollen wir denn an deinen Einfällen proben? Und wie lange produzieren?«

Es war das erste Mal, daß ich mir eine Antwort schenkte. Ich hielt die Manuskriptseiten mit ausgestreckten Armen in Augenhöhe, zerriß die zehn Blätter mit einem Ruck in zwei Hälften und warf sie mit Schwung in die Luft. Zwanzig Papierteile segelten herab. Stille im Speisesaal. Man hätte die Küchenschaben hinter der erleuchteten Wintergartenscheibe krabbeln gehört, wären nicht Tage zuvor die Kammerjäger im Haus gewesen.

Jürgen Brill wurde zwar einen halben Kopf kleiner, konnte aber sein Vergnügen an der Szene nicht verbergen. Auch Heinz Quermanns Reaktion, zwischen Überraschung und ungläubigem Staunen, war die Demonstration wert. Ihn zu beeindrucken war ja nicht leicht. An diesem Abend war es mir gelungen.

Einmal erlebte ich, wie sich Hans Joachim Preil mit heftigen Widerworten gegen den Meister erregte und dabei im Recht war. Sein Pech war nur, daß allen im Studio Anwesenden sofort das Cholerische vor Augen stand, das zu Preils Rolle gehörte, wenn er sich in den bekannten Sketchen mit Rolf Herricht aufzuregen hatte. Es war schon tragisch, aber gleichzeitig erheiternd, wie sein echter Ausbruch ins Leere ging. Da wußte Jürgen Brill Heinz Quermann besser zu packen. Er konterte mit Quermanns ureigenster Domäne, dem Witz. Schlimm für mich wurde es, wenn sich beide mal einig waren und ich gerade einen Schwachpunkt hatte.

Ursachen für Schwachpunkte gab es jede Menge. Die meisten lieferte mir mein Partner Amadeus, der Papagei, der mir immer dann in meinen Text hineinkrähte, wenn ich glaubte, besonders gut in Fahrt zu sein. Also Abbruch der Aufzeichnung und neu angesetzt! Es dauerte Tage, bis wir dahinterkamen, daß Amadeus Zugluft nicht vertrug. Dennoch vergaß immer irgendwer, die Studiotür hinter sich zu schließen. Dann krähte Amadeus nicht nur, sondern drückte seinen Unmut zusätzlich durch heftiges Flügelschlagen aus. Dabei staubte es jedesmal aus seinem Gefieder wie aus einem alten Mop. Die ersten Male hatte ich noch unwirsch »Halt den Schnabel und sitz ruhig, alte Milbenschleuder!« gerufen, aber nachdem ich den Grund wußte, rief ich nur noch: »Wer nochmal die Studiotür offenläßt, muß statt Amadeus auf die Stange!«

Es war schon schwierig. Einerseits sollte Amadeus den Schnabel halten, andererseits sollte er ihn aber auch bewegen, um das Sprechen vorzutäuschen. Damit das funktionierte, kam Requisiteur Mrozek auf die Idee, dem Papagei kurz vor der Aufnahme eine Erdnuß zu geben. An der kaute Amadeus dann herum – was wirklich so aussah, als würde er reden.

Mrozek war übrigens derjenige, der die undankbare Aufgabe hatte, den Papagei zu jeder »Lutz-und-Liebe«-Produktion aus dem Leipziger Zoo abzuholen und ihn danach unversehrt wieder zurückzubringen und ihn selbstverständlich auch während der vier bis sechs Studiotage gut zu versorgen. So war zwischen den beiden recht bald ein nicht zu übersehendes Vertrauensverhältnis entstanden. Daß Mrozek versucht haben soll, dem Papagei in den Freizeitpausen den Gruß »Rot Front!« beizubringen, kann ich nicht bestätigen.

Am glücklichsten wären Quermann und Brill gewesen, wenn Amadeus mir seine Frechheiten direkt ins Ohr gesprochen hätte. Ich weiß nicht mehr, wer von beiden auf diese Idee kam und der Aufnahmeleiterin Mammitzsch zurief, doch bitte Amadeus ein Stöckchen hinzuhalten, damit dieser sich darauf setze, um dann zu meiner Schulter getragen zu werden.

Die Aufnahmeleiterin schickte sich an, den Auftrag auszuführen, wußte jedoch nicht, daß ein Papagei, um sich festzuhalten, stets erst den Schnabel zu Hilfe nimmt, bevor er mit den Füßen hinterhersteigt, und sich dazu immer den höchsten Punkt wählt, der ihm entgegengehalten wird. Fatalerweise war bei diesem Umsteigemanöver der höchste Punkt nicht der Stock, sondern das Handgelenk der Aufnahmeleiterin. Und genau dort hinein biß Amadeus. Frau Mammitzsch schrie, ließ den Stock fallen, Amadeus suchte mit den Füßen nach Halt, fand aber keinen, und so hielt sein Schnabel verbissen an dem fest, was ihn vor einem Absturz bewahrte. Erst als Mrozek hinzusprang, den Stock aufhob und dem verzweifelt mit den Flügeln schlagenden Papagei unter die Krallen schob, ließ Amadeus vom Handgelenk ab. Frau Mammitzsch, kreidebleich, wurde aus dem Studio geführt, Hubert Hanke, der Chef des Lichts und des Arbeitsschutzes, rief nach dem Fahrer, der Frau Mammitzsch in die nahegelegene Poliklinik bringen sollte. Und weil die Zeit drängte, fragte Jürgen Brill über die Lautsprecheranlage, ob sich vielleicht noch jemand beißen lassen wolle, falls ja, dann bitte gleich, damit der Wagen nicht noch einmal fahren müsse. Und dann hörte ich auch schon das Kommando: »Die Aufzeichnung geht weiter! Mrozek, setz den Amadeus auf die linke Schulter von Lutz!«

Ich brüllte: »Ihr spinnt wohl!«

»Dann setz ihn meinetwegen auf die rechte Schulter!« schrie Brill.

»Rechts hab ich doch auch ein Ohr!« schrie ich zurück.

»Brauchen wir die Ohren heute noch?« fragte Mrozek scheinheilig in Richtung Regie.

»Nein«, hörte ich Quermanns Stimme, »für Lutz ist das heute die letzte Einstellung!«

So gut das Arbeitsklima auch war, so aufgeladen reizbar konnte es werden, wenn sich der Produktionstermin den letzten Aufzeichnungstagen näherte und wir dem Dispositionsplan hinterherhinkten. Da sah ich zwar immer noch Verbesserungswertes, hielt aber den Mund, weil die Regie in diesen Zeiträumen eine Bemerkung von mir ebenso wenig gebrauchen konnte wie ein Streichholz bei der Suche nach einer defekten Gasleitung.

Wir waren bei allen Schwierigkeiten bemüht, uns gegenseitig immer etwas mehr Freude als Ärger zu bereiten. In einer solchen Geberlaune schrieb ich für Amadeus die folgenden Zeilen in eines meiner Manuskripte:

»Eierpampe, Erdnußkern!
Spaß hat Amadeus gern!
Lutz'l wär' ein doofes Ei,
hätt' er mich nicht stets dabei!«

Ich kann nicht behaupten, den Watschenmann ausgesprochen gern gespielt zu haben. Doch er gehörte ins Konzept und förderte nebenbei das Arbeitsklima.

Margot Ebert, in »Zwischen Frühstück und Gänsebraten« langjährige Partnerin von Heinz Quermann, muß für eine ähnliche Rolle weniger Bereitschaft gezeigt haben. Ich glaube, daß sie sich geradezu widersetzte. Das dürfte erklären, wieso Heinz und ich gelegentlich noch miteinander telefonieren und uns schreiben, während Margot und er nur noch über bissige Zeitungsartikel voneinander hören.

In meinem Tagebuch finde ich unter dem Datum 27. Januar 1973 folgende Eintragung: »Bin mit einem lustigen Text befaßt, der ins Russische übersetzt werden soll.« Die Sache war schon gegen Ende 1972 zwischen Alfons Wonneberg und mir besprochen worden und hatte damit begonnen, daß Alfons mich fragte, ob ich Russisch könne.

»Ja«, sagte ich, »russisch kegeln.«

»Dann wirst du die Ansagen sprechen!«

»Was denn für Ansagen?«

»Auf unserer Rußlandtournee!«

Alfons wußte, daß ich recht gut Tschechisch verstand und mich in dieser slawischen Sprache auch einigermaßen gut verständigen konnte, weshalb er möglicherweise dachte, daß dies für mich lediglich ein Unterschied sein müsse wie zwischen Schwäbisch und Sächsisch. Und so sagte ich: »Ich kann nicht russisch sprechen; höchstens brechen! Ich vertrage keinen Wodka!«

»Um so besser! Dann wird wenigstens einer von uns nüchtern sein!« Und weil er meine Neigung zum Schmieden simpler Verse kannte, fügte er noch hinzu: »Nazdrowje, Towarischi, ramtamtam, Wodka, pozalista, dawaj, sto Gramm!«

Ich weiß noch, wo der freundliche Mann wohnte, zu dem mich Alfons schickte. Es war in einem der Häuser hinter dem Admiralspalast. Eine düstere Gegend damals.

Von Alfons hatte ich einen Zettel mit der Anschrift. »Viktor Gronfein«, las ich. Und die Information, die ich noch mitbekommen hatte, war, daß Gronfein der ständige Dolmetscher von David Oistrach sei, ein feiner Mann also, der sein Handwerk verstehe, weshalb er auch immer wieder gern als Sprecher zu Konzerten deutscher Orchester in russischen Kasernen geholt werde.

An einem kalten, schneefreien Wintertag suchte ich Viktor Gronfein auf. Wenn es leicht geschneit hätte, wäre die Stimmung beziehungsvoller gewesen, aber so war es auch gut. Es gab russischen Tee und ein gemütliches Gespräch. Dann las Gronfein meine Texte, wie ich sie mir für meine Ansage vorgestellt hatte, und ich war glücklich, als ich ihn mehrmals schmunzeln sah. Schließlich legte er die Blätter beiseite und sagte: »Die Ansagen lesen sich deutsch ganz lustig, aber wenn ich sie übersetze, werden sie traurig.« Und genauso schaute er mich an. An dieser Stelle überlegte ich, wie ich mich dieser Rußlandtournee vielleicht doch noch entledigen könnte. Aber in welche Richtung ich auch dachte, stets tauchten in mir die folgenden Bilder auf: ein Kühlschrank, eine Waschmaschine, eine Badewanne, ein Elektroherd, ein Schreibtisch mit zugehörigem Sessel und, allem voran, das Bild eines Kontoauszugs mit beruhigenden Zahlen darauf, sowie über all diesen Wunschgemälden in leuchtenden Farben immer wieder diese fünf Buchstaben: GENEX.

In der DDR ein Wort, ein Begriff, weil über GENEX all das zu beziehen war, was es im normalen Handel nicht gab. Nun gut, GENEX hatte einen Schönheitsfehler: Die gewünschten Waren mußten in Dollar oder in Westmark bezahlt werden. Aber einiges gab es auch für Rubel. Und an die dachte ich, als ich bei Gronfein saß und um ein Haar schon aufgegeben hätte.

Die meiste Mühe hatte Gronfein, mich das Tschechische vergessen zu lassen. Tschechisch ist, von der Aussprache her, unter den slawischen Sprachen die härteste Variante. Das Russische hingegen ist voller Melodie. Mein Schwager Karl hatte mir das schon als Bub vermittelt und mir russische Verse vorgetragen. Leider weiß ich nicht mehr, ob es Sätze von Lermontow oder von Puschkin waren. Aber wie Musik hatten sie geklungen. Und obwohl ich damals kein Wort verstand, war ein seltsamer Zauber auf mich übergegangen.

Als mich Gronfein nach der letzten Übungsstunde mit der Note »befriedigend« entließ, hatte ich die gesamte Ansage in der Tasche und im Kopf schon ein Drittel des russischen Textes, so daß ich den Proben einigermaßen gelassen entgegensah.

Alfons hatte sich guter Solisten versichert, hatte Ingo Graf für die Tournee gewonnen, einen Sänger, der aus einem DDR-Talenteausscheid mit zwei Goldmedaillen hervorgegangen war und schnell bei der Schallplatte als Gesangssolist und beim Fernsehen als Gastgeber einer Schlagersendung Fuß gefaßt hatte. Ingo spielte Klavier, war intelligent, kam aus der Barlach-Stadt Güstrow, sprach ein dialektfreies Deutsch und war nicht abergläubisch. An einem dreizehnten hatte er in Anwesenheit von dreizehn Gästen geheiratet. »Dazu gehören Nerven!« dachte ich. Nur vor der Kamera sollen ihm die Nerven gefehlt haben, hieß es. So hing er beruflich ein wenig in der Luft, doch ohne Existenzängste haben zu müssen, denn ohne weiteres hätte er sofort wieder in seinen Lehrerberuf zurückkehren können. Schwierigkeiten mit der russischen Sprache hatte er keine. Er las die »Prawda« fließender, als Breschnew sprechen konnte. Es blieb für mich ein Rätsel, weshalb nicht ihm die Aufgabe der Programmansage übertragen worden war.

Sängerinnen hatten wir gleich zwei. Eine Brünette mit leichtem Schimmer ins verworfen Rötliche und einer Stimme, die das sündige Aussehen ergänzte. Alfons nannte sie ihrer Größe wegen »die Lange«. Aber auf den Plakaten stand: Hannelore Breiten. Sie kannte ich schon von einem Dresdner Gastspiel her und war neugierig, wen Alfons als Farb- und Stimmkontrast hinzugeholt hatte.

Der Kontrast war klein, hatte ein zartes Gesicht, war rundum mit allen weiblichen Vorzügen versehen, und auch die Stimme war rundum sexy. Uta hieß das Mädchen, das schon Mutter zweier bildhübscher Töchter war. Uta war blond und für Alfons deshalb »die Gelbe«. Und weil sie Jatzkowski hieß, nannte er sie gelegentlich auch »Jatze«.

Für mich war sie »die gelbe Gefahr«. Um mich vor ihr zu schützen, hätte ich sie auch so rufen müssen. Das brachte ich nicht übers Herz. So suchte ich etwas Abstoßendes an ihr, fand aber nichts. Sie war eine Bereicherung des Programms. Alfons nannte ihren Gesang katholisch. Vielleicht litt er wie ich. Für mich war Uta die blanke Versuchung.

Mit Ingo Graf und den beiden Damen waren es nun schon drei schöne Menschen, die Wonneberg und mich umrahmten. Da muß Alfons der Gedanke gekommen sein, zusätzlich noch Achim Mentzel zu engagieren.

Wo Alfons dieses singende und Gitarre spielende Unikum aufgetrieben hatte, entzieht sich meiner Kenntnis. Auf der Bühne verhielt sich der Neue aus Irgendwo wie ein überhitzter, außer Kontrolle geratener Schnellkochtopf.

Oliver Kalkofe, Moderator und Zotenreißer beim Paysender »Premiere«, entdeckte Mentzel erst in der zweiten Hälfte der neunzigerJahre und beschrieb ihn als »eine Mischung aus Tony Marshall, einem Yeti und einem überfahrenen Hamster«. Kalkofe kam mit dieser Bemerkung vierundzwanzig Jahre zu spät. Alfons Wonneberg war Mentzels allererster Peiniger.

Wäre Achim nicht ein Ausbund an Musikalität gewesen, hätte man glauben können, daß Wonneberg ihn sich einzig und allein des Vergnügens wegen hielt. Alfons war Mozart, Schönberg und Penderecki in einem, Achim der dilettierende Jahrmarktmusikant und Possenreißer. Wonneberg war der Fürst, Mentzel sein Hofnarr.

Achim begriff schnell und gab sich Mühe, sämtliche Erwartungen zu erfüllen. Aber auch Alfons mimte seine Rolle mit Inbrunst. Die Wortgefechte spielten sich zum Ergötzen aller meist im Tourneebus ab und erfüllten alle wesentlichen Merkmale eines deftigen Stegreifspektakels. Beendet wurde das Spiel nach Art der Hanswurstiaden: Der Herr schlägt den Tölpel. Hier eine dieser Schlußszenen, die ich mir wortgetreu notiert habe:

WONNEBERG (verabreicht Mentzel eine Kopfnuß)
MENTZEL: »Aua, Alfons, was machst du mit mir?«
WONNEBERG (gibt Achim ungerührt eine zweite Kopfnuß)
MENTZEL (jetzt zornig und sehr laut): »Aua, das tut ja weh!«
WONNEBERG (dozierend): »Per aspera ad astra!«
MENTZEL: »Mit Aspirin zu Astrid?«
WONNEBERG (mit einer dritten Kopfnuß): »Über rauhe Pfade zu den Sternen, Dummkopf!«
MENTZEL (brüllt): »Bin ich Futter?!«
WONNEBERG: »Du bist Abfall!«

Achim, der von Alfons im Scherz zum Abfall Degradierte, wurde mit Hilfe eines 1973 aktuellen Titels zur abendlichen Attraktion. »Mama Loo« hieß der Hit, im Original von den »Les Humphries« gesungen, von Wonneberg klanggetreu für uns und das Orchester neu arrangiert.

Beteiligt am Gesang waren wir alle. Auch die Musikanten sangen mit, so sie nicht gerade ein Instrument blasen mußten. Natürlich sang auch Alfons, der das Keyboard bediente, und Achim, mit umgehängter Elektrogitarre, hatte die dankbare Aufgabe, sich als »leading singer« mit einem effektvoll eingebetteten Soloteil über unseren Chorgesang zu erheben.

Phonetisch und dynamisch trafen wir den »Les-Humphries«-Sound bis in die letzte Phrasierung genau. Natürlich nicht gleich bei den ersten Proben. Alfons hat uns die Mehrstimmigkeit und den rhythmischen Charakter gnadenlos einprügeln müssen. Aber dann hatten wir den Titel in uns und hätten ihn auch im Schlaf singen können, so daß uns schließlich die Präsentation auf der Bühne erst richtig Spaß zu machen begann, als wir merkten, wie der Satzgesang nicht nur den Zuschauern einheizte, sondern auch uns hochschaukelte.

»Mama-mama-mama-ma-Loo! Mama-mama-mama-ma-Loo!« Harmonisch auf- und absteigend und in steter Wiederholung der wechselnden Akzente hämmerte das »Mama-mama-mama-ma-Loo« auf die Zuhörer ein und machte sie reif zur Ekstase, die Achim Mentzels Solo schließlich auslöste.

Wie ein in kämpferische Verzückung geratener Krieger im Bärenfell sprang Mentzel aus der Gruppe nach vorn, griff in die Saiten seiner Gitarre und kreischte seinen sich hinaufschraubenden Solopart, der über unserem rhythmischen Chorgesang kreiste wie der Schrei eines fußkranken Adlers.

Die Rußlandtournee begann am 3. April 1973. Quinta war im Haus am See zurückgeblieben. Es nieselte und war recht kühl an diesem Tag. Das Instrumentengepäck hatte Alfons schon einige Tage zuvor per DEUTRANS nach Moskau transportieren lassen, so daß wir uns wie Vergnügungsreisende, lediglich mit unserem Privatgepäck belastet, zum verabredeten Zeitpunkt in der Abfertigungshalle des Flughafens Berlin-Schönefeld einfanden.

Ich hatte einen einfachen Pappkoffer mit, weil ich nicht einsah, mir eines meiner guten Exemplare auf der Reise ruinieren zu lassen. Ich kannte die ungefähre Reiseroute, wußte um die vielen Stationen und fand, daß ein unauffälliger Koffer nur einen Tölpel unter den Langfingern reizen würde. Bei Alfons Wonneberg und Achim Mentzel erreichte ich allerdings die gegenteilige Wirkung. Mit einem Kochgeschirr in der Hand und einem Fallschirm auf dem Rücken hätte ich nicht mehr auffallen können.

»Deine Verkleidung ist nicht komplett«, sagte Alfons.

»Ja«, meinte Achim, »die Schuhe passen nicht zum Koffer.«

»Du hast recht«, pflichtete ihm Alfons bei, »Fußlappen wären besser gewesen.«

»Du hättest Lutze ein paar deiner Kofferaufkleber mitbringen sollen!«

»Meinst du die mit dem Aufdruck ›Nachtasyl Babuschkin‹?«

»Nein«, rief Achim, »ich meine die mit der Warnung: Bitte nicht anpinkeln! Koffer löst sich auf!«

Es war eine TU-154, die auf uns wartete. Mentzel fragte auf der Gangway sicherheitshalber die Stewardess: »Sind wir hier richtig nach Moskau?« Die junge Dame in der schicken Uniform nickte und lächelte. Alfons gab Mentzel einen Stoß mit dem Bauch und sagte: »Geh weiter, dann wirst du's schon merken!«

Als ich durch den Mittelgang ging und meinen Platz suchte, wußte ich, was Alfons gemeint hatte. Es war eine eigenwillige Duftmischung, die zwischen den Sitzen hing. Und ich brauchte eine Weile, um die einzelnen Gerüche zu unterscheiden. Etwas Süßliches war darunter. Ich entschied mich für Rosenöl, allerdings leicht durchsetzt vom Duft einiger Knoblauchzehen. Dem dritten Aroma kam ich erst auf die Spur, als Alfons Achim fragte, ob er, wenn er verreise, immer Toilettenduftsteine in der Hosentasche habe.

Der Flug war ein Erlebnis. Ich saß im vorderen Teil der Maschine, hatte einen Fensterplatz, verspürte keine Vibration, hörte lediglich ein gleichmäßiges Summen. Kurzum, ich hätte zu Hause in meinem bequemen Lehnsessel nicht besser sitzen können. Als die Durchsage kam, daß wir soeben die polnische Hauptstadt Warschau überfliegen, sah ich, daß die Stewardess mit dem Imbiß unterwegs war.

Serviert wurde nicht das obligate AEROFLOT-Huhn, das Alfons vorausgesagt hatte. Es gab Wurst- und Käsesorten und den ersten Vorgeschmack auf ein Mineralwasser, an das man sich erst gewöhnen mußte. Es war ein gemütliches zweites Frühstück, mit einem herrlich tiefblauen Himmel über uns. An die Weite Rußlands unter uns dachte ich mit weniger gutem Gefühl. Sie mit Knobelbechern an den Füßen auszumessen, war mir erspart geblieben.

Zwei Stunden und zehn Minuten vergingen im wahrsten Wortsinn wie im Flug. Wir stellten die Uhren zwei Stunden vor. Die Damen Hannelore und Uta seufzten lautlos. Es war auch schwer einzusehen, von einem Augenblick zum andern um zwei Stunden gealtert zu sein. Während des Landeanflugs entdeckte ich in einer Waldschneise Wrackteile einer nicht gut zur Erde gelangten Maschine. Da hörte ich schon Mentzel schreien: »Alfons, stellen die ihre Flugzeuge hier immer so ab?«

Die Landung verlief glatt. »Neun Grad über Null«, verkündete die freundliche Stewardess, nachdem die Maschine ausgerollt war. »Herzlich willkommen auf dem Weltflughafen Scheremetjewo, und einen angenehmen Aufenthalt in Moskau!«

In der Flughafenhalle wurden wir schon erwartet: Ein Abgesandter der Moskauer Künstleragentur GOSKONZERT und eine Dolmetscherin begrüßten uns. Es stellte sich heraus, daß die per DEUTRANS vorausgeschickten Instrumente auch da waren und nicht, wie von Mentzel prophezeit, gerade in Wladiwostok auf ein Schiff nach Japan verladen wurden. Unsere Privatkoffer rutschten Stück für Stück auf das Kofferkarussell. Nichts fehlte, alles ging reibungslos. Das heißt, nicht ganz. Etwas fehlte doch. Und gerieben mußte auch etwas haben: an meinem Koffer. An einer Ecke war die Schutzkappe ab.

Die Fahrt mit dem Autobus in das Stadtinnere von Moskau dauerte nicht länger als die Fahrt von Schönefeld ins Berliner Zentrum. Noch außerhalb von Moskau kamen wir an dem Denkmal vorbei, das an die Stelle erinnert, an der die deutschen Truppen im Herbst 1941 aufgehalten wurden.

Es gab viele Lastkraftwagen auf den Straßen, zehnmal mehr als in Berlin. Überall wurde gebaut. »Die Stadt wächst nach allen Seiten«, erklärte uns die Dolmetscherin stolz.

Wir wohnten im Hotel Rossija, in der elften Etage. Wir, das waren die bereits erwähnten Solisten, das Orchester Alfons Wonneberg sowie die beiden Artistenpaare Mary & Jolly und die Ascons. Eine muntere Truppe, die einen großen Ikarus-Bus benötigte, um mit Sack und Pack an den jeweiligen Spielort beziehungsweise zum Flugplatz oder zur Bahn zu gelangen.

Die Hauptstadt brachte uns die erste Überraschung: Gleich fünf Veranstaltungen in Moskau und nicht, wie vorgesehen, die Premiere in Lwow. Wir mußten die Lücke füllen, die ein nicht angereistes spanisches Ballett in den Veranstaltungsplan des »Theaters der Estrade« gerissen hatte. Und wir füllten. Zwar mußte dem Publikum all das, was wir machten, ein bißchen spanisch vorgekommen sein, doch nach der ersten halben Stunde hatte ich das Gefühl, daß den Leuten im Saal jetzt klar war, daß die Verrückten dort oben auf der Bühne weder Spanier noch Tänzer sein konnten.

Glücklich war ich, als ich merkte, daß die Zuschauer mein Russisch verstanden. Als schließlich auch gelacht wurde, war ich so erschrocken, daß ich um ein Haar den weiteren Text vergessen hätte. Nach dieser ersten Veranstaltung meldete sich der Chefregisseur von GOSKONZERT bei uns, ein gewisser Nikolaj Burlak, und meinte, daß ja alles gut und schön sei, doch wenn Moskau englische Titel hören wolle, würde GOSKONZERT sich die Originale aus England oder Amerika holen.

Das war eine Anspielung auf den Les-Humphries-Sound im »Mama Loo«-Titel, der zu unserer Verwunderung in Moskau nicht jene große Resonanz gefunden hatte, die er später doch noch auslöste. Die Mentzel-Ekstase mußte den Zuschauern im braven Moskau wie der Anfall eines Geisteskranken vorgekommen sein. Doch wenn er der Verrückte war, wer waren wir dann, die das gleichförmige »Mamama« beisteuerten?

Ingo Graf, der mit mir zwei kleine Doppelszenen hatte, fand schon am zweiten Tag unseres Aufenthalts in Moskau heraus, welcher Schlager gerade populär war. Schnellschreiber Alfons benötigte nur einen Nachmittag, um das entsprechende Arrangement anzufertigen. Einen Tag darauf hatten wir eine weitere Erfolgsinsel im Programm. Ovationen für Ingo Graf.

GOSKONZERT zeigte sich dankbar und lud uns an einem spielfreien Abend zu einer Vorstellung in den Neuen Moskauer Zirkus ein. Von außen kannten wir den Glaspalast bereits. Während einer Stadtrundfahrt war er uns gezeigt worden. Von innen wirkte er noch mal so groß. Die Vorstellung begann mit Fanfarenklängen. Entlang der Zirkuskuppel flimmerte ein Bilderfries farbiger Projektionen. Ein respektabel musizierendes Orchester begann zu spielen. Auf vier hydraulisch bewegten Manegen wurden die mitwirkenden Artisten aus dem Kellergeschoß herauf ins Scheinwerferlicht gehoben. Im aufsteigenden Rund gab es dreitausenddreihundertundfünfzig Plätze, und alle waren besetzt.

Klar, daß uns auch die legendäre Moskauer Untergrundbahn gezeigt wurde. Eine dreiviertel Stunde waren wir damit beschäftigt, von einer Station zur anderen zu fahren, auszusteigen, den Bahnhof zu besichtigen und mit einem der nächsten Züge wieder weiter zu fahren.

An einer Station stieg ein altes Mütterchen mit zwei Einkaufstaschen zu. Der Zug fuhr an, beschleunigte stark, die alte Frau geriet aus dem Gleichgewicht, Ingo Graf stützte sie und sagte: »Hoppla! Keine Angst, ich halte!« Er sagte das spontan in deutscher Sprache. Da riß sich die alte Frau los, setzte ihre Taschen ab und bekreuzigte sich mehrmals, als hätte sie der Leibhaftige berührt.

Was mir ebenfalls unvergeßlich vor Augen steht, das sind die beiden Frauen, die mit dem Streichen von Straßenlaternen beschäftigt waren. Die Frauen hatten bis über die Ellbogen reichende Gummihandschuhe an, von denen die Farbe auf den Gehsteig tropfte. Pinsel sah ich keine. Die Frauen strichen mit den Händen. Abwechselnd tauchten sie beide Arme tief in die hohen Farbkübel und massierten den Laternenmast. Fasziniert sah ich zu und überlegte. Entweder hatte ich die Avantgarde der Anstreicher Moskaus vor mir, ausgezeichnet mit dem »Neuererorden für pinselloses Streichen«, oder nur zwei arme Frauen, die beauftragt waren, sämtliche Laternen der Straße innerhalb eines Vormittags mit frischer Farbe zu versehen und keinen anderen Weg zur Planerfüllung sahen als diesen. Schließlich zog ich noch das Dauerleiden aller Ostblockländer in Erwägung: den Engpaß. Gab es gegenwärtig keine Pinsel, waren möglicherweise andere Hilfsmittel im Angebot. In diesem Fall könnten es Gummihandschuhe gewesen sein.

Innerhalb der wenigen Tage sahen wir einen Teil des Kreml von innen, das Mausoleum mit dem aufgebahrten Lenin von außen. Wir bestaunten eine Kirche, an der alles aus Holz war, selbst die Nägel, die das Bauwerk zusammehielten. Wir sahen den Fernsehturm in Ostankino und Frauen beim Einkaufsbummel im Kaufhaus GUM. Den Fernsehturm bewunderten wir seiner Höhe wegen, die Frauen, weil sie schon am Vormittag Sekt tranken, einfach so im Stehen und mit einer Selbstverständlichkeit, wie wir Mineralwasser trinken. Gern hätten wir das berühmte Bolschoi-Theater besucht. Leider keine Zeit! Auch keine Zeit, die Gemäldegalerie Pawel Tretjakows zu besichtigen, der viele Jahre und sein bedeutendes Vermögen seiner Leidenschaft geopfert hatte, Bilder bedeutender Maler zu sammeln. Ebenso keine Zeit für das berühmte »Kleine Theater« am einstigen Theaterplatz, der ältesten Sprechbühne Moskaus, dem Theater Alexander Ostrowskis, dessen Geburtstag sich am 12. April 1973 zum hundertfünfzigsten Mal jährte, denn am 12. April waren wir bereits den dritten Tag in Kishinjow.

Auf der Reise dorthin hatten wir Moskau bei kühlem Wetter

verlassen. Als wir uns im Landeanflug auf Kishinjow befanden, glitten Weinberge unter uns hinweg. Angekommen, umfächelte uns die sanfte Spätnachmittagsluft eines sonnigen Sommertages. 22 Grad Wärme in der Hauptstadt der Moldawischen SSR, und überall blühende Kirsch- und Mandelbäume.

Im Hotel dann die zweite Überraschung: Zündende Musik im Kellerrestaurant. Weniger zündend die Musik im Zimmer, wenn die Wasserleitung im Bad mit röhrend donnerndem Klopfen Wasser ankündigte, das leider nicht floß.

So trösteten wir uns vorerst mit dem Kellerrestaurant. In rustikalen Schüsseln gab es heiße, kräftig gewürzte Suppen, die wir mit folkloristisch bunt bemalten Holzlöffeln aßen. Dazu gab es herben roten Landwein, an dem ich nippte und der mir ausgezeichnet schmeckte. Im Nebenraum tobte ein Rundtanz.

Der Rhythmus war stampfend und feurig. Alfons, leichtfüßig wie viele Schwergewichtige sind, wenn Musik zum Tanz verlockt, war der Erste, der sich unter die Einheimischen mischte. Der Tanz folgte einem alten Brauch, wie man ihn ähnlich auch in der Slowakei kennt. Ein Tuch spielt dabei eine wichtige Rolle, dazu der wechselnde Paartanz, und das Küssen natürlich.

In der Filmdramatik ist es meist so, daß in die turbulent fröhliche Ausgelassenheit eines Festes irgendeine Nachricht platzt, die das Geschehen schlagartig kippen läßt. Entsetzen, Schrecken, Betroffenheit, Schweigen – je nach Drehbuch – lösen das musikalische Treiben ab.

In Kishinjow drehten wir keinen Film, weshalb das Geschehen uninszeniert unauffällig ablief. Ein Musiker winkte Alfons aus dem Kreis der Tanzenden. Keiner merkte etwas. Die Fröhlichkeit der Einheimischen blieb. Nur wir hatten ein Problem: Sascha, unser Baßgitarrist, war ins Krankenhaus gebracht worden: Blinddarmentzündung. Noch in der Nacht bemühte sich Alfons um einen Ersatzmann. In einer musikalisch so temperamentvollen Stadt wie Kishinjow machte das keine Schwierigkeiten. Aber es bedurfte erneuter Proben.

Verblüfft waren wir, als wir erfuhren, daß uns die Stadt für unsere Konzerte das Gebäude der Philharmonie zur Verfügung stellt.

Für uns eine neue Welt, denn Programme der heiteren Muse – als Unterhaltungsmusik streng vom Sektor der ernsten Musik ferngehalten – sind Ausgesperrte im Reich der hehren deutschen Künste. Um so mehr genossen wir dieses russische Privileg.

Das Publikum erinnerte mich an meine Stendaler Zeit. Deshalb stimmt der Satz nicht ganz, den ich gerade in meinen Aufzeichnungen von 1973 lese. Da schreibe ich, daß für mich gewisse Gepflogenheiten neu seien. »Das Publikum geht in eine Veranstaltung und nimmt, wie wir etwa saure Drops in den Kinosaal mitbringen würden, Blumensträuße mit.«

Doch sie wurden uns nicht zugeworfen oder am Schluß der Veranstaltung überreicht, sondern jedem einzelnen sofort nach der Darbietung vom Publikum auf die Bühne gebracht. Regie dabei führte der Enthusiasmus der Zuschauer und das Vermögen eines jeden von uns, die Menschen im Saal zu begeistern. Uta schaffte das gleich mit mehreren Vorzügen, für die ich eine gemeinsame Formel fand. »Bvuzs« nannte ich das Kürzel für »Blond, vollbusig und zauberhaft singend«. Später erfüllte Vera Schneidenbach diese Merkmale und ergänzte sie durch körperliche Üppigkeit, was dem russischen Ideal noch mehr entsprach. Vera wurde so zum Dauerexport und war in der Sowjetunion bekannter und geschätzter als in der DDR. Für ihren Einsatz im nordvietnamesischen Frontbereich war ihr eine Tapferkeitsmedaille verliehen worden.

Utas Tapferkeit war eine andere: Sie litt unter Lampenfieber, was ihr eines Tages die große Fernsehchance verbauen sollte. In Rußland war davon noch nichts zu merken. Uta schlug sich wacker, gelegentlich privat mit mir. Zu meiner Behauptung, daß dies nur verbale Attacken seien, pflegte Alfons jedesmal heftig zu kichern und meinte, daß er schon viele Bezeichnungen gehört habe, aber zum ersten Mal diese.

»Ist ja gut«, sagte er, »der Mensch lernt nie aus! Wenn mich in Zukunft einer fragen wird, was die beiden machen, die gerade aufs Bett gefallen sind, werde ich sagen: ›Nitschewo! Nur eine verbale Attacke!‹«

Von unserem Baßgitarristen kam die Nachricht aus dem Krankenhaus, daß er die Operation gut überstanden habe.

»Skalpell hatten die wohl keins«, meinte Achim, als Sascha ihm später die Blinddarmnarbe zeigte, die groß und breit ausgefallen war. »Wie das aussieht, werden die eine Gartenschere genommen haben und zum Nähen eine Drachenschnur!«

Wir fanden, daß uns ein lebender Baßgitarrist mit einer häßlichen Narbe lieber war als ein toter Musiker mit einem schönen Bauch. Und so dankte Alfons den Ärzten in unser aller Namen.

Von Kishinjow ging es am 14. April bereits weiter nach Odessa. Auch hier spielten wir in der Philharmonie. Das beeindruckende Gebäude, dem Hotel »Krasny«, in dem wir wohnten, gleich gegenüber und keine fünfzehn Minuten Fußweg vom Hafen entfernt, war Ende des 19. Jahrhunderts von einem italienischen Architekten entworfen und von den Geldern reicher Kaufleute als Börse errichtet worden.

»Auch unser Hotel atmet Vergangenheit« schrieb ich in mein Tagebuch, »auch wenn es nicht die Herberge ist, in der Alexander Puschkin abgestiegen war, als er nach Bachtschissarei reiste.«

In Odessa sah ich übrigens zum ersten Mal die fremdländische Art des Kaffeekochens auf offener Straße: Kupfergefäße, in denen eingedickter Kaffeesud träge brodelt, standen über glühender Holzkohle auf einer mit heißem Sand bedeckten Herdplatte. Die kleinen im Sand eingebetteten Kupferschalen hatten einen langen Holzgriff und sahen aus wie winzige aktive Kraterkessel.

Fasziniert schaute ich auf die schillernden Blasen, die aus dem wie blubbernde Lava aussehenden Kaffeegebräu aufstiegen. Dann sah ich, wie der Kaffee serviert wurde: schwarz und in kleinen Tassen, bräunlich schäumend. Ich fragte, ob bitter oder süß. »Süß«, meinte Alfons. »Die nahe Türkei läßt grüßen!«

Ich fand, daß auch ein Hauch Arabien dabei war. Es duftete nach Gewürzen, die Menschen sprachen laut und temperamentvoll, und als aus einem offenen Hausflur Musik erklang, hörte es sich an wie Radio Damaskus: Sehr schnelle, tremoloartige Tonwiederholungen, mitteleuropäischen Hörgewohnheiten fremd, perlten auf und ab, gespielt auf irgendwelchen hochklingenden Blasinstrumenten, unterstützt von rhythmisch geschlagenen Schellentrommeln.

Alfons Wonneberg und Achim Mentzel blieben stehen und lauschten.

»Flatterzunge«, sagte Alfons, der Fachmann.

»Flatter was?« fragte Mentzel.

»Mußt du nicht wissen«, antwortete Alfons, »du erschreckst die Frauen auch so schon genug!«

Mentzel, der Musiker, wußte natürlich, daß Flatterzunge eine Artikulationstechnik ist, die bei Blasinstrumenten Anwendung findet, aber er liebte dieses Dialogspiel, weshalb er Alfons weiter herausforderte, in der Hoffnung, irgendwann auch eine Pointe abschießen zu können. Und so sagte er leichtfertig: »Das haut einem ja die Ohren weg!«

»Daran müßtest du gewöhnt sein!« konterte Alfons, genauso leichtsinnig.

»Eben nicht«, erwiderte Achim, »weil ich nicht mehr so nah an deiner Orgel stehe!«

Saporoshje hieß unser nächstes Etappenziel. Eine fünfzehn Kilometer lange Magistrale, und alles, was hier Stadt hieß, lag entlang dieses Hauptboulevards. Linker Hand gab es noch zwei, drei große Straßenzüge parallel zu dieser gigantischen Allee, doch dann war schon der majestätisch breit dahinfließende Dnjepr zu sehen. Auf der anderen Seite sah es ähnlich aus, nur daß dort die Hüttenwerke mit ihren mächtigen Essen in den Himmel ragen.

Ich weiß nicht, ob es während unseres Aufenthaltes vielleicht der günstige Wind war, der uns die frische Reinheit der Luft bescherte. Die Stadt wirkte sauber. Viel Grün entlang der Häuser. Die Bäume, mit Ausnahme der Eichen und Platanen, waren schon voll belaubt. An jeder Ecke standen gelbe Wagen, die ich für Sprengfahrzeuge hielt. Klar, daß Mentzel auf Fäkalien tippte. Wonneberg, mein wandelnder Computer, durch seine vielen Rußlandreisen bestens vorprogrammiert, klärte uns auf: »Das sind Kwaß-Wagen! Mehl, Malz und Brot, und das Ganze gegoren!«

»Und das schmeckt?« fragte Mentzel, der bereits seit Kishinjow nach Cola schrie und unter Entzugserscheinungen litt, weil es hier nirgendwo so etwas gab.

»Es schmeckt«, sagte Alfons und schmiß eine Runde. So kosteten wir alle, und ich kann hier zu Protokoll geben, daß Kwaß einen leichten Brotsuppengeschmack hat und durch seine Kühle und den schwachen Alkoholgehalt erfrischt und belebt.

Solltet Ihr mal in die Gegend kommen, vergeßt nicht, Chortyzja zu besuchen, die üppig grüne Insel inmitten des Stroms. In Werchnja Chortyzja steht die siebenhundertjährige Eiche, unter deren Zweigen die Saporoger Kosaken ihren berühmten Brief an den türkischen Sultan verfaßt haben sollen – wie Ilja Repin es gemalt hat.

Ich weiß noch, daß ich mir damals mehr Zeit wünschte und einen sanft singenden, hellstimmigen Mädchenchor, Zeit für die Dämmerung und Zeit für einen langen Abend am Lagerfeuer, wenn feuriger Rotwein die Stimmung anheizt und das Blut der Mädchen in Wallung bringt.

»Du vergißt, weshalb wir hier sind!« pflegte Alfons in solchen Momenten zu bemerken. Und auf der Insel damals, inmitten des rauschenden Dnjepr, hat er noch hinzugefügt: »Wenn dir unbedingt nach Folklore ist, wirf dich an meinen Bauch. Ich will deine dicke Zigeunerin sein und dich atemlos machen!« Und auf irrsinnig komische Weise begann er sein fülliges Becken zu schwenken, in die Hände zu klatschen und zu singen, wie es der Dichter Taras Schewtschenko nicht besser hätte singen können: »Und nun klimpert, klirrt und tanzt es, ganz Chortyzja hört die Lieder! Und der Takt des tollen Hopaks wirbelt allen durch die Glieder!«

Im Glinka-Konzertsaal gaben wir unsere letzte Vorstellung in Saporoshje. Am Morgen darauf mußten wir weiter in Richtung Krim. Jewpatorija wollte uns unbedingt haben. Also mußten wir dorthin.

Nach dem Abendessen im Restaurant des Hotels erwartete uns eine Vorführung. Ihr kennt Cowboyfilme, also wißt ihr auch, wie es im Saloon einer Goldgräberstadt zugeht, wenn der Ort gerade erst seinen Sheriff verloren hat und der Deputy besoffen hinter der Theke liegt. So ähnlich war das in diesem Haus. Zwei Betrunkene randalierten, und einer riß im Vorübergehen das Tischtuch von einem der Tische.

Die Damen des Programms hatten sicherheitshalber das Lokal verlassen, und auch ich war auf mein Zimmer gegangen.

Als der Lärm sich bis auf die Straße ausdehnte, löschte ich das Licht am Bett, trat vorsichtig hinaus auf den Balkon, lugte über die Brüstung und sah, wie einer der betrunkenen Krakeeler aus dem Hotel flog. Einer, der schon auf dem Gehsteig lag, hatte sich aufgerappelt und war auf dem Weg zurück ins Haus. Ich sah ihn zum Eingang torkeln, dann war er meinem Blickwinkel entzogen. Ich hörte das Klirren der Tür, dachte noch, jetzt muß er drin sein; da war er schon wieder draußen. Wie ein Brummkreisel kam er ins Freie gewirbelt und knallte gegen das Blech eines Wagens, den ein leichtsinniger Hotelgast direkt vor dem Eingang abgestellt hatte. Die Show unter mir war offenbar schon ins Finale gelangt, was ich bedauerte, weil ich einen Logenplatz erster Güte hatte.

Aber nichts da, Söhne! Die Vorstellung ging weiter, und ich stand wie gelähmt vor Staunen und Spannung, als wieder einer der beiden Unermüdlichen aus dem Eingang geflogen kam. Es sah aus, als wäre in dem Anzug keiner drin: so sehr flatterten die Ärmel und Hosenbeine. Toll! Kein nüchterner Slapstickakrobat hätte diese Nummer so unwirklich großartig hinbekommen. Und betrunken schon gar nicht. Nur Laien können so etwas.

Die Männer unter meinem Balkon waren derart besoffen, daß ihnen wahrscheinlich nicht nur jegliche Schmerzempfindung fehlte, sondern auch die Fähigkeit, ihre Aussichten richtig einzuschätzen. Das machte den Vorgang so einmalig. Noch zweimal stürmten sie das Hotel. Zuletzt offenbar in der Meinung, daß die Attacke als Herrendoppel für sie günstiger ausgehen müsse. Das Ergebnis war überwältigend: Wie zu einem Sack Putzlumpen verknotet, kamen sie diesmal aus dem Haus. Zeitlupe im Dreivierteltakt. Drehend gehend, lallend fallend! Plumps! Rums! Ende der Vorstellung!

Von einem Balkon über mir hörte ich, wie jemand Beifall klatschte. Ein Mann kam aus dem Haus. Es war der Fahrer des Wagens. Er untersuchte den Lack, schaute nach einer Beule in der Tür, fand nichts, gab aber trotzdem jedem der Trunkenbolde vorsorglich einen Fußtritt, als sie gerade dabei waren, sich aufzurappeln. Der Mann stieg in den Wagen und fuhr davon. Die beiden Suffköpfe lagen ausgestreckt auf dem Bauch, und weiß der Kuckuck, was sie jetzt dachten. Vielleicht wähnten sie sich am Strand und warteten auf Sonne.

Ich ging ins Zimmer, machte wieder Licht, legte mich aufs Bett und schrieb die Aufzeichnungen des Tages ins Reine. Nach einigen Minuten schaute ich noch einmal vom Balkon hinunter zur Straße. Der Gehsteig war leer. Aber aus den Sträuchern gegenüber hörte ich Gesang. Irgendwo im Dunkel des Parks mußten die beiden Unentwegten stecken.

Jewpatorija, du Unvergeßliche! Du unvergeßliche Stadt des Alkohols!

Poltawa bescherte uns ein anderes Erlebnis. Ohne das richtige Datum hätten wir es nicht gehabt. Es war der Erste Mai, und wir durften sehen, wie die Stadt diesen Festtag feierte. Es war ein schlichter Aufmarsch. Nicht zu vergleichen mit den pompösen Inszenierungen, wie sie alljährlich in Moskau und Ostberlin zelebriert wurden. Eine Militärkapelle spielte ukrainische Märsche. Die Sonne schien, und das frische Grün der Bäume malte zitternde Muster auf die sandigen Parkwege. Die Männer trugen dunkle Anzüge, die Jacken behängt mit Orden und Ehrenzeichen. Es war nicht leicht, die Vorstellung zu verdrängen, wandelnde Weihnachtsbäume zu sehen, die man vergessen hatte abzuputzen.

Frauen und Kinder standen am Straßenrand, Ordner achteten darauf, daß keiner der Zuschauer von den Gehsteigen unter die Marschierenden geriet, aber auch niemand aus den Marschkolonnen unter die Zuschauer. Uns war ein Ehrenplatz zugewiesen worden, und ich nehme an, daß die Männer von der Sicherheit den Auftrag hatten, an diesem Abschnitt besonders gut aufzupassen. Doch statt Vorgänge zu ignorieren, die nicht sonderlich aufgefallen wären, machte der Eifer der Ordner erst deutlich, was den Gästen aus der DDR eigentlich nicht vorgeführt werden sollte. Zwei Männer wollten aus dem Marschblock ausscheren. Schuld war der Getränkekiosk. Er wirkte wie ein Magnet. Zwei weitere Männer konnten sich ebenfalls nicht der Anziehungskraft entziehen. Auch sie sprangen aus der Marschreihe. Doch die Reaktion der Ordner war schneller als die Durstigen und kräftiger als der Magnet Alkohol. Und so flogen die ersten beiden Deserteure in die Marschkolonne zurück, als wären sie gegen die Seile eines Catcherrings gesprungen und federnd zurückkatapultiert worden. Den beiden anderen erging es nicht besser. Im Gegenteil. Zum kräftigen Stoßschwung kamen noch zwei gut gezielte Fußtritte. Das überzeugte offenbar; denn aus den nächsten zehn Reihen zeigte keiner mehr Verlangen nach Labetrunk und Atzung. Erst als sich neue Marschblöcke näherten und die Labilen in den Reihen nichts vom vergeblichen Versuch ihrer vorausmarschierenden Wodkagenossen wissen konnten, wiederholte sich der Ablauf.

Das Schlachtfeld nördlich von Poltawa, wo im Jahre 1709 Zar Peter I. mit seinen Truppen dem Schwedenkönig Karl XII. eins auf die Mütze gab, hätte Euer Vater lieber besucht als diese Maifeier. Auch die Fabrik, in der synthetische Diamanten hergestellt werden, wäre interessanter gewesen, stand aber nicht auf dem Programm. Stattdessen fuhren wir ins Grüne. Der Tag war warm, der Weg zum Flüßchen Worskla nicht weit. Kleine weiße Wölkchen standen im seidig glänzenden Himmelsblau, und das frische junge Laub an den Bäumen und Sträuchern tat den Augen gut. Wir kamen von einer Anhöhe, rollten hinunter in ein liebliches Tal und lagerten schließlich im Ufergras am ruhig dahinfließenden Wasser. Erinnerungsbilder, die sich auch ohne Tagebuchnotizen einstellen.

Donezk. Für mich ein Albtraum. Mentzel stellte fest: »Mehr Schornsteine als Frauen, und auch hier keine Cola!«

Entschädigt wurden wir in Charkow. Dort gab es so viele hübsche Mädchen, weshalb Miliz aufgeboten wurde, sie zu schützen. Das heißt, genau war nicht festzustellen, wer vor wem hätte geschützt werden müssen. Die Studentinnen schienen an zwischenmenschlichen Beziehungen stark interessiert, die Ordnungshüter weniger.

Die Musikanten im Autobus litten stumm. Die Mädchen draußen litten nicht minder. Achim, der schon ausgestiegen war, versuchte ein Gespräch mit einer der Hübschen. Ein Milizionär ging dazwischen und rief das Mädchen zur Ordnung. Ich bat unseren Dolmetscher Anatol um die Übersetzung des Satzes: »Laßt ihn küssen, kosen, herzen: er hat Leistengegendschmerzen!« Alle im Bus lachten, doch Anatol meinte, daß sich das in Reimform so schön nicht übersetzen ließe. Ich glaube eher, daß er Auseinandersetzungen mit der Miliz aus dem Weg gehen wollte.

Rostow am Don hieß unsere nächste Station. Am Bahnhof erwartete uns ein Bus, den ich für die Leihgabe eines Schrottlagers hielt. Als wir einstiegen, war ich mir allerdings nicht mehr so sicher. Der Bus hätte auch von einer Müllhalde kommen können. Zum ersten Mal, daß ich mich in Rußland über etwas aufregte. Weshalb eigentlich, wo doch mein Koffer inzwischen nicht viel besser aussah? An die seit Moskau von einer Kofferecke fehlende Schutzkappe hatte ich mich gewöhnt, auch den während der Fahrt nach Donezk abhanden gekommenen zwei weiteren Kunstlederkappen weinte ich keine Träne mehr nach; doch als in Rostow der Tragegriff nur noch an einer Halterung baumelte, erhitzte ich mich, als wäre ich zum zweiten Mal enteignet worden.

Alfons meinte, daß es ungerecht gewesen sei, den Autobusfahrer zu rügen, nur weil er den Koffer, im Vertrauen auf deutsche Wertarbeit, mit Schwung aus der Gepäckluke gerissen hatte.

Rostow, die auf unserer Tourneeroute östlichste Stadt, übte auf mich einen besonderen Reiz aus. In ihr war mehr Orient als auf der südlicher gelegenen Krim. Hier war schon heißer Sommer. Das Licht war anders, die Luft war anders. Und wenn ich mich bemühe, mir die Bilder von damals ins Gedächtnis zurückzuholen, erscheinen sie mir wie die Werke eines Impressionisten französischer Schule.

Hier kostete ich den von Alfons Wonneberg gepriesenen Birkensaft, von dem ich bislang angenommen hatte, daß er nur gut zur Massage der Kopfhaut sei. Tapfer schluckte ich die glasklare Flüssigkeit herunter und staunte. Einen Hauch von Haarwasser hatte ich zumindest erwartet. Aber nichts davon! Das dünn flüssige Getränk hatte keinen Geschmack, war aber ungemein durststillend.

»Es ist eigentlich ein sibirisches Getränk«, erklärte Alfons. Mentzel, der auch einen Schluck genommen hatte, meinte, daß er jetzt wisse, warum Sibirien eine Strafe sei, worauf Alfons erwiderte: »Deine Geschmacksnerven sind versaut, asiatischer Wildesel!«

»Kulan«, sagte der belesene Ingo Graf, »fünf Buchstaben im Kreuzworträtsel!«

»Naluk, sagte ich. Da bekam Ingo einen unsicheren Blick. Alle Lehrer bekommen den, wenn ihnen ein Wort begegnet, das sie nicht sofort erklären können.

Bessarabisches, Türkisches, Sibirisches, von jedem etwas war in dieser Stadt. Doch bedeutend in meinen Augen war Rostow durch den Fluß geworden und der wiederum durch Michail Scholochow. Und da stand ich nun auf der Brücke und schaute hinunter auf den »stillen Don«. Ich habe ihn lehmfarben in Erinnerung, breit und ruhig dahinfließend.

Unweit der Brücke gab es eine kleine sandige Bucht. Dort lagerten wir. Ein Flußdampfer kam vorbei. Die Sonne schien heiß, und das Wasser hatte eine Temperatur, die bereits zum Baden einlud. Weit hinaus schwamm keiner von uns. So behäbig der Fluß auch aussah, so respekteinflößend wirkte er auf uns. Die Wasseroberfläche zeigte uns deutlich die Grenze, wo die Strömung begann und wo sich Strudel drehten. Wir blieben besser in Ufernähe.

Hier war der Don wirklich still. Ich fragte nach Scholochow und erfuhr, daß er nicht in Rostow wohne. Aber in der Nähe. Nur 400 Kilometer entfernt. In Stanice Vjeschenskaja, einem Kosakendorf.

Ich hatte Pech. Kein Domizil der von mir verehrten Schriftsteller hatte ich sehen dürfen. Lew Tolstois Jassnaja Poljana lag ebenso wenig im Bereich unserer Tournee wie Scholochows Zuhause. Tschechows Haus auf der Krim hatte Sperrtag, als wir dort vorbeifuhren, und Tschingis Aitmatows Heimat in Kirgisien war gar außerhalb des russischen Katzensprungs.

Rostow hätte einen längeren Aufenthalt verdient gehabt, ebenso wie Odessa und die Gegend rund um Jalta. Feinschmecker Wonneberg meinte, daß hier im Südosten noch etwas vom Rezeptwissen vergangener Zeiten lebendig sei. Kenntnisse, die nie bis zu uns gelangten. Inzwischen wisse ein Ureinwohner Australiens mehr über die Stieleisherstellung und ein Eskimo mehr über Tütensuppenprodukte als ein Berliner über Chalwa und Rosenkonfitüre. Alfons behauptete, daß sich bereits Karl Friedrich Hieronymus Freiherr von Münchhausen der Chalwa bedient habe, um die Haremswächter abzulenken, als er zu Konstantinopel die Lieblingsfrau des Großsultans unverschleiert im Bade sehen wollte. Leider sei dieser Abschnitt in keiner der Episoden des Lügenbarons erwähnt worden.

Zwei Eigenschaften besitze die Chalwa, vertraute mir Alfons an: sie verzücke jeden Türken, so er nur von ihr koste, sei aber andererseits in der Lage, jedem verfressenen Ungläubigen Übelkeit zu bescheren.

Ich hatte von dieser türkischen Geheimwaffe nicht gekostet, und ich weiß auch nicht, ob das Chalwa war, was da unter anderem an den Ständen angeboten wurde, weil Wonneberg sich nicht darauf einließ, meine Unkenntnis zu beseitigen. Chalwa sei für Männer und Frauen gleichermaßen gefährlich, flüsterte er mir zu. Die Potenz steige nämlich raketengleich in den Himmel der Lüste, so man noch ein gesundes Gebiß habe und die Speise nicht bereits vorher einschließlich der Zähne verliere. Entlocken vermochte ich ihm lediglich, daß Chalwa wie Türkischer Honig aussehe, aber natürlich keiner sei. Schließlich bat er mich, keinem der Musikanten etwas von diesem Gespräch zu verraten, weil Potenzstärke nicht gerade das sei, was unsere Tournee gegenwärtig brauche.

»Und was ist mit der Rosenkonfitüre?« fragte ich.

»Ist die auch gefährlich?«

»Für dich ist nichts mehr gefährlich«, meinte Alfons, »du hast die Gefahr schon in dir!«

»Danke!« sagte ich.

Wer die Sprache nicht beherrscht, die in einem Landstrich gesprochen wird, hat wenig Chancen, mehr zu erfahren als das, was in der Zeitung oder in Zeitschriften steht. Selbst ein Dolmetscher ist wenig hilfreich, wenn im Land das Mißtrauen hockt. Inzwischen kann ich euch zumindest sagen, was in einer Chalwa nicht drin ist: Eier sind keine drin, Honig ist nicht drin und Fett schon gar nicht. So bezweifle ich, daß von der Chalwa jemals eine potenzerhöhende Wirkung ausgegangen ist. Ein geduldfördernder Effekt vielleicht. Denn wer die Langmut hat, die klebrig-süße Masse aus Sesamöl und Zucker zu kauen, hat auch die Ausdauer, auf einen Orgasmus zu warten.

Die nächste Etappe war der große Luftsprung vom südöstlichsten Tourneeort zum nördlichsten Ziel unserer Gastspielreise. Tallinn erwartete uns. Einen Direktflug von Rostow nach Tallinn gab es nicht. Also flogen wir vorerst nur bis Moskau. Es war kalt und windig in der Hauptstadt. Und so waren wir froh, im gut durchwärmten Hotel »Rossija« die Wartezeit bis zum Abflug am Abend verbringen zu dürfen.

Als uns das Hotel nach einer gewissen Zeit zu langweilig geworden war, trauten wir uns wieder hinaus und unternahmen einen kleinen Stadtbummel. Unter anderem waren wir im Kinderkaufhaus. Dort kaufte ich einen aufblasbaren Papagei, für Amadeus, unseren Fernsehpapagei aus dem Leipziger Zoo.

Ehe wir abgeholt wurden, wollte ich noch versuchen, mit Quinta zu telefonieren.

Diese Kontakte waren nicht einfach. Zu Hause in der Hütte hatten wir immer noch kein Telefon. Wenn Quinta oder ich ein dringendes Gespräch führen wollten, mußten wir jedesmal in die gegenüberliegende Gaststätte gehen und vom Schankraum aus telefonieren. Da gab es dann jedesmal zwei Varianten: Entweder die angenehme Möglichkeit, die mir das Gefühl gab, daß keiner zuhörte, weil jeder mit jedem beschäftigt war, aber der Geräuschpegel deshalb so, daß ich kaum verstehen konnte, was mein Gesprächspartner am anderen Drahtende zu mir sagte, oder ich mußte um Verständnis und Ruhe bitten, was zur Folge hatte, daß dann tatsächlich alle schwiegen, aber auch jeder mitbekam, was ich zu besprechen hatte. Gagenverhandlungen machten sich auf diese Weise immer recht pikant. Auf die Frage, ob ich mit der vorgeschlagenen Summe einverstanden sei, konnte ich doch nicht die Zahl nennen, die mir vorschwebte. Schon meine Frage nach dem Honorar ließ im Schankraum eine Stille aufkommen, die ich nur von Friedhöfen kannte.

Einmal sagte ich: »Also fünf Äppel müssen Sie schon zulegen!«

Kurzes Schweigen auf der anderen Seite. Dann die Antwort: »Sie meinen fünfhundert Mark?«

Darauf ich: »Nicht nur.«

»Was heißt, nicht nur?«

»Noch dazu.«

»Wozu?«

»Zu den zehn Äpfeln, die Sie mir schon nannten!«

Wieder das Schweigen im Hörer.

»Fünfzehn«, sagte ich.

»Eintausendfünfhundert, meinen Sie?«

»Ja. Und die Kosten für das rosa Wasser!«

»Was für ein rosa Wasser?«

»Oder bläulichgrünrosa! Ohne das sich keine Räder drehn!«

»Sie meinen, die Kosten für Benzin?«

»Richtig!«

»Warum sagen Sie das nicht gleich?«

»Ich bin hier in einer Gaststätte. Ich telefoniere vom Tresen aus. Schöne Grüße von allen!«

Das war ein Fehler, weil jetzt alle wissen wollten, wen sie grüßten. So sagte ich halt, wer dran war. Worauf einer vorlaut meinte, daß ihm jetzt klar sei, weshalb es mit der Qualität mancher Sendungen nicht weit her sein könne, wenn nur mit Fallobst bezahlt werde.

Das Telefonat von Moskau wird teuer werden, sagte ich mir, falls es überhaupt zustandekommt. Erst müßte ich den Wirt oder die Wirtin bitten, jemanden über die Straße zu schicken, um Quinta an den Apparat zu holen. Das dürfte mindestens fünf Minuten dauern, überlegte ich, jedoch nur, wenn Quinta zufällig schon angezogen an der Tür stünde. Falls nicht, würde ich noch weitere fünf Minuten zurechnen müssen. Die teuerste Variante wäre, wenn sich Quinta zum Einkaufen im Konsum aufhielte und die Kellnerin annähme, daß Quinta schlafe. Das Klopfen an der Tür, das Klopfen an jedem der fünf Fenster: fünfmal je dreißig Sekunden.

All diese Praktiken hatte ich schon durch. Angefangen damit, überhaupt ein Telefon zu finden, von dem aus ein Gespräch nach Deutschland durchzustellen ging. Von einem großen Hotel in einer großen Stadt keine Schwierigkeit. Abgesehen von den Bemühungen zu Hause. So war aus einigen Anrufen nur eine knappe Grußadresse geworden: »Sagen Sie bitte liebe Grüße von mir und richten Sie aus, daß es mir gut geht!«

An jenem Spätnachmittag war der Telefonkontakt gelungen. Quinta gesund, der Kater gesund, und auch die Hütte hatte kein Sturmwind fortgeblasen.

In Tallinn spürte ich, daß meine in russischer Sprache vorgetragene Ansage vom Publikum nicht angenommen wurde. Zum ersten Mal während unserer Tournee ging von den Gästen im Saal eine frostige Zurückhaltung aus. Ich schob es auf die Mentalität der Menschen und versuchte, mir die Distanziertheit mit dem »kühlen Norden« zu erklären. Alfons Wonneberg kam hinter die Bühne und rief mir zu, das Publikum deutsch anzusprechen

Glücklich fühlte ich mich bei dem Gedanken nicht. Immerhin war es eine von GOSKONZERT MOSKAU terminierte russische Tournee. Aber was soll's, sagte ich mir! Mehr als auspfeifen kann man dich nicht! Und so ging ich hinaus und redete deutsch. Die Wirkung war so, als hätte ich das hohe C gesungen. Der Jubel war ungeheuer. Von diesem Augenblick an wurde vom Publikum jedes von uns in deutscher Sprache vorgetragene Lied zum Anlaß genommen, deutlich zu zeigen, daß die Sympathie der Tallinner Bürger der deutschen Sprache gehörte und nicht der russischen.

Es macht nicht gerade glücklich, wenn Frust den Beifall steuert. So dürfte sich die Westberliner Schlagersängerin Manuela in der Leipziger Kongreßhalle gefühlt haben, als sie und ihre Musiker gefeiert und wir aus dem Osten ausgebuht und ausgepfiffen wurden.

Zwei Tage lang, jeweils nachmittags und abends, gastierten wir in dem großen Konzertgebäude, gleich gegenüber dem Hotel Viru, in dem wir wohnten. Wir brauchten nur durch den kleinen Park zu gehen und hatten viel Zeit, uns jeweils an den Vormittagen in der Stadt umzusehen.

Vor Jahren soll der türkische Lyriker, Dramatiker und Publizist Nazim Hikmet für kurze Zeit in Tallinn gelebt haben. Er verglich – so wurde mir stolz berichtet – die Bevölkerungszahl Estlands mit der Auflagenhöhe der Bücher und kam zu dem Ergebnis, daß auf der großen weiten Welt genau hier das Fleckchen Erde sei, wo am meisten gelesen werde.

Deshalb verwunderte es mich nicht, als mir ein Hafenarbeiter sagte, daß Ernest Hemingway in einem seiner Werke erwähnte, daß er keinen Hafen kenne, in dem nicht wenigstens ein Este anzutreffen sei. »Und das stimmt«, sagte der Arbeiter redselig und froh, daß neben ihm jemand stand, der dem Deutschen alles übersetzen konnte. »Estlands Fischfang- und Handelsflotte war schon groß, als unser Land noch abwertend ›Kartoffelrepublik‹ genannt wurde. Inzwischen sind wir eine Republik der Industrie mit einer hochmechanisierten landwirtschaftlichen Produktion.«

Ich dankte ihm und verabschiedete mich. Nach einigen Minuten bemerkte ich, daß mir jemand nachlief. Es war der freundliche Übersetzer. Atemlos fragte er, ob ich aus der Bundesrepublik oder aus Ostdeutschland käme.

»Aus der DDR«, sagte ich. Da schaute mich der Mann mit traurigen Augen an, legte seine Hand – er hatte nur eine – auf meine Schulter und sagte: »Da gehören Sie ja auch zu den Geknechteten!« Dann ging er. Nicht zu schnell, aber auch nicht zu langsam.

Die Touristen, die Estland im Sommer besuchten, kämen aus drei Gründen: der Landschaft und der hellen Nächte sowie der Sängerfeste wegen. Diese Information erhielten wir von einer hübschen Frau, die uns in Tallinn die ganze Zeit über betreute. Die Tradition dieser Feste, sagte sie, sei inzwischen mehr als hundert Jahre alt. Auf einem eigens zu diesem Zweck errichteten Gelände finde dieses Sängertreffen statt und dauere zwei Tage. Frauenchöre, Männerchöre, Kinderchöre und gemischte Gesangsgruppierungen sängen dann um die Wette, und der Höhepunkt sei jeweils der Gesang des »Vereinigten a-capella-Chores«, der 30.000 Sänger umfaßt, die alle in ihren bunten Nationaltrachten auftreten. Volkstanzensembles krönten das Ganze, und das Bild sei an Farbenpracht nicht zu überbieten, wenn gleichzeitig fünf- bis sechstausend Menschen tanzten. Ein unvergeßlicher Anblick, schwärmte die Frau. Ich glaubte ihr das ebenso, wie ich dem Hafenarbeiter und dem Dolmetscher geglaubt hatte; doch am glaubwürdigsten erschienen mir die hellen Nächte.

Die letzte Tourneestation hieß Leningrad. Wir durften im »Oktober-Saal« auftreten. Nach dem Großen Kongreßsaal im Moskauer Kreml war dies der größte Saal in der UdSSR. »Knapp viertausend Zuschauer finden in dieser stufenweise aufsteigenden Festarena Platz«, notierte ich, »und dennoch wirkt der Raum intim.«

Es war ein Genuß, in diesem Haus aufzutreten, und es war ein Wunder, wie wir paar Hanseln es schafften, auf dieser weiten Bühne zu bestehen. Wegen des großen Erfolges wurde unser Gastspiel prolongiert. Da fürchtete ich, daß es dann in dem Riesensaal ein paar hundert leere Sitzplätze geben könnte. Aber nichts da! Der Raum ließ sich verkleinern, sah aber immer noch groß genug aus. Ich weiß nicht, um wie viele Reihen der Oktobersaal wegen uns verkürzt werden mußte. Er wirkte immer noch gewaltig. Und niemals war auch nur ein Platz unbesetzt.

Leningrad war in allem mit Moskau nicht zu vergleichen. In Moskau hätte ich nicht leben wollen. In Leningrad hätte ich es ausgehalten. Sankt Petersburg, Petrograd, Leningrad. Es war aufregend, durch diese Stadt zu gehen, die zweihundertsechs Jahre lang russische Hauptstadt war. Hier pulsierte einst das Handels- und Kulturzentrum des Landes. »Das merkt der Besucher heute noch«, schrieb ich in mein Tagebuch, »und die Petersburger genießen das.«

Wohin zuerst? fragte ich mich. Auf alle Fälle vorerst die durch den Namen Alexander Newski geadelte Straße entlang.

Dann Puschkins Haus. Es steht zwischen dem Schloß und der »Kirche des heiligen Erlösers«. Und Blut war es auch, das Puschkin erlöste, als er, eingesponnen in die überdrehte Spirale des gegen ihn gerichteten Klatsches, sich aus der gesichtslosen Intrigenflut denjenigen griff, der seiner geliebten Frau nachstellte und gleichzeitig Objekt der ihm verhaßten mondänen Petersburger Gesellschaft war. Dummerweise war es Puschkins Blut und nicht das seines Rivalen, des Barons Georges d'Anthès-Heeckeren.

Bei einem Pistolenduell waren zwölf Schritte der übliche Abstand. Zwölf langsame Schritte, die ich auf dem Newski-Prospekt abmesse. Mit dem Rücken an einen Laternenpfahl gelehnt, gebe ich mir das Kommando zum ersten Schritt. Nach dem zwölften Schritt drehe ich mich abrupt um und ziele mit gestrecktem Arm und ausgestrecktem Zeigefinger auf den Pfosten der Straßenlaterne. Die Leute, die gerade vorbeikommen, müssen mich für verrückt halten oder für einen Beamten der Stadtverwaltung, Abteilung Straßenwesen.

Zwölf Schritte, und dann die Schüsse. Den Kandelaber hätte ich nicht getroffen, aber mit Gewißheit den Papierkorb darunter. Wieso Puschkin den verhaßten Hünen verfehlte, weiß ich nicht. Georges d'Anthès, der freche, berechnende, selbstsicher auftretende Gardekavallerist, traf.

Daß ich den Gilbert-Bécaud-Titel »Nathalie« im Programm hatte, erwähnte ich noch nicht. Ich sang die französische Fassung, die besonders das Publikum in Petersburg zu schätzen wußte. Der Name Nathalie sagte den Leuten was. Puschkins Frau, Natalja Nikolajewna, wurde von ihrer Familie so gerufen. Zarte sechzehn war sie, als sie dem dreizehn Jahre älteren Puschkin begegnete. Aber erst mit noch nicht ganz neunzehn Jahren hat sie ihm ihr Jawort gegeben. Nathalie war Puschkins Schicksal. Männer, die ihm diese Nathalie neideten, nannten sie boshaft »schielende Madonna«. Dabei war es vor allem dieser leichte Augenfehler, der sie so anziehend machte.

Puschkin mochte keine Bälle und Festlichkeiten bei Hofe, weil er die Uniform haßte, die er dann tragen mußte. Er entzog sich seiner Anwesenheitspflicht, so oft es ihm nur möglich war. Natalja hingegen sah das gegensätzlich: Sie genoß die festlichen Ereignisse, empfand sie als gerechten Ausgleich für ihre tristen Tage im Haus ihrer Eltern und sonnte sich in der Aufmerksamkeit, die ihr von den Kavalieren entgegengebracht wurde, wenn sie als Ehefrau des Kammerjunkers Puschkin an den Bällen teilnahm. Zar Nikolaus I. sah sie besonders gern und machte ihr unverhohlen den Hof. Aber auch der gutaussehende Mistkerl Georges d'Anthès, adoptiert vom anders gepolten niederländischen Botschafter Baron van Heeckeren und auf diese Weise überhaupt erst an den Hof gelangt, sah in der unverschämt offenen Annäherung an Nathalie Puschkin die beste Möglichkeit, gleich zwei Ziele zu erreichen: erstens dem Getuschel in der Gesellschaft bezüglich der gleichgeschlechtlichen Liebe zwischen ihm und seinem Ziehvater van Heeckeren ein Ende zu machen, und zweitens, dem väterlichen Freund eine Freude zu bereiten, der Puschkin haßte und ihn schon lieber heute als morgen gehörnt gesehen hätte.

Das war die Ausgangssituation, die schließlich zum Duell führte. Wie sehr muß Puschkin den Dingen auf den Grund gesehen und deshalb den Hof und die ganze Sippschaft verabscheut haben, als er gleich der ganzen Stadt das Prädikat »das säuische Sankt Petersburg« verlieh.

Zwei Seelen wohnten auch in Puschkins Brust. Auch er war ein »Zwilling« und verliebte sich leicht. Vielleicht ist er mir deshalb so ans Herz gewachsen.

»Sorglos bin ich und leicht zu entflammen!« Puschkins Worte. »Ich kann Schönheit nicht sehen ohne Rührung!« Auch das ist ein Satz von ihm. Das ist mir alles sehr vertraut und bezog sich bei ihm bestimmt nicht allein auf die Schönheit des weiblichen Geschlechts.

Es ist eine Sache der Nerven und der seelischen Befindlichkeit, wann einen etwas anzurühren vermag. So standen mir Tränen in den Augen, als ich eines Tages die Bilder französischer Impressionisten zum ersten Mal im Original sah. »Den Künsten sich so nah zu fühlen, belebt den Körper und den Geist«, skandierte ich laut, als ich im Takt des Versmaßes über die Newabrücke schritt. Bekümmert mußte ich feststellen, daß mir kein gescheiter Reim darauf einfiel. So formulierte ich um und dichtete wie folgt:

»Was mir an Geist und Reimkunst fehlt,
das paßt in keinen Trichter!
Den Weibern hinterher zu sein,
macht längst noch keinen Dichter!«

Da war ich dann schon am Häuschen Peters des Großen vorbei. Wie genügsam das Haus, aber wie prächtig die Aussicht über die Newa hinüber auf die Stadt, die er erbauen ließ! Schließlich stand ich an der Ufermauer vor dem legendären Panzerkreuzer Aurora: Jahr um Jahr frisch angepinselte Geschichte

Kurz vor unserer Abreise erstand ich im Antiquariatsbereich einer Buchhandlung eine englischsprachige Puschkinbiographie, aus der ich erfuhr, wo das Duell zwischen Puschkin und Georg d'Anthès-Heeckeren stattgefunden hatte: Es war auf der Vyborgseite, dem Petrograder Bezirk gegenüber, auf den Uferwiesen des Flüßchens Rschetschka Tschornaja. Am Schwarzen Fluß also.

Sieben Wochen hatte unsere Tournee gedauert, und pünktlich, wie vorgesehen, stiegen wir am 21. Mai 1973 in die Maschine des Fluges SU 609 nach Berlin. – »Venedig des Nordens, adieu!« schrieb ich in mein Tagebuch.

Fröhlichkeit im Ensemble, Zufriedenheit über den Erfolg der Tournee, Vorfreude auf den Genuß wochenlang entbehrter Speisen und Getränke. Mentzel schwärmte von einer Badewanne voll Cola und pries die DDR als die »Schweiz des Ostblocks«. Auf dem Flughafen von Schönefeld tat er, was sonst nur Päpste auf den Flughäfen der von ihnen besuchten Länder tun: Er warf sich auf die Erde und küßte den Beton.

Am Gepäckrondell begegnete ich meinem Koffer und hätte ihn am liebsten verleugnet. Nur eine Schutzkappe hatte überlebt. An sieben Ecken lugte schmutziges Wäscheweiß durch die Löcher. Der Tragegriff fehlte nun völlig. Nur der Lederriemen, den ich schon im südlichen Rußland um das Kofferwrack geschnallt hatte, hielt mein Reiserequisit zusammen.

Die letzte Tourneepointe kam von Sascha Schulz. Mit der Zollerklärung in der Hand fragte er mit todernstem Gesicht: »Sag mal, Lutz, hier in die Rubrik ›Nicht wieder eingeführte Gegenstände‹, muß ich da ›Blinddarm‹ reinschreiben?«

Ulbricht stirbt, und Achim Mentzel macht die Mücke

Zu Hause angekommen, holte ich nach, was mir in Rußland gefehlt hatte: die deutschsprachige Information des Weltgeschehens. Dafür mußte ich mich damit abfinden, in der DDR zu vermissen, was ich in Rußland hatte und was meiner Leber so sehr wohl tat: das tägliche Kefirgetränk.

Pablo Picasso wurde 91. Und das ohne Kefir. Mit rotem Landwein aus der Provence soll er sich jung und frisch erhalten haben. Mitte April war er auf seinem Landsitz an der Côte d'Azur verstorben. Und wie man hört, streiten sich jetzt seine Erben um die rund 14.000 Gemälde und Zeichnungen und um das Schloß. Wie gut, wenn man nichts zu vererben hat, dachte ich damals, konnte allerdings 1973 nicht wissen, daß ich vierundzwanzig Jahre später tatsächlich nichts zu vererben haben würde.

Im August 1973 starb Walter Ulbricht. Der Machtentzug hatte offenbar beschleunigt, was sonst vielleicht noch Jahre gedauert hätte. Ulbricht bekam ein schönes Begräbnis auf Staatskosten. Einiges Unpopuläre wurde mit ihm zu Grabe getragen; doch im Prinzip änderte sich nicht viel. Das Amt des Staatsratsvorsitzenden übernahm Willi Stoph, aber das Sagen hatte Erich Honecker. Und wieder versprach sich die Bevölkerung, gläubig wie eh und je, diesmal von der jüngeren Führung einen beweglicheren und freundlicheren Weg zum Besseren.

Republikflucht war längst zur strafbaren Handlung geworden. Die Grenzsperren waren so gut wie unüberwindlich. Wer es dennoch versuchte, hätte auch vom Dach eines Hauses oder von einer Brücke springen können. Dem Ausreisewilligen blieb nur der schriftliche Antrag. Doch weil die Wichtigkeit des Ausreisegrundes nicht der Antragsteller zu beurteilen hatte, war die Prozedur meist für die Katz, weshalb zu empfehlen war, nicht auf sich aufmerksam zu machen, den braven Bürger zu mimen und auf die Gunst des Augenblicks zu hoffen, einen bewilligten Besuch zu Verwandten oder eine Dienstreise zu nutzen und dann einfach drüben zu bleiben.

Als bequeme Schlupflochmöglichkeit für Mitwirkende eines Unterhaltungsprogramms erwies sich eine in Abständen durchgeführte Veranstaltungsreihe in Westberlin, die der Osten für die Westberliner Angestellten der S-Bahn ausrichtete, die unter Ostberliner Verwaltung stand. Veranstaltungsorte waren entweder ein zum S-Bahngelände Halensee gehörender Speisesaal oder die »Neue Welt« in der Neuköllner Hasenheide. Verlangt wurden vorwiegend Künstler, die den Westberliner Angestellten vom Fernsehen der DDR her bekannt waren. So hatten alle ihre Freude.

Es war Freitag, der 1. Juni 1973. In der DDR wurde der Internationale Kindertag gefeiert. Wir vom Ensemble Alfons Wonneberg feierten das Datum als Ausflugstag in den Westen der Stadt. Wir trafen uns vor dem Hotel »Unter den Linden«. In meinem Wagen saß Uta Jatzkowski, der Großteil der Mitwirkenden saß im Musikantenbus. Utas Gepäck war schon im Kofferraum verstaut, ich wollte gerade losfahren, als »Tutti«, der Schlagzeuger, angelaufen kam und mich bat, seinen Mantel mitzunehmen. »Im Bus ist es so eng«, sagte er, »ich möchte nicht, daß der Mantel schmutzig wird, ich hab ihn grad aus der Reinigung geholt.«

»Na klar«, rief ich, »leg ihn rein!«

»Kann ich ihn in den Kofferraum tun?«

»Auch möglich! Wie du willst!« Und so löste ich die Kofferraumsperre. Tutti öffnete den Kofferraum, legte seinen Mantel behutsam hinein, schlug die Klappe geräuschvoll zu, dankte, und während er gemächlich zum Bus zurückschlenderte, rauschte ich mit Uta ab.

Das Passieren der Grenzanlagen am Sektorenübergang war verblüffend problemlos. Die zur Perfektion gediehene, bürokratisch zwiegenähte Vorausabsicherung eines vom Kulturministerium eingereichten und befürworteten Grenzübergangswunsches ließ den eigentlichen Vorgang am Kontrollpunkt zu einer Minutenangelegenheit werden.

Als wir am Veranstaltungssaal in der Hasenheide ankamen, war sonst noch keiner da, außer den verantwortlichen Leuten. Die Künstlergarderoben an der Bühne waren schon aufgeschlossen, also luden wir unsere Sachen aus dem Wagen. Auch Tuttis Mantel nahm ich aus dem Kofferraum und hing ihn in unsere Garderobe, unmittelbar neben meinen Kleidersack. Dann schloß ich den Wagen ab, sagte dem Hausmeister, daß ich die Zeit bis zur Tonprobe noch zu einem kleinen Schaufensterbummel nutzen werde und fragte Uta, ob sie mitkommen wolle. »Na hör mal«, sagte sie, »warum sind wir noch nicht weg?« Wir zogen los.

Nach vielleicht vierzig Minuten etwa waren wir wieder zurück. Der Bus war inzwischen eingetroffen, doch weit und breit kein Musikant. Alle waren ausgeschwärmt. Die meisten nur zum »windowshopping«, einige, die über Westgeld verfügten, auch zum Einkauf. Ich hatte mir eine große Packung Papiertaschentücher mitgebracht – Engpaß in der DDR – sowie das Wochenmagazin »Der Spiegel« – verboten in der DDR –, und ging zum Auto, weil ich die Sachen wegpacken wollte.

Da fiel mir die Veränderung auf! »Das darf doch nicht wahr sein!« rief ich und dachte: »Kaum eine knappe Dreiviertelstunde in Westberlin und schon hat sich bewahrheitet, was Karl-Eduard im ›Schwarzen Kanal‹ kürzlich erst behauptet hat: ›West-Berlin, Tummelplatz des Verbrechens!‹«

Alfons kam gerade auf den Hof, und ich zeigte ihm das aufgebrochene Schwenkfenster an der Fahrerseite.

»Wurde dir was geklaut?« fragte er.

»Nichts«, sagte ich. »Im Auto war nichts, also fehlt nichts! Unsere Sachen hatten wir ja schon in der Garderobe!«

»Fehlt vielleicht davon was?«

Wir gingen hinein und schauten nach. Alles war vorhanden. Lediglich Tuttis Mantel fehlte. »Das hat nichts zu sagen«, meinte Alfons, »der ist mit Achim bummeln.«

Gründlich überprüfte ich noch einmal alles. »Nichts«, sagte ich.

»Seltsam«, sagte Alfons und schüttelte den Kopf. Auch ich wunderte mich. Zehn Minuten vor Veranstaltungsbeginn wunderten wir uns nicht mehr. Zwei Musiker fehlten. Der eine war Achim Mentzel, der andere war Tutti, der Schlagzeuger und Trenchcoatmann.

Alfons wurde erst rot und dann blaßgrün. Sein »Mamaloo«-Star war nicht mehr im Programm! Mentzel, sein »Leibeigener«, war republikflüchtig geworden! Und auch noch vor der Veranstaltung! Warum nicht erst danach? Und der Schlagzeuger gleich mit abgehauen! Fast noch schlimmer! Eine Band ohne Hauptrhythmus und ohne den gitarrespielenden Sänger, der im Programm für das moderne Schlagerrepertoire zuständig war! In Minutenschnelle wurde umdisponiert. Ein Musiker mußte ans Schlagzeug, einige Titel mußten ausgewechselt werden; Alfons, der Bandleader, übernahm einige Gesangspassagen von Mentzel. Dann hofften wir, daß sich die beiden vielleicht doch noch einfinden könnten. Wir hofften umsonst. Achim und Tutti hatten sich nicht verlaufen. Sie waren auch nicht entführt worden. Sie hatten nur schlicht und einfach eine Gelegenheit genutzt, von der sie nicht wußten, ob sie sich im Leben jemals wieder so günstig bieten würde.

Als die Veranstaltung beendet war, hatte ich Zeit, über das aufgebrochene Auto nachzudenken und zu rekonstruieren, wie sich alles zugetragen haben konnte. Tutti hatte bestimmt sein gesamtes Vermögen an Ostgeld in einer der Trenchcoattaschen oder sogar im Futter des Mantels versteckt und voll auf meinen Bekanntheitsgrad und die Wahrscheinlichkeit gesetzt, daß der Autobus und die Wagen der Musiker eher kontrolliert würden als mein Auto. Er hatte richtig getippt.

Ob Mentzel beim gewaltsamen Öffnen des Schwenkfensters geholfen oder bereits allein das Weite gesucht hatte, weiß ich nicht. Alfons wird es inzwischen wissen. Möglich, daß Mentzel den Beamten der Staatssicherheit Genaueres erzählt hat, als er in Barby an der Elbe einsaß, nachdem er um die Wiedereinreise gebeten hatte.

Tutti und Achim fanden als Musiker im Westen nicht das, wovon sie in der DDR geträumt hatten. Tutti hatte Glück. Er war ausgebildeter Orthopädiehandwerker. Künstliche Glieder waren seine Spezialstrecke. Er bekam einen Job. Achim bekam nur Sodbrennen. Er hatte Polsterer gelernt, war bei einem Onkel untergekommen und trotz Coca Cola unglücklich. Nach Monaten sehnte er sich so stark nach seiner abgesichert Musikantenvergangenheit, daß er den demütigenden Gang zurück in die DDR auf sich nahm. Seine Gefühle nachzuempfinden, war ich der richtige Mann.

Alfons überraschte mich mit der Nachricht vom reuig Heimgekehrten und bat mich, ihn nach Barby zu begleiten. Wie eine Zicke am Strick soll ich mich gesträubt haben, erinnerte sich Alfons, als wir kürzlich am Telefon darüber sprachen. Schließlich hatte ich mich überreden lassen und war mitgefahren.

Die Inszenierung dort war perfekt. Als wir über den Gefängnishof gingen, stand Mentzel an einem Kohlenhaufen, der höher war als er, und hatte den Auftrag, den schwarzen Berg bis auf den letzten Krümelrest abzutragen.

Ein Wachhabender ging voran und brachte uns in das richtige Stockwerk und dort in das richtige Zimmer. Zwei Beamte in Zivil empfingen uns, und Alfons erzählte die rührselige Geschichte vom armen, in die Irre geleiteten Dorfjungen, der niemals allein auf den Gedanken gekommen wäre, die Republik zu verlassen, hätte ihn nicht der gewissenlose Kollege verführt. Daß sich Achim Mentzel zur Rückkehr entschlossen habe, zeige doch wohl deutlich genug die Einsicht in sein Fehlverhalten.

Alfons wandelte geschickt auf dem schmalen Grat seiner überzeugend vorgetragenen Rede. Ein Satz weniger oder ein Satz mehr, ein falsches Wort oder nur die falsche Mimik zum falschen Zeitpunkt: Achim hätte bis zur Wende schaufeln können.

Daß ich an der Bittvisite teilnahm, wenn ich auch so gut wie nichts sagte, jedoch an entscheidenden Stellen zu Wonnebergs Verteidigungsargumenten bestätigend nickte, dürfte nicht ganz ohne Wirkung geblieben sein.

Auf dem Rückweg zum Gefängnistor drehten wir uns auf dem Hofnoch einmal um. Mentzel hatte gerade eine Verschnaufpause eingelegt. Der Kohlenberg sah aus, als wäre er in der Zwischenzeit noch um einiges gewachsen. Mentzel stützte sich mit beiden Händen auf den Schaufelstiel, und mit vier Fingern seiner linken Hand, die auf dem rechten Handrücken ruhte, winkte er uns verstohlen zu.

Nach kurzer Zeit hatten wir Achim wieder. Jedoch blieb er nicht mehr lange in Wonnebergs Musikantenriege. Alfons überspannte den Bogen. Der alte Spielspaß »Herr und Knecht« wollte Achim nicht mehr so recht schmecken. Die echte Dankbarkeit des aus der Haft erlösten Arrestanten vertrug sich auf Dauer nicht mehr mit der Rolle des leibeigenen Achimowitsch. Mentzel machte sich frei und startete seinen eigenen Weg. Auch Wonneberg fand, daß eine Veränderung angezeigt sei. Seine weitere Laufbahn darf als Beweis zu Protokoll genommen werden, daß in der DDR nicht immer das Parteibuch entscheidend war. Manchmal genügte tatsächlich nur das Können. Wonneberg, parteilos, wurde Professor an der Musikhochschule in Ostberlin.

Unter Leinwandgrößen

Mitte der siebziger Jahre geschah etwas, womit Euer Vater nicht mehr gerechnet hatte: Babelsberg interessierte sich noch einmal für mich. Ich war inzwischen siebenundvierzig, und seit meiner ersten und gleichzeitig letzten Hauptrolle in einem Kinofilm waren vierzehn Jahre vergangen. Und so glaubte ich zu träumen, als mich der Filmregisseur Hans-Joachim Kasprzik anrief und mir eine dankbare Aufgabe in Aussicht stellte.

Ich kannte ihn vom Namen her, wußte um seinen guten Ruf, den er sich mit seinen Fallada-Verfilmungen erworben hatte, aber das war auch schon alles, was ich von ihm wußte.

Am 20. Oktober 1975, es war ein Montag, trafen wir uns um 12 Uhr zum Mittagessen im Künstlerclub »Möwe«.

Sind Künstler an ihrer äußeren Erscheinung zu erkennen? fragte ich mich, als ich die elegant eingerichteten Speiseräumlichkeiten durchschritt. Meist nicht, kann ich heute aus Erfahrung antworten. Doch bei Kasprzik sah man den Genius loci sofort. Sein Titanenhaupt erschien mir wie eine Mischung aus Goethe, Gerhart Hauptmann und Carl Zuckmayer; nur unfrisierter. Die Rötung seiner Gesichtshaut deutete auf erhöhten Weingenuß, und die euphorische Fröhlichkeit, mit der er mich begrüßte, paßte gut zu meiner Vermutung. Daß er viel von mir halte, erwähnte er sofort. Das hätte mir genügt, um mich glücklich zu machen. Doch er sagte es gleich mehrmals und im Lauf des Gesprächs auch noch einige Male, und das machte mich verlegen und deshalb schon weniger froh. Aber bald schon begriff ich den Grund des von ihm ausgelegten Schaumteppichs. Er war sich meiner nicht ganz sicher. Rücksichtsvoll bemühte er sich, mir beizubringen, daß Probeaufnahmen nötig sein würden und rückte allmählich auch mit seinen Ängsten heraus, daß die für mich vorgesehene Rolle alles Habsburgische vertrüge, nur nichts operettenhaft Buffoneskes. Schließlich sei ich ja einmal Operettenbuffo gewesen.

Sofort fielen mir die Namen einiger ernsthafter Schauspieler ein, die auch einmal als Operettenbuffo begonnen hatten: Eric Ode, Arno Assmann, Rolf Ludwig, Horst Tappert. Aber ich sagte nichts und schwieg auch zu meiner ureigenen Befürchtung, die ich wirklich für bedrohlich hielt, weil sie durch mich nicht beeinflußbar sein würde. Drei Jahre lang sah mich das Fernsehpublikum inzwischen regelmäßig und mehrmals im Jahr mit dem Papagei Amadeus in lustigen Szenen der TV-Reihe »Mit Lutz und Liebe«. Und wo auch immer ich in der Öffentlichkeit hinkam, hieß es: »Na, Lutz, was macht Fernsehpapagei Amadeus?« oder »Schönen Gruß an den Bunten!« Es würde wohl nicht zu verhindern sein, dachte ich, daß sich jedem, der mich plötzlich innerhalb einer dramatischen Handlung sähe, der Papagei aufdrängte.

Seltsamerweise erwähnte Kasprzik diesen Umstand nicht. Wir waren ein wenig unter Zeitdruck, weil ich um 14 Uhr schon wieder einen Termin im Rundfunkhaus in der Nalepastraße hatte. Eine so knappe Zeitplanung wäre beim heutigen Straßenverkehr nicht mehr möglich. Aber damals ging das alles noch. So konnte ich, ohne nervös zu werden, zuhören.

Es handelte sich um die Verfilmung eines Romans von F. C. Weiskopf. Franz Carl, falls das interessiert. 1900 in Prag geboren, Sohn eines deutschen Beamten, 1918 zum Militärdienst bei der k. u. k. österreichisch-ungarischen Armee eingezogen, nach dem Krieg Studium der Germanistik und Geschichte in Prag, dort Anschluß an die sozialistische Studentenbewegung und mit Julius Fučik in der Redaktion der linkssozialistischen Studentenzeitschrift »Avantgarde«. 1928 nach Berlin, wie so einige Zeitungsleute und Literaten aus Prag; in Berlin Alex Wedding, die spätere Kinderbuchautorin geheiratet, 1933 notgedrungen wieder nach Prag zurück, 1939 auf Einladung der antifaschistischen Liga amerikanischer Schriftsteller nach New York und bis 1949 Aufenthalt in den USA.

Diese Information holte ich mir aus dem Schriftstellerlexikon, wie auch die Kenntnis, daß Weißkopf von 1947 bis 1949 Botschaftsrat bei der diplomatischen Vertretung der ČSR in Washington und danach Gesandter in Stockholm und Botschafter in Peking war und 1953 in die DDR übersiedelte, wo er sich nur noch der schriftstellerischen Arbeit widmete und 1955 verstarb.

In kurzen Worten erzählte mir Kasprzik, daß es sich um den ersten Teil eines großangelegten Romanzyklus handele, der unter dem Titel »Zwielicht an der Donau« bereits 1946 in englischer Sprache erschienen war, 1950 dann in Deutsch unter dem Titel »Abschied vom Frieden«, und daß der Film auch so heißen werde.

Wesentlich sei die Schilderung der gesellschaftlichen Problematik im tschechischen Raum der Donaumonarchie sowie das Aufzeigen des morbiden, dem Untergang zutreibenden Kaiserreichs am Schicksal einiger Figuren der Familie eines Prager Zeitungsverlegers, dessen große Liebe, Eirene – der Frieden, wie er sie nennt – er zu jenem Zeitpunkt verliert, da ihn die Nachricht von den Schüssen in Sarajewo erreicht.

Meine Rolle würde die des Intendanzhauptmanns Leopold von Wrbata sein, eines angeheirateten Neffen der Edlen von Treuenfels, und somit zum Familienkreis gehörend, erklärte mir Kasprzik und überreichte mir die Drehbücher, von denen jedes einzelne so dick wie ein Berliner Telefonbuch war, und nannte mir die

Stellen, die ich innerhalb der nächsten beiden Tage lernen müsse, da voraussichtlich bereits am Donnerstag die Probeaufnahmen stattfinden werden.

Zeit, mich mit dem Text zu befassen, überlegte ich, würde ich nur am Abend nach den Funkaufnahmen haben und am freien Tag darauf, denn am Mittwoch hatte ich schon wieder eine Veranstaltung mit meinem Programm in Gera zu absolvieren.

Das verschwieg ich allerdings, dankte für das Vertrauen, erfuhr noch, bereits im Aufbruch und auf den Kellner mit dem Wechselgeld wartend, daß im Kinofilmformat gedreht werde, im Auftrag des Fernsehens der DDR, und daß der Film zur Ausstrahlung in drei Teilen gedacht sei.

»Große Besetzung«, betonte Kasprzik, »Ihr Gegenspieler wird Manfred Krug sein, und Angelika Waller in wesentlichen Szenen Ihre Partnerin.« Am Tag darauf erreichte mich ein Telegramm: »Probeaufnahmen Donnerstag, 23. Oktober 1975 um 8 Uhr 30 – Erwarten Sie Haus 307, Maske, DEFA Babelsberg.«

Um 7 Uhr fuhr ich von zu Hause los und war nach einer Stunde an Ort und Stelle. Meinen Text hatte ich gelernt. Ob ich ihn auch gut im Kopf hatte, würde sich in Kürze herausstellen, dachte ich, denn es ist ein Unterschied, einen Text für sich allein, ohne Ablenkung, in der Stille des Wohnzimmers aufzusagen oder ihn unter den prüfenden Blicken eines Kamerateams und in Konfrontation einer Partnerin sprechen zu müssen, die einem überlegen lächelnd und in ihrer Rolle bereits voll aufgegangen gegenüber sitzt.

In der Maske überraschte mich ein vertrautes Gesicht. Es war der Maskenbildner, den ich zuletzt im Spätsommer 1951 am Volkstheater in Halberstadt gesehen hatte. Er arbeitete jetzt für die DEFA in Babelsberg.

Im Kostümfundus beeindruckte mich die Vielfalt an Kostümen, Anzügen und Kleidern, die in schier endlosen, von langen Gängen durchbrochenen Reihen in mehreren Etagen Zeugnis einer langen, unvergeßlichen Filmgeschichte dieses Standorts ablegten.

Meine Figur hielt sich damals noch in Grenzen durchschnittlich schlanker Maße, so daß die Damen des Kostüms nicht lang brauchten, um für mich einen passenden Uniformrock und passende Hosen herauszusuchen.

Dann wurde ich zu jenem Atelier gefahren, das heute den Namen »Marlene-Dietrich-Halle« trägt. Dort war alles aufgebaut, was laut Drehbuch an Innenaufnahmen in den unterschiedlichsten Räumlichkeiten der einzelnen Handlungsbilder benötigt wurde. Da war ein Salon zu sehen, an dessen altblau tapezierten Wänden zahlreiche Bilder irgendwelcher Ahnen hingen, dann ein weiterer Raum, der im Biedermeierstil als Speisezimmer eingerichtet war, die Polsterbezüge der Stühle marillenfarben, die Tafel, Ton in Ton, festlich gedeckt. Hier werde die große Neujahrsmahlzeit der Familie stattfinden, erklärte mir Kasprzik, und führte mich dorthin, wo bereits die Kamera stand und ein paar Scheinwerfer aufgebaut waren. Erst wurden einige stumme Aufnahmen gemacht, dann durfte ich einen der Texte allein sprechen, und schließlich kam Angelika Waller hinzu – klein, hübsch, mädchenhaft zart, wie es die Rolle verlangte, aber dennoch bereits aufreizend fraulich, mit aufblühenden Lippen, eine Ahnung von Sünde in den schönen Augen, anmutig frech und, wie zu erwarten war, sehr souverän in der Bewältigung ihrer Textpassagen.

Ich machte meine Sache so gut ich konnte, wurde aber das Gefühl nicht los, daß bei allem, was ich sagte, der Papagei auf meiner Schulter saß.

Daß diese Vorstellung zum Glück nur ich hatte, bewies nach ein paar Tagen ein zufriedener Anruf Hans-Joachim Kasprziks, der mir bestätigte, daß ich nun verbindlich für die Rolle des Intendanzhauptmanns vorgesehen sei und daß mir die Produktionsleiterin, Frau Ikker, in Kürze den Vertrag zusenden werde.

In Kürze kam der Vertrag nicht. Er kam überhaupt nicht. Das Jahr 1975 ging dem Ende entgegen, und ich war froh, mich terminlich nicht auf die windige Filmgeschichte verlassen zu haben. Offenbar hatte bei der Besichtigung der Probeaufnahmen doch jemand aus dem anwesenden Entscheidungsgremium den Papagei auf meiner Schulter sitzen und Erdnüsse knabbern sehen.

Zwischen Weihnachten und Neujahr trug ich meine Vorausplanung für 1976 auf die dafür vorgesehenen letzten Seiten des alten Kalenders ein. Den Kalender habe ich noch und finde bestätigt, daß ich mit meinem Tourneeprogramm sowie mit meiner Lutz-und-Liebe-TV-Reihe gut ausgebucht war. Produktionszeiten für den Film hingegen sind in keiner der Monatsspalten eingetragen.

Das Jahr 1976 begann stürmisch. Meteorologisch gesehen. Am 3. Januar, es war ein Samstag, fegte ein Orkan mit Windstärken von 10 bis 12 über Nordwesteuropa. Die Windböen beutelten die kahlen Äste der hohen Uferbäume.

Quinta und ich erwarteten Siegfried Hartmann zum Mittagessen. Hartmann war der Regisseur des Films »Das verhexte Fischerdorf«, hatte einen Festvertrag bei der DEFA, bezog ein angenehmes Monatsgehalt, hatte aber so gut wie nichts zu tun. Er kam in Begleitung von Grit Schwochow, die ich heute beruflich leider nicht mehr einzuordnen vermag. Hartmann, ein lustiger Bursche, mit einer eigenwillig bissigen Sprechweise, die einem konstanten Lächeln entsprang und so dem Sarkasmus Bekömmlichkeit verlieh. Karl Schinsky, der Komponist meines »Knickebein-Shakes«, konnte ihn ebenso gut leiden wie ich. Um so bedauerlicher der Vorfall, der mir noch in lebendiger Erinnerung ist: Siegfried Hartmann, Grit Schwochow, Quinta und ich wollten einen angenehmen Abend in der »Möwe« verbringen, als der von mir sehr geschätzte Rolf Ludwig hereinkam und jeder sofort erkennen konnte, daß ihn »Freund Alkohol« wieder einmal voll im Griff hatte. Es war zwischen Vorsuppe und Hauptgericht, wir hatten gerade die Gläser erhoben, um uns zuzuprosten, als es auch schon geschah. Hartmann saß mit dem Rücken zum Eingang und mochte sich gewundert haben, warum ich den Kopf senkte und gleichzeitig ein paar Zentimeter in mich hineinschrumpfte. Sekunden später wußte er es.

Rolf Ludwig stand vor unserem Tisch, und seine Mimik schwankte zwischen Freundlichkeit und ungläubigem Staunen. Beides galt mir. Wie immer, wenn ich Rolf begegnete, hoffte ich auf eine im dezenten Ton geführte Rede. Mein Hoffen war jedesmal umsonst. Auch an jenem Abend sollte das so sein. Daß Rolfs Begrüßung stets ein Bekenntnis seiner Wertschätzung meiner Person enthielt, war ich bereits gewohnt. Nur daß er dies immer so laut verkünden mußte, war mir unangenehm. An jenem Abend allerdings folgte seiner Lobpreisung eine Rüge. Er sei aufs tiefste enttäuscht von mir, sagte er, weil ich, von dem er doch so viel halte, mit diesem da an einem Tisch säße, wobei er auf Siegfried Hartmann zeigte.

An den Tischen waren die Gespräche verstummt. Die Aufmerksamkeit aller richtete sich auf uns. Ich fürchtete eine Ausweitung. Doch Rolf Ludwig begnügte sich mit einer geläufigen Prädikatverleihung, die vor hundert Jahren noch ein Pistolenduell zur Folge gehabt hätte, und schwankte weiter, tiefbefriedigt vom Ergebnis seiner Hemmschwellenfreiheit.

Der Abend war dahin, Hartmanns Charme war eingefroren, und ich weiß bis heute nicht, welche Erfahrungen beide miteinander gemacht hatten. Mit Alkoholikern auszukommen ist nicht leicht, mit ihnen zu arbeiten immer ein Risiko. Hartmann, der eine Reihe guter Filme gemacht hatte, sei an dieser Stelle rehabilitiert, sein tadelsfreier Ruf von mir bestätigt.

Der 6. Januar war mein letzter tourneefreier Tag. Ich hatte mich mit der Konzert- und Gastspieldirektion Neubrandenburg zusammengetan und ein neues Ensemble gegründet. Kein staatliches. Dieser Ofen war wohl inzwischen allgemein aus. Ich scharte eine freischaffend arbeitende Band um mein Programm und die beiden Solistinnen Christa Warnecke und Christine Wieland. Wilfried Scheibe und seine »Tip-Top-Combo« sorgten für den musikalischen Rahmen. Ich mußte wieder ins Joch dieser Arbeit; denn von den Fernsehhonoraren allein hätte ich den notwendigen Anbau an meiner Holzhütte am See nicht finanzieren können.

Am Montag, dem 12. Januar erwartete mich zu Hause ein Schreiben der DEFA. Der Briefkopf war in hoffnungsvollem Grün gedruckt. Studio für Spielfilme, las ich. Und darunter, mit Schreibmaschine geschrieben: Ikker-Produktion.

Im Umschlag lag eine »Vertragsaufgabe«, was immer das heißen soll, sowie ein Begleitschreiben mit der Bitte, beide Exemplare unterschrieben zurückzuschicken, damit mir der endgültige Vertrag ausgefertigt werden könne.

Diese Nachricht wäre sehr erfreulich gewesen, wenn die Gage gestimmt hätte. Mit der Begründung, daß es sich um eine Produktion für das Fernsehen handele, sei ein Fernsehhonorar zugrundegelegt worden, sagte mir ein Herr Walter am Telefon, weshalb eine Änderung nur die hierfür zuständige Kommission des Fernsehens erwirken könnte, die alle drei Monate tage.

So schrieb ich kühn am 13. Januar an Frau Ikker, daß ich die Vertragsaufgabe ununterschrieben zurückschicken müsse, mich auf eine langfristige Eingabe nicht einlassen könne, aber mit dem 1961 ausgehandelten Drehtaghonorar der DEFA einverstanden sein würde.

Was mich in meiner Haltung bestärkte, war das Wissen um weit höhere Tagesgagen, die gezahlt wurden, und so schrieb ich noch, daß mir bessere Darstellerhonorare bekannt seien, die an Kollegen gezahlt würden, deren Beliebtheitsgrade beim Publikum nicht höher lägen als bei mir. Meine Selbstsicherheit krönte ich schließlich noch mit dem Schlußsatz: Sollte kein Weg zur Angleichung des Honorars führen, müßte ich, so leid es mir auch täte, auf eine Mitwirkung verzichten. Meine Festigkeit trug Früchte: Ich erhielt mein altes DEFA-Tageshonorar, hatte jetzt allerdings zu meinen Tourneeverpflichtungen auch noch die Drehtage auf dem Hals.

Der erste Drehtermin für mich war in Karlsbad. Ein Dienstwagen der DEFA holte mich vom Café Prag in Dresden ab. Wir kamen spät weg. Das Programm hatte länger als sonst gedauert. Und in Teplice verfuhr sich der Fahrer. Es war kurz vor drei Uhr früh, als wir endlich ankamen.

Das Zimmer war traumhaft. Weiße Schleiflackmöbel in böhmischem Rokoko nachempfundenem Stil. Das Bad, ganz in Marmor, hatte Wohnzimmergröße. Die Hähne über der geräumigen Badewanne und dem Waschbecken vergoldet. Auch der Teppich im Zimmer war vom Feinsten. Alles Restbestände einer längst vergangenen noblen Zeit.

Na prima, dachte ich, und das alles für knappe vier Stunden, die ich obendrein verschlafen werde! Traumlos schlief ich bis kurz vor sieben, als mich das Klingeln des Telefons rabiat weckte und eine weibliche Stimme sagte, daß ich in spätestens einer Viertelstunde in der Maske sein müsse, weil um acht Uhr Drehbeginn sei.

Die ersten Einstellungen waren teils auf der Hoteltreppe, teils im Korridor des Hotels sowie vor der renovierten Zuckerbäckerfassade des Hauses und auf der kleinen schmiedeeisernen Brücke, die zwischen dem einstigen Kaiser-Franz-Josephs-Bad und dem Hotel über das Flüßchen Teplá auf die Promenadenseite führt.

Der alte Pförtner, der als Kind bestimmt noch die Monarchie erlebt hatte, nahm die Schultern stramm zurück und grüßte ehrfurchtsvoll, als ich in der schmucken Uniform eines Intendanzhauptmanns an ihm vorüberging.

Kasprzik wußte genau, was er wollte, und korrigierte mich nur selten. Für die Kameraführung kompliziert waren die Treppenaufnahmen. Der Kameramann lief mit der schweren Handkamera auf der Schulter im Krebsgang vor mir her. Hinter ihm lief der Kameraassistent ebenso unsicher treppauf, weil auch er die einzelnen Absätze der Stufen erst mit den Hacken erfühlen mußte, aber dennoch die Aufgabe hatte, dem Kameramann mit beiden Händen um dessen Hüfte Führung und Sicherheit zu geben. Ich hatte es am einfachsten, brauchte nur die Treppe hinaufzusteigen und zu ignorieren, was sonst um mich passierte.

Die Arbeit lief so gut, daß auf den zweiten Drehtag mit mir verzichtet werden konnte.

Der männlichen Filmcrew ganzes Glück waren die Damen des horizontalen Gewerbes, die schon tagsüber im Café des Hotels nach Westkundschaft Ausschau hielten. Auch ich sah mir die Mädels an und hörte, daß sie wußten, wer da drehte. Kein Interesse an unserer Blechwährung!

Ein Maulkorb für Fuchs und Elster

Unter Montag, dem 8. März 1976, steht in meinem Terminkalender: »Der Erste Sekretär des ZK gibt zum Frauentag ein Essen mit Programm. Meine Mitwirkung wird erbeten!« Und im Tagebuch lese ich: Schon am Vormittag bin ich zur Programmbesprechung ins Büro von Frau Ursula Ragwitz bestellt, der frisch berufenen Leiterin der Abteilung Kultur beim Zentralkomitee der SED. Es ist der unerfreuliche Abschnitt dieser Verpflichtung. So werde ich als erstes auf die Ehre hingewiesen, die mir mit dieser Mitwirkung zuteil wird. Zwischendurch kommt ein Anruf von Ingeburg Lange, Leiterin der Abteilung Frauen beim ZK der SED. Damit hat sie ein gewichtiges Wort zur Frauentagsfeier mitzureden und macht von diesem Privileg nicht zu überhörenden Gebrauch. Durch die Sprechanlage klingt ihre Stimme nicht gerade kultiviert. Als sie kurz darauf ins Zimmer kommt und sich über einen Programmpunkt beschwert, weiß ich, daß nicht die Sprechanlage schuld war.

Es ging um eine Dialogszene zwischen Herrn Fuchs und Frau Elster. Euch muß ich sicher nicht erläutern, daß dies, neben dem Sandmännchen des DDR-Fernsehens, die beliebtesten Figuren des Kinderfernsehens waren. Im Fernsehen waren die lustigen

Streitgespräche zwischen den beiden stets kindergerecht aufbereitet. Doch wenn die Figuren außerhalb des Fernsehens in Veranstaltungen für Erwachsene auftraten, fanden sich in den Texten zeitbezogene Pointen, die Ungereimtheiten des sozialistischen Alltags aufspießten. So etwas muß Frau Lange mißfallen haben. Daß »Herr Fuchs« von seinem Text offenbar nicht abrücken wollte, vergällte ihr nun vollends den Vormittag eines Tages, an dem die Frauen republikweit die staatlich dirigierte Zuwendung der Männer genießen durften, während sie sich mit der Uneinsichtigkeit eines Komödianten herumärgern mußte.

»Ich kläre das, Inge«, sagte Frau Ragwitz und griff zum Telefon. Frau Lange stampfte aus dem Zimmer, und ich durfte Zeuge sein, wie Legislative und Exekutive in einer Hand funktionieren. Frau Ragwitz hatte die Direktleitung zum Veranstaltungssaal gewählt und wartete auf »Herrn Fuchs«, der von der Bühne an den Apparat geholt werden mußte. Dann hatte sie ihn am anderen Ende der Leitung. Mir war nicht wohl, dabeisitzen zu müssen und mir das anzuhören.

»Herr Fuchs« wollte Ablauf und Pointen beibehalten. Das folgerte ich aus der Schärfe, in die sich Frau Ragwitz hineinsteigerte. »Herr Fuchs«, von Millionen Fernsehzuschauern geliebt, wähnte sich offenkundig stärker als die politbürogestützte Frauenriege. Das wurde Frau Ragwitz zu viel, und so sagte sie: »Wenn Sie glauben, auf diesen Abschnitt nicht verzichten zu können, werden wir auf Ihren ganzen Auftritt verzichten müssen.« Punktum, Schluß, Ende der Durchsage! Frau Ragwitz legte den Hörer auf und hatte jetzt auch keine Lust mehr, mich länger im Zimmer zu dulden. »Wir sind uns klar«, sagte sie.

Fragezeichen gab es keine in diesem Haus. Ich stand auf, bedankte mich und ging. Auf der Bühne probte gerade Kammersänger Theo Adam mit dem großen Klangkörper. Meine Probe danach dauerte länger, weil ich an der Spitze einer kleinen Blasmusikformation in den Saal marschieren mußte.

Die Veranstaltung selbst verlief erfreulich. Geladen waren Frauen, die sich mit ihrer Arbeit um Partei und Staat und Volk verdient gemacht hatten. Selbstverständlich waren auch die erfolgreichen Sportlerinnen dabei.

Unmittelbar vor der Bühne saßen die Damen und Herren des Politbüros an einem langen Tisch. Sie saßen auf Drehstühlen, um sich – je nach Bedarf – ihren Gästen oder dem Geschehen auf der Bühne zuwenden zu können. Der Nachmittag begann mit dezenter Tischmusik. Vor dem Haus standen die Autobusse, mit denen die Frauen aus allen Ecken der Republik herbeigefahren wurden. Es gab die obligate alljährliche Dankesrede. Erich Honecker hielt sie. Dann wurde angestoßen: auf den Sozialismus, auf weitere Erfolge und auf die unverbrüchliche Freundschaft mit der Sowjetunion. Das Programm selbst begann seriös, aber musikalisch so, daß auch die Verdiente Melkerin ihre Freude daran haben konnte.

Mein Auftritt war irgendwo in der zweiten Hälfte festgelegt, und der Einmarsch mit Tschingbumtaratata ließ die Frauen vergessen, wo sie sich befanden. Die Stimmung war plötzlich so, wie sie in Kuhschnappel oder in Zitterpenningshagen am achten März nicht hätte besser sein können. Der Sekt hatte nicht wenig Anteil am Jubel, mit dem mich die Frauen empfingen.

Auf der Bühne angekommen, sah ich dann wieder einmal die Köpfe derjenigen ganz nah, die dem Volk soviel Kopfzerbrechen bereiteten. Honecker blinzelte freundlich. Es könnten aber auch nur Lichtreflexe auf seinen Brillengläsern gewesen sein.

Innerhalb des Melodienreigens steckte auch der Refrain des Liedes »Alles für die Frau'n«. Das war ein Muß an einem Tag wie diesem. Innerhalb meines Auftritts hatte ich einen kleinen Textstolperer. Wahrscheinlich hätte ich kurz davor nicht Kurt Hager ansehen dürfen. Er war der Leiter der Ideologischen Kommission beim Politbüro. In ihm sah ich den Hauptverantwortlichen für das immer wiederkehrende unerquickliche Auf und Ab und Hott und Hü einer seit Jahren immer unerfreulicher werdenden Kulturpolitik. Ich mußte mich von seinem regungslosen Pokergesicht losreißen und war froh, halbrechts am äußeren Rand der Politbüroreihe Werner Lamberz zu entdecken. Er war der Chef der Abteilung Agitation und Propaganda, zwei Jahre jünger als ich, Mitglied des Politbüros und Sekretär des Zentralkomitees der Sozialistischen Einheitspartei Deutschlands.

Von Lamberz hieß es, daß mit ihm zu reden sei. Künstler von Bühne und Film, die Kontakt mit ihm hatten, brachten diese Einschätzung unters Volk.

Ich weiß noch, wie ich an den Schlußapplaus meines Auftritts die bereits ausprobierten Sätze hing, die Ihr schon kennt: »Danke, liebe Gäste, Sie sind so nett, daß ich Sie am liebsten mitnehmen möchte, aber das geht leider nicht – schon allein aus Platzmangel, denn Jahoda fährt nur Škoda!«

Das muß Lamberz gefallen haben, dem alltäglich lästige Künstlerwünsche nach einem fahrbaren Untersatz westlichen Fabrikats auf den Schreibtisch flatterten. Herzhaft lachend drehte er sich den geladenen Gästen zu, nickte strahlend, als wollte er ausrufen: »Seht, Leute, das sind unsere Künstler: witzig und genügsam!«

Wie Hager meinen Ausspruch wertete, zeigte er mir mit der Ausdruckskraft eines Betonsockels, denn es war die Zeit des großen Unmuts unter der Bevölkerung, weil die Regierenden in immer größeren und teureren Westfahrzeugen durch die Lande fuhren.

Mit der Filmcrew in Prag und Babelsberg

Unmittelbar nach der Veranstaltung fuhr ich mit meinem Škoda zu Außenaufnahmen nach Prag, die für Dienstag, den 9. März, auf dem Roßmarkt angesetzt waren. Im Hotel »Intercontinental« am rechten Ufer der Moldau war für mich ein Zimmer reserviert. Doch auch dieses gediegene Übernachtungsdomizil zu genießen, das erst seit kurzem die Josefstadt am Ende der Pariser Straße schmückte, blieb leider für mich eingeschränkt, denn bereits um 16 Uhr 30 mußte ich in Radeberg bei Dresden sein, wo meine Truppe auf mich wartete, fuhr anschließend sofort wieder nach Prag zurück, weil dort am Mittwoch früh weitergedreht wurde, und ich um 14 Uhr schon wieder in Groß-Schweidnitz bei Löbau meinen nächsten Auftritt hatte.

Der nächste Drehtermin für mich war dann erst im April. Ich konnte ein wenig aufatmen. Doch ging es dann gleich stressig weiter. Im Terminkalender steht: »20. April, 7 Uhr 30, Babelsberg.«

Viel Schlaf hatte ich auch diesmal nicht, weil ich erst nach 1 Uhr früh ins Bett gekommen war. In Oberwiesenthal hatte ich eine Abendveranstaltung. Und nach 297 Kilometern am Steuer fährt man im Bett immer noch, obwohl man am liebsten sofort einschlafen möchte.

Wir drehten drei Tage hintereinander, begannen mit der Szene im Spielzimmer – alles Dialogszenen – und drehten an den beiden anderen Tagen die Szenen mit Angelika Waller und mit Madeleine Lierck. Die kurze Tanzeinlage, die nicht im Drehbuch steht, sich aber aus einem Gespräch mit Hans-Joachim Kasprzik ergab und von mir, seligen Angedenkens an meine Operettenzeit, sofort csárdásgerecht umsetzen ließ, flutschte mir locker aus den Beinen. Und auch mit der sanften Melancholie zwischen aufgesetzter Fröhlichkeit und depressiver Endzeitstimmung kam ich gut zurecht.

Im April melden die westlichen Medien, daß Sacharow in Omsk festgenommen wurde. Daß ihm im Jahr zuvor der Friedensnobelpreis verliehen wurde, stört die Kremlherren nicht im geringsten.

Curd Jürgens singt im Radio »Sechzig Jahre und kein bißchen weise«. Das Lied paßt gut zur Wandlitzer Altherrenriege, die einen Fehler nach dem andern macht.

Ich bin viel unterwegs und eingesponnen in den engen Kreis meiner Tourneekollegen und bekomme wenig mit. Durch Petr Altman weiß ich bald mehr, was in Prag geschieht und was dort unter Künstlern diskutiert wird, als von den Vorgängen hier. Über Jiři Popper, den einst in der DDR so sehr gefeierten Prager Sänger und Moderator der Radio-DDR-Schlagerreihe »Ein Koffer voll Musik«, erfahre ich, daß er als Befürworter des »Prager Frühlings« in die Schweiz emigriert ist. Die Namen Milan Kundera, Pavel Kohout und Václav Havel höre ich zum ersten Mal. Milan Kundera, 1929 in Brünn geboren, da ich mich als bereits Zweijähriger dort anschickte, das Kinderdreirad meiner Schwester zu besteigen, hat in Paris Zuflucht gefunden. Pavel Kohout und Václav Havel spielen mit der Staatssicherheit Katz und Maus. Andere Intellektuelle sind Ausgestoßene im eigenen Land, sind in Tätigkeiten abgedrängt, für die sie weder das große Latinum noch ihr Universitätsstudium benötigt hätten.

Was sich an Kontroversen im eigenen Land bewegt, erfahre ich über Robert Riehl, den Bildhauer, der in selbstgewählter Isolation im Wald von Skaby lebt, aber mehr von allem weiß als ich, der täglich durch die Republik kutschiert.

Robert Riehl war ich durch Zufall in einer Friedersdorfer Kneipe begegnet. Mehrmals im Monat überquerte er die Autobahn zwischen den Anschlußstellen Friedersdorf und Storkow und marschierte so von Skaby, wo sich die Füchse Gute Nacht sagten, quer durch die Botanik nach Friedersdorf, um dort in fröhlicher Runde seine Rente zu vertrinken. Ähnlich wie Rolf Ludwig, nur inhaltlich anders, pflegte er öffentlich laut ein Loblied auf mich zu singen. Tenor seiner Lobpreisung: die Verwunderung, wie ein Schlagersänger ein so gebildeter, fabelhafter Mensch sein könne. (Sic!)

Riehl war ein begnadeter Bildhauer. Nur hätte er halt nicht den Parteisekretär der Akademie der Künste in den Glaskasten setzen dürfen. Damit gab es den Bildhauer Robert Riehl offiziell nicht mehr. Seine Lebensgefährtin Ingeborg Hunzinger, ebenfalls Bildhauerin, hielt weiter zu ihm, wie auch ein kleiner Kreis von Freunden, die ihn ab und an in seiner Waldeinsamkeit besuchten.

Ich war eine Zeitlang öfter in seinem Feldsteinhaus und auch bei Ingeborg Hunzinger, die in ihrer großen Wohnung in Rahnsdorf gelegentlich kleine Zusammenkünfte Gleichgesinnter organisierte. Ich wußte, daß aus einem freundschaftlichen Treffen wie diesem nur allzuleicht eine verschwörerische Zusammenkunft hätte konstruiert werden können, wenn es gerade gepaßt hätte.

Offenbar paßte es nicht, wie ich überhaupt feststellen mußte, daß die Stasi so allseitig informiert gar nicht war. Ich las kürzlich erst in den Stasi-Papieren, die das Ministerium für Staatssicherheit über mich angelegt hatte. Eine enttäuschende Lektüre.

Ein Informant will mich auf einem Autobahnparkplatz gesehen haben, wie ich einen Militärtransport beobachtete. Des weiteren hatte man mich eine Zeit lang im Verdacht, Künstlerkollegen in den Westen schleusen zu wollen beziehungsweise mich zu konspirativen Treffs an der Transitstrecke zu verabreden.

Es gab Einstellungen bei den Dreharbeiten, da waren alle Hauptdarsteller am Drehort. Heute sagt man in Fachkreisen dazu nur noch »Set«. Ich wünsche, die Sprache fände wieder zu den alten Bezeichnungen zurück.

Also alle, die laut Drehbuch zur Familie gehörten, waren da. Es war die Creme der Schauspielergilde im Land: Angelica Domröse, Jutta Hoffmann, Erika Pelikowsky, Norbert Christian, Horst Schulze, Ezard Haußmann. Nur Manfred Krug, der nicht zur Familie gehörte, fehlte bei diesen Szenen. In einer Drehpause schlenderte ich mit Angelica Domröse durchs Gelände. Wir sprachen über unsere Zuneigung zu Katzen, unterhielten uns aber auch über die ungeschickte Innenpolitik des Landes, die Gängelung der Bürger, die Maßregelung künstlerischer Arbeiten, somit kurzum über das Klima insgesamt, das immer mehr dem einer Besserungsanstalt glich. Da hatte sich in ihr Unmut aufgestaut, der bis zum elften Plenum zurückreichte. Ich staunte, wie wütend sie sein konnte. Aber ihr Zorn gefiel mir, weil unter dem Temperament ihrer kämpferischen Kritik immer noch der Liebreiz einer Bereitschaft zum Lächeln durchschimmerte.

An einem kühlen Morgen im Parkgelände Friedrich des Großen in Potsdam strich eine bildhübsch gezeichnete heimatlose Abessinierkatze um den Imbißstand unseres Drehorts. Sie sei bereits tagelang hier und warte offenbar auf einen mildherzigen Katzenfreund, der sich ihrer annähme, erzählte mir Angelica und taufte die Heimatlose spontan auf den Namen Friederike und bedauerte, das Kätzchen nicht selbst mitnehmen zu können. Ich sah Friederike an, sie fühlte sich angesprochen und hatte nichts dagegen, von mir hochgehoben und auf den Beifahrersitz gesetzt zu werden, wo sie unverzüglich einschlief.

»Nimmst du sie wirklich zu dir nach Haus?« fragte Angelica Domröse ungläubig.

»Na klar«, sagte ich, »wo für drei Katzen Platz ist, findet sich auch noch Platz für Friederike!«

Damit waren drei glücklich: Angelica, die Katze und ich auch, weil ich sah, daß Angelica glücklich war.

Auf dem DEFA-Gelände in Babelsberg, unmittelbar vor dem Eingang zur Kantine, kommt uns Armin Mueller-Stahl entgegen. Ich bleibe stehen, weil Manfred Krug stehenbleibt und mit ihm ein paar Worte wechselt. Spätestens jetzt merke ich, daß ich ein Uneingeweihter bin. Den kurzen Worten, die gesprochen werden, kann ich nichts entnehmen. Es ist wie Fachlatein, dem ich als Außenstehender nicht folgen kann.

Mueller-Stahl schaut mich kurz an, als müßte er sich überzeugen, ob ich tatsächlich der bin, für den er mich hält und den er sonstwo, aber niemals hier erwartet hätte. Zum ersten Mal sehe ich, daß er blaue Augen hat. Auf meinem Schwarz-Weiß-Fernsehapparat war das nicht festzustellen. Es ist das Blau, mit dem man in Hollywood Karriere machen kann.

Das schreibe ich heute so auf, nachdem ich mit Millionen Zuschauern weiß, daß er inzwischen in Hollywood Karriere gemacht hat – und nicht nur wegen seiner blauen Augen. Damals dachte ich nur: »So sehr du dich auch mühst, in der Arbeiter- und Bauernwelt deiner dir aufgehalsten Filmrollen gut zu bestehen: in diesem Land wirst du immer im Schatten von Manfred Krug bleiben.«

Prognosen zu stellen ist zu keiner Zeit leicht. Heute weiß ich, daß ein Gran Richtigkeit in meinen Gedanken war, aber ansonsten nur Falsches, und ich freue mich, ihn im Indianersommer seiner Jahre dort arbeiten zu sehen, wohin es jeden ehrgeizigen Mimen hinzieht, auch wenn er es nicht immer zugeben wird.

Entscheidungen im höchsten Büro

Es ist Samstag, der 13. November 1976. Ich habe an diesem Tag zwei Veranstaltungen. Eine nachmittags in Markneukirchen im Volkshaus, die zweite um 20 Uhr in Gutenfürst bei Plauen.

In der Kölner Sporthalle bereitet zur selben Zeit das Westfernsehen und der Westdeutsche Rundfunk eine Großveranstaltung vor, die den Führenden in der DDR wie ein Wackerstein im Magen liegen wird. Einziger Star des Abends: Wolf Biermann, DDR-Bürger, Liedermacher, seit elf Jahren offiziell ungeliebter Poet im Arbeiter- und Bauernstaat.

Ich erfahre erst vier Tage darauf von diesem Ereignis. Im »Neuen Deutschland« lese ich auf Seite 2 darüber. Es war der Auftakt einer Veranstaltungsreihe der IG Metall, und die DDR-Behörden hatten nichts gegen die Mitwirkung Biermanns einzuwenden gehabt. Sie gaben ihm ein gültiges Visum zur Aus- und Wiedereinreise. Damit war eigentlich schon festgelegt, was bald darauf folgte, weil die Praxis ansonsten eine andere war.

Ich habe noch Sätze in den Ohren, zu denen ich einsichtig genickt hatte: »Wir können unsere Künstler nicht so ohne weiteres fahren lassen. Sie müssen das verstehen. Wer garantiert uns, zu welchem Anlaß diese oder jene Fernsehsendung ausgestrahlt werden wird? Wer gibt uns die Sicherheit, daß nicht kurzfristig umdisponiert wird und neben unseren DDR-Leuten Künstler stehen, die wir nicht akzeptieren können? Sie erinnern sich vielleicht noch, als Udo Jürgens Wahlhilfe für die CDU leistete und mit Herrn Kurt Georg Kiesinger vierhändig Klavier spielte. Unmöglich, einen Künstler unseres Landes zu diesem Zeitpunkt und auch noch danach, in ein und derselben Veranstaltung mit Herrn Jürgens auftreten zu lassen. Oder möchten Sie von Ernst Mosch und seinem Revanchistenorchester, den Egerländer Musikanten, begleitet werden oder mit Herrn SchwarzbraunistdieHaselnuß auf der Bühne stehen?«

So lauteten die Argumente. Demnach verrückt, uns einreden zu wollen, daß das Politbüro von Biermanns Programminhalten überrascht worden war. Selbst ich, der Wolf Biermann nur vom Hörensagen kannte, wußte von seinen respektlosen Texten,

Am 17. November war ich in Leipzig, saß im Friseursalon »Variante« in der Mädlerpassage und studierte die zweispaltigen über die ganze Länge des »Neuen Deutschland« reichenden Artikel, mit den folgenden Überschriften: BIERMANN DAS RECHT AUF WEITEREN AUFENTHALT IN DER DDR ENTZOGEN. ANGEMESSENE ANTWORT AUF FEINDSELIGES AUFTRETEN GEGEN DDR. RUMMEL UM BIERMANN.

Die Angelegenheit begann allerdings erst spannend zu werden, nachdem über das Westfernsehen zu erfahren war, was nicht im »Neuen Deutschland« stand. Da war nun ausgebrochen, was bereits im Sommer schwelte, auch wenn es nur um die Verweigerung einer Wiedereinreise ging. Aber vielleicht ließen sich im Protest dagegen, so glaubte ich naiv, alle anderen Probleme gleich mit ausdiskutieren, so es zu Aussprachen kommen sollte.

Es kam dazu. Nur öffentlich wurden die Aussprachen nicht. Veröffentlicht wurden nur die georderten Beiträge, die der Ausbürgerung Wolf Biermanns zustimmten.

Im Haus des Zentralkomitees mußten alle Alarmanlagen angegangen sein. Die Unbotmäßigkeit der durch Preise und Würdigungen bislang doch recht verwöhnten Künstler dürfte die Regierenden gewaltig erschreckt haben. Nach der Wende las ich die Namen der Mutigen, die Mitunterzeichner der Petitionsschrift waren. Ich wollte nicht wissen, wer sich bekehren ließ und seine Unterschrift zurückzog. Ich erfuhr es trotzdem. Schon die Wochenendausgabe des »Neuen Deutschland« vom 20./21. November 1976 hatte dafür gesorgt. Die über die ganze Breite der Seite 3 fettgedruckte Zeile »Wir sind es gewohnt, mitzudenken«, stempelte automatisch alle anderen, die an der Protestschrift festhielten, zu Idioten.

Ich war in jenen Tagen weitab vom Schuß und deshalb von keiner Institution bedrängt worden, mich einzureihen unter die Stellungnahmen und Erklärungen gegen Biermann und für die Richtigkeit, ihn auszubürgern. Weiß der Teufel, was ich gemacht hätte, wäre ich in Berlin gegewesen und gefragt worden. Vielleicht hätte ich Kreide gefressen und mir von meinem Hausarzt eine Stimmbandlähmung attestieren und sicherheitshalber auch noch Arme und Hände eingipsen lassen. Denn dem »Neuen Deutschland« eine schwejksche Variante unterzujubeln, wie es dem Komponisten Gerhard Rosenfeld gelungen war, wäre bestimmt nicht noch einmal möglich gewesen. Dem begnadeten Rosenfeld war folgende Formulierung geglückt: »Mit Erstaunen las ich im ND vom Auftreten Wolf Biermanns in der BRD. Der Bericht über sein Verhalten fordert meine Distanzierung.«

»Abschied vom Frieden« war inzwischen so gut wie abgedreht. Mein nächster Termin in Babelsberg fiel bereits in die Phase der Korrektur von Textstellen, die aus technischen Gründen lippensynchron wiederholt werden mußten. Angelika Waller und ich mußten noch einmal, die Atmosphäre nachempfindend, sprechen, was wir bereits bei der Aufnahme gesprochen hatten. Es war nicht viel.

Einige Tage darauf erfuhr ich von Wilfried Scheibe, dem Orchesterchef meines Tourneeprogramms, der in der Gewerkschaft Kunst mitmischte und regelmäßig Berliner Versammlungen und interne Aussprachen besuchte, daß es Schwierigkeiten für Manfred Krug gegeben hat. In eine seiner bewährten Veranstaltungen war ihm ein Publikum mit besonderem Auftrag in den Saal gesetzt worden. Da war mir klar, daß dies Folgen haben würde. Mit Manfred Krug war so etwas nicht zu machen. Die Zeit, sich mit ein paar kräftigen Backpfeifen Geltung zu verschaffen,war zwar für ihn vorbei, doch war zu erwarten, daß er die Konsequenzen ziehen und die Ausreise beantragen werde.

Bald darauf hörte ich, daß dies bereits geschehen sei und daß auch Armin Mueller-Stahl einen Ausreiseantrag zu stellen gedenke.

Am 18. Juni 1977 feierte ich meinen fünfzigsten Geburtstag im Interhotel »Kongreß« in Karl-Marx-Stadt. Es ist das nicht zu übersehende Gebäude in der Stadtmitte von Chemnitz, das heute immer noch wie ein Getreidesilo aussieht. Die IFA-Werke, für die ich eine Veranstaltung ausrichtete, gratulierten mir mit einem Strauß roter Rosen.

Am 20. Juni – es war ein Montag – war ich für zwei Tage zu Hause und konnte mich über das Westfernsehen informieren. Die Ausreise Manfred Krugs wurde mehrmals gezeigt: Krug im Mercedes mit Anhänger, den elfjährigen Sohn an der Seite, dahinter der Volkswagen mit der Haushälterin und den beiden kleineren Kindern; am Steuer Krugs Ehefrau Ottilie.

Die DDR-Bürger staunten, was die Familie alles mitnehmen durfte. Mißfallen wurde laut, und Kollegen waren vorwiegend deshalb sauer, weil sie die Praktiken der Partei kannten und wußten, daß alle Filme mit Manfred Krug unverzüglich im »Giftschrank« verschwinden würden und damit auch die betrachtenswerten Leistungen der anderen Schauspieler.

Weil die Parteipresse auf das grüne Licht aus dem Büro der Abteilung Agitation und Propaganda warten mußte, und das Büro zuvor auch noch auf das grüne Licht von Erich Honecker, erschien die Mitteilung über Manfred Krugs Ausreise verspätet. Am 23. Juni 1977 – ich war schon wieder ins Sächsische unterwegs – hatte sich das »Neue Deutschland« endlich zu einer Meldung durchgerungen. Überschrift: »Krug verließ die DDR.« Und dann die folgenden Zeilen: »Berlin (ADN). Der Schauspieler Manfred Krug hat die DDR verlassen. Auf sein Ersuchen wurde ihm die Übersiedlung nach Berlin (West) genehmigt. Krug hatte, wie bekannt, in der DDR stets die Möglichkeit, sich vielseitig künstlerisch zu betätigen, er hat jedoch in letzter Zeit alle Angebote der Konzert- und Gastspieldirektion sowie anderer Institutionen abgelehnt.«

Ein Meisterbeispiel, wie Wahrheit schmerzen kann, wenn das Warum und Weshalb einer Entscheidung unerwähnt bleiben und sich die einseitig informierte Öffentlichkeit damit abzufinden hat. Künstler, die der DDR den Rücken kehrten, waren Bedrängte: künstlerisch, ideologisch, insgesamt politisch, also auch seelisch attackiert. Die einen mehr, die anderen weniger. Aber nicht von allen wissen wir die Gründe so klar und nachvollziehbar wie von jenen, die in der »Biermann-Affäre« konsequent geblieben waren und ihre Petitionsunterschrift gegen die Ausbürgerung des Dichters nicht zurückgezogen hatten.

Krug tauchte schon bald nach der Übersiedlung in einer Talkshow auf und schnitt gut ab. Unfreiwillig hilfreich für ihn, daß auch Klaus Kinski als Gesprächsgast geladen war. Kinski spielte seine Lieblingsrolle, das Enfant terrible zwischen Traum und Wahnsinn, nur paßte das nicht so recht in den Abend und schon gar nicht zum Thema Biermann und Krug. Kinski redete viel Blödsinn, hatte Schwierigkeiten mit seinen Zähnen, wirkte wie bekifft und war es wahrscheinlich auch.

An einer Stelle, die bereits nervte, weil Kinskis lallende Wichtigkeitsdemonstration unerträglich geworden war, verschränkte Krug seine Hände hinterm Kopf, lehnte sich zurück und sandte seinen Blick himmelwärts. Mit dieser Reaktion, glaube ich, sammelte er seine ersten Punkte für sich im Westen. Nicht umsonst findet sich diese Pose, in Großaufnahme von hinten fotografiert, auf dem Schutzumschlag seines Buches »Abgehauen«.

DDR-Flüchtlinge von einst sagen heute: Abgehauen war anders! Stefan Heym ist der Meinung, daß es besser gewesen wäre, im Land zu bleiben und zu versuchen, »ein jeder auf seine Weise die Zustände zu verändern«. Ich finde, daß beide Wege richtig und nützlich waren. Der Exodus der Künstler bewirkte einiges, und das standhafte Verbleiben der vielen anderen letztlich auch.

Wer hätte sonst auf die Straße gehen und demonstrieren sollen, wenn keiner mehr dagewesen wäre?

»Abschied vom Frieden« im Giftschrank

Als das Jahr 1977 seinem Ende zuging und ich nichts mehr von Babelsberg hörte, hatte ich das fertige Projekt »Abschied vom Frieden« so gut wie abgeschrieben. Nicht gerade leichten Herzens. Es war eine dankbare Aufgabe gewesen, und ich hatte sie gemeistert. Daß mich in dieser Rolle kaum jemals einer sehen würde, war zu verkraften. Der Zufall gab's, der Zufall nahm's. Ich war's gewöhnt.

Sechzehn Jahre lagen zwischen den beiden DEFA-Filmen, den einzigen, in denen Euer Vater mitgewirkt hat. Das nächste Angebot, rechnete ich mir aus, müßte demnach 1993 zu erwarten sein. Da wäre ich 65 und Rentner und hätte immerhin noch ein ganzes Jahr lang Zeit, um zu singen: »Mit sechsundsechzig Jahren, da fängt das Leben an, mit sechsundsechzig Jahren, da hat man Spaß daran …«

Das war Udo Jürgens' neuer Schlager, der seit 1977 am Tag mindestens einmal zu hören war. Inzwischen schrieben wir das Jahr 1978.

Am 6. Januar fuhr Quinta mit mir nach Prag zu den Proben und zur Aufzeichnung der großen tschechischen Unterhaltungssendung »Televarieté«. Veranstaltungsort war das Operettentheater Karlín. Udo Jürgens war als Stargast engagiert, wurde aber während der Aufzeichnung vom Moderator der Sendung als Curd Jürgens angekündigt.

Es war Freitag der dreizehnte, und irgendwas hatte ja passieren müssen. Also mußte Udo wieder runter von der Bühne, wurde noch einmal angesagt, jetzt korrekt, was den Auftrittsapplaus deshalb nicht besser machte. An diesem Abend durfte ich erleben, was es bedeutet, einem Publikum über das Fernsehen bereits bekannt zu sein. Jürgens kannte damals in Prag kaum einer. Und so hatte er nach seinem wie immer tollen Auftritt einen für ihn bestimmt befremdend mäßigen Applaus, während Altman und ich – für mich ähnlich unbegreiflich – mehr Beifall als der große Jürgens hatten.

»Dich kennen die Leute hier«, erklärte mir Petr, »weil das tschechische Fernsehen Sendungen des DDR-Fernsehens übernimmt und regelmäßig ausstrahlt. Und außerdem haben wir beide auch tschechisch gesungen, und du hast die Leute im Saal in ihrer Sprache begrüßt.«

Trübsal zu blasen brauchte ich, beruflich gesehen, wirklich nicht. »Mit Lutz und Liebe« hatte sich als Sonnabendsendung gut im Fernsehen der DDR etabliert. Zwei Mitwirkungen in der großen Unterhaltungsshow »Ein Kessel Buntes« hatte ich gut überstanden. 1976 als Interpret, 1977 als Moderator und Sänger. 1976 hatte ich das Glück gehabt, von der »Kessel«-Redaktion einen Titel angeboten zu bekommen, der gerade erst im Westen groß herausgekommen war. Ein gewisser Nico Haak sang ihn. Ich kannte den Schlager nur aus dem Radio, wußte also nicht, wie dieser Nico Haak aussah und wie er diesen Titel optisch verkaufte. Und so entstand die dem Text und meiner Beweglichkeit angepaßte Version, unterstützt vom Fernsehballett und einer zündenden Choreographie.

Ich kann mich noch gut erinnern: Mein Auftritt begann mit einem Blasmusikmedley, das vom Berliner Publikum nur mit höflichem Applaus bedacht wurde. Mich mit Blasmusik präsentiert zu bekommen, war ein inzwischen über Gebühr strapazierter alter Hut. Doch dann erklangen die Anfangstakte vom Schmidtchen-Schleicher-Hit, und ich dachte, plötzlich in einem anderen Film oder in einer anderen Zeitebene oder überhaupt ein anderer zu sein. Da schwappte, für mich völlig überraschend, eine Woge der Begeisterung aus dem Saal, daß ich Schwierigkeiten hatte, aus dem Jubel der Zuschauer noch die Einleitungstakte herauszuhören und meinen Gesangseinstieg zu finden. Nach dem »Knickebein-Shake« endlich wieder ein Riesenerfolg! Nur hätte halt der Schmidtchen Schleicher mit den »elastischen Beinen« mir einfallen müssen. Dann wäre die Sache perfekt gewesen. So mußte ich mich damit begnügen, das Lied dem Original nachzusingen. Tröstend allerdings, daß ich zeigen durfte, wieviel mehr noch aus dem Schlager herauszuholen war. Meine ballettumrahmte tänzerisch elastische Unterstützung brachte dem Lied eine vom Publikum begeistert erklatschte Zugabe.

Im August geschah dann das, woran ich nicht mehr zu glauben gewagt hatte: Quinta und ich erhielten die Genehmigung, mit dem Wagen über die Bundesrepublik Deutschland nach Österreich zu fahren.

Im Geist sandte ich eine Grußadresse an alle, die aufgrund der Biermanngeschichte die Ausreise beantragt hatten oder bereits ausgereist waren; denn nur ihnen war die weiche Welle zu danken. So waren die Regierenden plötzlich froh, wenn bekannte Künstler lediglich eine Besuchsfahrt in den Westen beantragten und nicht gleich die Ausreise für immer.

Spannend war die Angelegenheit trotzdem. Einen Tag vor dem geplanten Reisetermin lagen die Unterlagen immer noch beim Innenministerium. Beantragt hatte ich die Reise über das Kulturministerium, aber unterstützt wurde der Vorgang von Eberhard Fensch aus dem Büro für Agitation und Propaganda. Werner Lamberz, der noch im Jahr zuvor um jeden ausreisewilligen Künstler gekämpft hatte, war seit dem 6. März 1978 aller Sorgen ledig. Aus ungeklärt gebliebenem Grund war der Hubschrauber, mit dem er über Libyen unterwegs war, abgestürzt. Sein Nachfolger war nun Joachim Herrmann und Lamberz dazu verurteilt, aus dem Sozialistenhimmel auf Herrmanns Treiben hinabzusehen. Elf Jahre Fegefeuer!

Neun Tage später als geplant konnten wir endlich reisen: am 19. August. Am 14. September waren wir wieder zurück, und auf dem Kalenderblatt des darauffolgenden Tages war schon die erste Veranstaltung eingetragen.

Im Dezember dann die zweite Überraschung des Jahres: Babelsberg meldete sich und lud mich für Freitag, den 29. Dezember, zu einer Vorführung des Films »Abschied vom Frieden« ein.

Am frühen Vormittag, pünktlich um 8 Uhr 45, war ich im Haus IV. Außer den drei Kollegen, die ausgereist waren, und Norbert Christian, der während der Dreharbeiten verstorben war, sah ich alle Hauptdarsteller wieder.

Mir schien, als würde sich Kasprzik, der Regisseur, besonders freuen, mich wiederzusehen. Sein Haar war um einiges grauer geworden, die Gesichtshaut um eine Nuance geröteter.

Ich sah mir das Gesamtwerk an. Mit großem Genuß. Von mir kannte ich nur die kurzen Ausschnitte, die ich mit Angelika Waller synchronisiert hatte. Alles andere war auf wundersame Weise neu für mich. Und ich bedauerte, nicht schon öfter auch auf diesem Weg gefordert worden zu sein.

Die anwesenden Begutachter sahen zufrieden aus. Den Handlungsablauf störend, so wurde befunden, sei lediglich, daß inmitten der Geschichte statt Norbert Christian plötzlich Erwin Geschonneck auftauche. Das wolle man aber mit einem entsprechenden Vorspanntext den Zuschauern erklären. An Kasprziks Regie fand ich auch angesichts des fertigen Produkts nichts auszusetzen, abgesehen von einer Einstellung, in der überflüssigerweise die nackten Füße von Horst Schulze unnötig lang und groß im Bild waren, was meiner Auffassung von Erotik im Film zuwiderlief. Als die Vorführung beendet war, machte sich eine leise Melancholie breit. Keiner nannte den Grund, aber alle kannten ihn: Eine gute Arbeit war abgeliefert worden, und nun würde sie dorthin verschwinden, wo schon Filme wie »Die Sonnensucher«, »Spur der Steine« und »Das Kaninchen bin ich« lagen.

Seit dieser Vorführung sind inzwischen neunzehn Jahre vergangen. Kaum einen werden so olle Kamellen noch interessieren. Ich schreibe sie trotzdem auf, lehne mich zurück und denke nach, was sonst noch während der Dreharbeiten zu diesem Film geschah und geredet wurde, als alles noch in Ordnung zu sein schien und alle noch im Lande waren.

»Spiel mir eine alte Melodie«, 5mal Lutz

Bei Dreharbeiten für einen Hochschulfilm. Mit Shakespeare-Darsteller Ulrich Wildgruber (Mitte), ich (links im Bild), stark verfremdet

Polizeiruf 110 - als Kammersänger im Verhör

Sketch mit Peter Altmann in Heinz Quermanns TV-Folge »Da liegt Musike drin«

Wunschbriefkasten mit Heidi Weigelt

»Drei reizende Schwestern«, Szene mit Ursula Karusseit und Helga Göring

... mit Jaromír Vejvoda, dem Komponisten des Weltschlagers »Rosamunde« (Škoda lásky)

... Elisabeth und Susi, kein neues Volksmusik-Duo, links meine Mutter (80), rechts meine Schwester (56) im Jahre 1975

... Gregor Mendel and the way of Regression

... mit Sohn Sascha und Schwiegertochter Gundula auf dem zugefrorenen Wolziger See

… Geburtstagsständchen für Heinz Quermann 1981, von links nach rechts: Dagmar Frederic, Lutz Jahoda, (von mir verdeckt Klaus Dieter Henkler), Kammersänger Reiner Süß hinter Petra Kusch-Lück, Michael Hansen, Peter Wieland, Margot Ebert, verdeckt von Monika Hauff, Kammersänger Harald Neukirch, Helga Brauer, Frank Schöbel, Monika Herz, Aurora Lacasa, Günter Gollasch

… als Nußknacker mit Schlagerstar Michelle, Weihnachten 2000

Die sechste Hochzeit am 23. September 1999 Eva, Lutz und Fabian, geb. 1998, in Bad Saarow

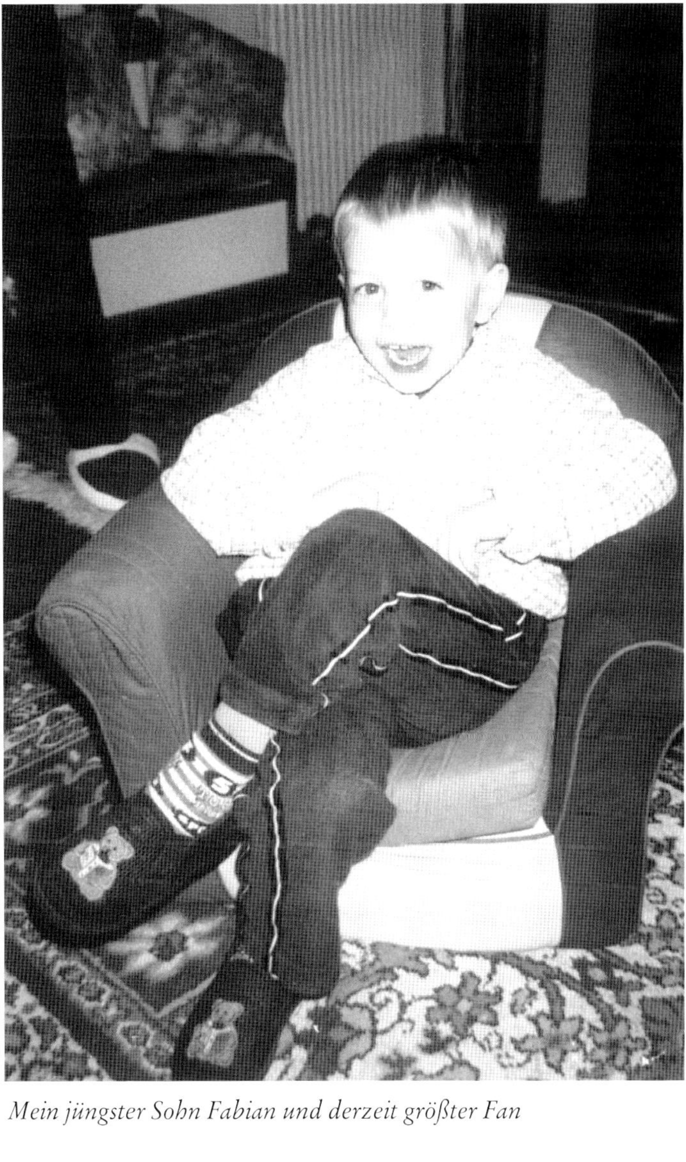

Mein jüngster Sohn Fabian und derzeit größter Fan

»Bruder«-Treffen nach 53 Jahren in Berlin: Frank Elstner und Lutz Jahoda

Plötzlich ist ein Satz da, den Manfred Krug zu mir sprach: »Lutz, du bist doch ein guter Schauspieler ...« Ich weiß nicht mehr, weshalb er darauf kam, mir dieses Kompliment zu machen. Hoffentlich nicht, weil er mir seine große Briefmarkensammlung verkaufen wollte, aber gleichzeitig meinte, daß DDR-Briefmarken wegen der zu hohen Auflage keine finanziell interessante Sache seien.

Ezard Haußmann wollte mir nichts verkaufen, erfreute mich aber auch. Was er mir erzählte, war mir schon vor einigen Jahren wieder eingefallen, als er während einer Talkrunde erfrischend ehrlich und frei von der Leber weg über sich sagte, daß er keine Neuigkeiten und Informationen für sich behalten könne. So hatte er während der Dreharbeiten zu »Abschied vom Frieden« brühheiß an mich weitergegeben, was ihn die Schauspielerin Erika Pelikowsky, Ehefrau von Wolfgang Heinz, vertraulich gefragt hatte: »Sag einmal, Ezard, dieser Jahoda, kommt er von der Burg?«

Ich erinnere mich, daß ich Ezard ansah und wartete. Aber da kam nichts. Keine Bemerkung, die zu ihm gepaßt hätte: daß beispielsweise auch der ehrenwerte Kulissenschieber, wie auch der notwendige Toilettenmann, so sie am Burgtheater arbeiten, schließlich ebenfalls zur »Burg« gehören.

So war ich's zufrieden! »Die Ruhe der Seele ist ein herrlich Ding und die Freude an sich selbst«, um es mit Goethe zu sagen. Ich hatte meine Arbeit getan, mehr auch nicht. Daß mich die Filmbewertungsleute nach der Vorführung mit anderen Augen sahen, gefiel mir; aber so richtig froh wurde ich erst, als ich erkannte, daß Hans-Joachim Kasprzik glücklich war. Strahlend drückte er mir die Hand. Skeptiker hatten ihm wegen meiner Mitwirkung arg zugesetzt. Nun war die Sache ausgestanden. Als ich ihn fragte, ob er eine Chance sehe, daß dieser Film jemals gezeigt werde, meinte er, daß seine einzige Hoffnung die hohen Produktionskosten seien.

Kasprzik sollte recht behalten. Die DDR brauchte Devisen und Reputation auf allen Gebieten. Und so wurden dem Sender Freies Berlin die Ausstrahlungsrechte verkauft. An vier Abenden strahlte die ARD zur besten Sendezeit um 20 Uhr 15 das vierstündige Filmwerk aus.

Das DDR-Fernsehen hatte »Abschied vom Frieden« ungern, aber notgedrungen schon vorher zeigen müssen. Doch die große Resonanz auf den Film kam erst nach dieser ARD-Ausstrahlung, von der auch ich profitieren durfte. Waren es bislang nur gute Kritiken in der Tagespresse gewesen, sprachen mich jetzt Fernsehzuschauer an, für die offenbar Ausstrahlungen des Ostfernsehens schon lange nicht mehr existierten, abgesehen von musikalischen Unterhaltungssendungen und aufgezeichneten Stükken der heiteren Dramatik.

Kasprzik hatte schon das Drehbuch zu einem neuen großen Filmschinken auf dem Regietisch: »Sachsens Glanz und Preußens Gloria«. Für mich hatte er die Rolle des verschwenderischen und korrupten Premierministers Heinrich Reichsgraf von Brühl vorgesehen. Ich tat ihm den Gefallen und stellte mich den Probeaufnahmen, obschon ich dunkel ahnte, daß ich diesem Typ nicht entsprechen würde. So war es dann auch, und ich war froh, als ich hörte, daß sich Kasprzik für Ezard Haußmann entschieden hatte.

Eine polnische Filmproduktion meldete sich und bot mir, nach der im Filmgeschäft üblichen Schubladenmanier – einmal gespielt, immer gespielt –, die Rolle eines k. u. k. Offiziers an. Ich dankte für das Vertrauen, lehnte höflich ab und kehrte in die mir vertraute Schublade selbstgeschriebener Tourneeprogramme und in die Welt der Fernsehunterhaltung zurück.

Der schleichende Anfang vom Ende

Das inzwischen immer besser funktionierende Zweite Programm des DDR-Fernsehens hatte mir die Moderation einer Hans-Moser-Filmreihe zu dessen 100. Geburtstag übertragen. Außerdem war ich für den ausgeschiedenen Heinz Rennhack als Partner von Heidi Weigelt in die »Wunschbriefkasten«-Reihe eingestiegen. Mein neues Tourneeprogramm »Lutz haut auf'n Putz« lief erfolgreich. Dennoch kein Grund zu ungetrübter Freude, da mir das Ende der kessen Teleklamotte »Mit Lutz und Liebe« für die 25. Folge angekündigt wurde.

Dabei hätte ich noch Ideen für weitere Folgen gehabt. Leid tat es mir um die Gilde der Schlagersänger, die in dieser Reihe reichlich Gelegenheit hatten, sich von der komödiantischen Seite zu zeigen. Nun gut, nicht alle hatten diese Möglichkeit sofort erkannt.

Chris Doerk zum Beispiel fürchtete um ihr Image und sagte mir ab, als ich ihr anbot, in meiner Reihe mitzumachen. Sie meinte, daß sie eine Mitwirkung an meiner Seite ihren Fans nicht zumuten könne. Ich nahm ihr das nicht übel, schrieb aber in jenen Tagen in mein Tagebuch: Wenn du aufsteigst, sei freundlich zu jedermann, bleibe bescheiden und mach kein Geschrei; denn irgendwann geht's runter, und dann kommst du an allen wieder vorbei!

Daß Chris eines Tages dann doch dabei war und ihre Freude am Spaß mit den dankbaren Rollen hatte, wie bald ein Großteil der alten und jungen Schlagergilde auch, machte mich froh. »Mit Lutz und Liebe« war die Show der hundert Masken und der tausend alten wohlbekannten Melodien gewesen. Maskenbildner Lamprecht, von allen liebevoll »Lampi« gerufen, erwies sich als Meister seines Fachs. Selbst Tierköpfe konnte er anfertigen. Mich hatte er gelegentlich derart verändert, daß ich mich selbst nicht mehr erkannte.

»Wo ist der Witz?« fragte ich in einem solchen Fall den Regisseur Jürgen Brill und Heinz Quermann, die sich jeweils schieflachen konnten. »Ihr wißt, daß ich das bin«, sagte ich, »aber das Publikum weiß das nicht und wird mich nicht erkennen! Worüber soll es dann lachen?«

Manchmal zählte der Spaß im Studio mehr als die Ernsthaftigkeit, mit der Humor gebaut werden muß, wenn die Komik als solche erkennbar über die Bildschirme kommen soll. Dennoch war eine Menge an Heiterkeit für die Fernsehzuschauer übriggeblieben.

Auch das DDR-Fernsehen kannte Quoten, hielt aber die Zahlen geheim, weil sie schonungslos verrieten, daß die Menschen an den Bildschirmen alles mögliche sehen wollten, nur nicht das, was sie nach Meinung der Regierenden hätten sehen sollen. Es gab nicht nur die auch heute noch üblichen Umfragen, sondern noch Kontrollmessungen bei den Elektrizitäts- und Wasserwerken. Umschalt- und Ausschaltimpulse einer ganzen Stadt wurden ebenso kontrolliert wie auch der Wasserverbrauch, der deutlich anstieg, wenn zwanzigtausend Menschen oder mehr zum selben Zeitpunkt die Toilette aufsuchten.

Eines Tages war mir hinter vorgehaltener Hand mitgeteilt worden, daß die Reihe »Mit Lutz und Liebe« an einem Samstag 50 Prozent Sehbeteiligung erreicht hatte, obwohl im Westen gleichlaufend »Musik ist Trumpf« mit dem beliebten Peter Frankenfeld ausgestrahlt worden war.

»Mit Lutz und Liebe« sollte eigentlich zum Jahresende 1980 aus dem Programm genommen werden. Doch plötzlich hieß es: »Kommando zurück! Die Reihe bleibt!«

Was da auf hoher Fernsehebene geschehen war, weiß ich bis heute nicht. Einige meinten, es könnten Zuschauerzuschriften gewesen sein, die die Entscheidungsrücknahme bewirkt hatten. Ich bezweifle das. Wahrscheinlicher ist, daß noch nichts Neues vorhanden war. Jedenfalls nichts, was so brav an allen Ecken und Kanten sozialistischer Wirklichkeit vorbeikutschierte.

Daß es 1981 zu nur noch zwei Folgen kam, ist mir nicht anzulasten. Auch hier war Planen und Bremsen kein Widerspruch. Das war eben so und wurde unter dem Leitsatz »alles geht seinen sozialistischen Gang« als obrigkeitsgegeben hingenommen.

Ich hätte noch viele Ideen gehabt. Doch weder bei Jürgen Brill noch bei Heinz Quermann fand ich Unterstützung. Beide bezeichneten sich als produktionsmüde. Der einzige Absetzungsgrund, den ich begriffen hätte, wäre urheberrechtlicher Natur gewesen. Ich verwendete für die einzelnen Musikbilder häufig Schlager, deren Rechte im Westen lagen. Aber davon war keine Rede. Die letzte Folge »Mit Lutz und Liebe« – es war die siebenundzwanzigste – trug den Untertitel »Lutz Jahoda auf dem Marktplatz von Kickritzpotschen«. Daß die Erstausstrahlung dieser Folge als Blitzentscheidung ausgerechnet am letzten Besuchstag von Bundeskanzler Helmut Schmidt auf den ursprünglichen Sendeplatz des Films »Erich Honecker in Mexiko« gesetzt wurde, brachte den Begriff »Kickritzpotschen« nach zweiundzwanzig Jahren noch einmal mit einem Staatsereignis zusammen.

Es ist Sonntag, der 13. Dezember 1981. Ausnahmezustand in Polen. Honecker und Schmidt fahren nach Güstrow. Ich fahre mit meinem Programm und den zehn Ensemblekollegen von Haldensleben über Magdeburg nach Hasselfelde.

Am nächsten Vormittag – wir sind inzwischen zu Hause – kommt ein Anruf aus Adlershof. Herr Gottschald vom Zweiten Programm ist am Apparat und fragt mich, ob ich gestern Fernsehen geschaut habe.

»Nein«, sage ich und frage: »Warum? Hab ich was Wichtiges versäumt?«

»Wie man's nimmt«, sagt Gottschald, »aber es wird Sie interessieren: Drei Männer haben das gestrige Fernsehprogramm bestritten: Unser Staatsratsvorsitzender Erich Honecker, Bundeskanzler Helmut Schmidt und Lutz Jahoda!«

Ich muß eine ganze Weile geschwiegen haben; denn die Stimme am anderen Ende fragt: »Sind Sie noch dran?«

»Ja«, sage ich.

»Gratulation! Am Nachmittag den »Wunschbriefkasten« und am Abend »Mit Lutz und Liebe«. Sämtliche Bereichsleiter haben zugesehen und fanden die Sendung gut, die übrigens mit zwei komma sieben benotet wurde.« Drei Teilstriche über befriedigend und sieben Teilstriche unter gut. Ich hatte mit einem schlechteren Ergebnis gerechnet.

Am 25. Januar 1982 wurde diese letzte Folge noch einmal ausgestrahlt. Es war ein Montag, ich war nicht unterwegs und konnte mir die Sendung anschauen. Sie war nicht so schlecht wie die vorletzte, aber leider nicht besser als die besten zuvor, die auch schon nicht so waren, daß sie mich zufriedengestellt hätten. Und so hatte ich nicht nur wenig Lust zu der neuen Reihe, die »Es grünt so grün« heißen sollte, sondern regelrecht Angst vor dieser Aufgabe, weil es nicht so aussah, als wäre Heinz Quermann gewillt, sich jemals wieder von mir in sein Geschäft hineinreden zu lassen.

Die neue Folge sollte wieder eine Musiksendung sein, doch diesmal mit Publikum und live ausgestrahlt. Aus der Einmannwerkstatt Heinz Quermann war auch schon das Manuskript gekommen. Im Mittelpunkt der immergrünen Melodien: Dagmar Frederic und Peter Wieland. Das fand ich gut, weil sich mir damit die Gelegenheit bot, Heinz den Vorschlag zu machen, mich aus dem Projekt ganz herauszunehmen und Daggi und Peter die Reihe präsentieren zu lassen.

Warum aus meinem Vorschlag nichts wurde, blieb mir verborgen. Möglich, daß Daggi und Peter keine Lust hatten, möglich aber auch, daß Heinz Adameck diese Entscheidung bewirkte.

»Spiel mir eine alte Melodie« hieß die neue Reihe, ich war wieder der Moderator und weiterhin mit der Aufgabe betraut, als Texter musikdramaturgisch stimmige Potpourribilder beizusteuern. Tagebucheintragungen vom 19. bis zum 22. Januar 1983 geben Auskunft über meine Befindlichkeit als Gastgeber dieser neuen Reihe:

»Bin in Cottbus und wohne im Hotel »Stadt Lausitz«, unmittelbar an der Stadthalle. Diese erste Sendung wird aufgezeichnet. Später allerdings soll die Reihe vorwiegend live ausgestrahlt werden. Das Wetter in Cottbus ist scheußlich, die Temperaturen wechseln zwischen warm und eiskalt, und in einer Nacht hat es sogar geschneit. Die Proben strengen mich an. Allein der ganztägige Aufenthalt in der trockenwarmen sauerstoffarmen Luft der Stadthalle verschafft mir regelmäßig zum späten Nachmittag hin quälenden Kopfschmerz. Dennoch bin ich zuversichtlich. Je näher der Tag der Wahrheit kommt, um so unwesentlicher werden vorangegangene Meinungsverschiedenheiten. Das Team rückt zusammen: Heinz Quermann, der Redakteur, Jürgen Brill, der Regisseur, Christel Huber, die Regieassistentin und die gesamte Mannschaft. Alle sitzen in dem Boot, das mir anvertraut ist. Für mich Grund genug, mich zu bekreuzigen und den Himmel um seelischen Beistand zu bitten.«

Um das Thema abzukürzen: Zwölf Folgen wurden es insgesamt, und zum Glück wurden nicht alle sofort ausgestrahlt. Von der zweiten Sendung an kam die Reihe regelmäßig aus der Stadthalle in Karl-Marx-Stadt. Dieser Wechsel von Nord nach Süd muß mir irgendwie nicht bekommen sein; denn ich begrüßte die Zuschauer in Chemnitz mit dem Satz: »Willkommen in der Stadthalle Cottbus!« Das brachte Stimmung unter die Leute, die im Gegensatz zum Moderator wußten, wo sie sich befanden. Begreiflich, daß das Fernsehen weniger Spaß daran hatte und zur Ausstrahlung die fehlerfreie Fassung der öffentlichen Generalprobe nahm.

Spätestens von dieser Folge an zitterte jedesmal die gesamte Crew und bangte um mein schwaches Nervenkostüm. Doch nur noch einmal passierte etwas. Es war in der achten Folge im Oktober 1984, kurz vor dem Auftritt von Mona Baptiste, die 1954 an der Seite von Bully Buhlan mit dem Michael-Jary-Lied »Es liegt was in der Luft« bekannt geworden war.

Sie lebte inzwischen in Irland und war eigens für »Spiel mir eine alte Melodie« angereist. Mit der auf Trinidad geborenen Sängerin hatte ich schon vor Jahren mehrmals auf der Bühne gestanden, weshalb ich nicht begriff, wieso mir der Name plötzlich nicht mehr einfallen wollte. So etwas ist ein Höllengefühl! Man redet und redet und weiß bereits, daß einem der Name fehlt und gleich die Stelle kommt, an der das Malheur öffentlich wird. Sogar die Haarwurzeln denken mit.

Aber es ist sinnlos. Der Name bleibt fern, als hätte es ihn nie gegeben. Das ist Kochstufe sechs! Noch wäre Gelegenheit, auf eine Ausweichspur zu steuern, doch stattdessen dreht man ein paar verbale Schleifen, auf Rettung in letzter Sekunde hoffend. Aber nichts tut sich. Der Name bleibt weg. Unfaßbar! Inzwischen sind sämtliche Vokabeln verbraucht. Auch die bereits peinlichen Sätze sind gesprochen: Formulierungen wie »Sie kennen sie alle« und »Wenn Sie die Künstlerin sehen, werden Sie sofort ihren Namen wissen«. Bleibt jetzt nur der ausgestreckte Arm, der zu allem Übel womöglich noch in die falsche Kulissengasse weist, was mir dann auch schon egal gewesen wäre.

Vor einiger Zeit wurde die Aufzeichnung dieser Folge noch einmal ausgestrahlt. Mit erhöhter Pulsfrequenz wartete ich auf die bewußte Stelle. Dann großes Aufatmen: Auch diese Peinlichkeit war ausgebügelt! Die Ansage zu Mona Baptiste kam makellos, wie auch die Begrüßung des Chemnitzer Publikums, das ich versehentlich in die Stadthalle Cottbus transferiert hatte. Nachträglichen Dank also an die Redaktion, an die Regie und die Technik! Dank an die gute Lichtregie über die Jahre hinweg, Dank an die »Maske«, die mich immer gut aussehen ließ. Dabei darf ich meinen Berliner Schneider Dieter Borz nicht vergessen, mit dessen Hilfe Euer Vater stets eine gute Figur machte; ein Meister seines Fachs, den mir übrigens seinerzeit Alfons Wonneberg vermittelt hatte.

Ein Arbeitsergebnis nach so langer Zeit wiederzuerleben, macht nicht immer glücklich. Doch war schon einiges dabei, wie ich feststellte, was sich sehen und hören lassen konnte.

In bester Erinnerung ist mir noch der Musikblock zu Ehren des Komponisten Jaromír Vejvoda, den ich noch kennenlernen durfte. Ein bescheiden gebliebener Mann, der den Blasmusikfreunden unsterbliche Melodien schenkte, wobei allein die Komposition »Rosamunde« (Škoda lásky) genügt hätte, ihm einen würdigen Platz im Evergreenhimmel zu sichern.

Ein bißchen stolz bin ich auf meine deutschen Texte der tschechischen Soldatenmärsche von Karel Hašler, die ich rund um die Figur des braven Soldaten Schwejk drapierte. Klar, daß Petr Altman den Schwejk spielte. Ich mimte den Oberleutnant Lukásch. Die Damen des Balletts traten als Pilsner Mädchen auf. Es war ein buntes Kostümbild: wie der Smetana-Oper »Die verkaufte Braut« entliehen.

Ein Zufall – für Petr Altman leider schmerzhaft – gab dem Musikbild zusätzliche Echtheit. Altmans Tochter sollte zum ersten Mal den Wagen der Familie in die Garage fahren. Vater Petr stand an der rückwärtigen Garagenwand, um die Tochter einzuwinken. Da verwechselte das Mädchen die Bremse mit dem Gas und muß auch noch vom Kupplungspedal gerutscht sein. Ergebnis: Petrs Unterschenkel steckte zwischen Garagenwand und Stoßstange. Folglich erschien Petr Altman als der brave Soldat Schwejk im Rollstuhl, das Bein eingegipst, was ihn aber nicht daran hinderte, sich auf Krücken unter die tanzenden Mädchen zu mischen. So wurde das Ganze zu einer mitreißenden Bilderfolge, wie von Josef Lada illustriert.

Übrigens hatte auch ich einmal die Ehre, in diesem Musikbild die Rolle des Schwejk zu spielen, als Petr Altman terminlich verhindert war, aber die Redaktion von »Ein Kessel Buntes« bereits verbindlich disponiert hatte. Da fand ich es toll, daß sich meine »Wunschbriefkasten«-Partnerin Heidi Weigelt kurzerhand bereiterklärte, die Partie des Oberleutnants zu übernehmen, so daß ich den Schwejk mimen konnte. Auch dieser »Kessel«-Auftritt war ein großer Erfolg.

Gut gelungen war mir auch noch die Zusammenstellung des Zirkusbildes in einer der letzten Folgen von »Spiel mir eine alte Melodie«. Heinz Quermann und ich hatten darin die Clownsrollen übernommen.

Nicht unerwähnt bleiben dürfen im Zusammenhang mit all diesen Musikbildern die hervorragenden Arrangeure und die Musiker des Rundfunks. Das Fernsehballett hatte wesentlichen Anteil am Erfolg dieser Reihe. Nur schade, daß auch diese Arbeit für mich ein Ende finden sollte, als noch lang nicht ausgeschöpft war, was an Ideen noch zu verwirklichen gewesen wäre.

Daß sich meine Prognose erfüllt hatte, konnte mich nicht trösten. »Spiel mir eine alte Melodie« war immer mehr in den Schatten der großen Reihe »Ein Kessel Buntes« geraten, und eine Zusammenfassung der schönsten Teile aus »Da liegt Musike drin« zeigte deutlich, welchem Redaktionsprojekt Quermanns ganze

Liebe galt. Des weiteren finde ich in meinen Aufzeichnungen festgehalten, daß ich mich angeboten hatte, in Quermanns Arbeitsgruppe fest angestellt mitzumachen. Also täglich in Adlershof anwesend zu sein, beziehungsweise dort, wo Vorarbeiten notwendig waren. Diesem Wunsch konnte nicht entsprochen werden, hieß es, da hierfür keine Planstelle frei sei. Seltsam, daß kurz darauf doch eine Planstelle frei war. Hans-Joachim Preil, der seit Rolf Herrichts Tod Verwaiste, war fest angestellt worden.

Ich gönnte ihm den Job, gönnte ihm allerdings auch, daß er sich mit Quermann das Büro teilen mußte. Daß Jürgen Brill das auch dem Quermann gönnte, beruhigte mich. Ich hätte sonst mit meiner Zufriedenheit allein dagestanden. Quermann und Preil: Das war wie Wasser und Öl in ein und demselben Eimer. Entsprechend kurz war dann auch Preils Verweilen dort. In dieser Zeit muß eine Planstellenschwemme eingesetzt haben; denn plötzlich saß an Quermanns Seite eine junge Dame, der ich diese Lehrstelle zwar auch gönnte, aber nicht einsehen konnte, daß Heinz Quermann sie zur Überwachung einer wichtigen Orchesteraufnahme ins Funkhaus schickte.

Als ich davon erfuhr, war es zu spät. Das Medley war eingespielt, das Marschtempo zu langsam, der belebende Schmiß verloren. Tschechische Soldatenmärsche werden einen wesentlichen Hauch schneller gespielt als deutsche Märsche. Da wirkt ein Hauch ebenso wie ein scheinbar alberner Zentimeter in der Mode. Dagegen kann man Auffassungen nach Meilen messen. Wenn deutsche Musikanten glauben, daß ein tschechischer Marsch der Gemütlichkeit einer böhmischen Polka ähneln müsse, kann nicht erwartet werden, daß dieser Meinung ein Volontärmädchen widersprechen kann. Als ich das Ergebnis hörte, war ich verzweifelt. Es war das Schwejk-Medley, von dem ich mir so viel versprochen hatte. Martin Möhle hatte es nach der von Petr Altman aus Prag mitgebrachten Tonbandvorlage hervorragend arrangiert. Nur muß in ihm das Originaltempo auf dem Weg von der Hochlandstraße in Rahnsdorf zum Funkhaus in der Nalepastraße abgesackt sein. Das kann passieren. Ich nenne es das Biersyndrom, dem übrigens die böhmischen Musikanten viel zu verdanken haben. Ohne Bier, das so herrlich müde machen kann, wäre wahrscheinlich nie dieses geruhsame, typisch böhmische Musiziertempo entstanden. Begreiflich, wenn das österreichische Militär

Wert darauf legte, seinen böhmischen Soldaten die Bierschwere mit einem zügig-forschen Marschtempo auszutreiben.

Ich hörte das Band mehrmals ab, doch an meiner Verzweiflung änderte sich nichts.

Daß dieses Medley schließlich doch noch gerettet wurde, ist dem Tonmeister zu verdanken, der die Bandgeschwindigkeit mechanisch anhob und die fertige Aufnahme dem böhmischen Original nahebrachte. Damit war zwar die Tonhöhe nach oben gerutscht, aber die Tonart noch so, daß sie für Petr Altman und mich vertretbar blieb. Es war das kleinere Übel.

Übrigens hatte ich noch einmal der Bereitschaft einer Tonwagenmannschaft Gutes zu danken. Innerhalb eines Orchestertitels, der eigens für das Fernsehballett produziert worden war, störte mich, daß an einer vom Choreographen richtig erkannten Stelle Stepschritte zu sehen, aber nicht zu hören waren. Die Pausen füllte lediglich das mechanische Besengeräusch eines Computerschlagzeugs. Auch das war eine Folge fehlender Absprachen und einer der Gründe, weshalb ich mich als Mitarbeiter beworben hatte. Sich die Zeit zu nehmen und nicht den Aufwand zu scheuen, Musikredakteur, Arrangeur und Choreograph zusammenzubringen, um die Akzente zu markieren, die letztlich den Endprodukten die visuelle und phonetische Einheit geben sollten. Solche Vorarbeiten gehören nun einmal zum Geschäft. Und das hatte Vergleiche auszuhalten. Das Westfernsehen strahlte perfekt gemachte Musikunterhaltung ins Land. Und in die Kinos des Ostens gelangten Musikfilme aus Hollywood, die uns vorführten, wie ein Musikstreifen wirken kann, wenn die Dramaturgie der Musik stimmt und die Umsetzung vollkommen ist.

Eigentlich war diese Geschichte – übrigens nur eine von vielen – gar nicht mein Brot. Und so machte ich mir mit diesem Einmischen nicht gerade Freunde. Ich nahm das in Kauf und kannte schon all die Einwände: Keine Zeit, zu kompliziert, wie du dir das nur denkst! Haha, hihi! Und Ähnliches. Und so war auch in diesem Fall die erste Reaktion des Musikredakteurs: »Geht nicht! Ist alles schon abgemischt!« Ich ließ nicht locker. Und schließlich ging es doch: Tonmeister Gandert machte es möglich. Nur vier Kaffeelöffel, eine Holzplatte und ein Mikrofon waren nötig. Der Choreograph und ich bedienten die Löffel. Und Gandert saß am Tonpult und mischte. In einer Mittagspause war alles erledigt.

Im Vorfeld der Produktionen konnte ich mich nur selten als Schadensverhüter nützlich machen, da ich weiterhin mit meinem Programm unterwegs sein mußte, um Geld zu verdienen. Manchmal nahm ich mir die Zeit und fuhr zu wichtigen musikalischen Produktionsterminen nach Leipzig oder nach Berlin. Unentgeltlich natürlich, weil für diese Arbeit bereits ein honorierter Musikredakteur verpflichtet war.

Wir hatten mal einen, der immer im Stoff war. Wach sah ich ihn nur beim Kommen und beim Gehen. Während der Aufnahmen und auch beim lauten Abhören der einzelnen Orchester- und Gesangsteile schlief er. Aber nicht etwa irgendwo in einem stillen Winkel. Das hätte seinem Pflichtbewußtsein widersprochen. Nein, er saß unmittelbar an einem der großen Lautsprecher, den Kopf ans vibrierende Holz gelehnt, im Gesicht die Zufriedenheit eines gealterten Barockengels.

Daß die Einschaltquote unserer Reihe auf 18,2 Prozent zurückgegangen war, überraschte mich nicht. Die Sehbeteiligung aller Sendungen war mehr oder weniger abgesunken. Der Osten schaute West.

Am 20. September 1985 begann das Westfernsehen mit einem Rundgespräch über die texanische Fernsehreihe »Dallas«, um das eingeschlafene Interesse an der Serie wieder anzuheizen. Am Tag darauf wurden die Zuschauer mit der Wiederholung der beiden letzten Folgen angefüttert, und am Dienstag, dem 24. September, startete das erste von dreißig neuen Dallas-Märchen rund um die mächtige Familie auf der Southfork Ranch und den smarten Bösewicht J. R. Ewing. Sehbeteiligung West: vierzig Prozent. Die Zuschauerquote im Osten dürfte wesentlich höher gelegen haben. Schon zur ersten Ausstrahlung der Serie hatte eine Witzfrage die Runde gemacht, die 1985 immer noch aktuell war: Welches sind die wichtigsten Wochentage in der DDR? – Antwort: Dienstag und Donnerstag! Dienstags gibt's »Dallas« und donnerstags Fleisch!

Bereits am 4. Juli 1985 hatte mir Horst Rentz, Leiter des Bereichs Unterhaltung und Musik, in Anwesenheit von Chefredakteur Geng und Heinz Quermann mitgeteilt, daß mit der zwölften Folge Schluß sein würde

18 Prozent Sehbeteiligung auf der Samstagachse, wie für die elfte Folge ausgewiesen, seien zu wenig. Darüber könne auch die

relativ gute Benotung von 2,7 nicht hinwegtrösten. Das Westfernsehen sei einfach zu stark geworden, und das Publikum in unserem Land schaue allein schon aus Daffke den anderen Kanal. Daß sich in diesem »Nun gerade und zum Trotz erst recht« nichts anderes als der köchelnde Unmut unzufriedener Menschen zeige, wurde so klar nicht ausgesprochen.

Rentz wollte sich meiner Meinung nicht anschließen, daß die schlecht gemachte »Aktuelle Kamera« zu einem Großteil Schuld habe, wenn auf den Westen umgeschaltet werde. Der Fernsehzuschauer in der DDR hole sich schon längst seine Nachrichten von drüben, sagte ich, weil die »Aktuelle Kamera« nicht nur langweilig und langatmig berichte, sondern auch an den Problemen des DDR-Geschehens vorbei. Auch sei die Unterhaltungsgilde inzwischen arm dran. Von Helga Hahnemann abgesehen, die mit ihrer »Top(p)-Musike« die wohl höchste Einschaltquote hatte, sowie einigen Produktionen der »Heiteren Dramatik« sei doch an großer Heiterkeit nicht mehr viel übriggeblieben.

Horst Rentz hörte sich das alles an, Kollege Geng sah verunsichert drein; nur Heinz Quermann, die Hände über dem Bauch verschränkt, nickte zufrieden.

Mit einem freundlichen »Lieber Lutz«, begann schließlich Rentz den entscheidenden Satz – denn herzlich war der Ton auf hoher Leitungsebene mehr oder weniger immer – »du bist seit gut zwölf Jahren mit einer eigenen Reihe auf dem Sender, bist nebenbei regelmäßig auch noch mit dem »Wunschbriefkasten« präsent, so daß wir der Meinung sind, daß die zwölfte Folge von »Spiel mir eine alte Melodie« ein gesunder Abschluß sein könnte; denn im nächsten Jahr kommt der Elfte Parteitag auf uns zu, und wir möchten auf keinen Fall, daß es heißt: Lutz Jahoda ist über den Parteitag gestolpert!«

Das ist doch eine klare Aussage, dachte ich, wer will schon über den Parteitag stolpern! Also sagte ich Ja und Amen zu dieser Entscheidung, an der ich, auch wenn ich nicht einverstanden gewesen wäre, nichts hätte ändern können.

Vielleicht hätte mich am Ende dieser Unterhaltung in Adlershof die Bereitschaft von Horst Rentz stutzig machen sollen, mir schon im kommenden Jahr wieder eine neue Aufgabe geben zu wollen. Ich wurde nicht stutzig. Erst später paßte alles zusammen.

Ich fuhr nach Hause und begann über den Finaltext der letzten Folge nachzudenken. Wie Ihr wißt, hatte ich für den Schluß jeder Sendung eine gereimte Vorankündigung für die jeweils nächste Folge geschrieben. Diese Zeilen sprach ich immer über die dezent darunterliegende Bert-Kaempfert-Melodie »Danke schön«. Also brauchte ich für die letzte Sendung, um diesem Schema treu zu bleiben, auch wieder einen Reim.

Schon im Auto waren mir die ersten Worte eingefallen. Die beiden unreinen Endreime in der zweiten und vierten Zeile ignorierte ich. Und zu Hause schrieb ich dann den folgenden Text ins reine:

»Alles hat einmal ein Ende,
auch das allerlängste Hemde,
und sogar das schönste Lied
welkt dahin und macht uns müd,
wenn man es zu häufig leiert;
also nicht lang rumgeeiert:
Kurz gefaßt, doch inhaltsreich
ist angenehm und gut zugleich!
Darum soll's uns nicht verdrießen,
wenn's noch schmeckt, jetzt abzuschließen,
was uns sehr viel Freude machte.
Und so klingt, teils forsch, teils sachte,
auch die letzte Folge aus;
und für Ihren Schlußapplaus
sag ich jetzt schon unbesehn:
Dankeschön, auf Wiedersehn!«

Es war kein Meisterwerk, würde aber, mit der wie üblich unterlegten Musik, gefällig klingen. Nun war es ja so, daß im DDR-Fernsehen kein Satz gesprochen werden durfte, der nicht vorher eingereicht und genehmigt worden war. In meinem Fall war die erste Instanz der Arbeitsgruppenleiter gewesen, Heinz Quermann also; dann studierte der Chefredakteur den Text, das war der Kollege Geng, und schließlich schaute sicherheitshalber auch noch Horst Rentz ins Manuskript. Bereichsleiter- und Chefredakteursessel, als sogenannte Schleudersitze in Verruf geraten, waren Plätze, die den Inhabern dieser Posten eine solche Überprüfungsstrenge zur Pflicht machten.

So dürfte schon Quermann über die Formulierung gestolpert sein, da er ja von Anfang an nicht nur mehr als ich, sondern alles gewußt haben muß.

Gerechtigkeit muß sein, wird er gedacht haben, als er die Angelegenheit an diejenigen weiterschob, die das Ganze eingerührt hatten, aber mit der ganzen Wahrheit nicht herausgerückt waren. Und so blieb dem genötigten Gespann Geng/Rentz nichts anderes übrig, als sich bei mir zu melden und mir mitzuteilen, daß dieses von mir Gereimte am Schluß so nicht bleiben könne.

Hätte ich einfach »in Ordnung« gesagt und »na gut, dann lassen wir das eben weg«, hätte ich zu diesem Zeitpunkt immer noch nicht erfahren, was Sache ist. Aber so fragte ich, was denn an der Aussage des Gedichts störe. »Ja«, sagte Rentz, und ich merkte, wie ihm das Folgende schwer fiel, »dieser absolute Schluß, der da zum Ausdruck kommt, den möchten wir nicht.«

»Ich denke, es ist Schluß«, erwiderte ich darauf.

»Nun ja, das heißt, nein, also mit der Reihe ist schon Schluß. Aber die immergrünen Melodien, die möchten wir doch erhalten. An den Evergreens hängen immerhin Millionen unserer Zuschauer …«

»Sagtet ihr nicht, nur 18 Prozent?«

Vor dieser Rechenaufgabe ekelten sich offenbar alle drei, und so sagte Rentz nur noch: »So wie das jetzt formuliert ist, hört sich das an, als würde das DDR-Fernsehen überhaupt keine alten Melodien mehr bringen wollen.«

Da war mir klar, daß die Sendung weitergehen sollte. Unter einem anderen Titel bestimmt und mit irgendwem, der weniger anstrengend war als ich.

Also wohlgefühlt in dieser Angelegenheit dürfte sich keiner haben. Das zeigte ihr Dranbleiben an dem Versprechen, mir eine neue Aufgabe geben zu wollen. So sollte ich für Montreux eine kleine Show entwickeln und überhaupt mit neuen Ideeen nicht zimperlich sein.

Das mit Montruex erwies sich bald als Schimäre. Belastet hat mich das nicht. In diesem Beruf mit Hirngespinsten zu leben, muß man heute mehr denn je. Da wäre ich gut vortrainiert.

Wochenlang suchte ich nach einer Bilderfolge, in der das gesprochene Wort keine Rolle spielen durfte. Henry Büttner – unter den Karikaturisten der DDR wohl der beliebteste – wäre der richtige Ideenmann gewesen. Ich glaube, dies auch erwähnt zu haben.

Nun sollt Ihr wissen, liebe Söhne, daß mein Nachdenken nicht ganz ohne Ergebnis geblieben war.

»Mach dir selber deine Show« war eine Variante, die in einer Livesendung mit Hilfe von Zuschaueranrufen hätte funktionieren können, aber bereits im Ideenansatz scheiterte, weil das Fernsehen der DDR nichts mehr fürchtete als auf den Bildschirm durchgestellte Telefonanrufe.

Die nächste Idee war schließlich diejenige, die der Bereichsleitung am wenigsten mißfiel. Der Grundgedanke war, nicht nur die verschiedensten Theater der Republik als Übertragungsstätte zu wählen, sondern die Schauspielerinnen und Schauspieler der jeweiligen Häuser mit den unterschiedlichsten Aufgaben der heiteren Muse zusammenzubringen und die Schlagerleute wiederum mit der ernsten Dramatik zu erschrecken. Die Theateridee war ja nicht neu. Rolf Krickow hatte vor Jahren schon für den Rundfunk eine Reihe praktiziert, in der Sängerinnen und Sänger die Gelegenheit erhielten, sich über ihren lokalen Bekanntheitsgrad hinaus einem größeren Publikumskreis vorzustellen. Was ich im Sinn hatte, sollte die lustige Verflechtung zweier Kunstebenen vorführen.

Rentz zeigte sich skeptisch. Sein Vertrauen in das Können der Ensemblekräfte war offensichtlich nicht groß. »Wenn wir das Projekt mit gerade einem Theater schaffen, können wir froh sein«, meinte er und fügte hinzu, daß ihm der Aufwand zu hoch sei, ganz zu schweigen vom Risiko eines solchen Unternehmens.

»Natürlich müßte man vorher von Theater zu Theater fahren«, schlug ich vor, »und sich nach den geeigneten Leuten umsehen.«

Darauf Rentz, nach einigem Zögern: »Würdest du das tun?«

»Ja natürlich«, sagte ich. Doch auf ein Startsignal wartete ich vergeblich.

»Laßt den Musen ihren Lauf« war der Arbeitstitel. Eine Tagebuchnotiz weist aus, daß ich im Gespräch mit den Herren Rentz und Geng noch eine Präsentationsmöglichkeit erwähnt hatte: »Lutz Jahodas Showkarton«, eine Revue rund um den Damenschuh. Der Titeleinfall stammte übrigens von Quinta.

Klar, daß ich stutzte, als ich eines Tages vom stolzen Unternehmen »Showkolade« mit Gunther Emmerlich erfuhr. Ich meine, was hätte es den Herren ausgemacht, mir reinen Wein einzuschenken und Danke zu sagen für den Gedankenanstoß. Hatte ich doch bereits bei »Lutz und Liebe« wenig Wert darauf gelegt, im Abspann als Mitautor genannt zu werden, hätte es mir überhaupt nichts ausgemacht, erklärt zu bekommen, daß man die Grundidee, mit der Show in die verschiedenen Theater der Republik zu gehen, gut befunden, aber alles andere als zu kompliziert verworfen habe. Auch über ein Dankeschön für den Ideenansatz »Showkarton«, der offenkundig zur Titelentscheidung »Showkolade« geführt hatte, wäre ich erfreut gewesen.

So gestört und zaghaft sich der Informationsfluß in meine Richtung bewegte, so blitzschnell und präzise mußte sich verbreitet haben, womit ich arglos hausieren gegangen war. Da gab unter dem Titel »Spaß muß sein« die neue Sommerrevue im Großen Saal des Palastes der Republik Vertretern von Schauspiel, Oper und Schlager Gelegenheit, in lustigen Szenen zusammenzukommen. So mischten sich Eberhard Esche und Klaus Piontek vom Deutschen Theater frisch-fröhlich unter das Völkchen der heiteren Muse, Rockmusikklänge kopulierten mit Opernmelodien, Opernbariton Peter Olesch von der Staatsoper Berlin und Schlagersänger Achim Mentzel wetteiferten miteinander, und Günter Görtz schrieb im »Neuen Deutschland«: »Jeder nutzte die Gelegenheit, zu Seitensprüngen ins Metier des anderen, zum Amüsement des Publikums.«

Gut, daß mir die Vokabel »Zufall« eingefallen war: ich hätte sonst womöglich »klauen« in mein Tagebuch geschrieben. So tröstete ich mich mit der Formulierung, daß Ideen auf der Straße liegen, aber Bücken und Aufheben nicht ausreichen, weil erst derjenige das Rennen macht, der das Gefundene schnell und gut umsetzen kann.

Das nächste Ereignis war die Neuauflage der Evergreenreihe »Spiel mir eine alte Melodie«. Die Show hieß nun anders, aber fragt mich nicht wie. Fernsehkollegen von einst, die ich gestern erst im Büro des »Paul-Nipkow-Teleclubs« traf und ersuchte, sich zu erinnern, schauten mich an, als hätte ich sie nach der dritten Strophe der DDR-Hymne gefragt. »Petra Kusch-Lück war die Moderatorin«, sagte ich. »Ja, ja«, sagte Margund von Thile, die seinerzeit sogar die Produktionsleitung der Reihe hatte; aber helfen konnte sie mir auch nicht. »Probleme gab es mit dem alten Titel«, sagte sie, »irgendein Westverlag verlangte für die Zeile ›Spiel mir eine alte Melodie‹ eine hohe Devisensumme, was mit ein Grund war, diesen Sendetitel aus dem Programm zu nehmen.«

Ich schaue ins »Lexikon des deutschen Schlagers« und zitiere: »Spiel mir eine alte Melodie«, Musik: Irving Berlin, Text: C. Crohn, Gesang: Rita Paul, aufgenommen im Jahr 1953.«

Also Kinder, fragt mich jetzt bitte nicht, warum Rentz mit dem »Elften Parteitag« operiert hat, anstatt mit diesem viel besseren Argument. Am besten, Ihr vergeßt die Sache und schmeißt den Fall zu den unergründlichen Geheimnissen sozialistischer Leitungstätigkeit.

Von der unfreiwilligen Lustigkeit im Fernsehen

»Es wird doch sicher ein lustiges Buch, oder?«

Das fragten mich bis jetzt mehr oder weniger alle, die erfahren hatten, womit ich mich gegenwärtig beschäftige.

Meist nickte ich, doch gelegentlich sagte ich auch: »Na ja, ungefähr so lustig wie Butter auf der Türklinke.«

Einmal rutschte im Studio ein Pferd aus und fiel um. War lustig, meinten die Kollegen. Ich konnte mich der Meinung nicht anschließen: Ich war der Reiter.

Den Zweikampf mit Schwertern zwischen Peter Wieland und mir fanden die Kollegen ebenfalls erheiternd. Als ich mir die Szene ausdachte, hatte ich den Einfall auch noch komisch gefunden. Erst als Wieland auf mich einhieb, als hätte ich ihm Dagmar Frederic ausgespannt, begriff ich, wie einfach es war, sich den eigenen Tod ins Manuskript zu schreiben.

Hans-Joachim Preil überraschte mich eines Tages mit einer Geschichte, über die er später herzhaft lachen konnte, und begann mit folgendem Eingeständnis: »Du weißt doch, wie wir DDR-Bürger sind. Obrigkeitshörig, gläubig, vertrauensselig, also kurzum naiv, um nicht in meinem Fall zu sagen, regelrecht dämlich! So nahm ich im Ministerium für Kultur die Pässe in Empfang, sah den Stempel, las den Vermerk »Genehmigte Ausreise zum besuchsweisen Aufenthalt in Großbritannien« und war fest überzeugt, daß ein von der obersten DDR-Paßbehörde unterstempeltes Reisedokument in Ordnung und komplett sein müßte.«

Ich ahnte schon, was fehlte und fragte: »Hattest du denn keine Probleme beim Ticketkauf?«

»Keine!«

»Und beim Einchecken?«

»Auch nicht! Selbst auf dem Flughafen in Heathrow hatten wir noch dieses souveräne Edgar-Wallace-Feeling: London, Stadt des Nebels und der Verbrechen! Ich, federnden Schrittes, wie ihn Heinz Drache als Scotland-Yard-Inspektor nicht besser hinbekam; Margitta, elegant und sicher wie Lil Dagover in ihrer besten Zeit! Aber dann kam die Paßkontrolle. Der Beamte schaute in meinen Paß, blätterte und blätterte, blätterte hin und blätterte her, und ich dachte: »Was suchste denn, mein Junge?« Dann nahm er sich Margittas Paß vor, doch auch auf diesen Seiten entdeckte er nicht, wonach er fahndete. Da wurde mir klar, daß in den Pässen etwas fehlen mußte.«

»Hatte dich der Beamte nicht aufgeklärt?«

»Er hat's versucht. Aber das Englisch im Land ist halt doch nicht ganz so wie das Englisch meiner Schulerinnerung. Das komplizierte die Angelegenheit und machte sie für beide Seiten undurchsichtig.«

»Und wie ging's weiter?« wollte ich wissen.

»Wir wurden abgeführt. Eskortiert von zwei Beamten. Wie ein Verbrecherpärchen nach mißglückter Flucht wurden wir in einen Raum gebracht und eingeschlossen. Da hatten wir genügend Zeit, uns an dem Mißgeschick gegenseitig die Schuld zu geben.«

Preil hatte in seiner Reisebegeisterung außer acht gelassen, daß nach dem Gnadenakt ministerieller Allgewalt selbstverständlich noch der Stempel zur Einreise nach England über die britische Botschaft hätte beantragt werden müssen.

»Und wie ging die Sache aus?« fragte ich.

»Wir durften telefonieren.«

»Mit der Queen«, sagte ich trocken, ganz nach Herricht-Art, und löste damit den sketchbekannten Herricht-Preil-Effekt aus: Preil, cholerisch aufbrausend wie auf der Bühne: »Blödsinn! Da hätten wir auch gleich Honecker anrufen können; das Ergebnis wäre dasselbe gewesen! Den Onkel brauchten wir! Den Onkel, der uns auf dem Flugplatz erwartet hatte, der aber inzwischen längst wieder auf dem Heimweg war, weil wir nicht unter den Passagieren waren.«

»Hat man euch lange eingesperrt?« fragte ich Margitta, die nur lachend zugehört hatte.

»Lang genug, um die Belastbarkeit unserer prallgefüllten Blasen zu testen. Wir hatten im Flugzeug viel Flüssigkeit zu uns genommen und nicht mit Isolationshaft gerechnet.«

Die Geschichte hatte letztlich doch noch ein Happy-End: Als der Onkel zu Hause ankam und per Telefon erfuhr, was passiert war, hatte er sich gleich wieder zum Flughafen zurückbegeben, um die Richtigkeit der Aussagen zu bestätigen, weshalb Margitta und Hans-Joachim nicht gleich wieder mit der nächsten Maschine retour mußten. Der Onkel bürgte, die Visa zur Einreise wurden gegeben.

»Wurde es trotzdem noch ein schöner Aufenthalt?« wollte ich von Margitta wissen.

»Es war herrlich!«

»Und keine Schlußpointe, Herr Preil?«

»Doch. God shave the Queen! – Gott rasiere die Königin!«

Es passierten schon verrückte Sachen! Als der Kasatschok en vogue war – ein Hüpftanz, als hätte ein Ziegenbock die Tänzer im Rhythmus der Musik auf die Hörner genommen –, schrieb ich mir für eine Friedrichstadtpalast-Revue den Text »Mein Ziegenbock tanzt Kasatschok«. Fips Fleischer lieferte die Musik, und ich hatte die Idee, mit einem Ziegenbock auf die Bühne zu kommen. Alle hielten das für einen guten Einfall. Sogar Wolfgang E. Struck, der Direktor. Also wurde eigens für den Ziegenbock hinter der Bühne ein Verschlag gebaut, und alle freuten sich auf diesen Auftritt. Doch war die Freude nicht von Dauer. Der Ziegenbock war kaum eine halbe Stunde im Haus, als die Meinung schon umzuschlagen begann. »Welcher Idiot ist auf diese Idee gekommen?« – »Lutz, bist du das, der so stinkt?«

Es war wirklich keine gute Entscheidung, den Ziegenbock Tag und Nacht in dem Verschlag hinter der Bühne zu lassen. Er hätte jeweils nur für seinen Auftritt herbeigefahren und gleich danach wieder abtransportiert werden müssen. Das war der Ökonomie des Hauses jedoch offenbar zu teuer. Also blieb der Bock in seinem Verschlag.

Bereits am Tag der Generalprobe war der Gestank derart penetrant, daß dem Konzertmeister die Hand mit dem Violinbogen zu zittern begann und den Bläsern der Lippenansatz mißlang. Eine Sängerin behauptete, ihre Zähne würden beschlagen, und der Gaststar versprach, in der nächstbesten Gesangspause in eines der Saxophone zu kotzen. Der Kantinenwirt meinte, daß sich bereits die belegten Brötchen zu wölben begännen und der Duft auf den Toiletten inzwischen angenehmer sei als im Saal.

Der Ziegenbock enttäuschte in jeder Beziehung. Er wollte um keinen Preis dorthin, wohin er sollte. Und als er endlich so einigermaßen auf der richtigen Position war, trommelte er seine Verdauungsprodukte genau an jene Stelle, wo eigentlich das Ballett tanzen sollte. Es war eine Katastrophe! Schluß der Geschichte: Der Ziegenbock wurde unverzüglich entfernt. Ich und das Lied durften bleiben.

Was mochte das Publikum gedacht haben, als der Vorhang aufging und die schnittreife Geruchswand sich über die Polstersitze zu schieben begann, bis hinauf zur letzten Reihe unterm Dach?

Ich glaube, daß dem Lied die beigegebene Duftmarke sehr geschadet hat; denn so schmissig und lustig Musik und Text auch waren, an meinem Auftritt so recht erfreuen konnte sich keiner. An mir blieb der Makel der Urheberschaft eines infernalischen Geruchs haften, der trotz täglicher Belüftung des Bühnenraums nicht weichen wollte. Die Erinnerung an den Ziegenbock, der Kasatschok tanzen sollte, saß in allen Ritzen und Fugen, Stoffen und Nähten.

»Wie kriegen wir den Gestank raus aus dem Haus?« fragte Wolfgang E. Struck den technischen Direktor.

»Indem wir das Haus abreißen« lautete die Antwort.

Und das geschah dann eines Tages auch.

Heitere Dramatik und andere Chancen

1986. Die Verrücktheit strebte ihrem Höhepunkt zu: In Berlin schimpfte ich auf die Betonköpfe, in Wien verteidigte ich die DDR.

In Hennigsdorf bei Berlin haute mir ein Arbeiter auf die Schulter und rief: »Mensch, olle Lutze, du bist ja immer noch hier! Ick dachte, du bist längst in Hollywood mit deine Figur!«

Ich lese einen Roman von Armin Mueller-Stahl, den er unmittelbar nach seiner Ausreise in den Westen geschrieben haben muß. »Verordneter Sonntag« heißt das Buch, dessen Handlung an drei Schicksalen den Künstler-Alltag in der DDR widerspiegelt, und mittendrin lese ich den Satz: »Gearbeitet, ferngesehen, Rudi Carell, Lutz Jahoda, Freitag oder Sonnabend, Sonnabend da gab's Aal, geräuchert, so vergeht Woche für Woche, werden Jahre, wird ein graues Häufchen Zeit.«

Das »graue Häufchen Zeit« gestaltete sich bei mir recht bunt: Ich hatte die aufreibende Tourneetätigkeit aufgegeben, dreißig Jahre unmittelbar am Puls des Publikums sind genug, sagte ich mir und konnte endlich die Angebote der »Heiteren Fernsehdramatik« annehmen. Wir probten in Berlin, zeichneten die Stücke aber in der Provinz auf. »Stilles Wochenende« hieß die erste Produktion, die im vogtländischen Reichenbach über die Bühne des Neuberinhauses ging. Es war eine Wohltat, endlich wieder mit erstklassigen Schauspielerinnen und Schauspielern auf der Bühne zu stehen.

Überraschend für mich, daß sich auch die Hörspielabteilung des Rundfunks meldete. Es waren dankbare Aufgaben, und ich war glücklich, daß ich sie zur Zufriedenheit der Auftraggeber meistern konnte. »Darf ich wieder zu Napoleon?« hieß eine Produktion, die mir noch in bester Erinnerung ist, weil Kurt Böwe vom Deutschen Theater dabei war. »Eine Nachmittagsplauderei auf St. Helena« lautete der Untertitel dieses von Gerhard Rentzsch verfaßten Hörspiels. Kurt Böwe als Napoleon, Böwes Tochter Winnie in der Rolle des kleinen Mädchens, das mit Napoleon plaudert, Hermann Matt als Erzähler, und Marchand, der letzte Diener Napoleons, war die Rolle, die mir anvertraut worden war. Joachim Staritz führte Regie, und Gerhard Rentzsch, der Autor und Chef der Hörspielabteilung, dankte mir in einem kurzen Schreiben für die gelungene Bewältigung.

Auch die Fernsehdramatik meldete sich noch einmal. Es war eine »Polizeiruf«-Folge, und ich spielte einen Opernsänger, der mit dem Gesetz in Konflikt gerät. Regie und Maske fanden Spaß daran, mich so zurechtzumachen, daß ich letztlich selbst dachte, wie Kammersänger Reiner Süß auszusehen, nachdem mir von der Requisite schließlich noch eine dicke Hornbrille aufgesetzt wurde.

Großen Spaß machten mir die Schwänke, die Götz Jäger für

das Fernsehen schrieb. Die Serie trug den Titel »Drei reizende Schwestern«. In den Titelrollen: Helga Göring, Marianne Kiefer und Ingeborg Krabbe. In einigen Folgen war ich dabei, hieß Meinhard Seidenspinner – nomen est omen – und spielte einen verliebten Trottel.

Quinta meinte, die Rolle sei mir auf den Leib geschrieben.

So tanzte ich schon wieder auf mehreren Hochzeiten; übersetzte immer noch tschechische Lieder ins Deutsche. Die Herren der Schallplattenfirma Supraphon in Prag hielten von mir mehr als die Herrschaften bei AMIGA, mit Ausnahme von Volkmar Andrae, der mit mir in Prag eine Langspielplatte produzierte, die dann vom VEB Deutsche Schallplatten etwas lieb- und lustlos herausgebracht wurde. Meinen Namen kleiner und dünner auf die Plattenhülle zu schreiben, wäre kaum möglich gewesen. Und so produzierte Supraphon die nächste LP komplett in Prag. Auch das Hochglanzcover, wie es eine Westfirma nicht besser hätte herstellen können, wurde in Prag gefertigt. Das Titelfoto jedoch schoß Starfotograf Günter Gueffroy in Friedersdorf bei Königs Wusterhausen. Orthopädie-Schuhmachermeister Helmut Pieper stellte uns seine Werkstatt zur Verfügung.

»Das Handwerk lebe hoch« hieß die Platte mit Evelin, der einstigen Langzeitfreundin von Komponist und Schlagersänger Muck, und dem Chor »Vocalis«. Spitzenmusikanten der Prager Philharmonie musizierten.

Insgesamt dürften es mehr als fünfzig Lieder gewesen sein, denen ich deutsche Texte gab. Für Petr Altman und später auch für Karel Hulinsky übersetzte ich eine Reihe von Liedern, für Eduard Hrubeš und seine Großpopowitzer Bocksbande schrieb ich gleich ein ganzes Album, über dessen Verbleib und Vermarktung ich allerdings nie wieder etwas erfuhr. Doch über die Arbeitspraktik der Verlage Artia und Supraphon gibt es nur Gutes zu sagen.

Jiří Vinaricky, den ich die Seele der Firma Supraphon nannte, ging eines Tages so weit, mich zu fragen, ob ich bereit wäre, auch für Ernst Mosch einige tschechische Titel ins Deutsche zu übertragen. »Herr Mosch hat sich anläßlich seines Besuches bei uns in Prag sehr für Ihre Texte interessiert.«

Ich sagte: »Herr Vinařicky, wollen Sie mich ins offene Messer laufen lassen? Wissen Sie nicht, wie in der DDR parteilicherseits Ernst Mosch und seine Egerländer Musikanten genannt werden?«

Ich möchte wetten, daß er es wußte, doch er schüttelte den Kopf und sah mich überzeugend unwissend an. Also tat ich ihm den Gefallen und sagte, was eigentlich ihm als tschechischen Bürger zugestanden hätte. »Revanchistenorchester«, sagte ich bloß.

Vinařicky lächelte und wischte meinen Einwand mit einer Handbewegung weg. »Schauen Sie, auch wir brauchen Devisen. Und wenn Herr Mosch unsere Melodien spielen will, soll er sie spielen. Nur hätten wir uns von dort bessere deutsche Texte gewünscht. Aber wenn die Kasse stimmt, läßt sich auch darüber hinweghören; vom Ehrgeiz des Herrn Mosch, viele Lieder selbst singen zu wollen, ganz zu schweigen.«

Vinařicky sprach mit mir deutsch, gelegentlich auch tschechisch, wenn er etwas ausdrücken wollte, was sich in seiner Landessprache besser sagen ließ. Er war gelernter Weltbürger, hatte 1939 zu jenen Emigranten gehört, die sich vor Hitler nur noch in Richtung Osten retten konnten, und war letztlich in Shanghai gelandet. Amerika wäre ihm lieber gewesen. Doch auch dann wäre er zurückgekommen, wie er sagte, weil eine Tschechoslowakei, die er sich so bestimmt nicht gewünscht hatte, besser war als gar keine Tschechoslowakei. Ähnlich patriotisch, aber genau so weltoffen, war Dr. Roman Skokan, Geschäftsdirektor beim Außenhandelsunternehmen Artia, in dessen Auftrag ich für die Plattenfirma Panton fünfzehn südböhmische Volksweisen übersetzte, die allerdings von tschechischen Sängern interpretiert wurden, was mich nicht hinderte, diese Titel später selbst zu singen, begleitet vom Rundfunk-Blasorchester Leipzig.

Selbstverständlich gab es auch in der DDR rührige Blasmusikproduzenten. Allerdings vernachlässigte man es, mit volkstümlichen Blasmusikweisen der Nachfrage des Publikums im Handel weitgefächerter gerecht zu werden.

Anfangs störte mich das, doch später nicht mehr, als ich merkte, daß immer häufiger Platten unserer Solisten in den Regalen der Geschäfte einzustauben begannen. Vor allem in den Städten, die einen einwandfreien Westempfang hatten, klagte der Handel über rückläufige Verkaufszahlen, während den Geschäften die Ladentür eingedrückt wurde, wenn die Lieferung einer von Amiga übernommenen Langspielplatte mit Peter Alexander eingetroffen war. Da war ich schon verdammt froh, daß meine Produkte längst aus den Geschäften waren. Den letzten Posten meiner Supraphonplatte »Das Handwerk lebe hoch« erwarb ich selbst, um sie auf dem Solidaritätsbasar der Journalisten anzubieten. Ich wurde alle Exemplare los.

Langeweile gehörte zu keiner Zeit ins Vokabular meines Lebens. Die regelmäßigen »Wunschbriefkasten«-Sendungen und das gelegentliche Mitwirken in Schwänken und Lustspielen füllten mich aus. Einige Male war ich auch noch in der Reihe »Im Krug zum grünen Kranze« dabei. In einem Hallenser Gasthof am Ufer der Saale wurde diese Folge produziert.

Ein Auftritt ist mir unvergeßlich. Der Garderobier meinte es gut und dachte, daß zu meinem knitterfreien Gesicht eine ebensolche Hose gehören müßte und nahm deshalb das Beinkleid eifrig unter sein Bügeleisen. Es war die Hose meines neuen Anzugs, das Geschenk eines Nürnberger Freundes, gefertigt in Mailand, der Stoff hellgrau und angenehm leicht. Mit einem Nachteil: die Faser vertrug die heiße Bügeltechnik eines Theaterschneiders nicht, der es sonst nur mit dem robusten Tuch alter Fundusklamotten zu tun hatte.

Auch wenn dem guten Mann die falsche Temperatur schnell aufgefallen sein mußte, war eine blasse bräunlichgelbe Wolke nicht mehr wegzukriegen. Sie verschattete das helle Grau des linken Hosenbeins im Oberschenkelbereich, gottlob größtenteils verdeckt vom Jacket und deshalb von mir erst nach der Aufzeichnung zu Hause entdeckt. Die Hose gibt es heute noch. Sie hängt als bleibende Erinnerung im Kleiderschrank. Sollte sie einem von Euch, liebe Söhne oder Enkel, irgendwann einmal in die Hände fallen, und ein vorlauter Naseweis aus der Familie würde vielleicht behaupten, daß die Verunzierung wohl sicherlich der altersschwachen Blase des Großvaters anzulasten sei, protestiert gefälligst. Ich danke Euch!

Wie ich einen Hochzeitsfrack aus dem Hotel Sacher bekam

Notwendigkeit und Zufall müssen Geschwister sein. Ich brauchte dringend einen Frack, und der Zufall schenkte ihn mir. Das ist verrückt, wenn man der Logik folgend weiß, daß der Zufall etwas ist, das sein, aber auch nicht sein kann, die Notwendigkeit hingegen zwingend geschehen muß.

Peter Gürtler – Gott hab ihn selig –, Chef des legenderen Hotels Sacher in Wien, ließ sich vom besten Schneider der Stadt einen mitternachtsblauen Frack nähen. Er benötigte ihn für die geplante Hochzeit mit Monika Sch. und ließ das gute Stück bereits in die Villa der Braut hängen. Monika und Peter feierten in Vorarlberg Verlobung. In Lech selbstverständlich.

Nun wäre ja alles gut gegangen, hätte sich das Brautpaar sonstwo einquartiert und nicht ausgerechnet im winterlichen Nobelort der europäischen Schickeria; denn just zur selben Zeit hielt sich auch Helene von Damm in Lech auf.

Helene von Damm hatte sich während des Wahlkampfs in den USA als Public-Relation-Frau verdienstvoll für Ronald Reagan eingesetzt und war nach dem Wahlsieg von ihm mit dem Botschafterposten in Wien belohnt worden. Das wurde in Lech gefeiert, und zwei Institutionen begegneten sich: das Haus Sacher, vertreten vom Chef persönlich, und das Weiße Haus, repräsentiert von der Botschafterin der Vereinigten Staaten von Amerika.

»Jung samma, fesch samma« spielte die Hotelkapelle, Helene und Peter sahen sich in die Augen, und Monika Sch. starrte ins leere Champagnerglas.

Was danach folgte, passierte schnell: Die Verlobten entlobten sich, und Peter Gürtler ging ein neues Eheversprechen ein. Das hielt er diesmal. Helene und Peter heirateten. Peter in einem neuen Frack; denn der alte hing immer noch im Schrank der verschmähten Braut. Monika wollte den Frack nicht mehr sehen; dem Sacherchef erging es ebenso. So gab Monika den Frack der Tante Resi, Resi gab ihn meiner Schwester, und meine Schwester gab ihn mir. So gelangte das edle Relikt aus dem Hause Sacher in meinen Kleiderschrank und anschließend ins Fernsehen der DDR. Schneidermeister Dieter Borz mußte allerdings zuvor einige Veränderungen vornehmen; denn Peter Gürtler war etwas schlanker als ich. Glücklicher dürfte er deshalb nicht gewesen sein. Die Ehe, schnell geschlossen, wurde ebenso schnell wieder geschieden. Über den Verbleib seines ersten Hochzeitsfracks hat Gürtler nie etwas erfahren.

Kurz darauf erreichte mich per Post eine kleine Holzkiste aus Wien. Absender war das Haus Sacher. Ich erschrak. Doch es war nur eine kleine in Cellophan verpackte Sachertorte, zum Versand an mich im Hotel Sacher in Auftrag gegeben von Resi, der Freundin meiner Schwester. Es war schon verrückt! Im Westfernsehen lief die Reihe »Hotel Sacher«, auf dem Kaffeetisch stand die Torte von dort, und im Schrank hing der Frack des Sacherchefs. Ein bißchen viel Sacher, fand ich, und wieder einmal viel Zufall.

Die phantasmagorischen Bilder einer Nacht

Zufall und Notwendigkeit überraschten mich übrigens noch einmal, als mich nach einer Veranstaltung in Gera ein Zuschauer ansprach und mir Grüße von Hochwürden Robert P. bestellte. Mit dem Namen wußte ich nichts anzufangen, dafür um so mehr mit dem, was mir der Überbringer der Grüße mitteilte. So ließ ich ausrichten, daß ich vorbeikommen werde. Und dann standen wir uns gegenüber: Robert, der katholische Pfarrer, und ich, der Luftikus; beide von Gottes Gnaden. Zwei Brünner, am 13. Februar 1945 zur Luftwaffe einberufen, aber aus Mangel an Flugzeugen zur Infanterie überstellt und hinausgeschickt an die Front.

Robert erinnerte sich an mich besser als ich mich an ihn. Es war aufregend zu erfahren, was ich längst verdrängt oder einfach nur vergessen hatte. Bilder wurden wieder lebendig. Die Fahrt durch die Nacht im Viehwaggon von Passau nach Wien in die Rennwegkaserne. Der Duettgesang mit Willy Hagara und meine Begleitung auf der Gitarre.

Dann erzählte ich kurz meine Geschichte, und er erzählte die seine. Priesterseminar in Freiburg im Breisgau. Und dort, gegen Ende des Studiums, schließlich die an ihn gerichtete Frage, ob er nach der Priesterweihe zu den verlorenen Schafen in den Osten Deutschlands zu gehen gewillt sei. Da hatte er genickt.

Unsere Gespräche blieben weltlich. Ich bat nicht um Auskunft bezüglich seiner ihm durch die Priesterweihe aufgeprägten Macht, Brot und Wein in den Leib und das Blut Christi verwandeln zu können, und Robert fahndete nicht nach der Bußfertigkeit und Gläubigkeit meines Herzens. Ich ließ die marxistische Weltanschauung vor der Tür des Pfarrhauses, und Gedanken wie »die Religion ist eine Folge von Unwissenheit« kamen mir gar nicht erst in den Sinn.

Robert sagte nicht, daß es in der Natur der Dinge nichts Zufälliges gebe, weil alles kraft der Notwendigkeit der göttlichen

Natur bestimmt sei, auf gewisse Weise zu existieren und zu wirken. Und ich schwieg mich aus über den Gedankenbrei in meinem Kopf, zusammengemanscht aus Spinoza, Hegel, Marx und Lenin.

Ich fragte, was an monatlichem Gehalt er der römisch-katholischen Kirche wert sei, und er nannte mir die Summe von dreihundertundfünfzig Mark. Ich sagte: »West.« Er sagte: »Ost.« Darauf sagte ich nichts mehr und war nur noch dankbar, daß er nicht nach meinem monatlichen Einkommen fragte.

Seine Gemeinde war nicht groß. Dennoch gab es für ihn viel zu tun. Ich erlebte das jedesmal, wenn ich mit meinem Programm einige Termine im Raum Gera zu absolvieren hatte und in dieser Zeit in einem gemütlichen Zimmer des Pfarrhauses wohnen durfte. Robert war tüchtig, und seine Helfer waren es auch. Aus dem Nichts hatte er mit Unterstützung seiner Gemeindemitglieder im Hinterhof des Hauses Lange Straße 15 das einstöckige Pfarrgebäude hochgezogen.

Katholische Heilig-Geist-Pfarrei Gera-Süd hieß der Bereich, in dem Robert wirkte. Mit dem Auto – einem von Spendengeldern aus dem Westen in harter Währung über GENEX finanzierten »Trabant« – holte er die Kinder zu den Bibelstunden von zu Hause ab und fuhr sie anschließend wieder heim. Auch um die Alten und Gebrechlichen kümmerte er sich. Es war eine Rund-um-die-Uhr-Dienstleistung, die ich bewunderte. Häufig kamen unangemeldet Helfer aus der Nachbarschaft; manchmal nur, um zu plaudern, manchmal auch, um zu fragen, ob irgendwas zu erledigen sei. Die Plauderer blieben meist länger. Robert blieb geduldig, auch wenn die Zeit eigentlich für die Ausarbeitung der Sonntagspredigt vorgesehen war.

»Ist bei dir immer so viel los?« fragte ich ihn. Und er lächelte und sprach den Satz, den die Werbung damals noch nicht annektiert hatte: »Nicht immer, aber immer öfter!« Und als es wieder einmal paßte, meinte er schmunzelnd, daß er mit dem Zuspruch leben müsse, seit sein Image in der Gemeinde durch meine Besuche gestiegen sei.

Quinta war stets dabei, wenn ich im Pfarrhaus Quartier nahm. Aus Rücksicht wohnten wir allerdings auch oft im Interhotel. Das kam bei Robert nicht gut an. Dann sagte er jedesmal: »Ich verstehe. Meine bescheidene Herberge ist euch nicht fein genug.«

Wir dementierten das und meinten es auch ehrlich. Daß Frau D., die an einigen Tagen in der Woche die Sekretariatsarbeiten erledigte und für den Pfarrer kochte, uns zu Ehren jedesmal ein Festessen zubereitete, genossen nicht nur Quinta und ich; auch Robert schwelgte, woran wir merkten, daß diese Art zu speisen nicht zu seinem Alltag gehörte.

Dann tranken wir auch Wein. Es war sehr guter. Und so entschied ich, daß nach über zwanzig Jahren Abstinenz meiner Leber ein Gläschen nicht schaden dürfte. Ich dachte an »Don Camillo und Peppone«, fragte aber nicht, ob dies der Meßwein sei. Robert meinte, daß sich unser beider Wirken eigentlich ähnele. Er sehe keinen großen Unterschied.

Da fiel mir Professor Hans Gummel ein, Chef der Robert-Rössle-Klinik in Berlin-Buch, der einmal zu mir sagte: »Eigentlich machen wir beide das gleiche: Wir sind für die Menschen da, nichts weiter.«

Ich antwortete, daß man in meinem Job gelegentlich ausgepfiffen werde, worauf Chefchirurg Gummel meinte, daß dies allerdings während seiner Arbeit nicht passiere, aber er damit leben müsse, daß bislang noch keiner seiner Patienten nach einem Dacapo verlangte.

Keiner dieser Berufe wäre etwas für mich gewesen, auch wenn mich die Mutter lieber als Chefarzt und der Vater lieber als Bischof sehen wollten.

Robert tröstete mich und versprach mir den Posten des Fahrers, falls er Bischof würde. Und ich sicherte ihm zu, diesen Job anzunehmen, falls ich das erleben sollte. »Hab ich eine Chance?« fragte ich. – »Nicht die geringste!«

Hierarchie schwarz, Hierarchie rot – wir waren beide nicht aus dieser Knetmasse, die unabdingbar ist, um sich Sprosse um Sprosse auf der Leiter der Rangordnung empor zu kleben. Wir waren nur die braven Bodenturner, die günstigstenfalls ein paar Übungen auf der Sprossenwand zeigen durften.

Ich gebe zu, daß im Haus des Herrn einiges mit mir geschah. Lauterkeit war über mich gekommen; bereits im Hausflur. Asmodäus, der Dämon der Fleischeslust zum Beispiel, mit dem ich mich sonst gut vertrug, war nicht mehr in mir. Einfach futschikato, der Kerl. Und mit ihm waren gleich noch ein paar andere Burschen von nicht gerade gutem Ruf verschwunden. Notwendig oder nicht, ob Zufall oder Fügung: Eines nachts in Roberts Pfarrhaus erwachte ich schweißgebadet und war enttäuscht, aus dem Traum heraus zu sein, in dem ich mich recht wohl gefühlt hatte.

Ich war im Paradies gewesen und wußte, daß die Landschaft, die ich immer noch vor mir sah, »Garten der Vernunft« genannt wurde. Den Begriff Zeit gab es nicht, und ein aufregendes Empfinden von Allwissenheit hatte meinen Traum bewegt. Der Garten ähnelte dem eines Reinlichkeitsfanatikers, der alles Störende einfach über den Zaun in das Grundstück der Nachbarn wirft. Und die Nachbarn – das wußte ich in meinem Traum genau – waren wir: die Erde und ihre Menschen als Mülldeponie des Paradieses.

Ich sah den Großen Regisseur im gleißenden Licht. Auf einem gewaltigen Kamerakran thronend, schwenkte er über die fünf Paradiesgärten, weise lächelnd und die unterschiedlichen Auslegungen duldend, sowie die verschiedenen Texte eines doch letztlich einheitlichen Gesanges, der nur ihm allein gilt und ihn preist.

Da war mir klar wie Kloßbrühe, daß der Meister sich den Ärger mit den Religionen rechtzeitig vom Hals geschafft hatte und als Zugabe zur Erbsünde seinen einstigen Regieassistenten Sammael beauftragte, mit all dem Gerümpel des Für und Wider der Einzelanschauungen und Glaubensüberzeugungen zur Erde zu fahren. In mein Tagebuch schrieb ich: Wetten, daß der Kerl im Rucksack noch das Gen der Dummheit hatte!

Johann Gregor Mendel, die Zahl 105 und seltsame Rechenergebnisse

Ich behielt den Traum für mich, behelligte weder Quinta noch Robert mit diesen phantasmagorischen Bildern der Nacht, und bestimmt hätte ich auch heute nicht darüber geschrieben, wären mir nicht diese alten Notizen in die Hände gefallen, die ich seinerzeit in Garmisch-Partenkirchen für mich angefertigt hatte. Ich war damals so verrückt gewesen, mich hypnotisieren zu lassen. Ich erzählte noch keinem davon und würde auch heute nicht darüber reden, wenn es nicht diese seltsame Zahlenverknüpfung gegeben hätte, die auf ein bestimmtes Datum hinwies, mit dem ich seinerzeit noch nichts anzufangen wußte.

Mein Hypnoseerlebnis im Winter 1953/54 würde man heute als »way of regression« bezeichnen. Ein Verfahren, Menschen über den Weg der Tiefenhypnose in längst vergangene Zeiten zu schicken und sie damit von körperlichen Beschwerden zu befreien.

Bei mir hatte es nichts zu heilen gegeben, und so war es lediglich Neugier gewesen, gemischt mit Übermut. Bungeejumping der Seele sozusagen. Esoterikern würden Wonneschauer über sämtliche Körperteile rieseln und Verfechter des Reinkarnationsgedankens würden behaupten, daß es mich früher schon einmal gegeben haben muß.

Ich sah die Angelegenheit nüchterner und erklärte mir die Flut der Bilder aus Geschichtsstunden und Museumsbesuchen zusammengesetzt. Ich habe halt in der Schule aufgepaßt. Um es vorwegzunehmen: Ich war im früheren Leben nicht Heinrich VIII. gewesen. Auch wenn meine sechs Ehen dies vermuten lassen könnten und ich Quinta damit einen Herzenswunsch erfüllt hätte. Sie behauptete nämlich ernsthaft von sich, Anna Boleyn gewesen zu sein; die zweite Gemahlin Heinrichs VIII. Warum nicht Katharina von Aragonien, Heinrichs erste Frau, die er nur in die Verbannung schickte? Oder Anna von Cleve, die er lediglich verstieß? Auch Jane Seymor, die nach der lang ersehnten Geburt eines Knaben verstarb, hätte als eine der Frauen Heinrichs zur Verfügung gestanden. Aber nein, die enthauptete Anna Boleyn mußte es sein! Vielleicht weil sie die Mutter Elisabeths I. war, dieser tüchtigsten Regentin, die das Inselreich je hatte.

Der an mir praktizierte Rückführungsvorgang hatte mich nur in meine Geburtsstadt Brünn transportiert. Allerdings in eine recht ungemütliche Zeit. Schon siebenundzwanzig Jahre lang kämpften Protestanten gegen Katholiken, und seit fünfzehn Jahren mischten auch noch die Schweden mit. Zu Beginn unter König Gustav Adolf, der in der Schlacht bei Lützen erst seine Brille und dann sein Leben verlor, und schließlich schlugen sie sich höchst unfein für die fein erzogene Königin Christine und die meisten längst nicht mehr um des protestantischen Glaubens willen. Mit Spieß und Hellebarde marschierten im Kriegerhaufen der Schweden inzwischen auch Landsknechte mit. Rohe, gewalttätige Kerle, die ihre Freude am Morden, Plündern und Brandschatzen hatten, selbst gern was Gutes soffen, doch ihren Feinden Jauche zu trinken gaben. Unter dem Namen »Schwedentrunk« war diese Scheußlichkeit in die Geschichte eingegangen.

Eigentlich hätte der angehende Psychotherapeut, in dessen Hypnosemanöver ich mich leichtsinnig begeben hatte, enttäuscht sein müssen, weil ich lediglich als namenloser Zeuge durch den Sommer 1645 schwebte und nicht Lennart Torstenson war, Graf von Ortala, Begründer der leichten schwedischen Feldartillerie und Oberbefehlshaber der schwedischen Armee, mit den Nerven am Boden, weil Brünn nicht einzunehmen war. Auch als Oberst Raduit de Souches konnte ich mich nicht identifizieren, obwohl er Ludwig hieß, wie mein Vater und ich, und die Verteidigung der Stadt leitete.

Hier ein Teil des Textes, den ich unter Hypnose gesprochen haben soll: »Oberst Ludwig Raduit de Souches, geboren in La Rochelle. Hugenotte. Also französischer Calvinist. Demzufolge von den Katholischen mehr oder weniger bedrängt. Tritt dennoch in die Dienste eines katholischen Monarchen. Kaiser Franz I. ist sein oberster Chef. Doch den Kaiser stört der Hugenotte ebensowenig, wie den Hugenotten der Katholik stört.«

An dieser Stelle soll ich noch den Satz »Ist ja geradezu paradiesisch!« hinzugefügt haben. So steht es jedenfalls in den teilweise nicht mehr gut leserlichen Notizen, wozu auch noch der folgende Abschnitt gehört:

L: Dann ist auf der gegnerischen Seite noch dieser Mortaigne.
H: Wer ist Mortaigne?
L: Er ist General, ist Torstensons Stellvertreter, kämpft für die Protestanten, ist aber katholisch.
H: Und da kommt es zu keinen Schwierigkeiten?
L: Doch. Torstenson hat die Gicht, und Mortaigne hat Hämorrhoiden.
H: Ja und?
L: Der eine kann nicht stehen, der andere kann nicht sitzen.

Die Stadtchronik belegt, daß Generalissimus Torstenson die Belagerung am 18. August 1645 um 11 Uhr Vormittag abgebrochen hat und die letzten Schwadronen am 23. August abzogen. In überlieferten Schriften ist nachzulesen, daß sich Torstenson und Mortaigne mit den Resttruppen noch in Richtung Niederösterreich bewegten, aber der Kampf um Brünn die Kräfte aller so sehr verzehrt hatte, daß sie zu keinen größeren Operationen mehr fähig waren.

Auch mein Hypnosespezialist war offenbar keiner größeren Operation mehr fähig gewesen und ich offensichtlich nicht länger gewillt, mich dreihundertsieben Jahre zurück in die Vergangenheit schicken zu lassen.

»Das hält ja kein Rohrpostbehälter aus!« soll ich gesagt haben. Tatsächlich müssen die Hypnoseübungen an mir dem Förderkorb meiner Seele mißfallen haben; denn während des siebenten Rückführungsversuchs war ich nur bis in die Mitte des neunzehnten Jahrhunderts gelangt. Ort der Szene war wieder Brünn. Mit schlafwandlerischer Sicherheit nannte ich die Jahreszahl 1850.

»Zwischen Brünn und Wien fährt bereits seit elf Jahren die Eisenbahn. Es ist die erste Eisenbahnstrecke, die in der Monarchie gebaut wurde.«

War das etwa auch nur versacktes Realschulwissen?, hatte ich unter diesen Absatz geschrieben. »Ich bin im Garten des Augustinerklosters«, heißt es weiter im Protokoll, »und begegne einem gutaussehenden freundlichen Mann in Ordenskleidung. Er tritt aus dem Schatten des Kreuzgangs und überreicht mir einen Korb mit Erbsenschoten und Bohnen. Ich denke: Was macht Jean Marais in Brünn, und welcher Film wird hier gedreht?

»Aufpassen und nichts davon verlieren«, sagt der Mann lächelnd und deutet auf den Korb. »Habichtskraut ist auch darunter«, sagt er, »es sind genau einhundertundfünf. Nicht vergessen: einhundertundfünf!«

Einhundertundfünf von was? will ich fragen. Doch da ist der Mann bereits wieder im Halbdunkel des Kreuzgangs. Ich sehe nur noch die hellen Fersen in den Sandalen, die Mönchskutte mit der nicht übergestülpten Kapuze und die Tonsur, die wie ein kleiner Heiligenschein leuchtet.

In Anbetracht dessen einigten sich Therapeut und ich schnell auf Johann Gregor Mendel.

Erbsen, Bohnen und Habichtskraut und als Kulisse das Altbrünner Augustinerstift. Da gab es keinen Zweifel. Mit der Zahl Einhundertfünf allerdings wußten wir nichts anzufangen. Außer der Ziffernsumme 6 war nichts Auffälliges zu erkennen. So begannen wir, mit der Zahl herumzuspielen. Ich halbierte sie, notierte Zweiundfünfzig Komma Fünf und schaute auf die Ziffernsumme Zwölf, die halbiert wieder die Sechs ergab. Als ich 105 mal 105 nahm und 11.025 aufschrieb, atmete ich bei der Ziffernsumme 9 auf, grübelte aber weiter.

Erst als der Therapeut lachend meinte, daß die 9 eigentlich auch eine 6 sei, nur auf den Kopf gestellt, und ich mich damit abfinden müsse, daß die Sechs und damit auch der Sex in meinem weiteren Leben sicher noch eine Rolle spielen werde, gab ich die Zahlenakrobatik und jeden weiteren Gedanken an die Einhundertundfünf auf.

Selbst als ich Jahre später den Text zum Lied der Straßenbahnfahrerin der Linie 4 schrieb, die alle hundertfünf Minuten vorbeikommt, war mir der Einfall, die Zahl 105 und keine andere zu wählen, eigentlich nur aus der rhythmischen Notwendigkeit erwachsen, vorgegeben durch Wolfgang Gerhardts Komposition.

Erst mit dem zufälligen Auffinden der Garmischer Notizen, kurz nach meinem Traum in Roberts Pfarrhaus, begann ich noch einmal nachzudenken. Irgendwas hatten wir bei unserer Rechnerei seinerzeit zu berücksichtigen vergessen. Ich nahm Papier, Kugelschreiber und Meyers Lexikon und setzte mich in Ruhe an den Küchentisch. »Johann Gregor Mendel«, las ich, »geboren 1822, gestorben 1884.« Ich schaute noch einmal auf die alten Blätter und sah, daß wir diese Daten seltsamerweise nicht einbezogen hatten. Also schrieb ich Mendels Sterbejahr 1884 auf den Zettel, setzte die 105 darunter und subtrahierte. Das Ergebnis, die Zahl 1779, sagte mir nichts, außer daß mich die Ziffernsumme langsam nervös machte, die wieder auf die Sechs führte. Dann rechnete ich die 105 der 1884 hinzu und blickte auf die Jahreszahl 1989. Die sagte mir zwar auch nichts, abgesehen von der Ziffernssumme Neun und davon, daß ich dann zweiundsechzig Jahre alt sein würde, falls ich das erleben sollte.

Dumm aus der Wäsche schaute ich allerdings, als Mendels Geburtsjahr 1822, mit der Zahl 105 addiert, 1927 ergab. Da war ich geboren.

In dieser für mich zusammengeschnurrten Zeit der siebziger und achtziger Jahre gab es lediglich zwei Familienhöhepunkte, an die Ihr Euch bestimmt noch erinnert: 1976, als meine Mutter von Baden bei Wien ins Brandenburgische gereist war, um bei Quinta und mir zu Hause am See ihren 81. Geburtstag zu feiern. Die Autofahrt, mit meiner Schwester am Steuer eines schnellen Renault, hatte sie in bester Verfassung überstanden. Der Grenzübertritt, üblicherweise nicht gerade das angenehmste Erlebnis, war ihr als untrüglicher Beweis meines Bekanntheitsgrades zum Glücksmoment dieser Reise geworden. Meine Schwester hatte ein kleines Autogrammfoto von mir in der Paßhülle stecken. Eher berechnend als zufällig. Die Sache hätte schiefgehen können. Doch war sie an einen Fan geraten, der ihr nicht nur Grüße an mich, sondern auch an den Papagei Amadeus ausrichten ließ. Zum Glück wußte meine Schwester von meinem gefiederten Partner, so kam sie nicht in Versuchung, den Grenzbeamten für plemplem zu halten.

Schon am Morgen des Geburtstages war Wilfried Scheibe, der langjährige Musikchef meiner Tourneen, mit einer kleinen Blasmusikformation angereist. Das Ständchen im Garten vor der Terrasse, mit meiner Mutter am offenen Kamin, war ein großer Erfolg. Sie sah besser aus als Queen Mum im Alter je ausgesehen hat. Und Wilfried blies, als wollte er beim Grand-Prix-d'Eurovision mindestens ein goldenes Mundstück gewinnen.

An diesem Tag war die Familie ziemlich vollzählig versammelt. Du wirst Dich noch erinnern, lieber Axel. Du warst mit Frau und Sohn gekommen. Sascha, Du warst auch da. Anwesend war auch Euer Bruder Peter, der seine Frau mitgebracht hatte. Von diesem Ereignis gibt es eine Gruppenaufnahme, und das war wohl die letzte Begegnung mit Eurer Großmutter väterlicherseits.

Elf Jahre darauf gab es noch ein großes Familientreffen, am 18. Juni 1987. Da feierte Euer Vater seinen sechzigsten Geburtstag. Ich hatte eine geteilte Feier arrangiert. Für den Vormittag hatte ich die Kollegen des Fernsehens in ein kleines gemütliches Café in Berlin-Adlershof geladen, unweit des Fernsehgeländes, um den Gratulanten den Weg zur Stippvisite zu erleichtern. Und im rückwärtigen Gartenteil, zum Seeufer hin, war ein großes Zelt aufgebaut worden, das mir die Nationale Volksarmee leihweise zur Verfügung gestellt hatte.

Reichlich zu essen und zu trinken gab es an beiden Stellen. Vom Fernsehen erhielt ich einen Goldenen Lorbeer. Diesmal einen, der seinen güldenen Glanz bis zum heutigen Tag behalten hat. Die Gewerkschaft Kunst verlieh mir die Hans-Otto-Medaille, eine Auszeichnung, die Schauspieler für künstlerisch maßstabsetzende Leistungen erhielten.

Heinz Quermann und Ehefrau kamen und schenkten mir eine elegante Handgelenktasche, die ich in Ehren halte und immer noch häufig benutze.

Von Horst Lehn bekam ich eine Flasche Wein. Es war eine besondere Flasche, deren Alter nicht zu übersehen war. Horst deutete auf das Etikett und sagte: »Als diese Flasche abgefüllt wurde, warst du gerade zehn!« Chefredakteur Geng schenkte mir einen kleinen Schwan aus Meißner Porzellan. Und aus dem Büro von Joachim Herrmann, dem Nachfolger von Werner Lamberz, seit 1978 verantwortlich für Agitation und Propaganda, kam der unserer Sparte Unterhaltung freundlich zugetane Herr Fensch.

Es war ein guter Tag, nur etwas kühl für Mitte Juni. Da saßen mehr oder weniger alle beisammen, mit denen ich ein Stück Geschichte der Unterhaltungskunst durchlebt hatte. Gegen Mittag kamen die »drei reizenden Schwestern« Helga Göring, Marianne Kiefer und Ingeborg Krabbe mit einer edel verpackten Flasche, deren Whiskyinhalt zwölf Jahre lang in einem schottischen Eichenfaß herangereift war, aber im Kreis meiner Geburtstagsgäste keine zwölf Stunden überlebte.

An diesem Tag hätte ich gern an meiner Seite Rolf Herricht gehabt, den Freund und Kollegen aus gemeinsam verbrachten Stendaler Theatertagen. Am 5. Juni 1981 waren wir uns zum letzten Mal begegnet. Es war ein Freitag und reiner Zufall gewesen, daß wir uns in der Stadthalle Cottbus trafen. Ich war wegen eines geplanten Blasmusikfestes gekommen, Rolf hatte Proben zu einer Fernsehaufzeichnung. Es war ein sehr warmer Tag mit viel Sonne, und wir standen im Freien an der Hinterfront der Stadthalle im Schatten. Rolf hatte Pause, ich war zu früh gekommen und wartete auf meinen Termin. Wir redeten über Gott und die Welt, über Freud und Leid unserer Arbeit, teilten uns mit, wie ein Garten auszusehen hat, um sich darin wohlzufühlen. Rolf liebte die Naturbelassenheit, ich schwärmte von einem englischen Golfrasenschnitt. Metropol-Theater und schlechte Drehbücher gehörten auch zu unseren Themen. »Ich lese neuerdings die Drehbücher gar nicht erst«, erzählte er mir. »Ich lese nur die Zahlen der Gage.« – »Und was ist mit dem Metropol?« fragte ich. »Dort kriegst du ja auch nicht immer die Rollen, auf die du gewartet hast.« Da hatte Rolf sein herzerfrischendes Schmunzeln aufgesetzt und gesagt: »Ich will's dir verraten. Freischaffend zu sein wie du, das wäre mir zu abenteuerlich. Ich bin eine ängstliche Natur. Die Sicherheit eines Theatervertrags, am Ende eines jeden Monats mein Geld zu bekommen, egal, ob ich spiele oder im Bett liege, bedeutet mir alles.«

Ich weiß noch, daß ich auf Rolfs Krawatte und auf die Jackenaufschläge schaute: Kein Mikroport!

»Weißt du eigentlich, daß du mir sehr geholfen hast?«

»Um Himmels willen, wann, wo und womit denn?« hatte ich zurückgefragt.

»In Stendal, als ich von Salzwedel kam und holterdipolter ins Operettenensemble einsteigen mußte. Du studiertest mit mir Tanzschritte ein und hast mir gezeigt, wie man beim Singen atmen muß. Und beim Sprechen längerer Textabschnitte hast du mit mir das wichtige Setzen von Pausen durchexerziert. ›Frau Luna‹ wurde gespielt, ich war schrecklich unsicher, aber das Selbstbewußtsein, das du mir gegeben hast, hat mich unwahrscheinlich aufgebaut.«

»Du warst sehr souverän«, schwärmte Rolf weiter, »und du hattest eine so schöne Frau! Erst bei Liz Taylor sollte ich so wunderbar blaue Augen wiedersehen, wie deine Frau sie hatte!«

Die schöne Frau mit den wunderbar blauen Augen war Deine Mutter, lieber Axel.

Dann fragte ich Rolf, wie es ihm gesundheitlich ginge. Immerhin waren wir inzwischen bald vierundfünfzig. Da fragt man sich so etwas schon. Er begann über seine Herzattacken zu reden: »Ich weiß nicht, was das ist. Ich fall einfach um und wache im Wagen der Ambulanz wieder auf, weil die Martinshörner so laut tuten. Manchmal werde ich auch erst in der Rettungsstation munter, je nachdem, wie gut und schnell die Spritze wirkt, die ich jedesmal bekomme.«

»Ja und dann?«

»Dann gehe ich wieder nach Hause.«

Da hatte ich noch einmal an Stendal denken müssen. Arno Görke, Rolf und ich hatten zu nächtlicher Stunde eine spiritistische Sitzung abgehalten. Es war das bekannte Tischrücken. Im fahlen Licht gespenstisch flackernder Kerzen hielten wir Zwiesprache mit den Toten, und Rolf erzählte mir in einer Pause, daß sein Vater relativ jung einem Herzleiden erlegen sei und es ihm eines Tages bestimmt auch so ergehen werde.

»Blödsinn«, hatte ich damals gesagt, »du bist ein frischfröhlich gesunder Bursche und wirst mindestens hundertzehn!«

»Dein Wort in Gottes Gehörgang, Bruder!« lautete Rolfs Antwort.

Nicht nur der Juniwärme wegen wurde mir heiß in Cottbus, als ich an diese mehr als dreißig Jahre zurückliegende Unterhaltung dachte und entsetzt sagte: »Gehe ich recht in der Annahme, daß du keinen eigenen Arzt hast?«

Rolf nickte lächelnd und rief aus: »Robert-Lembke-Fan! Du bist ertappt!« Ich aber war seiner Ablenkung ausgewichen und beim Thema geblieben: »Rolf, das ist doch Wahnsinn! So fällst du doch jedesmal einem anderen Doktor in die Hände!« Rolf schien das amüsiert zu haben. »Hör zu«, sagte ich, »ich kenne einen hervorragenden Professor in Buch. Er ist Chef der dorti gen Herzklinik. Es ist das Institut für kardio-viszerale Therapie. Dort wärst du gut aufgehoben. Einzelzimmer mit Fernsehen. Und hübsche Krankenschwestern obendrein!

Rolf, immer noch vergnügt, wischte diesen Gedanken weg: »Ich geh doch freiwillig zu keinem Arzt!«

Jemand von der Aufnahmeleitung kam und sagte, daß es in wenigen Minuten mit ihm weitergehen werde. Wir hatten gerade noch Zeit, uns zu versprechen, recht bald ein privates Treffen zu arrangieren. Erst sollte ich ihn auf seinem Wochenendgrundstück besuchen, irgendwo am Wasser bei Teupitz. Und dann wollte er mit seiner Frau zu mir an den Wolziger See kommen. So waren wir verblieben.

Am 23. August – wir hatten unsere Verabredung aus Termingründen noch nicht wahrmachen können – erlitt Rolf wieder eine dieser Herzattacken. Diesmal passierte es im »Metropol«, kurz nach der Zugabe am Ende der Vorstellung, als alle auf der Bühne waren. Der Schlußvorhang zu »Küß mich, Kätchen« war gefallen; da fiel auch er. Diesmal unwiderruflich zum letzten Mal. Und keine Martinshörner der Stadt und keine Spritzen dieser Welt hätten ihn noch einmal ins Leben zurückholen können.

Aus dem geplanten Dialog war ein Nekrolog geworden. Das Fernsehen hatte mich mit der Gedenksendung beauftragt, die ich am 26. August 1981 in Adlershof aufzeichnete.

Zwei Jahre darauf starb meine Mutter, unerwartet und schnell, kurz vor ihrem achtundachtzigsten Geburtstag. Am Abend war sie mit meiner Schwester noch beim Heurigen gewesen, wollte aber früher als sonst wieder nach Haus.

Für ihr Begräbnis hatte sie eine größere Summe gespart, und meine Schwester hatte noch etwas dazugelegt, so daß sich die Beerdigung sehen lassen konnte, worauf in Wien bekanntlich immer schon viel Wert gelegt wurde.

Am 7. Juli wurde sie zu Grabe getragen und im Grab ihrer Eltern auf dem Hietzinger Friedhof, dem Totengarten der Monarchie, zur ewigen Ruhe gebettet.

Ich schaue in den Kalender von 1983 und sehe, daß ich zu dieser Zeit im Leipziger »Haus der heiteren Muse« vor den Kameras stand: »30 Jahre Schlagerrevue« mit Heinz Quermann und so gut wie allen Schlagersolisten, die im Lauf der dreißig Jahre mit irgendwelchen Spitzentiteln von sich reden gemacht hatten.

Passend zum Sendetitel herrschten dreißig Grad Wärme in der Stadt. Im »Haus der heiteren Muse« waren es unter den Scheinwerfern vierzig Grad, und dort, wo die Techniker standen, hoch oben, knapp unter dem nicht isolierten schwarzen Pappdach, wurden sechszig Grad gemessen.

Am 5. Juli fand die öffentliche Generalprobe statt. Frank Schöbel kam zu spät zu seinem Auftritt. Er hatte sich in der Wohnung seiner Mutter hingelegt, war eingeschlafen und nicht rechtzeitig aufgewacht.

Die Hundstaghitze über Leipzig war unbarmherzig. Ich konnte mich zwischen den Auftritten in den weniger warmen Garderobengang und schließlich in eine der Garderoben retten. Es waren die einzigen Stellen im Haus, die einen glauben ließen, kühl zu sitzen. Schlimm dran waren alle, die nahezu ohne Pause unter der Hitzeglocke im Saal bleiben mußten: die Kameraleute, die

Kabelhalterinnen und Kabelhalter, die Regieassistentin Christel Huber sowie der Regisseur Julius Kleeberg.

Karel Gott, der mit einem funkelnagelneuen feuerwehrroten Mercedes-Sport-Coupé angereist war, erzählte mir, daß er auf Norderney ein Saisonengagement angenommen habe und gleich nach der Aufzeichnung die kühle Nachtluft nutzen wolle, um Richtung Norden zu rauschen. Wie gern wäre auch ich durch die Nacht gefahren. In die entgegengesetzte Richtung allerdings, um meiner Mutter das letzte Geleit zu geben. Doch hätte es dazu eines Ausreisestempels der DDR sowie eines Einreisevisums der österreichischen Botschaft bedurft. Und beides war – auch wenn ich inzwischen einen Paß hatte, immer noch nicht so ohne weiteres und innerhalb einer so kurzen Zeit zu bekommen.

Robert, der inzwischen seine Seelsorgestelle in Gera-Zwötzen einem Kollegen übergeben und die Pfarrei in Böhlen bei Leipzig übernommen hatte, erklärte sich bereit, zum Zeitpunkt der Beerdigungsfeierlichkeiten in Wien in der Böhlener Kirche ein Requiem abzuhalten. Ich war froh, an diesem frühen Nachmittag weder eine Veranstaltung zu haben noch mit irgendwelchen Scherzen vor einer Kamera stehen zu müssen. Schlimm genug, daß ich in den Tagen davor spielen und singen mußte.

Die Totenmesse in Böhlen war schlicht, aber feierlich. Ich hörte zu und war in Gedanken in Hietzing, auf dem mir seit Kindheit vertrauten Friedhof und dachte über die seltsamen Fügungen nach, die mir heute erst recht wie eine gut konzipierte Gesamtinszenierung erscheinen.

Vier Monate später starb Herbert Roth. In den Jahren zuvor hatte ich ihn regelmäßig in Karlsbad getroffen, wo er wegen seines labilen Magens alljährlich zur Kur weilte. Ich hatte immer wieder seine Standfestigkeit bewundert, mit der er seinen einfach strukturierten Liedern die Treue hielt. Um berühmt zu werden, hätte Herbert Roth eigentlich nur zwei Lieder zu schreiben brauchen: das im munteren Wandertempo gehaltene »Rennsteiglied« und die beschaulich gemütliche Weise »Kleines Haus am Wald«.

Wir standen in der Morgensonne auf einer der Brücken zwischen der Sprudelhalle und dem Hotel Pupp, schauten hinunter ins klare Wasser der Teplá und redeten über die für ihn so schweren Zeiten, als es Anfang der sechziger Jahre in studentischen Kreisen in Jena zu Protesten gegen seine Musik gekommen war.

Er hätte sagen können: Die Hunde bellen, aber die Volksmusikkarawane zieht weiter. Doch er war ein stiller, freundlicher und bescheidener Mann, und so lächelte er nur.

Ich gestand ihm meine Taktik: dem Zeitgeist immer auf den Fersen zu bleiben, sich bestmöglich dem jeweiligen Trend anzupassen, aber sich dann weder wundern noch beklagen, wenn einem die Anhänger die Treue aufkündigten.

Wir lachten herzhaft, und ich fragte, ob er denn jetzt anders reagieren würde, wenn es wieder mal Probleme gäbe. »Nein«, sagte er, »man muß immer nur das tun, was man am besten kann und darf seine Anhänger nie enttäuschen. Halte dir selbst die Treue, dann wird dir auch das Publikum treu bleiben.«

Ja, dachte ich, ein bißchen von dieser Auffassung hätte auch mir nicht geschadet! Und wir sahen hinunter zu den Forellen, die trotz starker Strömung ihre Position hielten.

Als es wenige Jahre nach seinem Tod darum ging, ein Herbert-Roth-Festival ins Leben zu rufen, warnte ich davor. Es hätte mir leid getan, ihn postum noch einmal ins Kreuzfeuer der Meinungen gestellt zu sehen. »Baut ihm eine Gedenkstätte hoch oben auf dem Rennsteig«, sagte ich, »und laßt seine Anhänger in Stille dort hinpilgern, aber zerrt ihn nicht in einen Rummel, den er so niemals gemocht hat!« Irgendwann fand dieses Festival dann doch statt. Und ich war froh, daß sich Kunstkritik und studentischer Eifer pietätvoll aus der Sache heraushielten. Es gab inzwischen längst andere Probleme. Und wir alle steckten mittendrin.

Ein Beitrag zum Unmut der Massen

Der Ausverkauf im Land der Arbeiter und Bauern schritt zügig voran. Was sich gegen Valuta verscherbeln ließ, wurde verscherbelt. Verkauft wurde auch Strom, der den Landgemeinden rund um Berlin stundenweise entzogen wurde. Wenn Westberlin für die Weihnachtsbeleuchtung oder zum Jahreswechsel mehr Licht benötigte, saßen die Menschen auf den Dörfern im Dunkeln. Da unser Haus wegen des hohen Grundwasserspiegels zwischen See und Kanal nicht unterkellert werden konnte, war die Installation einer Schwerkraftheizung nicht möglich gewesen, so daß die Funktionstüchtigkeit der Zentralheizung nur mit Hilfe einer Umwälzpumpe gewährleistet war. Aus Sicherheitsgründen gab es gleich zwei Pumpen für den Fall, daß eine versagte. So glaubten wir uns gut abgesichert, doch eben nur bis zu jenem Tag, da unserem Landstrich zum ersten Mal der Strom abgeschaltet wurde. Zuerst erschreckte uns die plötzliche Dunkelheit, dann verunsicherten uns die erkalteten Rippen der Heizkörper, und schließlich versetzte uns im Heizraum das Thermometer am Kessel in Panik: Die Temperatur war von gemütlichen 50 Grad auf 100 Grad hochgeschossen.

Also raus mit den glühenden Kohlen aus dem Ofen und die schwefelig stinkende Glut in den Schnee befördert.

Einmal bescherte uns die Strompolitik eine Abschaltung in der Silvesternacht. Das empfanden wir als besonders infam. Zwar hatten wir Kerzen im Haus, aber keine Batterien für das alte Transistorradio. Stiller war ein Jahreswechsel nicht hinzukriegen.

Zwei russische Wörter machten zu jener Zeit in der DDR die Runde: Perestroika und Glasnost. Perestroika für Umgestaltung, Glasnost für Offenheit. Zwei Vokabeln, die ab sofort im Russischunterricht nicht mehr vorkamen.

Gorbatschows Satz »Wir brauchen die Demokratie wie die Luft zum Atmen« muß die Altherrenriege in Wandlitz paralysiert haben. Das Programm des neuen Mannes im Kreml machte den Genossen im höchsten Büro zu Berlin zum ersten Mal nicht nur Kummer, sondern regelrecht Angst. Die Planwirtschaft aufzugeben, hätten sie vielleicht noch verkraftet. Aber die Forderung nach Meinungsfreiheit ging ihnen entschieden zu weit.

Entschieden zu weit ging wiederum dem Volk das Verbot des kleinen Magazinheftes »Sputnik«, das allmonatlich aus Moskau kam und gewiß auch Euch ans Herz gewachsen war. In seiner Aufmachung, seinem Format und der Papierqualität ähnelte das Heft der amerikanischen Monatszeitschrift »Reader's Digest«. Ihr werdet Euch bestimmt noch gut erinnern können, daß kein einziger Artikel in den zuletzt noch ausgelieferten Heften so viel Schaden angerichtet hätte, wie es diese Auslieferungssperre tat.

Es hat die Genossen im Politbüro sicher glatt von den Stühlen gehauen, als sie erfuhren, daß ihre jungen Bürger, statt in die Jugendklubs zu gehen, plötzlich in Kirchen gingen. Und nicht nur in Berlin.

Ich erlebte dieses Phänomen in einer kleinen Dorfkirche im

Erzgebirge, und fühlte mich wie in eine Trendkneipe des Westens versetzt: Kein freier Platz mehr. Der evangelische Kirchentag in Ostberlin dürfte nur noch der letzte Schub gewesen sein, den Aggressionsstau in den Menschen zu lösen und für die Herrschenden zur Lawinengefahr anwachsen zu lassen.

Weg war der sibirische Eiswind in der politischen Landschaft, mit dem sich bislang so bequem jeglicher Widerstand hatte einfrieren lassen. Tauwetter war angesagt. Und ausgerechnet von dort, woher sonst der Frost gekommen war. Also auf, auf und hin zu den eigenen Eismaschinen und Schluß mit Toleranz und Konzilianz! Das dürften die letzten Anordnungen gewesen sein, in denen noch der Schneid vergangener Zeiten steckte.

Ich habe an der unblutigen Revolution nur zweimal teilgenommen: einmal unfreiwillig und einmal bewußt. Die unfreiwillige Geschichte geschah mir im Herbst 1989, als ich mit dem Auto zu einer Veranstaltung mußte und die Prenzlauer Allee hinauffuhr. Zwischen Jablonski- und Chodowieckistraße merkte ich schon, daß sich an der großen Kreuzung vor mir etwas tat. Ich sah viele Menschen, fuhr aber dennoch vorsichtig weiter. Erst als ich unmittelbar vor der Kreuzung war, wußte ich, daß es besser gewesen wäre, in eine der Seitenstraßen abzubiegen. Doch geholfen hätte mir das nicht, wie ich bald merkte, weil an keiner Stelle die Dimitroffstraße zu überqueren war. So stand ich an der Kreuzung, sah Menschen über Menschen, die sich von rechts, aber auch von links gegen die Kreuzung drängten, mit mehreren Bereitschaftspolizisten dazwischen, die sich mühten, die Kreuzung freizubekommen.

Es war schlimm, aber nicht so schlimm wie auf schlecht organisierten Freilichtfesten, wenn ich, auf engen Parkwegen flanierende Veranstaltungsbesucher belästigend, ohne Orientierungshilfe mit dem Wagen zu der jeweiligen Parkbühne rollen mußte; mit schleifender Kupplung nur zentimeterweise vorankommend und in ständiger Angst, daß mir ein Kind oder eine schwerhörige Oma vor den Kühler kam.

Für den Geradeausverkehr war die Kreuzung nicht gesperrt, wie ich erkannte. Ein Volkspolizist gab sich Mühe, mich durchzuwinken. Und erst da sah ich rechter Hand die dichte Polizeikette und die vielen Menschen dahinter. Von Jürgen Walter, dem Chansonnier und jetzigen Musikproduzenten, hörte ich kurz darauf, daß es einen Straßenzug weiter nicht so ruhig zugegangen war. Rund um die Eliaskirche in der Senefelderstraße sei mit Gummiknüppeln Jagd auf jeden gemacht worden, der nur annähernd nach Opposition aussah. Also lange Haare, knielanger Anorak und Jeans. Da konnte es schon passieren, daß auch einem Mädchen das Nasenbein gebrochen wurde. Jürgen Walter wohnte damals in diesem Kietz und hatte einiges ansehen müssen. »Es war furchtbar«, erzählte er, »einfach furchtbar!« Mehr war von ihm nicht zu erfahren.

Bereits am 26. September 1989 hatten sich Rockmusiker zu Wort gemeldet und über das Komitee für Unterhaltungskunst für 11 Uhr eine Aktivberatung der Sänger und Musikanten anberaumt. Ort der Zusammenkunft war das Kreiskulturhaus »Peter Edel« in Berlin-Weißensee. Ich war als Gast erst für 15 Uhr geladen, weil ich als Schauspieler damals zur Gruppe der Sprecher gehörte, erfuhr aber von allen, was zuvor diskutiert worden war. Es ging um eine Resolution und das Zusammengehen mit einer Gruppierung, die sich »Neues Forum« nannte.

Der Text war erstaunlich mutig formuliert, richtete sich gegen die »unerträgliche Ignoranz der Partei- und Staatsführung«; doch was ich noch erstaunlicher fand, war das erstklassige Wendemanöver einiger, die ich noch ganz anders in Erinnerung hatte.

Mein Terminkalender vermerkt endlich auch etwas für mich Positives: Eine Notiz vom 3. November 1989 bestätigt meine Teilnahme an einer Demonstration: »Bad Liebenwerda. Texte für Sendereihe ›Gut aufgelegt‹ an Holger Röser vom Berliner Rundfunk geschickt. 17 Uhr Karpfenessen. 18 Uhr 30 Versammlung (Kirche), anschließend Norddeutscher Hof.«

Also hatte ich mich doch noch öffentlich zur Volksbewegung bekannt. Wenn auch nur innerhalb eines Kleinstadtforums, das mehr ein Stehkonvent war und nicht zu vergleichen mit den spektakulären Auftritten der ersten 5.000, dann der 20.000, der 70.000, 120.000, 300.000 in Leipzig. Hier steht's, mit blauem Kugelschreiber auf weißem Papier: »Die Kirche ist überfüllt, der Platz davor, zwischen Kirchenportal und Rathaus, ist ebenfalls voller Menschen. Es ist kalt, und die Lautsprecher funktionieren nicht, obwohl die Veranstaltung in der Kirche bereits begonnen hat. Schließlich klappt die Übertragung, und wärmer wird es auch, weil einige Männer ein kleines Lagerfeuer entfacht haben.«

Sechs Tage darauf saß ich vorm Fernseher und erlebte diese wundersame Pressekonferenz mit Günter Schabowski, die Geschichte machte.

Was noch an diesem Abend geschah, und gegen 23 Uhr einem ersten Höhepunkt zusteuerte, hat das Fernsehen inzwischen auch schon tausend Mal gezeigt: Es war Wahnsinn und Wunder zugleich. »Wahnsinn!« und »Wunder!« Die meistgebrauchten Ausrufe der von Reportern befragten Menschen in jener Nacht.

Zur Grenzübergangsstelle Bornholmer Straße drängte eine unübersehbare Menschenmenge, die nur eines im Sinn hatte: dieses von Herrn Schabowski gesprochene »sofort« und »unverzüglich« sofort und unverzüglich auf die Probe zu stellen.

»Hier zu sein ist eine Lust – Berlin, ick nehm' dir an die Brust!« Karel Gott hat diesen Satz gesprochen. Es waren die Schlußzeilen seiner bejubelten Begrüßungsansage, die ich für ihn geschrieben hatte, als er zum letzten Mal vor der Wende im »Palast der Republik« gastierte.

In der Nacht vom 9. zum 10. November 1989 nahmen die Berliner ihre langjährigen Bewacher an die Brust; genau so herzlich und jubelnd; denn die Genossen hatten den Schlagbaum an der Bornholmer Straße geöffnet. Es war der erste offene Übergang in jener Nacht.

Ich weiß nicht mehr, wann mir die Neun in den Sinn kam, die sich gleich zweimal präsentierte: einmal als Tagesdatum und einmal als Ziffernsumme der Jahreszahl 1989. Aber daß mir noch in der Nacht vom 9. auf den 10. November Gregor Mendels Sterbejahr 1884 und die Zahl 105 eingefallen war, weiß ich genau.

Mühlfenzels Besen

Worin sich der vorsichtige Mann vom leichtsinnigen unterscheidet und woran das zu erkennen ist, erklärten uns Conférenciers und Komiker zweier Generationen so: Der Vorsichtige sichert seine Hose doppelt, mit Gürtel und Hosenträger; der Leichtsinnige verzichtet auf beides und sagt sich, laß rutschen, irgendwo wird sie schon hängenbleiben!

Das Naturell Eures Vaters liegt genau zwischen diesen Extremen, was beruhigend wäre, tendierte es nicht gelegentlich übertrieben mal zu diesem, mal zu jenem Grenzpunkt – wobei über die zweifelhafte Notwendigkeit und Richtigkeit der Entschlüsse zusätzlich gelacht werden darf.

Mitte November 1990 war klar, daß dem Deutschen Fernsehfunk in Adlershof kein langes Leben mehr beschieden sein wird. Das »Hamburger Abendblatt« meldete am 16. November, daß ARD und ZDF schon am Abend des 2. Dezember auf dem Gebiet der ehemaligen DDR flächendeckend ihre Programme auf eigenen Senderketten ausstrahlen werden. Somit würde die ARD auch auf den Kanal von DFF 1 gehen und das ZDF zusätzliche Sender erhalten, um im gesamten östlichen Raum empfangen werden zu können. Dem DFF verbliebe demzufolge nur noch der Kanal von DFF 2, allerdings mit dem Vorbehalt, nur so lange senden zu dürfen, bis die Etablierung der neuen Rundfunkstruktur beschlossene Sache sein würde.

Am 26. November 1990 saß ich zum letzten Mal mit Heidi Weigelt am uns inzwischen liebgewordenen »Wunschbriefkasten«-Tisch in Adlershof. Da es keine Verabschiedung gab, gab es auch keine Tränen. Karl-Eduard von Schnitzler durfte wenigstens noch sagen, daß dies seine letzte und darum auch kürzeste Sendung sei. Heidi und ich erfuhren erst mit dem Verlöschen des letzten Scheinwerfers, daß dies das Ende war.

Es war mein letztes Fenster gewesen. Nun hatte ich nur noch den Rundfunk mit einigen Hörspielmitwirkungen, doch vor allem noch einmal die Chance, mit der altbewährten Zeile »Mit Lutz und Liebe« eine neue Reihe aufzuziehen. Mit dem Untertitel »Das volkstümliche Hit-Turnier auf Einundneunzigkommavier« gab ich den Hörerinnen und Hörern des Berliner Rundfunks Gelegenheit, um die Trophäe des »Goldenen Tuba-Sepps« zu streiten. Wie schon bei der Reihe davor und später auch bei meinem Mitwirken bei »Radio 50plus« recherchierte ich gründlich und lieferte den Hörern und Hörerinnen ein informatives, unterhaltsames und natürlich in erster Linie musikalisches Programm. Daß mir auch Hans-Georg Stengel, bekannt für seine Strenge in der Beurteilung von Sprache und Form, ein Lob aussprach, freute mich damals besonders.

Trotz allem war mir klar, daß auch diese für mich noch vorhandene Schiene bald ein Ende haben würde. Ein Gespräch mit dem Sender Freies Berlin bestätigte das.

Vereinbart war, daß zwischen meiner Reihe und der SFB-Montagabendreihe volkstümlicher Weisen ein Austausch der jeweiligen Siegertitel stattfinden sollte. Also wenn dies als ein erster Schritt zur Kontaktaufnahme zwischen Rundfunkmitarbeitern Ost und Rundfunkredakteuren West gedacht war, konnte ich ihn als mißglückt betrachten.

Unvergeßlich mein Telefongespräch mit Heiner Knapp vom SFB, das mich ungemein aufbaute, als er sagte: »Na ja, Sie machen das ohnehin nur noch so lang Sie das dürfen!«

Um mir diese erfrischende Mitteilung abzuholen, war ich 38 Kilometer weit bis Rudow gefahren. Dort war nämlich die für mich nächstbeste Telefonzelle auf Westberliner Boden.

Die Kooperation mit dem SFB entsprach dann auch dieser herzerwärmendenErklärung. Während ich regelmäßig, wie vereinbart, die jeweiligen Siegertitel der SFB-Reihe nannte und auch spielte und jeweils die Macher in der Masurenallee namentlich einbezog und grüßte, wartete ich vergeblich auf ein Echo.

Nun frage ich Euch, Söhne: Hätte ich mich da ärgern sollen oder es gar als Fehler betrachten, aus Sicherheitsgründen noch ein merkantiles Standbein gewählt zu haben? – Ihr wißt, was ich meine: Die »blueberry«-Textilhandels-GmbH, die am 29. November 1990 gegründet wurde und der ich als Geschäftsführer vorstand.

Diese Möglichkeit hatte ich gleich nach der Wende ins Auge gefaßt, als mir ein Freund, den ich schon fünfzehn Jahre kannte, eröffnete, seine zehn Jeansläden in den Ballungszentren des Rhein-Main-Gebietes aufgeben zu wollen, um in Berlin, seiner Heimatstadt, eine ähnliche Kette aufzubauen, nur konzentrierter und ausschließlich auf Ostberlin begrenzt. Begonnen hatte die Geschichte bereits 1975 im Frühling, auf neutralem Boden, in Karlsbad. Euer Vater war ja gelernter Handelskaufmann. Themen wie Wareneinkauf, branchenbübliche Warenkenntnisse, Absatz, Rechnungswesen, Organisation und Verwaltung eines Unternehmens waren ihm seinerzeit eingebimst worden. Aber wann war das? Und soll ich das gewesen sein? Nach sechsundvierzig Jahren war mir tatsächlich so, als würde ich von jemand anderem sprechen, der dies einmal studiert haben soll. So setzte ich mich hin und erweckte alte Vokabeln zu neuem Leben.

Was war unser Konzept? Und weshalb hatte ich mich in dieses Unternehmen so hineingekniet? Söhne, ich will es Euch sagen. Mein Anliegen war, vorerst nur mit diesem ersten Geschäft etwas Besonderes zu bieten. So schwebte uns vor, die »Jeansfarm Blueberry« neben ihrem eigentlichen Existenzzweck des textilen Einzelhandels auch noch zum Anlaufpunkt künstlerischen Schaffens zu machen. So inszenierten wir kleine Modenschauen, aufgelockert durch artistische Darbietungen, musikalisch belebt durch stilechte Country-Music. Das brachte tatsächlich Leben in den Laden und wirkte sich auch gut auf die Tagesumsätze aus. Ich hatte ein gutes Gefühl, Ostberliner Unterhaltungsleute einsetzen zu können, obgleich die Honorare, die wir zahlen konnten, nicht gerade berauschend waren.

Daß die Geschichte fünf Jahre lang funktionierte, allmählich aber nicht mehr, wäre bereits ein zweites Buch. Daß die Tageszeitungen Notiz von der Geschichte nahmen, mußte ich in Kauf nehmen. In einer Zeitung stand: »Lutz Jahoda, in der Ex-DDR als König der Volksmusik in Funk und Fernsehen gefeiert, ist jetzt ins Jeansgeschäft eingestiegen und der Unterhaltungsbranche trotzdem treu geblieben. Jeden letzten Freitag im Monat steht in seinem dreihundert Quadratmeter großen Laden JEANSFARM BLUEBERRY in Hohenschönhausen eine Band auf der Bühne, die Westernmusik spielt.«

Mit dieser freundlichen Notiz fand ich mich gut behandelt. Weniger gut behandelt empfanden sich die Mitarbeiter des Rundfunks in der Nalepastraße. Das Lied »Auf die Bäume, ihr Affen, der Wald wird gefegt« war inzwischen zu neuer Bedeutung aufgestiegen. Besenschwinger war der aus Bayern eingeflogene Rundfunkkoordinator und Medienabwickler Mühlfenzel. Mit Bravour fenzelte er die Rundfunkmitarbeiter aus den einzelnen Sendern, wobei er gelegentlich West mit Ost verwechselte. Als Mühlfenzel reiste er an, als »Mehlfunzel« reiste er ab. Es war ein undankbarer Job.

Mühlfenzels Besen erwischte mich am 29. Oktober 1991. Rundfunkdirektor Itzfeld bestellte mich für 15 Uhr 15 zu sich. Da Kollege Konrad Stopp für 15 Uhr eingeplant war, bedurfte es keines besonderen Hinweises, daß der neue Direktor kein langes Palaver wünschte. Ob nach mir noch jemand vorgesehen war, weiß ich nicht. Falls doch, wäre die Spanne von fünfzehn Minuten zu reich bemessen gewesen. So dauerte das Händeschütteln insgesamt länger als das, was mir Direktor Itzfeld mizuteilen hatte. Inhalt seiner knappen Rede war, daß meine Reihe »Das volkstümliche Hit-Turnier auf Einundneunzigkommavier« unter der neuen Senderaufteilung keine Chance haben werde, da die Produktionszukunft ein Konzept vorsehe, auch in den Sendeanstalten Ost computergesteuerte Programme zu fahren, die eine Arbeit in althergebrachter Form nicht mehr einbeziehe.

Am 16. Dezember 1991 meldeten die Gazetten: »Der beliebte Berliner Rundfunk bleibt weiter auf Sendung. Aus dem ehemaligen Staatsfunk in der Nalepastraße (Oberschöneweide) wird ab 1. Januar 1992 ein neues Privatradio. Rundfunkdirektor Itzfeld (45): ›Wir planen ein tolles Programm!‹« Damit wußte wenigstens ein Sender, wie es weitergehen wird. Ansonsten blieb die Berliner Medienzukunft ungewiß. Der Kabelrat verkündete: »Wir haben uns entschieden, nichts zu entscheiden!«

Grund dieses vorläufigen Entschlusses der obersten Aufsichtsbehörde für Frequenzen: »Erst muß ein gemeinsames Kontrollgremium aus Berlin und Brandenburg gebildet werden.« RIAS 2 verstand die Welt nicht mehr und wetterte: »Die roten Socken vom Berliner Rundfunk werden gerettet, RIAS 2 läßt man sterben!«

Ich war froh, aus der Sache heraus zu sein.

Der einzige »Überlebende« vom alten Berliner Rundfunk war Jürgen Karney. Ihn machte Itzfeld zum neuen Programmchef des privaten Berliner Rundfunks. Sein Einstiegsspruch, »den SFB stecken wir locker in die Tasche«, kam mir vor, als hätte ich gesagt, die Jeansfarm Blueberry wird KARSTADT das Fürchten lehren.

1991 war kein gutes Jahr gewesen. Unser Jeansfarm-Geschäft war kaum eröffnet, da hatten sich schon die ersten Ganoven eingestellt. Mit einer kräftigen Zugmaschine waren sie gekommen und hatten mit Hilfe einer Kette von einem der Fenster das Gitter aus dem Mauerwerk gerissen. Wenig später stiegen dieselben Brüder noch einmal ein; doch mieden sie diesmal die Fenster, deren Gitter inzwischen verstärkt im Mauerwerk verankert waren, und ließen sich in einem Lüftungsschacht vom Dach aus in den Verkaufsraum hinunter. Rififi in Ostberlin!

Am 31. Januar starb Euer Bruder Peter, am 8. November Yves Montand und noch im selben Monat verließ uns Helga Hahnemann für immer. Nur vierundfünfzig Lebensjahre waren ihr vergönnt gewesen. Als ich meinen fünfzigsten Geburtstag feierte, hatte sie mir einen ramponierten Strohhut geschenkt, der mich wahrscheinlich dezent daran erinnern sollte, daß nun die schäbigen Jahre beginnen.

Dem letzten großen Musikwerk des DFF mit dem Titel »Wir werden die Maus schon fleddern«, aufgezeichnet vom 20. bis 25. April 1991 in den Johannisthaler Ateliers unter der Regie von Günter Stahnke, war schon deshalb kein Erfolg beschieden, weil das Werk kein einziges Mal zur Aufführung kam. Ich spielte darin die Rolle des Teufels, der die Puppen tanzen läßt. Eine der Puppen war Simone Thomalla.

Auch für Frank Elstner begann das Jahr nicht gerade glücklich Seine Produktion »Nase vorn« war vom ZDF im Dezember 1990 nach nur zwei Jahren Laufzeit gekippt worden.

Am 31. Dezember 1991, pünktlich um Mitternacht, gingen in Adlershof die Lichter aus. Die ehemals größte Fernsehanstalt Europas gab es nicht mehr. Eine 39 Jahre und elf Tage währende Geschichte war zu Ende.

Über die Mühe, ein Radio für Senioren zu machen

Rentner haben niemals Zeit. Über diese Behauptung lachte ich nur bis zu jenem Tag, da ich selbst Rentner wurde. Doch da war es schon zu spät. In einem Moment hellsichtigen Verharrens reimte ich:

»Die Weiber zum Teufel jagen,
das Geld nur aufs Konto tragen,
nur einmal am Tag warm essen,
das Trinkgeld für'n Kellner vergessen:
Nur so, und ohne Alimente,
kommt man gut über die Rente!«

Dann rechnete ich mir auf Heller und Pfennig aus, wie reich ich jetzt wäre und geißelte mich weiter, indem ich mir gemeinerweise auch noch die monatliche Summe aufschrieb, von der ich unbekümmert hätte leben können, ohne damit den Kontostand auch nur um eine Mark zu vermindern. Schließlich war ich noch so grausam, mir vorzustellen, niemals nach Karlsbad gereist zu sein und demzufolge auch keine Westkontakte gehabt zu haben.

Was zählte da noch der Trost, zeitlebens von Alimenten verschont geblieben zu sein? Allenfalls schmerzlindernd empfand ich den Gedanken, mich als Pensionär nicht auf die faule Haut legen zu müssen. So drehte sich im Herbst 1993 mein Arbeitskarussell besonders heftig. Ich ritt auf mehreren Pferden, von denen allerdings kein einziges neu lackiert war, geschweige so stabil, daß ich mir hätte sicher sein können, für die nächsten drei Jahre fest im Sattel zu sitzen.

Bereits im August 1993 hatte die »Märkische Allgemeine Zeitung« von der geplanten Gründung eines Radio-Senders für Senioren berichtet, worauf sich ein Leser aus Stahnsdorf zu Wort meldete und diese Initiative begrüßte. In seiner Zuschrift wetterte er über das Gedudel und Getöse der vielen Sender entlang der Skala seines Radios, das er deshalb kaum noch einschalte, außer um gelegentlich DS-Kultur zu hören. Die ältere Generation, die eine große Gruppe ausmache, suche oft vergebens nach Sendungen, die ihre Gefühle, Gedanken, Musikerinnerungen auf gemütvolle, engagierte und ansprechende Weise zum Ausdruck brächten. Auch habe er bereits den Medienrat gefragt, wann endlich eine Radio-Frequenz für Ältere genehmigt werde, worauf ihm geantwortet worden sei, daß dies in absehbarer Zeit geschehen könnte, vorausgesetzt, RADIO 50plus könne die noch offenen Fragen der Finanzierung befriedigend beantworten.

Um die Finanzierung war es dann wohl noch über Monate hinweg gegangen, sowie um die geschäftlich so wesentliche Streitfrage: Sind Menschen, die das fünfzigste Lebensjahr überschritten haben, für die Werbung noch interessant? Eine Gruppierung vertrat die Meinung, daß alte Menschen bereits festgelegt seien; demnach auf eingeschliffene Kaufgewohnheiten und ihnen seit Jahren vertraute Waren fixiert, also für jegliche Werbung uninteressant. Eine andere Gruppe wiederum stützte sich auf die Untersuchung eines bayrischen Instituts für Meinungsforschung und behauptete, daß gerade die älteren Leute, die so viel entbehren mußten, inzwischen aber zu Geld gekommen waren, erst jetzt, wenn die erwachsenen Kinder aus dem Haus sind, Lust aufs Leben bekämen, Freude am Konsumieren hätten und demzufolge auf erfrischende Weise neu und aufgeschlossen den Verlockungen geschickter Werbung gegenüberstünden.

Wie es aussieht, streiten sich die Experten heute noch, wobei diejenigen, die ihre Zielgruppe in der Jugend sehen, eindeutig in Führung liegen.

Schon 1992 hatte Peter Bosse für Samstag, den 12. Dezember – in Übereinkunft mit Wim Thoelke und unter Mithilfe des Veranstaltungsdienstes beim Bezirksamt Reinickendorf – zu einem musikalisch heiteren Nachmittag in den Ernst-Reuter-Saal im Rathaus Reinickendorf eingeladen.

Am 10. Dezember war in den Zeitungen zu lesen: »RADIO 50plus, das private Hörfunkprogramm für Senioren in Gründung, kommt nach Reinickendorf. Dem Sender blieb bisher eine Lizenz und damit auch die Frequenz vorenthalten. Eine Übertragung der vorweihnachtlichen Live-Show unter dem Motto ›Wir wollen Wellen machen‹ ist daher nicht möglich und wird deshalb von den Machern mehr als Trockenübung verstanden. Peter Bosse freut sich dennoch: ›Viele bekannte Künstler werden dabei sein: Ted Herold und sein Rockorchester, Bert Beel und Steffi, Lutz Jahoda, die Schöneberger Sängerknaben, Peppi Zahl und das Große Rundfunk Berlin Tanzorchester. Alle Mitwirkenden verzichten auf ihr Honorar, um die Idee des Seniorenfunks zu unterstützen.‹«

Der Saal war bis auf den letzten Platz besetzt. Wim Thoelke im Publikum. Ich sang live ein Medley altbekannter Schlager der zwanziger Jahre, beginnend mit »Wenn die Elisabeth nicht so schöne Beine hätt« und abschließend mit dem Lied »Schönes Wetter heute – und so nette Leute«. Das paßte, weil das Publikum freundlich war und das Wetter auch. Es gab viel Applaus, und auch Wim Thoelke klatschte begeistert und strahlte. Dann stand auch er auf der Bühne, fand begeisternde Worte für die Senioren im Saal, dankte für die Unterstützung durch das Bezirksamt und die Mitwirkenden, und griff zum Schluß zur Blockflöte, seiner Alternative zum größten aller Blasinstrumente, dem Sousaphon. Er blies das »Spatzenkonzert«, erst als Solo, dann begleitet vom Rundfunk Berlin Tanzorchester, und erntete langanhaltenden Beifall.

Schade, daß Thoelke unmittelbar nach der Veranstaltung in Reinickendorf gleich wieder zum Flugplatz mußte und wir keine Zeit zu einem Gespräch fanden.

»Wir sind ein Jahrgang«, sagte ich. Und Thoelke antwortete: »Ja, ich weiß.« Da standen wir schon an der Tür. Er sah müde aus. Draußen war es bereits dunkel, und es war kühl geworden.

Vor dem Bühneneingang unter den Bäumen wartete ein Taxi, und eine Stimme rief: »Die Benzinkutsche nach Tegel!« Thoelke gab mir die Hand, lächelte und sagte: »Es war ein toller Auftritt! Danke!«

»Ich hab zu danken!« sagte ich und hielt ihm die Tür auf. »Wir sehen uns sicher bald«, rief er mir noch zu, als er schon draußen stand, »dann können wir in Ruhe reden!«

Ich sah ihm nach, wie er in seinem langen, dunkelblauen eleganten Stadtmantel zur Taxe ging, und ich hatte das beklemmende Gefühl, ihn so leibhaftig vor mir das letzte Mal gesehen zu haben.

Drei Tage später – ich war fast schon aus der Tür, um nach Cottbus zu einer Veranstaltung mit Margot Ebert zu fahren – rief mich Peter Bosse an. Er sagte, daß er sich auf diesem Wege noch einmal für meine Mitwirkung bedanken wolle, mir aber gleichzeitig die traurige Mitteilung machen müsse, daß Kurt Wyberneit, einer der drei Spree-Athener, am Sonntag, dem 13. Dezember, einer plötzlichen Herzattacke erlegen sei. Nun kannte ich ja die drei singenden Musikanten, hatte schon oft mit ihnen auf der Bühne gestanden und ihr Spreeathenlied mitgesungen, war mir aber nicht sicher, welcher von ihnen Kurt Wyberneit war.

»Er spielte das Bandoneon«, klärte mich Peter Bosse auf. Da wußte ich, daß es der mit dem traurigen Woody-Allen-Gesicht war.

Noch während der Fahrt nach Cottbus sprach ich die folgenden Zeilen in mein Diktiergerät:

> »Der Tod liebt die Geselligkeit,
> schaut gern sich um im Lachen;
> er haßt die Tag- und Nachtarbeit
> und muß sie trotzdem machen.«

An jenem Samstagnachmittag im Dezember 92 muß sich Gevatter Hein Zeit gelassen haben, als er auf der Bühne im Reuter-Saal zu Reinickendorf Umschau hielt und an drei Künstlern Gefallen fand: Kurt Wyberneit, Peppi Zahl und Wim Thoelke. Warum er sich den Bandoneonspieler gleich am nächsten Tag holte, gehört zu den Geheimnissen, die nicht von dieser Welt sind.

Das Kalenderblatt über dem Telefon zeigte den 30. Oktober 1993 an. Peter Bosse war am Apparat und teilte mir mit, daß RADIO 50plus die Sendelizenz erhalten habe und dem Sender die Frequenz 105,5 erteilt worden sei.

Da war sie wieder, die 105! Und sagt jetzt nicht, der Alte spinnt! Die Fünf hinter dem Komma kann mich nicht irritieren!

Ich mache es kurz: Hundertfünfkommafünf war keine gute Frequenz. Schnell stellte sich heraus, daß dieser Sendeplatz mit den alten Radios, wie die meisten Senioren sie noch hatten, gar nicht zu empfangen sein würde. Auch war das Datum der Frequenzvergabe nicht gerade als Geschenk an den Sender zu werten, weil in der zweiten Jahreshälfte kein Werbevertrag mehr für das kommende Jahr zu erlangen war.

Die nächste Information von RADIO 50plus erreichte mich erst wieder am 14. Januar 1994. Inhalt der Nachricht: Sendestart zu Ostern. Meine Aufgabe: Einmal wöchentlich eine Musiksendung mit eingestreuten Wortbeiträgen zu gestalten. Dauer: Zweimal fünfzig Minuten zwischen 20 Uhr und 22 Uhr. Wiederholung der auf Band aufgenommenen Sendung an einem anderen Wochentag zwischen 12 und 14 Uhr.

Ich stürzte mich noch einmal in die Arbeit, einfach aus Lust an der Freud' und ohne nach dem Honorar zu fragen. Schließlich hatte Peter Bosse auch nur genickt, als ich ihn bat, für ein geringes Entgelt durch zwei Modeschauen der »Jeansfarm Blueberry« zu führen. Daß er die Aufgabe hervorragend absolvierte, verdient ein zusätzliches Lob. Sein freundschaftlicher Einsatz sei hiermit festgeschrieben.

Acht Monate lang produzierte ich mit Matze Schramm, dessen Visitenkarte ihn als Spezialisten für »Music und Soundproductions« auswies, Woche um Woche zweimal fünfzig Minuten. Dann wurde RADIO 50plus die Produktionszeit im Studio Hessenwinkel zu teuer. Matze schien froh, nach siebenunddreißig produzierten Hundertminutenfolgen die Klänge endlich aus den Ohren zu haben, mit denen er sich, wie er sagte, nur mir zuliebe abgegeben hatte, und offenbar glücklich, endlich wieder die Musik spielen zu können, die ihm am Herzen lag.

Auch ich war nicht unzufrieden, weil mir die langen Produktionszeiten immer einen ganzen Tag geraubt hatten und ich mein schlechtes Gewissen loswerden konnte, jedesmal Matze als Kurier mißbrauchen zu müssen, das fertige Sendeband nach Berlin-Mitte zu bringen.

Am 16. Januar 1995 saß ich zum ersten Mal in einer der gläsernen Kabinen des Studios im dritten Stock des Marstallgebäudes. Hervorragend unterstützt wurde ich von einem wendigen Burschen, den im Studio alle nur Willi nannten. Er war damals, wie mir schien, der Einzige im Sender, der technisch über den Dingen stand. Nicht selten wurde er mitten in der Nacht aus dem Bett geklingelt, um irgendeinen Defekt zu beheben. Ein cooler Typ, wie man heute sagen würde, und für den Sender wahrscheinlich heute noch unentbehrlich. Neunzehn Folgen produzierte ich mit Willi. Für die jeweils hundert Minuten benötigten wir kaum länger als zwei Stunden. Dabei betreute er zwischendurch noch die Nachrichten, die Wettermeldungen und die Verkehrsdurchsagen. Er war der Mann, den private Sender brauchen.

Am 29. April 1995 feierte RADIO 50plus sein einjähriges Bestehen mit einer Livesendung aus dem Informationszentrum unterhalb des Fernsehturms am Alexanderplatz. Da war schon bekannt, daß es eine Umgestaltung des Senders geben würde.

Peter Bosses Plan, pharmazeutische Konzerne als Sponsoren zu gewinnen, war offenbar mißlungen. So hatte er vorgehabt, in Verbindung mit medizinischen Ratgeberfolgen, eine Art verdeckte Werbung zu betreiben, die er natürlich so nicht benannte. Experten dürften ihm diese Idee schnell ausgeredet haben. Dennoch wollten die Geldgeber endlich Werbeeinnahmen sehen. Und weil weder Kukident noch Corega-Tabs Anzeigen schalteten und auch keine namhafte Kosmetikfirma über RADIO 50plus ihre Antifaltencreme anpreisen wollte, und auch kein Hersteller von Hämorrhoidensalbe am »Sender für Erwachsene« Interesse zeigte, sah es bitter aus.

Was nützte da der Einsatz guter Mitarbeiter? Jürgen Rummel gab sein Bestes. Seine Nachtsendung für Leute, die nicht schlafen können oder dürfen, konnte kaum besser gemacht werden. Auch die Talkrunden am Nachmittag mit Politikern, Wissenschaftlern und Künstlern waren nicht nur informativ, sondern auch unterhaltend. Und auch der Vormittag mit Frau Professor Doktor Weißbach-Rieger half nur den ratsuchenden Rentnern, doch nicht den Gesellschaftern oder Aktionären oder wie auch immer sich die Leute nannten, die ihr Geld im Sender hatten. Auch wenn es nur das Geld war, das ohnehin sonst nur das Finanzamt hätte bekommen müssen.

Die Warner, daß mit einem privaten Radio für Senioren nichts zu verdienen sei, hatten recht behalten. Und es sieht aus, daß sich daran nichts ändern wird. Old is out! Lediglich die Fernsehwerbung bedient sich ab und an alter Gesichter, doch nur, um über die Schiene der liebenswert vertrottelten oder gewitzten Alten die Jugend zu erreichen. Johannes Heesters hatte mit 95 noch den Humor, bei so einem Werbespot mitzumachen. Für Simone Rethel, Heesters junge Frau, eine wohltuende Aufbesserung der Haushaltskasse. Eine ähnliche Aufbesserung, allerdings gleich in Millionenhöhe, hätte das junge Radio für alte Leute benötigt.

Immerhin durfte ich noch einen ganzen Monat länger als geplant. So wurden es siebenundfünfzig Folgen. Am 31. Mai 1995 war endgültig Schluß. »Mit Lutz und Liebe« gab es nicht mehr.

Als RADIO 50plus verkündete, ab sofort SPREERADIO zu heißen, verschwendete ich keinen Gedanken mehr an den Sender, dem dreizehn Monate lang mein Herz gehörte. Nur einmal noch schaltete ich das Radio an, um zu hören, was sich auf 105,5 so tat. Ich hörte Wim Thoelke, dem es gesundheitlich nicht mehr gut ging. Er hatte eine Sendereihe übernommen, und er tat mir leid, weil zu hören war, wie wenig Spaß es ihm machte. Wim war ein leidenschaftlicher Pilot gewesen, doch glaube ich kaum, daß er deshalb seine Freude an den Flugzeugen gehabt hätte, die Berlin-Tegel ansteuerten und mit ihrem Funkverkehr zwischen Aircraft und Tower den Sendebetrieb von RADIO 50plus beziehungsweise SPREERADIO störten.

Glücklicherweise blieb ihm erspart, sich das Ergebnis der jeweiligen Ausstrahlungen anhören zu müssen. Ich hatte mir diensteifrig Woche für Woche Folge um Folge angehört.

Hier die besonders stimmungsvolle Kostprobe eines Mitschnitts:

LUTZ: Freunde, was kann's Schöneres geben,
noch im tiefen Februarschnee
träumend wie im Mai zu leben,
als gäb's Hummeln schon und Klee!

DAZWISCHEN DER FUNKVERKEHR:
»Cleared for approach runway 08 left!«
»Cleared to land runway 08 left, Wind 100 ...«
»Cleared to land ...«

Wim Thoelke starb am 26. November 1995. Ein halbes Jahr nach der Umbenennung des Senders. Mit ihm starb auch mein wundes Gewissen, als Hörer zum Berliner Stadtradio auf die Frequenz 88,8 übergewechselt zu sein.

Der Sender müsse endlich an die aktiven tennisspielenden Mittfünfziger ran, ließ der neue Powermann von SPREERADIO, Stephan Schwenk, verlauten. Die Gesellschafter hatten den einunddreißigjährigen Nürnberger nach Berlin beordert, um das Ruder herumzureißen.

Inzwischen dürfte es sich herumgesprochen haben, daß es aktive tennisspielende Mittfünfziger im Osten Berlins so häufig gibt wie Golfspieler in der Sahara.

Ich wünschte SPREERADIO dennoch alles Gute.

Die Hinterhältigkeit der verschwiegenen Wahrheit

In der Nacht vom 18. auf den 19. Januar 1996 träumte mir, daß Erich Honecker die Pankower »Jeansfarm«-Filiale besuchte. Er war mit dem Fahrrad gekommen, sah vielleicht deshalb so frisch aus, hielt sich aufrecht und machte insgesamt keine schlechte Figur. Nur das blaue Auge störte etwas, obwohl es, Ton in Ton, gut zu seinem Blauhemd paßte. Er trat auf mich zu, wunderte sich nicht im geringsten, daß ich Jeanshemden zählte, sagte »Freundschaft!« und kam sofort zur Sache: »Lotte hat mich geschlagen!«

»Lotte?« fragte ich.

»Lotte«, wiederholte er, »nicht Margot!« Und als er meinen ratlosen Blick sah, stampfte er ungeduldig mit dem Fuß auf, wobei ihm die Fahrradklammer vom Hosensaum fiel. Erichs kämpferisch geballte Faust schwang wie das Pendel eines Metronoms vor meinen Augen, und dahinter röhrte seine immer wieder in den Fistelbereich kippende Stimme: »Lotte gibt mir die Schuld an allem! Da sagte ich: Dein Walter hat doch den ganzen Scheiß eingerührt! Da hat sie mir ihre knochige Faust aufs Auge gedrückt.«

Erich machte eine soldatisch perfekte Kehrtwendung, bückte sich, um die Fahrradklammer aufzuheben, und verließ den Laden.

Als ich aufwachte, wußte ich auch noch, daß ich mir Vorwürfe gemacht hatte, ihm nichts mitgegeben zu haben. Ich meine, wenn ich ihm schon keine Jeanshose unter den Bügel des Gepäckhalters klemmen konnte, so hätte ich ihm wenigstens einen Luftballon mit der Aufschrift JEANSFARM BLUEBERRY an die Lenkstange binden können.

Am Morgen nach diesem Traum – es war ein Freitag – erfuhr ich von meiner Sparkasse, daß das Finanzamt für Körperschaften von meinem Privat-Giro-Konto die Pfändung von 2.035,00 DM veranlaßt hatte.

»Wieviel hab ich jetzt noch?« fragte ich.

»Achtzehn Mark und zweiundvierzig Pfennige«, sagte die freundliche Dame am Schalter.

Da war ich froh, daß die fälligen Summen für Strom und Wasser sowie alle Versicherungsbeiträge schon abgebucht waren.

Honecker war bereits tot. 1994 war er im Exil in Chile verstorben. Ich war immer noch in Berlin, aber beide waren wir pleite. Während ihn die Geldknappheit nicht mehr behelligte, hatte Margot immerhin eine warme Bude und blühenden Hybiskus und Zitrusfrüchte vorm Fenster. Ich hatte kaum noch Holz und Briketts im Vorratskeller, und draußen waren es nachts zwölf Grad minus. Glaubt mir, Söhne, man ist einfach nicht mehr der Mensch, der man vorher war, wenn einem per Postzustellungsauftrag der Obergerichtsvollzieher Pfändungs- und Überweisungsbeschlüsse ins Haus geschickt hat.

Irgendwer meinte, ich dürfe stolz sein, mich mit den Jeansläden so lang über Wasser gehalten zu haben; andere seien schon nach anderthalb bis zwei Jahren pleite gegangen.

Also, paßt auf: Damit nicht noch jemand auf die Idee kommt,

meiner Tüchtigkeit Bewunderung zu zollen, muß ich den goldenen Lorbeer für merkantile Hochseilartistik an unseren Westfreund weiterreichen, der Quinta und mich, ohne Netz und Sicherheitsleine, an den Balancierstangen seiner Täuschungskunst fünfeinhalb Jahre lang über das Schlappseil der freien Marktwirtschaft laufen ließ.

Mit dem Paul-Nipkow-Teleclub zurück nach Adlershof

Nahezu ein ganzes Jahrhundert habe ich Euch zugemutet und viel zu viel Text in einer Zeit, die nur noch Kürze und bewegte bunte Bilder verträgt. Berufliche Schlußpunkte sind selten erfreulich. Außer man stirbt, dann gibt es meist einen schönen Nachruf.

Ich muß noch ein Ehrenamt erwähnen, in das mich Fernsehmitarbeiter des einstigen Deutschen Fernsehfunks beriefen. Zum Zeitpunkt dieser Niederschrift bin ich bereits fünf Jahre lang der Vorsitzende des Paul-Nipkow-Teleclubs e.V., einer Vereinigung nimmermüder Fachleute, die gegenwärtig mit mehreren Projekten befaßt sind. Besonders am Herzen liegt uns die Langzeitdokumentation über die Entstehung der neuen Medien- und Wissenschaftsstadt Adlershof/Johannisthal.

Wir sind ein Club rund ums Fernsehen, mit einem kleinen Büro in der Media-City Adlershof. Der Paul-Nipkow-Club bietet schöpferische Gestaltungsmöglichkeiten im TV-Bereich, Mitarbeit an kulturellen Veranstaltungen, widmet sich der Erforschung und TV-Dokumentation von Stadtgeschichte, stellt Kontakte zu kulturellen Nachbarvereinen und Institutionen her und organisiert anregende Gespräche über Fernsehen, Rundfunk, Film und Kunst mit Profis und TV-Prominenz.

Es ist ein seltsames Gefühl, wieder auf diesem geschichtsträchtigen Gelände zu sitzen. Hier war ich eine Zeit lang Teil der Fernsehunterhaltung, die nach der Wende keiner mehr haben wollte, an die sich aber heute immer mehr Menschen gern erinnern. Mit unserem Clubnamen erinnern möchten wir an jenen Mann, der als Jungingenieur in Berlin im Januar 1884 das Deutsche Reichspatent Nr. 30105 erhielt, »für einen Apparat, der ein an einem Ort A befindliches Objekt an einem beliebigen Ort B sichtbar machen kann«.

Es ist das erste deutsche Fernsehpatent, ausgestellt zehn Jahre vor der Erfindung der Kinematographie. Da war Paul Nipkow noch keine 24 Jahre alt.

An die Pioniere der Luftfahrt wurde ich erinnert und damit an meinen Kindheitswunsch vom Fliegen, als Klaus Ahlgrimm, Kameramann und Mitglied unseres Vorstands, einen Zehn-Minuten-Beitrag über die letzte Flugschau auf dem flughistorischen Gelände in Johannisthal drehte und mit Flugkapitän Jürgen Hahmann von einer Cessna aus das einstige Fernsehgelände in Adlershof filmte, das mit dem angrenzenden Areal eines Tages zum voll ausgebauten Wissenschafts-, Wirtschafts- und Medienstandort Berlins avancieren wird.

Der Traum vom Fliegen, wie ihn sich Antoine de Saint-Exupéry, der Flugpionier, Schriftsteller, Philosoph und Erfinder des »Kleinen Prinzen«, als Postflieger noch erfüllen konnte, oder Hardy Krüger, der Filmschauspieler und Reiseberichte schreibende Weltenbummler, diese grenzenlose Freiheit der Lüfte, die heute längst keine mehr ist, war für mich ein Traum von Gestern geblieben. Dafür war mein zweiter Kindheitswunsch Wirklichkeit geworden: Berlin. Eine traurige Wirklichkeit. Erst die Trümmer, dann die Teilung. Nahezu dreißig Jahre lang blieb mir der Westen dieser Stadt verschlossen. Viel zu lang, um mir Berlin als Einheit wieder vertraut zu machen; die Zukunft viel zu kurz, um mir Berlin neu zu erobern. Dennoch keine Resignation, auch wenn so vieles wohl niemals ins Lot kommen wird. Die Welt bleibt aus den Fugen. Sich in ihr dennoch zurechtzufinden, wird nach wie vor das Kunststück bleiben, zu dessen Bewältigung der Mensch ein ganzes Leben braucht.

Mitteilungen von Mama und Papa an Fabian, unseren Jüngsten

Lieber Fabian, dieses letzte Kapitel ist nur Dir und Deiner Mama gewidmet. Wenn Du es selbst wirst lesen und verstehen können, werde ich nicht mehr an Deiner Seite sein, aber bestimmt irgendwie doch, ungefähr so, wie ich immer das Gefühl hatte, auf wundersame Weise behütet zu werden.

Noch bin ich bei Euch und genieße jede Minute, jede Stunde,

jeden Tag. Du hast eine Mama, wie man sie sich nur wünschen kann: die beste! Und Deinem Lächeln entnehme ich, daß Du auch mit mir zufrieden bist.

Ich bin nicht mehr der Jüngste, habe inzwischen 74 Lenze auf dem Buckel, doch auf dem Heiratsmarkt geschätzt, ginge ich angeblich noch als Spätvierziger über die Bühne. So behauptet das jedenfalls Deine Mama, wenn sie es gut mit mir meint. Und sie meint es immer gut.

Von Zeit zu Zeit bemühen sich die Medien mit viel Verve und Geschick, allen Männern über sechzig den Spaß an der Freud zu vergällen, mit einer »deutlich Jüngeren« Tisch und Bett zu teilen. Von Clint Eastwood, Woody Allen, Tony Curtis, Alain Delon, Belmondo, Pavarotti, Carreras, Heinz Konsalik, Konstantin Wecker, dem Jüngsten in der Reihe der »Spätpubertierenden«, bis hin zu Anthony Quinn und Johannes Heesters, den Altmeistern der Überlebenskunst, mußten schon ziemlich viele aus der Prominentenriege daran glauben.

Harald Schmidt, der von seinen Ghostwritern täglich mit Pointen wohlversorgte Latterman aus Köln, ließ sich nicht die Gelegenheit nehmen, in einer seiner Nachtsendungen die Idealmaße eines Mannes bekanntzugeben: 30-80-40! 30 Millionen auf dem Konto, 80 Jahre auf dem Buckel und 40 Grad Fieber!

Vom »lächerlichen Wesen« über den »Rentner von der traurigen Gestalt« bis hin zum »ranzigen Mann« und der Frage: »Was ist bloß dran am alten Sack, dessen Geburtstagstorte immer mehr einem Fackelzug gleicht?« bieten derlei Beiträge eine Menge unterhaltsamer Frechheiten. Mich amüsiert so etwas. Deine Mama kann nicht darüber lachen und möchte am liebsten gleich Gegendarstellungen verfassen.

»Hab ich dreißig Millionen?« fragte ich Deine Mutter. Es war kurz vor dem ersten.

»Du hast nicht einmal dreißig Mark«, meinte sie.

»Oder wachsen mir etwa Haarbüschel aus den Ohren?«

An dieser Stelle lächelte sie bereits.

»Oder siehst du vielleicht schon Grabveilchen an meinen Händen?«

»Natürlich nicht, und eben drum!«

Mama war richtig in Fahrt, nahm Kugelschreiber und Papier, setzte sich hin und schrieb. Nicht an Harald Schmidt und auch nicht an die Zeitschrift mit dem Stern auf dem Titelblatt, sondern an Dich, lieber Fabian, damit für jetzt und alle Zeiten klar sein sollte, daß die Beziehung zwischen Deiner Mama und mir absolut gar nichts zu tun hat mit den Fällen, die von den Medien immer wieder gern aufgewärmt und durch die Mangel ihrer Pseudomoral geleiert werden.

Hier die Niederschrift Deiner Mutter:

Es war an einem Freitag, ich war nicht gerade bester Laune, weil in dieser Woche die Geschäfte nicht so gelaufen waren, wie ich es mir gewünscht hatte, und so war ich, um auf andere Gedanken zu kommen, mit meiner Nichte nach Rudow gefahren. Das mußte man damals noch, wenn man in Zossen wohnte und zum nächstliegenden McDonalds wollte.

In meinem Autoradio hatte ich einige Sender einprogrammiert, darunter auch RADIO 50plus, und ausgerechnet den hatte ich eingeschaltet, als wir von McDonalds wieder Richtung Zossen fuhren.

Ich hörte das musikalische Motto, »Gruß und Kuß mit Lutz und Liebe, nichts soll uns dabei stör'n! Gruß und Kuß mit Lutz und Liebe für alle, die uns hör'n!«, und dachte: Da bleibste dran, das ist die wöchentliche Musiksendung mit Lutz Jahoda, mal hören, was er heute für ein Thema hat! Und da sagte er es auch schon: Es war die zweite Folge der dreiteiligen Peter-Alexander-Serie!

Da blieb mir der Mund offen, ich glaubte zu träumen, aber es war und blieb so: 50 Minuten lang Musik mit Peter Alexander und Plaudereien rund um seine Person. Ich weiß nicht, wer oder was mir diesen Zufall schickte. Du mußt wissen, Fabian, daß Peter Alexander für mich so etwas wie ein Elixier für gute Laune war und eigentlich bis heute geblieben ist. Hatte ich Ärger oder sonst was für Probleme: zwei, drei Titel, gesungen von Peter Alexander, und schon ging es mir besser! Daß an diesem Freitag ohne mein Zutun Peter Alexander zu singen anfing, als ich, trotz McDonalds, immer noch schlechter Stimmung war, erschien mir wie ein Märchenzauber besonderer Art. Der Tag war gerettet!

Meine Nichte saß stumm wie ein Mäuschen neben mir. Sie wußte, wenn Peter Alexander singt, hat Ruhe zu herrschen. Die ganze Familie wußte das. Und Du, Fabian, wirst es auch bald wissen, daß Deine Mami schon im zarten Alter von sechs Jahren für

Peter Alexander schwärmte. Da wußte ich noch nicht, wer das war, der da sang. Aber die Stimme gefiel mir, wie sie offenbar auch Dir sofort gefiel, nachdem ich, weil Du weintest, eine CD auflegte und Du sofort still wurdest, als Peter Alexander zu singen anfing.

Schon vor der Wende hatte ich begonnen, Peter-Alexander-Schallplatten zu sammeln. An dieser Stelle muß ich lachen: es waren nur zwei, die ich ergattern konnte. Für andere Sammler allerdings, die keine der beiden Langspielplatten erwischen konnten, war das viel. Wie hoch die Auflage der Lizenzübernahmen war, weiß ich nicht, aber sie war in jedem der beiden Fälle zu niedrig. Die erste Lieferung war kaum in den Geschäften, da verschwand ein Stapel gleich unter den Ladentischen der Verkäuferinnen und Verkäufer. Und nach der Wende, da gab es natürlich eine schöne Auswahl, aber viele der alten Aufnahmen waren inzwischen vergriffen, so daß ich mich an die Fanclubs wenden mußte, die den Engpaß zu nutzen wußten und gepfefferte Preise verlangten. Inzwischen habe ich eine stattliche Sammlung und bin bestens informiert über alles, was Peter Alexander betrifft. Zu diesem Thema würde ich jedes Frage- und Antwortspiel gewinnen.

Ich fuhr langsam und spitzte die Ohren. Der Sender kam nicht besonders gut, aber gut genug, um alles zu verstehen, was Papa erzählte. Das meiste kannte ich. Die Jugendstreiche Peter Alexanders waren das Thema. Das Lied »Tom-Tom-Boy« war vorbei, Papa sprach weiter und sagte wörtlich: »Da muß Peter Alexander ungefähr so alt gewesen sein wie der Junge, der gerade eben im Duett mitgesungen hat!«

»Hoppla«, dachte ich, »was war denn das? Was denn für ein Junge? Das war doch Peter Alexanders Tochter Susanne im Duett mit ihrem Papa!

So setzte ich mich, kaum zu Hause angekommen, hin und schrieb einen Brief an RADIO 50plus, zu Händen von Herrn Lutz Jahoda. Die Antwort kam schneller, als ich erwartet hatte. Und was stellte sich heraus? Der Fehler war eine versteckt eingebaute Preisfrage gewesen, ohne Ankündigung einfach beiläufig frech eingestreut, um die Aufmerksamkeit der Rundfunkhörer zu testen und das Wissen um einen Star und dessen Aufnahmen.

Die Aufmerksamkeit der Hörer an diesem Tag mochte entweder nicht groß gewesen sein, oder die Hörer im Preußischen kann-

ten meinen Peter Alexander und seine Aufnahmen nicht so gut wie ich, oder sie kamen einfach nicht auf die Idee, irgendwelche Zweifel zu hegen, weil es Papa war, der so souverän und glaubwürdig durch die Sendung führte.

So war ich die Einzige gewesen, die den Fehler bemerkt hatte. Papa erzählte mir das später und vertraute mir auch an, daß er wegen des Preises ein wenig in Druck war. Der Sender war arm, spendierte lediglich kleine Trostpreise, aber lumpen lassen wollte sich Papa auch nicht, und so tat er etwas, was andere Sender auch schon praktiziert hatten: Er machte sich selbst zum Hauptpreis, und ich gewann somit einen Tag an der Seite von Lutz Jahoda.

An dieser Stelle muß ich mich einschalten und gestehen, daß ich auf die Idee mit dem Tag an meiner Seite erst gekommen war, als ich Mamas Bild betrachtete, das sie raffinierterweise ihrem Brief beigelegt hatte. Es war ein Amateurfoto, ein wenig unscharf, aber ausreichend schön, um mein Interesse zu wecken. Der Brieftext war geschickt abgefaßt. Ich las ihn mehrmals und kam mir vor wie ein erfahrener alter Hecht, der den Köder wohl sieht und weiß, was er bedeutet, aber schon ahnt, daß er der Versuchung nicht wird widerstehen können.

Ich muß zugeben, daß ich im Umgang mit Prominenten schon ein wenig geübt war. Ich kannte Wolfgang Stumph, Gunter Antrak und Detlev Rothe, die Kabarettisten aus Dresden, kannte Uwe Hübner und Andy Borg. Die beiden letzteren nur flüchtig. Und ich hatte Peter Alexander live erleben dürfen. Gleich zweimal. Erst im Friedrichstadt Palast, und im Jahr darauf im ICC unterm Funkturm. Nach dem Finale im Friedrichstadt Palast hatte ich ihm einen riesengroßen Rosenstrauß überreicht und einen seitenlangen Brief. Sogar ein Küßchen auf die Wange durfte ich ihm schenken. Zum Brief sagte ich: »Aber bestimmt lesen!« Und er antwortete: »Na klar, mach ich!«

Heute überlege ich, ob ich mich zu diesen weiblichen Fans zählen muß, die den engen Kontakt mit ihrem Idol suchen? – So direkt wohl nicht, aber ein wenig schon. Ich verfolgte das Kabarettgeschehen und die deutsche Schlagerszene, nahm Stellung, schrieb Briefe und kritische Einschätzungen, hielt mich aber im Hintergrund. Zu den hysterisch kreischenden Twens, die Absper-

rungen durchbrechen, Ordner umreißen und Hotelhallen stürmen, gehörte ich nicht. Ich war kein Groupie.

Deinen Papa kannte ich vom Fernsehen und mochte die Stimme. Durch Peter Alexander war ich auf diesen Klang fixiert und verwöhnt. Unter den Sängern in der DDR war demnach kein anderer, der mich interessiert hätte. Papa konnte singen, wußte sich zu bewegen, konnte tanzen und war nebenbei auch noch ein guter Schauspieler. Ihm war vergönnt gewesen, was Peter Alexander kein einziges Mal vergönnt gewesen war: er durfte in einer ernsten Rolle zeigen, daß er auch das Charakterfach beherrscht. Für mich stand er, ohne daß ihm Gelegenheiten zu weiteren Beweisen gegeben wurden, zwischen Peter Alexander, Peter Weck und Helmut Lohner. Aber auf die Idee, die Nähe Deines Vaters zu suchen, war ich zu keinem Zeitpunkt gekommen. Gefreut allerdings hatte ich mich schon, als Post vom Sender kam. Gewonnen hatte ich einen Friseurtermin mit allem Drum und Dran. Ja und dann kam noch der Brief von Papa mit der Mitteilung, daß ich zusätzlich als Dankeschön für meine Findigkeit einen Tag an seiner Seite nutzen könnte, falls ich dies wollte, und er werde mich anrufen, um mit mir einen Termin zu vereinbaren. Das war ganz schön aufregend.

Eines schönen Vormittags – ich war mit meiner Mutter auf dem Weg zum Zossener Marktplatz – packte mich eine seltsame Unruhe. Ich drängte sie, die Einkäufe schnell zu erledigen, weil ich das Gefühl hatte, bald wieder zu Hause sein zu müssen. Wir waren keine fünf Minuten daheim, da klingelte das Telefon. Am anderen Ende war Dein Vater. Er schlug vor, mich ins Studio nach Hessenwinkel mitzunehmen, wo ich die Produktion einer »Mit-Lutz-und-Liebe«-Folge erleben könnte.

Zuerst war Freude da, aber gleich darauf folgten Angst und die bangen Fragen: Werde ich ihm gefallen? Wird er mich einen ganzen Tag ertragen können? Werde ich ihn enttäuschen?

Mama hat mich nicht enttäuscht. Schon am Telefon nicht. Ihre Stimme war sanft und zurückhaltend. Wie durch sieben Schleier gesprochen. Sehr erotisch. Und als ich sie abholte und über die Straße gehen sah, war mir klar, daß ich nicht ohne Grund die letzten zehn Tage immerzu an sie hatte denken müssen.

Ich fragte mich: War der Anruf wirklich gekommen oder hab ich das alles nur geträumt? Meine arme Mutter mußte sich den Satz täglich mehrmals anhören. Und je näher der Termin rückte, umso unsicherer wurde ich. Hab ich das Datum auch nicht verwechselt? Vielleicht hab ich mich verhört. Ob er seine Zusage vergessen hat? Möglich ist bei Künstlern alles! Vielleicht hat er sich die Sache überlegt und wird gar nicht kommen!

Genau das dachte ich bis zuletzt. Dennoch zog ich mich an und machte mich zurecht. Keine lange Schminkgeschichte. Eigentlich überhaupt keine. Das war nie mein Stil. Ich vertraute meiner Jugend. Vorgenommen hatte ich mir nichts. Aber die Begegnung in Gedanken durchgespielt hatte ich schon. Telefonisch abgemacht war, daß er mich abholen werde, ich aber mit dem eigenen Auto hinterherfahren solle, da er nicht wisse, wie lange die Produktion dauern würde und er mir nicht zumuten wolle, bis zum Schluß im Studio zu warten. Seltsam, daß ich mir das Auto rot vorstellte und den Anzug hell, den Papa tragen würde.

Meine Mutter hing am Fenster, ich war gerade im Bad, weiß der Kuckuck zum wievielten Mal, da hörte ich sie rufen: »Ich glaube, er ist gerade vorbeigefahren! In einem roten Auto!«

Genau so war es. Ich war vorbeigerauscht und suchte dort, wo die Geschäfte begannen. Ich wußte, daß Mama eine kleine Firma hatte. Einen Geschenke-, Eintrittskarten- und Freizeitservice. Und nun suchte ich den Laden, doch ohne Erfolg; denn Mama machte ihren Job von einem kleinen Büro aus, einem Zimmer in ihrer Wohnung. Sie organisierte die Erfüllung von Geschenkwünschen und Überraschungen. Im Scherz hatte sie am Telefon zu mir gesagt, sie sei so etwas ähnliches wie Rudi Carell für Arme.

»Du hast dich getäuscht«, sagte ich zu meiner Mutter, »das war er nicht! Bestimmt hat er den Termin vergessen!«

»Hat er nicht!« beharrte Mutter und ging auf die Straße hinaus.

Ich drehte mich wie ein Brummkreisel, schaute immer wieder in meine Tasche, um sicherzugehen, auch nichts vergessen zu haben: Ausweis, Fahrpapiere, Autoschlüssel. Dann besah ich mich noch einmal im Spiegel, ging anschließend ans Fenster, sah meine Mutter auf der anderen Straßenseite und das rote Auto.

Ich schnappte meine Tasche und die Schallplatten, die ich zusammengepackt hatte, verließ die Wohnung, trat auf den Gehsteig, sah Deinen Papa neben meiner Mutter stehen und Mutter auf Papa einreden. Er trug helle Jeans, sandfarben, dazu passend ein beiges Hemd und darüber, in ekrü, eine leichte Hemdjacke.

Später sagte ich, ein Auto hätte mich überfahren können, als ich die Straße überquerte. Ich lief wie in Trance und wußte, daß dies der Mann meines Lebens sein wird, der und kein anderer.

Ich stand schon eine ganze Weile am Straßenrand unter den Bäumen. Deine Großmama hatte mich sofort erkannt und mir in Kürze die Familiengeschichte der vergangenen zehn Jahre erzählt. Acht Sterbefälle, Großmutter gerade erst von einer schweren Operation genesen: höchste Zeit für einen Wechsel zu glücklicheren Tagen. Ich dachte: »Wann kommt das Mädel nun endlich!«

Dann kam deine Mama. Sie trug einen Hosenrock, ein T-Shirt und eine Sommerjacke darüber. Die Haare mittelblond, die Wangen rosa überhaucht, die Nase dominierend, aber wunderschön geschwungen, die Augen groß und blau. Unter einem Arm trug sie ihre Tasche, unter dem anderen Arm mehrere Schallplatten. Die Begrüßung war dementsprechend kompliziert. Ja, und dann wollte Mama in mein Auto steigen.

Peinlich, peinlich! Als hätte wer mein Gehirn geklaut! Dabei hatte ich meinen Wagenschlüssel in der Hand. Ich war bereits mit einem Bein in Papas Wagen, als er sagte, daß wir doch etwas anderes vereinbart hätten. Da fühlte ich, wie mir die Hitze in den Kopf stieg , und ich sagte, »Ach so, ja«, und dachte: Das fängt ja gut an! Also legte ich nur die Schallplatten in Papas Auto und ging noch einmal über die Straße, um meinen Golf zu holen, der auf dem Hof stand. Die Fahrt war abenteuerlich. Papa fuhr nicht leichtsinnig, aber doch recht zügig. Ich hatte meine Fahrerlaubnis erst seit anderthalb Jahren, fuhr zwar sicher, fürchtete aber Radarfallen. Anfänger fuhren laut neuester Verordnung die ersten beiden Jahre auf Bewährung. Und ich hatte wenig Lust, noch im letzten halben Jahr meinen Führerschein zu verlieren.

Ich schaute öfter in den Rückspiegel und dachte: »Mädel, du fährst gut!« Die Route, die ich fuhr, war dieselbe, die ich gekommen war, aber absolut blödsinnig. Schon auf der Hinfahrt war ich im Zweifel, ob dies die beste Strecke sei, um aus meiner Ecke nach Zossen zu kommen. Heute weiß ich, daß der bequemste Weg über Königs-Wusterhausen, Schenkendorf und Mittenwalde führt; der schnellste hingegen, wenn es keinen Stau gibt, über die Autobahn bis Rangsdorf und dann die Landstraße über Groß-Machnow und Dabendorf bis Zossen. Ich war quer durch die Botanik gefahren.

»Mein Gott, wo fährt er bloß mit mir hin?« überlegte ich. »Die Gegend wird ja immer einsamer. Links und rechts nur Wald und keine Menschenseele. Was ist, wenn der Motor plötzlich streikt oder ein Reifen platzt? Wird er das mitbekommen? Nur dranbleiben! Ihn nicht aus den Augen verlieren! Dann kamen wir durch Prieros. Hier wohnt meine Tante, und ich wurde wieder zuversichtlich. Dann bog Papa nach links, Richtung Friedersdorf. Wir fuhren durch Kolberg und Blossin, und plötzlich, kurz vor der Einmündung in die Straße, die von Wolzig nach Friedersdorf führt, hielt Dein Papa an, stieg aus und kam an mein Auto.

»Wir fahren nur noch ein paar Meter rechts um die Ecke«, sagte er, »da ist eine Tankstelle. Die Tankfüllung für Ihren Wagen zahle ich.« Das wäre mir nicht so peinlich gewesen, wäre mir nicht just in diesem Augenblick klar geworden, daß mein Benzintank so gut wie leer war. An alles hatte ich gedacht, nur daran nicht. Ich hätte stehenbleiben können, wo Fuchs und Hase sich gute Nacht sagen.

Endlich waren wir dort, wo wir längst schon hätten sein können, wären wir nicht mit der Kirche ums Dorf gefahren. Das Studio war klein, aber gemütlich. Der schlaksige Bursche, der dort die Technik dirigierte, stellte sich als Matze vor. Er war gut drauf, aber dennoch irgendwie kaputt, als wäre er nach einem Achtstundenritt gerade erst vom Pferd gestiegen. Um die Augen ein Zwinkern und Zucken. Harte Vergangenheit, dachte ich.

Ich sagte zu Matze: »Darf ich dir unsere Hörerin vorstellen?«

»Ach du bist das!« antwortete er schlagfertig und gab Deiner Mama die Hand.

Ich erklärte ihm, daß ich mit unserer Gewinnerin gern ein Kurz-Interview führen würde, und er sagte: »Okay, machen wir!«

Deine Mama saß rechts neben mir. Hinter der Glasscheibe am Reglerpult saß Matze, schaute erwartungsvoll und sagte schließlich: »Nu sagt was!« Das ist eine Aufforderung, die nicht nur einen Laien erschreckt. Auch Leuten von Funk oder Fernsehen fällt in solchen Augenblicken nichts anderes ein, als von eins bis sieben zu zählen. Ich hatte für solche Fälle immer irgendein Gedicht von mir parat. Am liebsten war mir das Ostergedicht, weil ich das in öffentlichen Veranstaltungen nur einmal im Jahr vortragen konnte, wenn überhaupt:

»Wohlversteckt im grünen Grase legte einst der Osterhase dreizehn bunte Ostereier in den Garten von Herrn Meier ...« Weiter kam ich meist nicht. Dabei hätte ich es jeweils immer gern ganz aufgesagt, um es nicht zu vergessen. Aber viele der Tonmeister kannten es schon. Matze kannte es noch nicht, trotzdem verschonte ich ihn. Er wollte Mamas Stimme hören.

Also fragte ich etwas, worauf Mama leicht antworten konnte. Sie tat das unverkrampft wie ein Profi. Dennoch erschien mir ihre Stimme zu leise. Aber Matze sagte: »Das regle ich am Pult! Mädel, bleib so!«

Das Interview war im Nu aufgezeichnet. Ich ging zu Matze in den Technikraum, um zu hören, ob das alles so bleiben könne. Er strahlte und sagte: »Das Mädel ha ja ne echt geile Stimme. Super! Echt cool, ej! Da ist nichts auszubessern und zu wiederholen!«

Mir war das viel zu schnell gegangen. Ich fürchtete, daß dies bereits alles war und ich nun sozusagen entlassen sei, als mich Papa fragte, ob es mir denn Spaß machen würde, noch zu bleiben. »Na klar«, sagte ich, »ich bleibe gern!« Und irgendwann am frühen Nachmittag dieses Tages im August – es war der 23. August 1994 – suchte Papas Hand die meine hinter meinem Rücken, und Matze sagte in seiner trockenen Art: »Wenn ihr heiratet, sagt es mir!«

Das brauchten wir nicht: Das Titelblatt der SUPER ILLU machte die Heirat publik. »Wir hätten ihn einladen sollen«, meinte Deine Mama, »schließlich war er der erste und einzige Zeuge, als die Geschichte zwischen dir und mir begann.«

»Ja«, sagte ich und dachte an eine andere Geschichte, eine verdammt finstere, die Deiner Mama und mir zugefügt wurde und uns die Vorfreude auf den Tag unserer Hochzeit verleidete.

»MEIN GOTT, JAHODA! ER BETTELT FÜR SEINE SECHSTE HOCHZEIT!« Das war die Schlagzeile, mit der uns die BILD-Zeitung am 14. August überraschte. Ich würde von einer romantischen Hochzeit träumen und auf der Suche nach Sponsoren sein, die mir diesen Traum finanzieren sollten. Die Wahrheit war, daß nicht ich bettelte, sondern der skrupellose Artikelschreiber, indem er, ohne mein Wissen, alle möglichen Leute angerufen und zu überreden versucht hatte, in irgendeiner Form zur Gestaltung meiner Hochzeit beizutragen. Drei Folgen hatte der Bursche auf diese Weise für sich herausgeschunden: Folge eins: die unverschämte, ehrverletzende Lüge. Folge zwei: die Bekanntgabe derjenigen, die sich bereiterklärt hatten, mir zu helfen. Und schließlich Folge drei: die Veröffentlichung der durch diese Schwindelstory provozierten Reaktionen vieler Leser.

Ich widerlegte die Verleumdung in der SUPER ILLU für alle, die diesem groß aufgemachten Beitrag aufgesessen waren. Auf ein Zeichen des Bedauerns seitens der BILD-Zeitung oder gar auf eine Entschuldigung dieses Rufmordverfertigers wartete ich erst gar nicht. Das hieße bis zum Sankt Nimmerleinstag auszuharren.

Merke Dir, Fabian: Die Lüge kommt zügig geritten, die Wahrheit behäbig geschritten! – Das Nachrichtenmagazin »Focus« enttarnte im Heft 45 vom 8. November 1999 den Finsterling als Stasispitzel IM »Walter«.

Zurück zum Angenehmen: Am 13. August 1994 hatte ich mit Mama zum ersten Mal telefoniert, und am 23.8.1994 hatten Mama und ich uns zum ersten Mal gesehen. Beachte bitte, daß die Ziffernsumme beider Daten eine Neun ergibt!

Ich weiß wirklich nicht, was davon zu halten ist, wenn eine alte Weisheit behauptet, daß alles in Zahlen verborgen liege und das Schicksal jedes Einzelnen in Zahlen verschlüsselt sei.

Hanebüchener Zahlenunfug oder vielleicht doch das »Empfangene« aus dem Kreis der Propheten nach Abraham?

Aus der Quersumme der Geburtstagszahlen errechnet, ergaben sich folgende Zahlen für Deine Eltern: für Mama die Schicksalszahl 9, die laut numerologischer Berechnung gleichzeitig meine psychische Zahl sein soll, was auch immer das bedeutet; während für mich die Schicksalszahl 7 steht. Leicht zu akzeptieren: Mit sieben wurden mir die Mandeln gekappt, mit vierzehn kitzelte mich Cupido zwischen den Beinen, mit einundzwanzig feierte ich erste Triumphe am Theater, mit achtundzwanzig die ersten Erfolge im Fernsehen; mit fünfunddreißig ging es zum ersten Mal bergab, mit zweiundvierzig hatte ich die Talsohle erreicht, mit neunundvierzig einen dritten beruflichen Höhepunkt, mit sechsundfünfzig noch einmal eine Steigerung der Popularität; mit dreiundsechzig der fatale Entschluß, mit falschen Freunden eine GmbH zu gründen, jedoch mit siebzig noch einmal das große Glück: Da wurdest Du geboren, mit der Schicksalszahl 5 in den Windeln! Doppelt belegt oder meinetwegen auch bewiesen: Erstens aus der Quersumme Deiner kompletten Geburtsdaten: 2. 3. 1998 = 32, und 3 plus 2 ergibt die Fünf, und zweitens die Addition von Geburtstag und Monat, ohne Berücksichtigung der Jahreszahl, was ebenfalls zur Fünf führt.

Daß die Ziffernsumme der Geburtsdaten meiner ersten Liebe ebenso eine neun ergibt wie die Geburtszahlen Deiner Mama, kann einen schon nachdenklich machen, um nicht zu sagen, regelrecht meschugge, wie die ganze Zahlenartistik überhaupt, die mir wahrscheinlich gar nicht bewußt geworden wäre, hätte ich mein Leben nicht so kritisch durchforscht.

Stupsi nannten wir Dich liebevoll, als Du begannst, von innen gegen Mamas Bauchdecke zu stoßen, und Fabian rief Dich bereits die Hebamme, als sie Dein Köpfchen erblickte und es nur noch einer letzten Anstrengung bedurfte. Ich war dabei, mit Mund- und Nasenschutz, und wartete auf die spitzen, durch Mark und Bein gehenden Schreie, ohne die ein Filmszenarium nicht auskommt, damit der werdende Vater vor der Kreißsaaltür Grund hat, ohnmächtig zu werden. Aber Mama machte ihre Sache großartig. Ich hatte ihren Rücken massiert, sechs Stunden lang, und nur zweimal fragte sie, ob sie nicht eine Spritze gegen die Schmerzen bekommen könnte, wofür sie sich später schämte und entschuldigte. Während der letzten Preßphase wurde Mamas Gesicht erst dunkelrot und schließlich violett. Mit zusammengepreßten Lippen, ohne einen Schmerzenslaut von sich zu geben, so wie es die einschlägige Literatur den tapferen Indianern am Marterpfahl attestiert, durchstand Deine Mama diesen letzten Abschnitt.

Dann warst Du da. Ebenso violett. Und mit einer kräftigen Stimme. Ich war hin- und hergerissen und applaudierte wie ein begeisterter Theaterbesucher nach einer gelungenen Premiere.

Daß Du die Schwester in hohem Bogen anpullertest, empfand ich als ein besonders günstiges Vorzeichen und genoß es als komödiantische Zugabe Deines ersten Auftritts.

Als Mama Dich drei Tage später ins Haus trug, segnete ich Dich mit den Worten: »Unter diesem Dach sollst du gesund aufwachsen und glücklich sein. Mit Gottes Hilfe.« Inzwischen bist Du bereits drei Jahre und vier Monate auf dieser Welt, und Mama und ich betrachten Dich immer noch so, wie man nur Wunder betrachtet. Welch ein Geschenk! Ein neues Jahrtausend hat begonnen, und mein Lebenskreis beginnt sich allmählich zu schließen. Aber tüchtig hineinlangen in die neue Zeit und erleben, wie sich Europa entwickelt und meine Familie auch, das möchte ich schon noch. Möge es mir vergönnt sein!

»Eine Liebe muß fürs ganze Leben reichen«, sagte kürzlich Deine Mama zu mir, »denn erst dann kann man von echter Liebe reden. Ich hatte das Glück, meine große Liebe schon mit dreiundzwanzig zu treffen.«

»Und wer war das?« fragte ich.

»Na wer wohl«, sagte sie, umarmte mich und gab mir einen dicken Kuß. Daß in diesem Augenblick die Abendsonne schräg durchs Fenster in Dein Kinderbettchen schien, hätte Rosamunde Pilcher nicht besser arrangieren können. Und so sagte ich: »Auch du bist meine große Liebe; aber es war nicht leicht, so viele Jahre auf dich warten zu müssen.«

»Was ist heute schon leicht?« meinte Mama.

»Ja«, sagte ich, »das Leben ist schwer. Hast du einen Trost?«

»Ja«, sagte sie, »Helmut Kohl ist schwerer!«

Als ich vor einer halben Ewigkeit mit den Aufzeichnungen begann, fing ein junges Ahornstämmchen an zu sprießen. Im Wildwuchs war es plötzlich da. Als ich die Ahornblätter in der Hekke entdeckte, war der Stamm mit drei Zweigen bereits so kräftig, daß es eine Sünde gewesen wäre, das junge Bäumchen zu entfernen. Heute überragt der Baum unser Dach. Wer aus dem Küchenfenster schaut, kann den Ahorn sehen. Aus dem Hauptstamm haben sich drei weitere Stämme entwickelt, so als stünde jeder Stamm für einen von Euch, liebe Söhne.

Glaubt mir, Kinder: Wunder sind nicht aus der Welt; man muß nur alt genug werden, sie zu erleben.

Fotonachweis:
Volker Anders (1), Freie Presse Chemnitz (1), Rolf Heynemann (2), Karl Leher (1), Tassilo Leher (1), Edgar Pfeil (6), Christine Stephan-Brosch (1), Super-Illu, Weyrich (1), Klaus Winkler (1), Archiv Jahoda.
Nicht in allen Fällen ist es uns gelungen, die Urheber der Fotos zu ermitteln. Berechtigte Honoraransprüche bleiben erhalten.

ISBN 3-360-00961-4

1. Auflage

Rosa-Luxemburg-Str. 39, 10178 Berlin
Umschlagentwurf: Robert Schumann
Druck und Bindung: Offizin Andersen Nexö, Leipzig